励耘史学文丛

马叙伦与民国教育界

林辉锋 / 著

北京师范大学出版集团
BEIJING NORMAL UNIVERSITY PUBLISHING GROUP
北京师范大学出版社

目 录

绪　论 …………………………………………………………… 1

第一章　进入北京教育界：1913—1919 …………………… 23
　一、早年师友交游 ………………………………………… 23
　二、进入北京教育界 ……………………………………… 42
　三、马叙伦与民初北大的新旧之争 ……………………… 58

第二章　走向教育界的中心：1919—1926 ………………… 84
　一、马叙伦与五四后的北京大学 ………………………… 84
　二、马叙伦与浙江教育界 ………………………………… 117
　三、执掌中央教育行政 …………………………………… 134
　四、督办教育特税 ………………………………………… 182

第三章　疏离、重返与淡出：1926—1936 ………………… 194
　一、北伐前后的从政 ……………………………………… 194
　二、三任教育部次长 ……………………………………… 216
　三、马叙伦与蒋梦麟时代的北京大学 …………………… 244

结　语 …………………………………………………………… 278

附录一　"张禄"非马叙伦化名考 ……………………………… 289

附录二　马叙伦非同盟会会员考 …………………………… 294

附录三　马叙伦论著目录稿 ………………………………… 298

参考文献 …………………………………………………………… 305

后　　记 …………………………………………………………… 324

再版后记 …………………………………………………………… 327

绪　论

一

关于自己的"历史"，马叙伦在抗战胜利后撰有《我在六十岁以前》[①]一书，新中国成立初期他又写过一份简历。这份简历未见公开刊布，特录于此：

> 马叙伦，浙江杭县人，生于一八八五年，杭州府中学堂肄业生。历任上海《选报》、《新世界学报》、《政艺通报》、《国粹学报》、上海《大共和日报》、杭州《彗星报》编辑、主笔，浙江高等学堂、浙江两级师范学堂、两广方言学堂、国立北京医学专门学校、清华大学、私立中国大学教员，国立北京高等师范学校、北京大学教授，浙江第一师范学校校长，浙军都督府秘书，印铸局长，浙江教育厅长，民政厅长，教育次长代理部务等职。一九一五年袁世凯谋复帝制，辞北京大学教员南归，使其学生廖容回粤起兵讨逆。五四运动时，任北京小学以上各校教职员会联合会主席，维护学生运动。一九二〇年以后，谋推翻北洋军阀，于历次教育运动中任国立专门以上学校教职员会联合会主席。一九二一年六月三日，偕北京小学以

[①] 马叙伦先是应《中学生》杂志约稿写过《我在十八岁以前》，抗战胜利后又写了《我在十八岁以后》，1947年合在一起由生活书店以《我在六十岁以前》为名出版。

1

上教职员学生数千人向徐世昌请愿，徐世昌以兵守新华门，并发令殴击，因受重伤，并被徐世昌控之法院。一九二五年组织北京五卅惨案后援会，任其主任，运动英国使馆华人全体罢工。一九二六年，参加"三·一八"革命被通缉，阴逃归浙，说浙江省长夏超归附国民革命军宣布浙江独立，又被孙传芳通缉。一九三六年组织北平文化界抗战救国会，任其主席。一九三七年日寇陷上海，以病留滞，变姓名为地下工作。抗日胜利后，与上海耆宿陈叔通及生物学权威秉志及文化界前进份[分]子百余人致书蒋介石，要求惩办汉奸周佛海等，主张政权归于人民并废除特务制度。以后遂联合各界前进份[分]子组织中国民主促进会，被任常务理事，并经常为《民主》、《周报》、《文萃》等刊物为文，并主编《昌言》周刊，推动民主运动。上海人民团体联合会成立，任常务理事。一九四六年六月二十三日，上海各人民团体公推为赴京和平请愿代表，抵南京下关车站，被反动政府特务千余人围殴受伤。一九四七年名列黑名单之首，被迫赴香港，一九四八年以中国民主促进会代表名义与迁港各民主党派共同响应五一号召，同年十一月为筹备中国人民政治协商会议抵沈阳，一九四九年二月转至北京。现任中国民主促进会主席，中苏友好协会总务常务委员，中国保卫世界和平委员会委员，中国人民政治协商会议全国委员会常务委员，中央人民政府委员会委员，政务院政务委员，政务院文化教育委员会副主任，教育部部长。[1]

从这些平实的文字中，可以看出马叙伦在中国近现代史上不同凡响的经历。不过，无论是《我在六十岁以前》，还是自述简历，所记的大多是他在教育界和政界的活动。除了这些显赫的事功之外，他在学术上亦用力甚勤。1902年离开杭州养正书塾后，他追随业师陈黻宸赴沪，协助主持《新世界学报》编务，并发表了不少颇具影响力的文章，开始为世人所注目。此后，围绕《政艺通报》及《国粹学报》，他与黄节、邓实、章

---

[1] 马叙伦自述简历，马珮提供。原件为未刊打印稿，无标题，上面有马叙伦改动的笔迹。引用时标点符号略有改动。

太炎等人往来密切,被视为晚清国粹派的重要一员。他的研究涉及史学、诸子哲学及文字训诂学等领域,为后人留下了为数众多的专著及各类文章(具体篇目详见附录三),其中以240余万字的鸿篇巨制《说文解字六书疏证》最具代表性。① 加深对他这样一位与许多重大历史事件均有密切关系的历史人物的研究,对推进中国近现代史研究而言无疑有着重要的意义。

选择以马叙伦作为研究对象后,如何进一步确定论述主题仍颇费心思。在追溯学术史和摸查史料的基础上,斟酌再三,最终确定以"马叙伦与民国教育界"为题,重点考察他中年时期1913—1936年在教育界的活动,并以此为切入点,对民国教育界的相关史事略作探讨;而不拟全面考察他一生所有的活动,在现有的众多传记之外为其另立一传。

这一时期是马叙伦生命历程中相对完整的一个段落。他一生亲历过许多重大的历史事件,青年、中年、晚年三个时期分别投身辛亥革命(反对清政府)、北伐战争(反对北洋政府)、解放战争(反对南京国民政府)。从这个角度看,其一生大致可以分为三大阶段(当然这一划分只是相对的)。第一阶段是1885—1912年。他生长于一个日渐没落的书香门第,通过早年教育,尤其是养正书塾时期师从陈黻宸,逐渐成长为一个知识人,并顺应时代潮流,积极宣扬反清革命。第二阶段是1913—1936年。辛亥革命后,他回到教育界,并于1913年入京任教,此后二十余年里,他与教育界关系密切,直到1936年受排挤离开北京大学。第三阶段是1937—1970年。抗日战争时期他由于贫病困居上海,胜利后不满国民党当局的统治最终起而反抗,并参加1949年后的新中国政府,担任诸多要职。1957年反右派斗争后,他就甚少参加实际的政治活动。1958年起,他由于神经系统功能严重衰退,生活不能自理,靠鼻饲维持生命。1970年5月4日,因脑软化症并发肺炎医治无效于北京逝世。② 从清季到新中国成立初期,在这半个多世纪的时间里,中国

---

① 1955年,马叙伦被推选为中国科学院哲学社会科学学部委员(共61人)。
② 卢礼阳:《马叙伦》,363~365页,石家庄,花山文艺出版社,1999。

社会发生了沧海桑田的剧变,革命、动乱、战争几乎无年不有,这使得他一生的阅历变得更加丰富多彩。本书拟重点考察他第二阶段在教育界的活动,当然,在具体论述过程中也将涉及其第一阶段和第三阶段的活动,而不是消极地画地为牢。

在这一时期任职全国最高学府与最高教育行政机构的过程中,马叙伦与教育界发生了密切的关系,这是其本阶段活动的最大特色。抗战胜利后,他回忆从五四运动时期到20世纪30年代这十余年里自己在教育界的活动时称:

> 那时,北大成立了教职员会,推康宝忠做主席,我做书记,由北大教职员会发起组织了北京中等以上学校教职员会联合会,也推康宝忠做主席,我做书记。后来康先生因为心脏病死了,我就改任主席,沈士远(也是北大教授——原注,下同)任书记,我因此和北京教育界发生了紧密的关系。长长地[的]十几年里,教育、革命、抗战虽则说不上是我领导着,我也不客气地承认我是关系人里面重要的一个。那时,由教职员会联合会向政府说话,所有披露的文字,都出于我手里,我倒得了机会,习会和人打笔墨官司的一套,直到我最后离开北平(我在二十五年夏天最后离开北大,那时北京已改名北平了),如果编一册"代言集",材料倒也不少吧。①

按诸史实,他此处所言不虚。在北京教育界中,他曾执教于北京医学专门学校、北京大学、北京高等师范学校(北京师范大学)、清华大学、中国大学等著名学府,并长期在教职员会联合会中居于实际的领导地位。此外,他还与其他许多文化、教育事业有过密切的联系,曾经出任浙江第一师范学校校长、浙江省教育厅厅长、北京图书馆馆长、教育特税督办等职。最值得一提的是,他在北京政府、南京国民政府及新中国成立后先后多次担任教育部次长或部长职务,有"三朝元老"之称。不

---

① 马叙伦:《我在六十岁以前》,62页,北京,生活·读书·新知三联书店,1983。

仅在当代中国并世无第二人①，从整个中国历史进程看亦属罕见，这是他与教育界特殊关系的集中体现。

重点考察马叙伦中年时期在教育界的活动，大致抓住了他一生活动的核心。如果说早年所受的学术训练和结下的人际网络是他这一时期活动的铺垫，那么晚年的活动则是直接结果。抗战胜利后，他联络文化界、教育界的"前进分子"，与王绍鏊所联系的部分上海工商界爱国人士，共同创建中国民主促进会②，出席新政协，参加新政权。1949年后，他先是担任新中国的首任教育部部长，1952年起又改任首任高教部部长③。新中国成立初期教育领域的重大变革，如教会学校收回自办、高等院校院系调整等，基本上都是在他的实际操作下进行的。马叙伦之所以能够成为民进的主要创办人，显然是由于长期以来他在文化界、教育界有着相当大的影响力、号召力；而能够出任新中国的首任教育部部长、高教部部长，和他民国时期与教育界结下的深厚渊源无疑也有着密切的关系。按照新民主主义理论，推翻国民党的独裁统治后成立的是包括各民主党派在内的民主联合政府。④ 参加新政权的不少爱国民主人士，所担任的职务都和他们早年的履历密切相关。如除马叙伦外，沈钧儒任最高人民法院院长、黄炎培任轻工业部部长、史良任司法部部长、胡愈之任出版总署署长等，都属于这种情况。从这个角度看，深入考察他在民国教育界的活动，实际上就成为研究其一生活动的关键。要深入认识马叙伦这一历史人物，就不能不加强对这一问题的研究。

反过来看，加强对马叙伦与民国教育界关系的研究，也为探讨民国教育界的相关史事提供一个很好的视角。选择马叙伦作为研究对象，绝

---

① 千家驹：《怀念马夷老》，见千家驹：《怀师友》，37~38页，北京，人民日报出版社，1987。
② 中国民主促进会的创始人大部分是文化教育工作者，还有一部分是工商界人士。中国民主促进会中央宣传部编：《中国民主促进会四十年》，6页，上海，上海人民出版社，1985。
③ 1952年11月，中央人民政府决定增设高等教育部，由马叙伦担任部长，杨秀峰等四人任副部长。
④ 毛泽东：《在新政治协商会议筹备会上的讲话》，《毛泽东选集》第4卷，1463页，北京，人民出版社，1991。

非简单地出于"一流人物"已经没有插足余地转而研究"二流人物"的考虑。在民国教育界里，马叙伦的声望自不能与蔡元培、范源濂等人相比，而且与黄炎培（职业教育）、梁漱溟（乡村教育）、晏阳初（平民教育）、陶行知（生活教育）等人专门从事教育研究、实践也大不同，他不仅具体"办学校的经验"不多（仅担任过为时甚短的浙江一师校长）①，教育上专门的主张、论著也不多见②。叶立群、吴履平主编的《中国近代教育论著丛书》③，选辑1912—1949年的重要教育论著，以教育家立卷，辑录其有代表性的论文、讲演、书信、日记、序跋、教育改革建议、教育实验和教育调查报告以及专著节录等。列入这套丛书的教育家有蔡元培、陶行知等24人，其中并无马叙伦。宋恩荣主持的《中国近现代教育家系列研究》（全国教育科学"八五"规划重点课题）对中国近现代史上的二十多位教育家④的教育思想分别作了论述，其中也不包括他。之所以如此，恐怕并非研究者们的无意遗漏。尽管如此，谁也不能否认他曾经在同时代的教育界扮演过十分重要的角色，以至于后人在研究这个时代教育界的相关史事时很难无视其存在。如果单纯研究教育思想、理念，马叙伦诚然不是一个理想的个案，但若把关注的重点放在教育界的相关史事上，情况则大不一样。所谓"拔出萝卜带出泥"，史学研究者很多时候感兴趣的不仅是"萝卜"本身，同时也关注其所带出来的"泥"，有时对后者的兴趣甚至还要更大一些。考察他在教育界的独特经历，正可以带出丰富多彩的相关史事，使后人可以从中窥得中国近现代史上教育转型时期的众生相。

---

① 这一点上马叙伦本人有着清醒的认识，详见马叙伦：《我在六十岁以前》一书，70页。
② 马叙伦早年在《新世界学报》上所发表的文章反倒是有相当一部分与教育直接相关，如《古希腊两大教育家列传》、《女子教育议》、《儿童教育》等文。
③ 该丛书由人民教育出版社在1994—1998年出版，参见王炳照：《教育史》，曾业英主编：《五十年来的中国近代史研究》，247~248页，上海，上海书店出版社，2000。
④ 这一课题的研究对象包括张之洞、张謇、康有为、梁启超、严复、蔡元培、胡适、陶行知、黄炎培、晏阳初、梁漱溟、陈鹤琴、俞庆棠、蒋梦麟、张伯苓、梅贻琦、傅斯年、俞子夷、雷沛鸿、陈独秀、李大钊、恽代英、徐特立二十三人（辽宁教育出版社在1992—1998年共出版过23本著作）。

二

改革开放以来，关于马叙伦曾出版过不少回忆及纪念性的文章，黄裳的《负暄录》①、千家驹的《怀师友》②、张中行的《负暄琐话》③、曹聚仁的《听涛室人物谭》④等书都有专文述及马叙伦。1985年4月，在其诞辰100周年时，北京、上海等地隆重集会纪念，《人民日报》、《人民政协报》等报刊曾发表过中央领导、其家属及门生故旧所写的为数众多的纪念性文章（因篇数较多，具体目录从略）。2005年4月28日，中国民主促进会中央委员会在北京举办纪念其诞辰120周年的座谈会，该会相关领导出席会议并作了发言。此类文章一般不具有史学研究的性质，故本书将其作为史料利用。

严格意义上与他直接相关的研究起步较晚，基本上都是改革开放以后的事情。民国史上的重要人物无论是政治、军事人物，还是经济、文化人物，迄今为止几乎都有了传记，许多人物还不止一本。就有关马叙伦的研究情况看，现有研究成果中最主要的也是为数众多、篇幅大小不一的传记。1979年，关国煊率先撰写了一篇篇幅较短的马叙伦传，作为民国人物小传的一种发表于台北的《传记文学》。⑤ 1981年，四平师范学院《中国教育家传略》⑥编委会所编著的内部资料《中国教育家传略》收录了《马叙伦》一文。同年，郑逸梅所著的《南社丛谈》⑦也收录了一篇马叙伦小传。1982年，郑懿德所作的《马叙伦传略》收入《中国现代社会科

---

① 黄裳：《忆马叙伦》，见黄裳：《负暄录》，长沙，湖南人民出版社，1986。
② 千家驹：《怀念马夷老》，见千家驹：《怀师友》，北京，人民日报出版社，1987。
③ 张中行：《马叙伦》，见张中行：《负暄琐话》，哈尔滨，黑龙江人民出版社，1997。
④ 曹聚仁：《悼念马叙伦先生》，见曹聚仁：《听涛室人物谭》，上海，上海人民出版社，1998。
⑤ 关国煊：《马叙伦》，载《传记文学》，1979，35(5)。
⑥ 四平师范学院《中国教育家传略》编委会编：《中国教育家传略》，内部出版，1981。
⑦ 郑逸梅：《马叙伦》，见郑逸梅：《南社丛谈》，上海，上海人民出版社，1981。

7

学家传略》①，后又收入《中国现代语言学家》②一书。1984年，周德恒所编著的《马叙伦》在《中国当代社会科学家》③第6辑上发表。1985年，寿墨卿所作的带有部分回忆性质的《马叙伦先生事略》一文发表于《文史资料选辑》④第97辑。1986年，柏生所写的《马叙伦》收入《中国现代教育家传》⑤第3卷。1987年，江渤所著的《马叙伦》⑥一书出版。1997年，宗志文所作的《马叙伦》一文收入《民国人物传》⑦第9卷。1998年，卢礼阳发表了《"挂冠教授"马叙伦》⑧一文。次年，他所著的《马叙伦》⑨一书出版。2000年，文尚所写的《现代著名教育家语言文字学家——马叙伦》⑩一文在《光明日报》上发表。2001年，民进中央会史工作委员会结合江渤、卢礼阳两人的研究成果出版过一本马叙伦传记，作为该会的内部宣传资料。2002年，周永珍所写的马叙伦小传收入《南社人物传》⑪。2004年，马烈编著的《马叙伦与中国民主促进会》⑫一书出版。2004年4月，浙江省社科院的重大课题"浙江文化名人传记"（现代部分）全部完成立项，马叙伦为现代部分的50人之一，被定位为"学者"，预计即将出版另一版本的马叙伦传记。

---

① 郑懿德：《马叙伦传略》，见《晋阳学刊》编辑部编：《中国现代社会科学家传略》，太原，山西人民出版社，1982。
② 郑懿德：《马叙伦》，见《中国语言学家》编写组编：《中国现代语言学家》第2分册，石家庄，河北人民出版社，1982。
③ 周德恒：《马叙伦传略》，见北京图书馆《文献》丛刊编辑部、吉林省图书馆学会会刊编辑部编：《中国当代社会科学家（传记丛书）》第6辑，北京，书目文献出版社，1984。
④ 寿墨卿：《马叙伦先生事略》，见全国政协文史资料委员会编：《文史资料选辑》第97辑，1985。
⑤ 柏生：《马叙伦》，见《中国现代教育家传》编委会编：《中国现代教育家传》第3卷，长沙，湖南教育出版社，1986。
⑥ 江渤：《马叙伦》，沈阳，辽宁教育出版社，1987。
⑦ 宗志文：《马叙伦》，见严如平等主编：《民国人物传》第9卷，北京，中华书局，1997。
⑧ 卢礼阳：《"挂冠教授"马叙伦》，载《民国春秋》，1998(2)。
⑨ 卢礼阳：《马叙伦》。
⑩ 文尚：《现代著名教育家语言文字学家——马叙伦》，载《光明日报》，2000-12-19。
⑪ 周永珍：《马叙伦》，见柳无忌等编：《南社人物传》，北京，社会科学文献出版社，2002。
⑫ 马烈：《马叙伦与中国民主促进会》，广州，广东人民出版社，2004。

从现有的 15 种传记（文章 11 篇，著作 4 种）看，二十多年来关于马叙伦的研究还是取得了一定的成果。这些传记基本上都是在全面叙述他的生平事迹的基础上，分别给其冠以著名教育家、语言文字学家、社会科学家、书法家、社会活动家、报人等头衔，其中最主要的是将其刻画成著名爱国民主人士的形象。国人向有"盖棺论定"之说，就他而言，由于晚年作为中国民主促进会的主要创始人，故 1949 年后多以著名民主人士的形象出现在世人心目之中。现有关于他的分量较大的论著基本上都围绕这一主题展开，其中比较有代表性的是寿墨卿的《马叙伦先生事略》、江渤的《马叙伦》和卢礼阳的《马叙伦》（"著名民主人士传记丛书"之一）。马烈的《马叙伦与中国民主促进会》也是作为"中国各民主党派主要创始人丛书"中的一册。

就学术研究层面而言，二十多年来关于马叙伦的研究并不完全是直线发展、后胜于前的，其中存在不少重复工作。除去部分陈陈相因之作外，当以寿墨卿、江渤、卢礼阳三人的成绩最为突出。寿墨卿为马叙伦的长婿，多年追随在其身边，不少史事均为其耳闻目睹，故所述颇有独到之处。而江渤和卢礼阳的著作则都是在多年资料积累的基础上写成的。江渤的著作虽出版于 1987 年，实际上自 1981 年接受全国中共党史人物研究会撰写马叙伦传略的任务后，他就开始研究马叙伦。那时关于马叙伦公开刊布的资料及可资参考的研究成果都还很少，其草创之功不可埋没。卢礼阳更是进行了长达十余年的资料积累，他的论著使马叙伦研究的整体水平有了较大幅度的提高。如果说江渤所著的《马叙伦》是 20 世纪 80 年代马叙伦研究起步阶段的代表作，那么卢礼阳的著作则代表了已刊传记的最高水平。比照这两本传记，可以看出二十余年来这一研究的进展轨迹。马烈的著作虽比卢著晚出五年之久，但除在个别细节考订上较以往各书略有深入外，其他无论在资料搜集还是框架结构上均无更大的突破。总体而言，这些传记大致勾勒出了马叙伦一生在治学、施教、从政等方面的主要活动，给后人提供了一些重要线索，为进一步研究奠定了较为坚实的基础。

从"马叙伦与民国教育界"这一研究看，现有的成果也还存在一定的局限。首先，这些传记在基本史实的考订上还略显粗糙。已有关于其生平事迹的叙述，尚存在不少似是而非之处，如：部分著作仍把他误作1884年出生；不少学者都认为他曾用过"张禄"这个化名，实际上这是对其某些表述的误读（详见附录一）；长期以来，几乎所有的著作都认定他曾经加入同盟会，但就现有资料看，这一问题还值得商榷。诸如此类的例子还有不少。其次，资料发掘上还可进一步拓展。现有的马叙伦传记一般都以马叙伦的《我在六十岁以前》为主线，补充以其他一些相对易见的资料，对各地保存的档案文献，尤其是散见于各类报纸杂志、日记及函札中的资料挖掘得还不是很充分。因此之故，这些传记的论述总体上还略显表面。最后也是最重要的，由于受传记体裁的制约，这些传记虽然都述及其在民国教育界的活动，但基本上都还仅就马叙伦而谈马叙伦，相对而言较少关注他与同时代其他历史人物、事件的关系。同样原因，这些传记无论篇幅长短，都试图全面顾及马氏一生长达八十余年的历史，尽管部分传记有意识地突出几个重点，但似乎做得还不是很到位。

除上列传记之外，与马叙伦直接相关的研究成果还包括以下几个方面。第一，在马叙伦与其他历史人物、机构的关系上，如马叙伦与蔡元培[1]、马叙伦与章太炎[2]、马叙伦与北大[3]，已有学者做过一些初步探讨。第二，二十多年来，陆续有学者对马叙伦的学术著作、书法（包括书论）做过一些补正、评介工作，如钱剑夫的《马叙伦〈石屋续渖〉补正》[4]、周德恒的《马叙伦先生书法及书论》[5]、陈从周的《马叙伦先生论书法》[6]、姜德明的《〈石屋余渖〉和〈石屋续渖〉》[7]、罗继祖的《马叙伦论

---

[1] 高平叔：《蔡元培与马叙伦》，载《民进》，1985(5)。
[2] 怀蔡：《马叙伦·章太炎与章太炎墓》，载《档案与史学》，1994(1)。
[3] 金安平：《学苑元戎 挂冠教授——马叙伦》，见萧超然主编：《巍巍上庠 百年星辰——名人与北大》，北京，北京大学出版社，1998。
[4] 钱剑夫：《马叙伦〈石屋续渖〉补正》，见朱东润等主编：《中华文史论丛》第2辑，上海，上海古籍出版社，1979。
[5] 周德恒：《马叙伦先生书法及书论》，载《晋阳学刊》，1982(3)。
[6] 陈从周：《马叙伦先生论书法》，见陈从周：《书带集》，广州，花城出版社，1982。
[7] 姜德明：《〈石屋余渖〉和〈石屋续渖〉》，见姜德明：《书梦录》，合肥，安徽人民出版社，1983。

康、于书》、《马叙伦词》①，沈光海的《在辨清本义上下功夫——读〈说文解字研究法〉札记》、《关于六书的界说——读〈说文解字研究法〉札记之二》②，马达的《〈列子〉与〈周易乾凿度〉——马叙伦〈列子伪书考〉匡正之一》、《"儒生之名"与"颜渊之寿"考异——马叙伦〈列子伪书考〉匡正二题》③，张其昀的《马叙伦〈说文解字研究法〉与〈说文解字六书疏证〉》④，彭望苏的《"说文学"的集大成巨著——马叙伦先生〈说文解字六书疏证〉浅介》⑤，郭芹纳的《试论爱国民主战士马叙伦先生的汉字研究》⑥等，以及华东师范大学中文系博士研究生李春晓于 2005 年完成的题为《马叙伦"六书说"研究》的学位论文。这些成果或是就某些具体学术结论进行商榷，或是作一般性的评论，或是阐发其主要学术观点。第三，关于马叙伦晚年的活动，马嘶所著的《1937 年中国知识界》⑦一书有专节记述了抗战初期他在上海的活动；余炎光、吴伦霓霞合作编著的《中国名人在香港》⑧，袁小伦所著的《战后初期中共与香港进步文化》⑨均用了较多篇幅论述他 1947—1948 年在香港的活动。第四，关于马叙伦的思想，杜钢建的《中国近百年人权思想》⑩一书中有专章探讨了他的人权思想。在这

---

① 罗继祖：《马叙伦论康、于书》、《马叙伦词》，见罗继祖：《墐户录》，哈尔滨，黑龙江人民出版社，1989。

② 沈光海：《在辨清本义上下功夫——读〈说文解字研究法〉札记》，载《湖州师范学院学报》，1996(3)；《关于六书的界说——读〈说文解字研究法〉札记之二》，载《湖州师范学院学报》，1998(2)。

③ 马达：《〈列子〉与〈周易乾凿度〉——马叙伦〈列子伪书考〉匡正之一》，载《常州工业技术学院学报》，1997(1)；《"儒生之名"与"颜渊之寿"考异——马叙伦〈列子伪书考〉匡正二题》，载《张家口师专学报》，1998(1)。

④ 张其昀：《马叙伦〈说文解字研究法〉与〈说文解字六书疏证〉》，见张其昀《"说文学"源流考略》，贵阳，贵州人民出版社，1998。

⑤ 彭望苏：《"说文学"的集大成巨著——马叙伦先生〈说文解字六书疏证〉浅介》，载《贵阳师专学报》(社会科学版)，2001(2)。

⑥ 郭芹纳：《试论爱国民主战士马叙伦先生的汉字研究》，载《古汉语研究》，2004(3)。

⑦ 马嘶：《1937 年中国知识界》，北京，北京图书馆出版社，2005。

⑧ 余炎光、吴伦霓霞编著：《中国名人在香港》，香港，香港教育图书公司，1997。

⑨ 袁小伦：《战后初期中共与香港进步文化》，广州，广东教育出版社，1999。

⑩ 杜钢建：《中国近百年人权思想》，香港，香港中文大学出版社，2004。该书共分十一章，除马叙伦外，其余十人为沈家本、康有为、严复、孙中山、梁启超、陈独秀、李大钊、胡适、钱端升、马哲民。

四个方面成果中，由于本书重点考察的是马叙伦在民国教育界的活动，故以第一部分所列各研究成果与本书的关系最为密切。总的来看，这一部分的成果尚不多见，现有的这三篇文章，在史实重建和论述深度上均稍显不足。

本研究以考察马叙伦在民国教育界的活动为主题，除上述与他直接相关的成果外，其他相关研究成果主要还有以下几个方面。

首先，在中国近代思想文化史、学术史等研究领域，已有的不少成果与本研究密切相关，如郑师渠关于晚清国粹派的研究[①]、桑兵对近代中国学术的地缘与流派的论述[②]、王汎森对晚清政治概念与"新史学"关系的研究[③]、陈以爱对北大研究所国学门及整理国故运动的研究[④]、孙之梅关于南社的研究[⑤]等。这些成果在一些具体史事的论述上为本研究提供了有力的支持。

其次，与马叙伦有关的各历史人物的研究颇值得重视。蔡元培、鲁迅等人长期以来一直是海内外众多研究者关注的中心。改革开放后，大陆学术界对胡适、周作人等人的研究也有了长足进展，总体评价日趋公允。对这些历史人物，已有研究成果中有许多上乘之作，其中与本书密切相关的不在少数。文中在具体论述里已就目力所及尽可能地予以吸收，因数量众多，此处不一一列举。值得注意的是，近年来对陈黻宸[⑥]、蒋梦麟[⑦]、沈定一[⑧]、王世杰[⑨]等人的研究也有一些进展，为探讨马叙伦

---

① 郑师渠：《晚清国粹派——文化思想研究》，北京，北京师范大学出版社，1997。
② 桑兵：《晚清民国的国学研究》，上海，上海古籍出版社，2001。
③ 王汎森：《中国近代思想与学术的系谱》，石家庄，河北教育出版社，2001。
④ 陈以爱：《中国现代学术研究机构的兴起——以北大研究所国学门为中心的探讨》，南昌，江西教育出版社，2002。
⑤ 孙之梅：《南社研究》，北京，人民文学出版社，2003。
⑥ 参见蔡克骄：《陈黻宸与"新史学"思潮》，载《浙江学刊》，2000(2)；《陈黻宸论良史》，载《史学史研究》，2000(2)；吴忠良：《略论陈黻宸的历史观和新史方案》，载《东方论坛》，2002(2)。
⑦ 马勇：《蒋梦麟传》，郑州，河南文艺出版社，1999。林月秀：《蒋梦麟的生平与思想研究：以教育为中心》，博士学位论文，中山大学历史系，1999。
⑧ [美]萧邦奇：《血路——革命中国中的沈定一(玄庐)传奇》，周武彪译，南京，江苏人民出版社，1999。
⑨ 徐保达：《王世杰与民国政治》，硕士学位论文，台北，政治大学历史系，2002。

与教育界各方的关系提供了不少素材。

最后,教育史领域也有不少相关的成果,主要包括教育通史、高等教育史、教育思想史、教育制度史、教育行政史、学生运动史等几大类,已有著作为数众多。① 不过,既有的大部分中国近现代教育史著作或过于迁就革命史的叙事框架,或过于偏重解释制度条文、阐发教育思想,因而在这些著作中很难看到马叙伦的活动,即使偶有述及,也大都一笔带过。近年来,教育史研究出现了一些新成果,逐渐突破了原有的叙述模式,取得了一些进展,如王东杰的《国家与学术的地方互动:四川大学国立化进程(1925—1939)》②、金以林的《近代中国大学研究(1895—1949)》③、许小青的《从东南大学到中央大学——以国家、政党与社会为视角的考察(1919—1937)》④等。这种把教育作为社会的一个组成部分重新书写教育史尤其是大学校史的取向颇值得借鉴。其中,许小青关于东南大学、中央大学历次风潮的探讨与本书部分章节的关系尤为密切。此外,海外学者关于学生运动的研究,如周策纵关于五四运动的研究⑤、吕芳上关于20世纪20年代学界风潮的论述⑥,也与本书关系密切。

以上三个方面的成果或多或少都论及马叙伦,由于这些著作不是专门以他为研究对象,因此关于他的直接论述并不是很多。尽管如此,这些成果或提供了相关的背景知识,或对某些相关问题的论述较为深入,使本研究拥有一个较高的起点。综合直接、间接相关的各研究成果可以

---

① 参见王炳照:《教育史》(曾业英主编:《五十年来的中国近代史研究》,上海,上海书店出版社,2002);毛祖桓:《中国高等教育史研究五十年述评》(《高等教育研究》,1999〈4〉)等文。
② 王东杰:《国家与学术的地方互动:四川大学国立化进程(1925—1939)》,北京,生活·读书·新知三联书店,2005。
③ 金以林:《近代中国大学研究(1895—1949)》,北京,中央文献出版社,2000。
④ 许小青:《从东南大学到中央大学——以国家、政党与社会为视角的考察(1919—1937)》,博士学位论文,华中师范大学中国近代史研究所,2004。
⑤ [美]周策纵:《五四运动:现代中国的思想革命》,南京,江苏人民出版社,1996。
⑥ 吕芳上:《从学生运动到运动学生(民国八年至十八年)》,台北,"中央研究院"近代史研究所,1994。

看出，目前关于"马叙伦与民国教育界"的研究还稍显薄弱。若能进一步做足史料发掘和史实考订的功夫，注意把握相关史事的内在联系，这一课题还有着较大的拓展空间。

三

　　1949年后在中国近现代史研究成果中数量最大、突破也最大的当数历史人物研究。具体到民国史研究，人物研究也是最为热门的领域。① 但人物（尤其是带有政治背景的人物）研究同时又是中国近现代史研究中的一大难点。原因之一是中国近现代史上的人物距今尚近，研究者的主观色彩太浓，立场不同，观感各异，要做到客观公正殊为不易。瞿兑之尝言："自来成功者之记载必流于文饰，而失败者之记载又每至淹没无传。凡一种势力之失败，其文献必为胜利者所摧毁压抑。"② 这一现象在历史研究特别是中国近现代史研究中屡见不鲜。文饰可以使失真，摧毁压抑亦可以使失真，而史学研究者的责任恰恰就在于求真。这就决定了一个史学研究者只有尽可能地跳出成王败寇观念的束缚，通过自己的不懈努力，褪去加在胜利者身上的文饰，恢复失败者的本来面目，才有望实现预期的研究目标。马叙伦在中国近现代政坛上无疑是属于胜利者一方，尤其是他晚年成为中国民主促进会的主要创始人，这些因素使他难免或多或少存在被后来者有意或者无意文饰之处。从现有的一些资料看，他的形象也有被简单化的倾向。

　　除去主观因素干扰外，就客观情况看，人物研究也有其独特的难处。因为人物研究不能仅仅描述外形，还要对其言行具"了解之同情"，"更有甚者，或认为要了解历史人物，须在相关的知识和智慧方面超越

---

　　① 马勇：《近代历史人物研究》、汪朝光：《民国政治史》，见曾业英主编：《五十年来的中国近代史研究》，49、659页。
　　② 徐一士编著：《一士类稿　一士谈荟》，瞿兑之序，7页，北京，书目文献出版社，1984。

对象，否则难以返其本心"。① 因此，在现实生活中出现一个颇为矛盾的现象：在一般舆论报道中，马叙伦的形象非常清晰——卓越的教育家、文字学家、书法家，著名的爱国民主人士；但若把他放回其亲历过的具体历史场景中，又会发现实际情况远比一般印象要复杂得多——由于不少相关的基本史实没有充分厘清，他的形象还十分模糊。

基于这一现实，本书首先注重充分挖掘、梳理与马叙伦相关的各类史料，充分吸收已有的研究成果，考证相关史实，进一步做好史实重建工作。在此基础上，重点讨论他在民国教育界的活动，揭示分析其生平活动及与各方的关系。"格义附会""实事求是""了解同情"是治史的三重境界。② 本书的主要立足点在于努力做到实事求是，尽量减少因望文生义、"格义附会"而导致的讹误，至于"了解同情"、虚实互证则尚非初学者所敢望。

需要说明的是，文中所谓的教育界主要是指高等教育界，而一国的高等教育无不与该国的学术、文化密切相关。此外，教育的重要问题之一就是教育行政的沿革，而教育行政不仅是教育问题，更是一个政治问题。因此，本书虽以探讨马叙伦与民国教育界的关系为主题，但所讨论的问题除教育外，既涉及学术、文化，还将旁及时局的变动。罗志田认为，在史学大范围内，各专门史的学术分类主要还是为了研究的方便，"昔人以及今人都不曾也不会在做事时先想到这是我的'思想'、那是我的'社会行为'或'政治举动'等，则所谓思想史、社会史、政治史等分类实未必有充分的依据，更未必存在不可逾越的边界。"③研究像马叙伦这样一位阅历丰富、具有多重身份的历史人物，更应跨越史学范围内各子学科的樊篱。有鉴于此，文中以马叙伦的活动为中心，在论述过程中将根据实际需要适当展开，而不给自己预设一个学术史、教育史或政治史的前提。

---

① 桑兵：《孙中山的活动与思想》，绪论，4页，广州，中山大学出版社，2001。
② 桑兵：《国学与汉学——近代中外学界交往录》，33页，杭州，浙江人民出版社，1999。
③ 罗志田：《近代中国史学十论》，254页，上海，复旦大学出版社，2003。

马叙伦与民国教育界

　　从历史事件发展的内在逻辑出发，马叙伦1913—1936年在民国教育界的活动大致可以细分为三个阶段。第一阶段从1913年到1919年。1913年，他得到盟兄汤尔和的提携，受聘任教于汤氏担任校长的北京医专，并于1915年进入最高学府北京大学任教，开始与北京教育界发生关系，并亲历了民国初年北大的新旧之争。第二阶段从1919年到1926年。五四运动中，他与汤尔和等人联手，在"留蔡助蒋"过程中发挥了重要作用。五四运动之后，他连年参加北大评议会，领导北大及北京教职员联合会，与蒋梦麟等人成为北大内部英美派与法日派之外能够左右校政的又一势力。1921年起，他接连担任浙江一师校长、浙江省教育厅厅长，并两次出任教育部次长，执掌中央教育行政，并出任教育特税督办。这一阶段教育界风潮迭起，派系争斗激烈，其中不少均与其密切相关。这些活动表明，他已经逐渐进入了教育界的中心。第三阶段从1926年到1936年。他在与北京政府经历了合作、冲突后，最终走向决裂。"三·一八"惨案后，他南返杭州，于1926年秋策动夏超独立，响应北伐。北伐后，他成为浙江政坛要角之一，参与政治机要，在一段时期内疏离了教育界。1928年年底，他出任南京国民政府教育部次长，重返教育界。在与南京国民政府短暂合作后，亦终究"断绝了所有的希望"[①]，于1931年年初重返北大任教。九一八事变后，受空前严重的民族危机的刺激，他日渐左倾。而这一时期教育界的形势已经发生了很大变化，北大逐渐为胡适等英美派学者所控制，1936年他被排挤出北大，淡出了北京教育界。

　　本书按照这三个阶段展开论述，以时间为经，以相关史事为纬。一般而言，学生以外与教育界发生关系的主要是两类人：一类是学者出身的从事传道、授业、解惑工作的教师；另一类是管理教育行政的官员。就马叙伦而言，虽然他很多时候都兼具这两种身份，但与教育界发生关系的先决条件是他的学者身份。因此，在考察他在民国教育界的活动前，首先对他如何取得这一身份略作探讨，作为进一步论述的基础。在

[①] 马叙伦：《为黄任之先生的来》，载《民主》，1946(18)。

具体叙述中，则将侧重于他在北大及教育部的活动。虽然在五四运动后一段时期内的学界风潮及担任教育部次长的过程中，马叙伦与北京的中小学界有过一些接触，但他在民国教育界的活动主要还是集中在高等教育（以北大为主，他长期专任北大文科教授，同时在北京医专、北京高师、清华大学等校兼课）和教育行政（以北京政府和南京国民政府教育部为主）两个领域。当然，民国时期教育界的情况特别复杂：一方面，高等教育包括大学和高等专门学校，而且又有公立（包括国立、省立、市立等）、私立及教会创办之别；另一方面，北京政府时期由于军阀割据，教育部的权威有时甚至不能出于都门。马叙伦第二次担任北京政府教育部次长时，罢免东南大学校长郭秉文的命令就遭到了地方实力派江苏省教育会的强力抵制，引发了旷日持久的东大易长风潮。尽管如此，重点考察他在最高学府及最高教育行政机关的活动，以此展现其与民国教育界的关系，还是具有一定的代表性。

在梳理马叙伦在民国教育界基本活动的同时，试图从两个方面展开论述：一方面，考察他如何取得、利用各种政治、学术资源，使自己能够在相当长的历史时期内都有机会处于教育界的核心；另一方面，从他的活动出发，考察五四运动前后至20世纪30年代教育界派系争斗概况，展现这一时期教育界派系的成因、演变及其影响。

既有的教育史研究多偏重教育思想、理论和学制系统[①]，实则教育界有重大影响的人物、派系的具体活动及彼此间的关系也应引起足够的重视。教育史研究中，"制度史""思想史"与"活动史"既有区别，又有联系，在具体研究中这三者应该是有机结合在一起的。钱穆在谈到制度史研究时曾着重强调精熟"人事"的重要性，他认为："要讲一代的制度，必先精熟一代的人事。若离开人事单来看制度，则制度只是一条条的条文，似乎干燥乏味，无可讲。而且已是明日黄花，也不必讲。"[②]本书关注的重点即在于民国教育界的"人事"，希望以此作为研究这一时期教育

---

① 关晓红：《晚清学部研究》，5页，广州，广东教育出版社，2000。
② 钱穆：《中国历代政治得失》，前言，4页，北京，生活·读书·新知三联书店，2001。

制度史、思想史的一块小小的垫脚石。桑兵在谈及学术史研究的路径时指出："具体而言，即考察近代学者的相互联系，进而验证其相互评判，将主观的学术评价，变成探讨学者心路历程的事实分析"，重点不在学术成果的评介，"而是揭示学者的学术活动及其相互关系。"①这一路径对本研究具有重要的指导意义。本书在探讨民国教育界的相关史事时，重点不在解释制度条文或阐发教育思想，而是从马叙伦的活动中管窥教育界中有重要影响的人物、派系的具体活动，进而揭示其相互之间的关系。通过这些事实分析来加深对当时教育界重要人物、派系以及重大事件的认识。只有做足这些基础性工作，教育制度、思想的研究才能有一个比较可靠的立足点。

四

史学研究是一项特殊的工作，研究者只有借助史料的中介作用，才能对已逝的史实进行客观、深入的考察，这也是史学研究与文学创作的根本不同之处。对不同的研究对象，所依靠的中介也大不相同，"须依据史料与史事的具体关系而定"②。与本研究相关的史料十分繁多。从种类上看，研治中国近代史所能接触的各种材料，举凡档案、报纸杂志、文集、回忆录、日记、书信函札、口碑资料等，均须涉猎。从史料保存的空间看，马叙伦一生仅在1911年夏随汤尔和去过一趟日本，为时甚短。③1922年夏，他已做好赴美考察的准备，旋因出任浙江省教育厅厅长而未成行。因此，与他有关的核心资料基本上都在国内（包括台湾地区）。尽管如此，也很难做到竭泽而渔。

---

① 桑兵：《国学与汉学——近代中外学界交往录》，绪论，16页。
② 桑兵：《陈寅恪与中国近代史研究》，见桑兵：《晚清民国的国学研究》，184页。
③ 有学者曾将马叙伦算作留学日本出身的学者（张彬：《从浙江看中国教育近代化》，175页，广州，广东教育出版社，1996），还有学者称马叙伦曾与余绍宋等同赴日本东京法政大学求学（王则勇：《梁启超晚年知音余绍宋》，载《人物春秋》，2004（1）），均不确。

绪　论

马叙伦去世后，留下大量遗物、藏书及著述。他多年收藏的珍贵文物（古瓷百余件、扇面二百件），皆于1949年后捐给故宫博物院。1986年，马氏后人又将其家藏"文化大革命"十年劫余的全部文物，无偿捐给了中国革命博物馆（现归国家博物馆）。[①] 马氏"天马山房"藏书近两万册则于1933年全部售予辅仁大学，现藏于北京师范大学图书馆。[②] 他一生治学十分勤恳，所写的著作及各类文章数量非常大（详见附录三），除1949年前陆续出版过一部分外，20世纪50年代中期曾印行一批，1985年纪念其百年诞辰时又重印过一部分，并整理出版了《马叙伦诗词选》[③]、《马叙伦政论文选》[④]、《马叙伦书法选》[⑤]等书。此外，他还有部分未刊手稿存世，主要藏于国家图书馆。十余年前，社会上就有刊印马叙伦全集的呼声，由于各种原因，这项工作至今尚未见进行。

北洋军阀统治时期，由于新的统治秩序迟迟不能建立，政府对社会舆论的控制也相对松弛，正如有学者所言："大多数军阀都是保守的、竭力与传统价值观保持谐调的人。然而非常矛盾的是，他们所制造的分裂与混乱却为思想的转折和反传统的流传提供了绝好的机会。无论中央政府还是各省军阀，都无法有效地控制住大学、期刊、出版业及中国知识界的其他机构"[⑥]。作为最高学府的北京大学，在校长蔡元培的领导

[①] 周永珍：《珍惜文物的典范马叙伦》，载《人民政协报》，1986-09-09。
[②] 北京师范大学图书馆古籍部编：《北京师范大学图书馆善本古籍书目》，序，北京，北京图书馆出版社，2002。伦明的《辛亥以来藏书纪事诗》有专节记马叙伦，诗云："闲摊往往获书佳，日日同寻府学街。岂是晚年憎绮业，割心一一遣金钗。"诗后附记："仁和马叙伦，三十年前，与余同居广州，游每同行。府学东街，广州卖旧书处地也。数年前，君以所藏，全归辅仁大学，凡两万余册。近代人词集，多至数百册，君不善词，而好收词集"（伦明：《辛亥以来藏书纪事诗》，101页，上海，上海古籍出版社，1999）。国家图书馆藏有《天马山房书目》稿本及定本（国图目录450.9539.2），定本将全部藏书分为经、史、子、集、清人词目、丛书类六大类，该目录共105页，每页著录图书26种，约计2700余种。郑逸梅称：马叙伦"解放后，曾以二万册，捐献辅仁大学"（郑逸梅：《艺林散叶》，157页，北京，中华书局，1982），时间、经过均不确。1952年高校院系调整后，辅仁大学并入北京师范大学，"天马山房"藏书也改藏于北京师范大学图书馆。
[③] 周德恒编：《马叙伦诗词选》，北京，文史资料出版社，1985。
[④] 马叙伦：《马叙伦政论文选》，北京，文史资料出版社，1985。
[⑤] 寿墨卿编：《马叙伦书法选》，北京，人民美术出版社，1985。
[⑥] [美]费正清主编：《剑桥中华民国史》第一部，338页，上海，上海人民出版社，1992。

下，各项革新运动渐次开展。《北京大学日刊》从 1917 年 11 月 16 日开始发行，至 1932 年 9 月 17 日改为周刊，在这十余年时间里，除去中间因经费短缺及政局动荡偶有中断外，大部分时间都能按时发行。该刊详细登载北大的各学科科目、设施、规章制度和集会通知等，同时也发表一些国内外学者的演讲、著述及学术界的重要通信。这些报道里面留下了蔡元培、蒋梦麟、胡适、马叙伦等人在北大活动的大量记录。[①] 五四运动后，知识界作为一个新兴群体日渐引起舆论界的关注，据胡适称，无论是国共两党，还是研究系，"都认识到吸收青年学生为新政治力量的可能性而寄以希望，'五四'以后事实上所有中国政党所发行的报刊——尤其是国民党和研究系在上海和北京等地所发行的机关报——都增加了白话文学的副刊"[②]。包括国民党和研究系的机关报在内，当时的不少大报如《申报》等几乎每日均有大量关于教育动态的报道，《时事新报》副刊《学灯》还设有"教育界"专版，上海《民国日报》和北京《晨报》也是如此。因为时常"援助""袒护"教育界，《晨报》甚至被有的论者称为整个教育界的"机关报"[③]。马叙伦长期任职过的北大和教育部，前者是最高学府，后者是最高教育行政管理机构，因此尤其容易引起各种媒体的关注，从当时的报纸杂志上可以找到大量的相关报道。不仅如此，通过大量阅读这些报道，还可以把握他所处时代教育界的总体情况。这些报纸由于政治立场的不同，对教育界的同一事件或同一人物，各自的立论常常相去甚远。[④] 具体到关于马叙伦的报道也是如此，比照这些不同记载，恰恰可以看出其与各方关系的亲疏远近。此外，期刊的日益增多，也给当时的学者们提供了更多的发表学术著述或政论文章的机会。马叙伦一生写了为数众多的学术及政论文章，至今仍有很大一部分散落

---

　　① 除了不少报道与马叙伦直接相关外，从 1918 年 10 月 7 日起至 1925 年 9 月，该刊还陆续刊出马叙伦的《读书小记》《清史拾零》《读书续记》等著作，无论是所用篇幅之大，还是连载时间之长，在同一时期北大教授中都是绝无仅有的。
　　② 唐德刚译注：《胡适口述自传》，184 页，上海，华东师范大学出版社，1995。
　　③ 何作霖：《教育经费独立与读书运动》，载《晨报》，1922-09-19。
　　④ 吕芳上：《从学生运动到运动学生（民国八年至十八年）》，30 页。

绪　论

于各类报纸杂志之中，有待耐心查阅。

有关的档案资料也为数不少。已经公开出版的，如《中华民国史档案资料汇编》[1]、《北京大学史料》[2]等，是本研究的重要资料来源。其中《北京大学史料》收录了大量北京大学的原始档案及各种报纸杂志关于北京大学的报道，由于出版较晚，内有不少以前的研究者不大注意的资料，尤为重要。对本研究而言，各档案馆保存的未刊档案也有较大的发掘空间。在搜集资料阶段，笔者曾两次外出调研，查阅了北大档案馆、北师大档案馆、北京市档案馆、清华大学档案馆、中国第二历史档案馆等处保存的相关档案，找到了部分相关的原始档案。

研究一个历史人物，不可避免要厘清其与前后左右各方的关系，否则难以深入。这一点已经得到越来越多研究者的认同。由于马叙伦的活动涉及学术、教育及政治等领域，因此在考察他在民国教育界的活动时，除关注他本身的活动外，还得全面把握民国教育界、学术界乃至政界的整体动态。要做到这一点，就必须在重点关注马叙伦的同时，兼顾同一历史时期大量的相关人物及史事。近年来，民国时期的诗文集、日记、函电、年谱等大量印行，为本研究提供了不少资料。由于其生活的年代距今尚不算太远，相关的自传、回忆录也非常之多。这些记录或因作者立场不同，或因记忆失真，常有互歧、讹误之处，使用过程中需要仔细比勘，无形中增加不少困难。当然，辛苦之后偶有创获，欣喜之情也自不待言。

已经编辑出版的各类资料集也为本研究提供了不少便利。除《中华民国史档案资料汇编》及《北京大学史料》外，还有《中国近代教育史资料》[3]、《鲁迅生平史料汇编》[4]、《三一八惨案资料汇编》[5]、《李石曾传记

---

[1]　《中华民国史档案资料汇编》(中国第二历史档案馆编，江苏古籍出版社分年出版)中与本书相关的主要是第3辑的教育编、民众运动编，第5辑的教育编(1—2)。

[2]　王学珍等主编：《北京大学史料》，北京，北京大学出版社，2000。该书共3卷(6册)，其中与本书直接相关的是第2卷(1912—1937年，分为上、中、下3册)。

[3]　舒新城编：《中国近代教育史资料》(全3册)，北京，人民教育出版社，1962。

[4]　薛绥之主编：《鲁迅生平史料汇编》第2~4辑，天津，天津人民出版社，1983。

[5]　江长仁编：《三一八惨案资料汇编》，北京，北京出版社，1985。

资料》①、《蔡元培传记资料》②、《胡适传记资料》③等。近年来，网络资源对治学的帮助已经日益引起学界的重视。2000年3月由马氏后人创建的网上"马叙伦纪念馆"，亦为本研究提供了部分资料和信息。

当然，本研究在资料方面也还有一些缺憾，部分关系较为密切的资料或下落不明，或尚未开放，目前还无法利用。其中，马叙伦、汤尔和两人的日记均数十年如一日，甚少中断，本是研究中国近现代史的绝好史料，可惜现在均无从窥得全豹。汤尔和的日记下落不明，现在能够利用的只有胡适转录的极小部分。④ 马叙伦的日记情况更为复杂。黄裳曾从其《香影楼日札》中选出部分连载于报端，后结集出版为《石屋余沈》、《石屋续沈》两册，余下部分现在也下落不明了。⑤《香影楼日札》记琐事、见闻、随感、掌故旧闻、戏剧电影评论等，内容十分丰富，像是日记，又似非其正规的日记⑥，马叙伦疑另有更专门的日记⑦。中国第二历史档案馆所藏蔡元培、张静江、吴稚晖、李石曾等人的档案里估计还有部分与本研究相关的资料，除了蔡元培的绝大部分资料已经由高平叔整理出版外，其他至今仍未对公众开放。这一切只能留待以后酌情再作努力了。史学研究的性质决定了研究者不可能拥有与研究对象相关的全部资料，他们所要做的是充分利用可能到手的资料来尽可能地接近自己的研究目标。或许正因为如此，这项工作才充满挑战，也更富有魅力。

---

① 朱传誉主编：《李石曾传记资料》，台北，天一出版社，1979。
② 朱传誉主编：《蔡元培传记资料》，台北，天一出版社，1985。
③ 朱传誉主编：《胡适传记资料》，台北，天一出版社，1985。
④ 见耿云志等编：《胡适书信集》中册，北京，北京大学出版社，1996。
⑤ 已刊部分尚不足原稿的五分之一，详见黄裳：《忆马叙伦》，见黄裳：《负暄录》，115~116页。罗继祖称："夷老此书凡三编，独初编未获见"（罗继祖：《墐户录》，63页），是未详此书成书过程的误解。
⑥ 黄裳：《忆马叙伦》，见黄裳：《负暄录》，115页。
⑦ 他对自己的日记颇为得意，曾作有《题日记后》五首，内有"堪持方越缦，什袭付来人""此中多宝藏，留与解人颐"等句（马叙伦：《马叙伦诗词选》，16页）。承卢礼阳相告，马叙伦的日记已于"文化大革命"中焚毁；但中国民主促进会在纪念"六二三"事件四十周年时曾刊出马叙伦《嚼梅咀雪庵之日记摘录》（1946年6月21日至29日，马叙伦：《嚼梅咀雪庵之日记摘录》，载《民进》，1986(6)）。由此可知马氏日记可能仍有部分存世，只是具体数量及藏于何地还不得而知。

第一章　进入北京教育界：1913—1919

一、早年师友交游

1918年北京高等师范学校对在职教员的"学业经验"进行统计，将所有教员分为"优于国学历充教员久任学务(13人)""本国高等专门学校毕业(18人)""外国专门大学毕业(附外国人6人，共53人)""本国中等学校毕业(17人)""办理地方学务及他项职务(15人)"和"艺术专家(2人)"六大类。[①] 马叙伦时为该校兼任教员，从该表看当属于"优于国学历充教员久任学务"一类。马叙伦早年既无科举功名，又未曾负笈海外，甚至在国内学堂接受教育的时间也不算长。在考察他在民国教育界的活动之前，有必要对其早年的师友交游情况略作梳理，探讨他如何获得上述身份并取得进入教育界的资格。在近代中国社会剧变这一特定背景下，他的一生跌宕起伏，阅历丰富。就其早年经历(辛亥革命前)而言，有三个因素对其后来的发展影响较大——早年身世、养正书塾时期的求学经历及20世纪初年在上海等地的交游。

(一)早年身世

马叙伦祖籍浙江绍兴，1885年4月27日(光绪十一年三月十三日)

[①] 《北京高等师范职教员学业经验比较表》，见《北高师十周年纪念录》，1918年，北师大档案馆藏，1-295。

生于杭州府仁和县（今杭州市）①，与日后的不少同事如周作人等人同龄。初字彝初，后因与《新世界学报》投资者赵祖德的别字相同，遂改为夷初；号石翁、寒香，晚年号石屋老人。终其一生，尤其是抗战时期在上海隐居阶段，为了躲避日伪迫害，他还使用过邹华孙等多个化名。

关于家世，马叙伦在《我在六十岁以前》初版时记载很少，后略作增补，但仍较为简略。据他在《石屋余瀋》、《石屋续瀋》及《天马山房文存》各书中的记载，参阅《世春堂马氏家系表》，可以勾勒出大致的情况。高祖马应凤(1748—1824)业农。曾祖马秀明(1794—1869)于1806年从绍兴来到杭州谋生，年仅12岁，"孑身无所依，遂投靠一制履师为弟子，及壮，自设小店于横河桥"②。由于经营有道，所创"云步斋"商号在杭州名气渐响，盈余日多，遂又兼有商人身份，得以入杭州府仁和县籍。祖父马文华(1831—1882)"三考出身"，在晚清咸、同、光三朝做了二十余年京官。父亲马琛书（字献臣，1858—1894）虽承继书香，但终生未曾得志，只做了个"县学生员"。③ 马叙伦排行居长。④ 在他出生两年前，祖父在任内病逝，而"家无斗石之蓄"，家道已经中落。他懂事后所见的情景是：父亲"朝出理人事，夕归侍王姒，丙夜而退"⑤，略有闲暇则卖字接济生活。这样持续到他十岁时，父亲又因病去世，家计就更显窘迫。生长在这样的家庭环境里，对他一生影响很大。

首先，由于曾经是仕宦之家，传承书香的主观愿望比一般家庭更为强烈，故长辈比较重视对他的教育。在他不足四岁时，父亲马琛书便为他延请名师破蒙，所请的是前一年浙江乡试第一名举人，仪式十分庄

---

① 关于马叙伦的出生年份，不少地方都记作1884年，此讹误源于马叙伦自身的记述错误。《我在六十岁以前》一书生活书店1947年初版时作1884年4月27日出生，后马氏曾对该书作了一些修订，生活·读书·新知三联书店1983年再版时改作1885年。引用该书时需注意此类版本问题。

② 马叙伦：《画耘先生之盛德》，《石屋续瀋》，《民国丛书》第三编第87辑，8页，上海书店出版社据1949年版影印。

③ 马叙伦：《我在六十岁以前》，1页。

④ 据《世春堂马氏家系表》，马琛书育有四子：叙伦、启伦(1886—1934)、敬伦(1888—1933)、效伦(殇)；三女：懿伦(1882—1891)、庄伦(1892—1969)、淑伦(1895—1920)。

⑤ 马叙伦：《显考行述》，见马叙伦：《天马山房文存》，37页，《天马山房丛著》本，1933。

第一章　进入北京教育界：1913—1919

重，可见其父望子成龙的殷切期望。①父亲因忙于生计无暇亲自教导，遂陆续请了几位老师来家教读。父亲去世后，虽然家境拮据，但母亲并未放弃让他传承祖辈书香的希望。因此，他幼年时期尽管读书的条件不是很理想，但基本上还得以连续接受教育。②当然，他这一阶段所受的教育都还比较正统。由于时常听母亲讲述祖辈的仕宦生涯，他"幼年晓得文天祥是个状元宰相，尽忠报国的人，很羡慕他，所以也想中状元、做宰相"③。所学的知识基本上也没有超出"四书""五经"的范围，而且还学过作八股文④，只是后来并未走上科举的道路。这些正统观念后来逐渐被革命思潮所打消。他这代人生逢新旧过渡时期，早年基本上是在科举与半新式、新式教育中徘徊。与其年龄相仿的蒋梦麟，由于早年家境比较宽裕，在正统的路上走得更远些，于浙江高等学堂接受新式教育的同时，还曾参加科举考试，中过秀才。⑤幼年的经历使得马叙伦日后特别重视对子女的教育，曾特地请好友马一浮为其子马龙潜开蒙⑥，并令其受业于友人叶左文⑦。其一生大部分的时间都与教育事业密切相关，幼年经历或不无潜在的影响。

其次，虽然家道已经中落，但作为曾经的仕宦之家，祖辈交游圈的

---

　　①　马叙伦在《石屋余渖》(《民国丛书》第三编第87辑，上海书店出版社据1948年版影印)中有《王郎中》一文专记其启蒙恩师。
　　②　马叙伦在《啸天庐古政通志》(《国粹学报》，1905，1⟨3⟩)一文的"自序"里，对其就读养正书塾之前的求学经历有较为详细的记载："叙伦年五岁而读四子之书，八岁而诵诗，十岁而失怙，然后离于家学。十一岁侍武进汤先生走吴门。十二岁从刘先生复理诗书，日背诵数卷辄必终，午中而卒学，属对亦工，刘先生称之；季春之月，又侍汤先生游于浙东之瓯江，无所得师，遂从汤先生学，略多治经。十三岁而返于家，家贫，伯叔父自给不暇，瞻犹子自母宜人以下，仰生活于中宪大夫及夫君之故交，然尤赖母宜人茕茕茹苦……不能具束脩，更无所从学，乃读书于乡义塾，又不能，一载辄病略血，又废而归。其二年，附学于同里，事鲁先生范先生，稍治声律学。"
　　③　马叙伦：《我在六十岁以前》，41页。
　　④　据马叙伦称："八股文，余少时曾习之，然至起股而止，其程式则今犹能辨之"，马叙伦：《八股文程式》，见马叙伦：《石屋续渖》，49页。
　　⑤　蒋梦麟：《西潮·新潮》，62～63页，长沙，岳麓书社，2000。在一些文献里，蒋梦麟又作蒋孟邻，不另注明。
　　⑥　《1917年1月20日致马叙伦》，见马一浮：《马一浮集》第1册，455页，杭州，浙江古籍出版社、浙江教育出版社，1996。
　　⑦　马叙伦：《叶左文之孝友》，见马叙伦：《石屋余渖》，188～189页。

影响还在。马叙伦祖辈在浙江文人中间有着较为广泛的交游圈。其父在世时,"虽处贫乏而好友",与各方士人(主要是文人、学者)交游十分广泛,"闲得休沐,则交游凑至,论文读画","四方之士来主吾家者不绝,虽朝鲜、琉璃(似当为琉球——引者)、日本诸国人,无不结识而去"。①外祖父邹氏亦出自书香门第,与龚自珍之子龚孝拱等人"交善"。② 这一切对幼年的马叙伦无疑有着潜移默化的影响,并为他日后进入这个圈子提供了很大的便利。马琛书虽未曾亲受业于俞樾③,但与不少俞门弟子交往密切,有的还结为盟友,这对他早年的教育经历影响很大。父亲去世后的第二年,他即随父亲生前好友汤颐琐到苏州、温州等地辗转求学,一年多后回到杭州。汤为俞樾弟子,精通诗文,虽然其本人诗酒应酬繁忙,很少有时间亲自教读,但这段经历不仅扩大了马叙伦的视野,也促使他较早地成熟起来。后来马叙伦在养正书塾受知于陈黻宸,也与这段经历略有关系。他入读养正,与其父的另一盟友、亦为俞门弟子的宋澄之在该校教书也有一定的关系。

最后,直接或间接受俞樾的影响,其父多年"沉浸经籍,喜治小学,手录群书,训诂积累寸,大抵如任氏钩沉之例,欲有所纂未暇为也"④,而马叙伦一生治学方面成就最大的即为小学(文字学)。诚然,他的治学兴趣最终转向文字学的经过比较复杂,但与幼年时期从父亲处所受的影响恐怕还是不无关系的。此外,他还是一位著名的书法家,不仅有大量精美的书法作品传世⑤,还留下了不少见解独到的书论⑥,颇获各方行

---

① 马叙伦:《显考行述》,见马叙伦:《天马山房文存》,37页。
② 马叙伦:《龚孝拱遗著》,见马叙伦:《石屋余渖》,20页。
③ 有学者称马琛书早年曾受业于简朝亮(竹居)门下(邓圻同:《诗人黄节在北京》,见广东炎黄文化研究会等编:《岭峤春秋——黄节研究论文集》,281页,广州,中山大学出版社,2003),不确。
④ 马叙伦:《显考行述》,见马叙伦:《天马山房文存》,37页。
⑤ 见《马叙伦墨迹选集》(北京,人民美术出版社,1964)、《马叙伦书法选》(北京,人民美术出版社,1985)、《马叙伦先生法书选集》(上海,上海书画出版社,1989)等。沈尹默称他为"近世之王绍宗"(沈尹默:《马叙伦墨迹选集·序》,见马国权编:《沈尹默论书丛稿》,203页,香港,生活·读书·新知三联书店香港分店,1982)。据国家文物局文件(文物保发〔2001〕42号)所附《一九四九年后已故著名书画家作品限制出境名单,马叙伦属于"精品不准出境者"(共107人)之一。
⑥ 散见于《石屋余渖》、《石屋续渖》两书。

家好评。在这一点上他受父亲的影响十分明显。

(二)养正启蒙

幼年的延师破蒙毕竟只是一种带有象征意义的仪式,马叙伦真正意义上所受到的启蒙是在养正书塾求学阶段。

养正书塾是戊戌变法的产物。清末浙江文化教育事业的革新与几位闽人密切相关,其中最重要的一位是时任杭州知府的林迪臣(即林启,林长民之父、林徽因之祖),他在杭州共创办了三所新式学堂:求是书院、养正书塾和蚕桑职业学堂。① 其中,求是书院相当于大学或高中程度,而养正书塾则如马叙伦所言"不中不外不今不古","不过不得不叫他们做新式教育机关","可以说是现在的初小二三年到高中的混合体"。② 开始阶段养正书塾大概只是中小学混合学校,马叙伦入学后的第三年,养正"设特班师范班,特班、头班之程度,实与求是书院学生无别"。后求是书院演变为浙江高等学堂,而养正书塾则发展为杭州府中学堂、浙江省立一中。③ 这两所学校各有特色,其中求是书院侧重"提倡道德",而养正书塾则偏于"提倡干练"。④ 1899年夏,养正书塾开办后,马叙伦征得母亲同意后报考,并顺利通过入学考试,开始了其一生中最重要的一段学习生活。他刚进养正时,学校共设有二至四班三个年级,其中二班学生的程度最高,不过六七个人,都会做满篇的文章,年纪也都在20岁左右。由于他刚入学时还不懂得如何做"策论文",于是校方将与其程度相近的几位同学合在一起编为新四班,所开设的科目有国文、历史、掌故、地理、数学、英文等。他因为此前没有接触过地理、数学、英文等科,加之兴趣不高,学得非常吃力;但他在国文、历

---

① 陶菊隐:《蒋百里传》,4页,北京,中华书局,1985。
② 马叙伦:《我在六十岁以前》,8页。蔡元培在其《自叙年谱》中则称:养正书塾"是私立的,其程度约如今日的初中"(高平叔:《蔡元培年谱长编》上册,198页,北京,人民教育出版社,1996)。
③ 马叙伦:《林迪臣先生兴学》,见马叙伦:《石屋余渖》,186页;马叙伦:《关于辛亥革命浙江省城光复记事的补充资料》,载《近代史资料》,1957(1),48~49页。
④ 竺可桢:《竺可桢日记》,1940年8月22日条,第1册,448页,北京,人民出版社,1984。

史、掌故等科目上的优势很快显现出来，尤其是国文成绩连连夺冠，遂得以不断破格升级，由新四班逐级升至特班。在其入学第三年时，校方又给他及汤尔和、杜士珍等六位同学冠以"师范生"的名号，一边继续学业，一边开始给新开设的"备班"学生上课，成为浙江省最早的"师范生"。①

在养正书塾阶段，除了一般性学习外，对马叙伦而言，最重要的是受知于陈黻宸、陈叔通，并结识了汤尔和等友人。就其一生而言，如果说早年对他提携最多的是陈黻宸、汤尔和，晚年和他最接近的则当数陈叔通，而这三人都是他在养正求学时期所结识的。

关于马叙伦的授业恩师，已有著作有过一些误记，有的将其误作太炎弟子②，有的误作俞樾弟子③，有的甚至误认其为陈汉章的弟子④。实则陈黻宸才是他正牌的启蒙导师。陈黻宸（1859—1917），字介石，后改名芾，1859年生于瑞安。16岁结交陈虬，18岁结交宋恕，终生友好不渝。从29岁掌教乐清梅溪书院直至逝世前，陈黻宸一生大部分的时间都在从事教育事业。⑤ 1900年，陈黻宸受聘为养正书塾史学教习。与其一生漫长的从教生涯相比，陈黻宸在养正教学的时间并不算长，亦无甚特别之处，但却教出了马叙伦、汤尔和等一大批得意门生。陈黻宸治学讲求博通，"言性理宗陆九渊、王阳明"，言"经制"则以治史为主，"谓不通史学，则于民生习俗，与夫世运推移之际，不能洞澈本原"。⑥ 其治学成就也以史学为主，包括中国通史、史论、中国哲学史（诸子哲学）。据宋恕记载，当陈黻宸初次在杭州讲学时，"学者惊其博通，皆以为足亚复堂先生（指谭献——引者）"。⑦ 由于他讲的是温州土话，学生

---

① 马叙伦：《浙江最初之师范生》，见马叙伦：《石屋余渖》，152页。
② 王汎森：《中国近代思想与学术的系谱》，285页。
③ 张其昀：《"说文学"源流考略》，419页。
④ 马镜泉等编著：《马一浮评传》，61页，南昌，百花洲文艺出版社，1993。
⑤ 关于陈黻宸的生平，详见胡珠生：《海内师表陈黻宸》，见陈德溥编：《陈黻宸集》上册，1～2页，北京，中华书局，1995。
⑥ 陈德曾：《书瑞安陈黻宸先生全集》，见陈德溥编：《陈黻宸集》上册，2页。
⑦ 宋恕：《陈介石五十寿诗序》，见胡珠生编：《宋恕集》，454页，北京，中华书局，1993。

第一章 进入北京教育界：1913—1919

们（以杭州人为主）大多听不懂，但这并不妨碍他和学生之间的交流，不久即博得他们的爱戴。他总是用笔谈的方式考问学生，"不但'循循善诱'，还真懂得'不愤不启，不悱不发'的教法。我们经他老几次的启发，没有不五体投地的归依他老了"①。汤尔和后来回忆从师受教情景时称："时言论多忌讳，师教人，初不为今日名师之言，往往托古人以自见，微文讽叹，得之言外，余于是亦稍稍悟矣。时与杜君士珍、龚君寿康、周君继善、马君叙伦、叶君诚然、陈君文农、王君凯成辈暇则披帏入室列坐，问胸中所疑，漏下犹不去，窃窃然若有所私语。呜呼！可谓笃矣！"②可见陈黻宸对养正学生影响之深。

由于马叙伦曾在温州短期生活过，心理上更容易与陈黻宸接近，加上他在文史专业上的特长，很快就得到其师的青眼。陈黻宸这个时期对他的影响主要表现在两个方面。首先是学业上的传授。他本来就喜欢文史，得到陈黻宸的指点后，进步更速，在史论及哲学史（以诸子哲学为主）等方面，颇得陈氏真传，留下了不少著作，尽管后来他在治学领域上发生了变化，重点转向了文字学。其次也是更重要的一方面则是思想上所受的启迪。如前所述，幼年时他在思想上更多的还是正统观念。在养正时期，这些观念逐渐受到冲击。在教学过程中，陈黻宸时常告以《申报》、《新闻报》、《中外日报》上所刊载的时事，讲授中国古代史时更有意突出六朝、五代和宋、明"亡国"的史事，并指导学生在课外看《天演论》、《法意》和《黄书》、《伯牙琴》、《明夷待访录》等书。青少年时期正是一个人的思想最具可塑性的阶段，此时他对其师的崇拜，"好象［像］基督徒信《圣经》一样"。受了陈黻宸的启发，他的思想不知不觉中发生了重大转变，原先的正统观念逐渐为反清革命思想所代替。③

马叙伦后来追述这段经历称："先生之主养正书塾也，以教授历史，

---

① 马叙伦：《我在六十岁以前》，10页。
② 汤尔和：《瑞安陈太公寿序》，转引自陈德溥编：《陈黻宸集》下册，1177页。
③ 马叙伦：《我在六十岁以前》，10～11页。

即陈夷夏文野之义,于五胡、金、元之迹,反复而不厌;又以孟轲、邓牧、黄宗羲之说,敷引于讲席之间,于是杭之学者莫不盛张排满革命而谈民治,风浸被于全浙。"① 这种影响对他一生而言无疑非常重要。尽管陈、马师徒间偶尔也出现过一点误会,但总体而言两人的关系十分亲密。马叙伦多次得到陈黻宸的提携,从《新世界学报》到两广方言学堂,从浙江咨议局到北京大学,他大部分的时间都追随在其师身边。陈黻宸在学术界、教育界以及政界交游甚广,他的提携对马叙伦早年的发展无疑至关重要。就马叙伦一生来看,其主要活动也大致在这三个领域,从他的许多活动中都可以看到陈黻宸的影子。马叙伦对其师的敬爱也是数十年如一日,曾多次说过陈氏视其"犹子"。1917 年,陈黻宸去世后,马叙伦自杭州赶赴瑞安奔丧,既撰《祭章》,又作《挽联》,后又作了墓表。② 从这些文字中,可以看出陈、马师徒之间的深厚情谊。

对马叙伦前半生提携多次、影响最显著的长辈就是业师陈黻宸,而同辈友人中则首推汤尔和。③ 汤尔和(1878—1940),原名蕭,字调鼎,又字尔和,本是武进沙氏子,"承其姑父为嗣,姑父钱塘人,尔和遂籍钱塘"。④ 1900 年,马叙伦就读于养正书塾,与汤尔和认识。⑤ 这个时期的汤尔和、杜士珍、马叙伦三人均为养正学生中的翘楚,同列陈门,加之又志同道合,遂"拜了把子",被称为"三杰"。时值戊戌政变后不久,"三杰"再加上其他三位同学,又有"六君子"之称。⑥ 汤尔和后留学日本,民国初年创办北京医学专门学校,并长期担任该校校长,成为北京

---

① 引文最后一句原书断句有误。马叙伦:《陈先生墓表》,见陈德溥编:《陈黻宸集》下册,1229 页。
② 陈德溥编:《陈黻宸年谱》,见陈德溥编:《陈黻宸集》下册,1218~1219、1228 页。马叙伦所撰《陈先生墓表》,曾发表于《国学丛编》1931 年 11 月第 1 期第 4 册上。
③ 汤尔和与马叙伦虽属同学,但比马年长 7 岁之多,成名较早,早年资望也较马氏为高,故有可能提携他(卢礼阳:《马叙伦》,54 页)。
④ 马叙伦:《汤尔和晚节不终》,见马叙伦:《石屋续渖》,12 页。
⑤ 关于汤尔和的生平,详见幼松:《汤尔和先生》,北平,金华印书局,1942。参见楼献阁:《汤尔和》,严如平、宗志文主编:《民国人物传》第 6 卷,181~187 页,北京,中华书局,1987。
⑥ 马叙伦:《我在六十岁以前》,18 页。

教育界的实力派人物，五四运动前后更是隐然执北京教育界之牛耳。马叙伦在教育界的活动，晚清阶段主要得到陈黻宸的提携，民国后则更多地得到汤尔和的提携。马叙伦在寄汤尔和诗中有"念予如骨肉""交情洽肺肝"等句①，可见两人早年交情之深厚。后来汤尔和的兴趣日渐转向政界，抗战时期更沦为汉奸。马叙伦对他的堕落感到十分惋惜，并"以不能匡救为憾"②。

除陈黻宸、汤尔和外，马叙伦中年以后往来密切的另一位师长陈叔通(1876—1966，名敬第，浙江杭州人)也是在养正时期结识的。养正书塾初创时陈叔通在该校任国文教员。马叙伦中年以后与之过从甚密，尤其是抗日战争和解放战争时期，两人常就许多重大政治问题频繁交换意见。《文史资料选辑》曾刊出1948年前后陈叔通致马叙伦的部分密函③，从中可以看出两人非同寻常的关系。

按照原定计划，马叙伦等六名"师范生"毕业后，将被派到日本去学陆军，可是毕业前发生了一个大变故——因为部分学生反对守旧监督的压迫、主张自由，中间又掺杂着教师之间的尖锐冲突，酿成了一场大风潮。最终导致陈黻宸辞职而去，包括马叙伦等五名"师范生"在内的部分学生则被开除(汤尔和因病未参与)。④留学计划最终落空，马叙伦的人生道路因此发生了巨大的转折。

养正阶段对马叙伦以后的发展至关重要。除了接受学术上的训练、思想上的影响外，很重要的一点是，这一时期他在其祖父辈交游的基础上，凭借着不懈的努力，又进一步扩大了自己的交游圈。除了上述与陈黻宸、陈叔通、汤尔和等人的交游外，马叙伦还通过他们(主要是陈黻

---

① 马叙伦：《寄汤尔和辽宁》，见马叙伦：《马叙伦诗词选》，8页。
② 马叙伦：《汤尔和晚节不终》，见马叙伦：《石屋续沈》，14页。
③ 《陈叔通致马叙伦手札选刊》，见全国政协文史和学习委员会：《文史资料选辑》第100辑，1985。另参见范尧峰：《对陈叔通手札的若干注释》，见浙江省政协文史资料委员会编：《风雨忆同舟——浙江著名爱国民主人士史料专辑》(《浙江文史资料选辑》，1989，〈41〉)；袁小伦：《黎明前的一双慧眼——读1948年陈叔通致马叙伦手札》，载《广东党史》，2001(6)。
④ 马叙伦：《我在六十岁以前》，14~18页；陈德溥编：《陈黻宸年谱》，见陈德溥编：《陈黻宸集》下册，1179~1184页。这一风潮是20世纪初年学堂风潮中声势较大的一次，参见桑兵：《晚清学堂学生与社会变迁》，72页，上海，学林出版社，1995。

宸)的关系,进而结识了宋恕、蔡元培、孙宝瑄、汪康年、章太炎等一大批在当时学术界、思想文化界叱咤风云的浙江籍前辈人物,也结识了不少同辈的朋友。他在养正时期的突出表现,赢得了包括蔡元培、宋恕在内众多长辈的赏识。由于离开养正后他再也没有接受过系统的教育①,因而养正出身就成为其一生的标志。数十年后,竺可桢在日记中仍载:"汤尔和、马夷初为养正高材生。"②马叙伦对这段时光也满怀留恋,除了前述对其启蒙导师陈黻宸的感激与对其盟兄汤尔和晚节不保的惋惜外,他对养正书塾的创办者林迪臣也充满崇敬,每年孤山林社公祭林氏时,只要他在杭州,"虽风雨必往与"③。

(三)走向全国

晚清时期,上海逐渐取代广州成为中国经济最发达的城市,而且由于外国租界的存在,清廷专制的权威亦不能为所欲为,故这一时期的上海还引领着全国的思想潮流,革命派和立宪派在上海的活动都十分活跃。离开养正书塾后,由于家境困难,马叙伦非但不能再继续学业,而且还要帮助解决全家生计问题。④ 1902年5月16日,他与其师陈黻宸及宋恕、黄群等人一道动身前往上海⑤,揭开了人生中的一个新篇章。从此时起至1911年辛亥革命前,马叙伦的交游范围比养正时期进一步扩大,开始超越浙江知识圈而走向全国大舞台。这一过程主要包括三个阶段。

第一是《新世界学报》阶段。马叙伦到上海后,先是协助蒋智由编辑《选报》,"不过选取各报里国内外的重要消息,加一篇论说批评批评政治,形式还是线装书"。后该报的出资方赵祖德(彝初)准备再办一份刊

---

① 有学者在叙述马叙伦早年经历时,称马叙伦"1907年在求是书院就读,开始新式教育并接触西方进步书刊"(陈万雄:《五四新文化的源流》,50页,北京,生活·读书·新知三联书店,1997),时间、地点均不确。
② 竺可桢:《竺可桢日记》第1册,1940年8月22日条,448页。
③ 马叙伦:《林迪臣先生兴学》,见马叙伦:《石屋余沈》,186页。
④ 马叙伦:《我在六十岁以前》,18页。
⑤ 宋恕:《壬寅日记》,见胡珠生编:《宋恕集》,956页。

物，与马叙伦商量后，决定发行《新世界学报》，由陈黻宸主持编务。①

1902年9月2日，《新世界学报》第一期以"有耻氏"化名开始发行，接下来每月逢初一、十五出刊，到1903年4月27日共发行15期后停刊。从已出版的《新世界学报》看，该刊设有经学、史学、政治学、心理学、法律学、兵学、教育学、宗教学、理财学、医学、商学、伦理学、地理学、农学、物理学、工学、辞学、算学等不定期栏目18个。陈黻宸作为该刊的主编和精神领袖，"大出己生平之学说以为天下告而反之正"②，共撰写了《经术大同说》、《独史》、《伦始》、《地学原理》、《德育》、《辟天荒》6篇文章。除了极少数的"来稿"外，撰稿人基本上都限于陈黻宸及其门下弟子。按篇数算，最多的依次是杜士珍31篇、马叙伦24篇和汤尔和（调鼎）19篇（其中部分文章分期刊载），他们三人所作的文章约占总数的一半，另外一半为黄群（旭初）、陈侠、陈怀、黄式苏、高步云、徐景清等人所作。③ 有学者谓《新世界学报》的"教育学"栏目由马叙伦负责④，按诸实情并不确切。"教育学"栏目发稿情况如表1-1所示。

表1-1 《新世界学报》"教育学"栏目发稿情况表

期　号	篇　名	作　者
第1期	《公教育说》	汤尔和（调鼎）
第2期	《公教育说》（续）	汤尔和
第3期	《公教育说》（续）	汤尔和

---

① 马叙伦：《我在六十岁以前》，18～19页。参见卢礼阳：《马叙伦》，11～12页。在蔡元培看来，此事经过如下：蒋智由（观云）"方主持《选报》"，该报由赵祖德"出资印行，销行颇广，因为蒋君选辑精严，编次亦有条理，便于检阅。自撰之评论及选录之诗，均足以感人。但后来杭州之养正书塾，因陈君介石反对林君少泉之故，陈君率高材生"汤尔和、马叙伦离塾赴上海，编《新世界学报》，"亦由赵君承印，蒋君反对，蒋、赵几至绝交，于是《选报》停刊"，而《新世界学报》"出了不多期，也停了"（高平叔编著：《蔡元培年谱长编》上册，205页）。

② 陈德溥编：《陈黻宸年谱》，见陈德溥编：《陈黻宸集》下册，1188页。

③ 本段及下表所征引的资料除已注明部分外，均出自《新世界学报》，1902—1903，共15期。

④ 卢礼阳：《马叙伦》，13页。

续表

期 号	篇 名	作 者
第4期	《古希腊两大教育家列传》	马叙伦
第5期	《女子教育议论》	马叙伦
第6期	无	无
第7期	《禹域教育史拟序》	汤尔和
第8期	《德育（上下）》	陈黻宸
第9期	《儿童教育》	马叙伦
第10期	《学生大进步》	杜士珍
第11期	《论沪上建设绍兴教育会事》	杜士珍
第12期	无	无
第13期	《改文字议》	马叙伦
第14期	《论德育与中国前途之关系》	杜士珍
第15期	《论中国当兴地理教育》	汤尔和
	《政教分合论》	马叙伦

从上表可以看出，在"教育学"栏目发过文章的除马叙伦外，还有陈黻宸、汤尔和、杜士珍。除去第6期和第12期未设此栏目外，共刊发过12篇文章（其中汤尔和的《公教育说》分3期连载），马叙伦共写了《古希腊两大教育家列传》、《女子教育议论》、《儿童教育》、《改文字议》、《政教分合论》5篇，所占比例还不到一半，很难说得上是由他负责这个栏目。从已发行的《新世界学报》看，马叙伦所发表的文章涉及"史学""教育学""物理学""兵学""宗教学""农学""心理学""工学""法律学"9个领域，而以史学为主（详见下节论述）。汤尔和、杜士珍等人的情况也是如此，并不专注于某一栏目，这一点和陈黻宸讲求博通的治学精神是相一致的。

《新世界学报》发行不久即引起广泛的回应。梁启超以《新民丛报》社员的名义致函《新世界学报》馆，称："上海丛报，视数年前大有进步，去年发行之《选报》，最称铮铮，自廿一期以后，虽顿减色，然新出之

第一章　进入北京教育界：1913—1919

《新世界学报》，魄力亦有大惊人者。虽其中间多有影响之语，然文章之锐进，理想之烂斑，实本社记者所深佩"，"闻主其事者不过五六人，而新说名论，络绎不绝，实可为我报界进步之征，且可为我思想界、文界变迁之征，其中类多能文之人，其文皆纵横排奡，锐利透达，条理整然。"梁氏在函中将《新世界学报》评为"第二流"的报刊（梁以自身所主编的《新民丛报》为第一流），还对《新世界学报》栏目设置提出一些不同意见。对此，陈黻宸曾作专文答复。从两篇文章里可以看出新旧转型之际梁启超、陈黻宸两人对知识与学科体制的不同看法，所论均颇为精彩。① 宋恕阅报后亦曾致函陈黻宸，除了对陈氏本人的文章极表推崇外，对其门下诸子亦倍加赞赏，说："汤、杜诸青年之论说亦皆别具只眼，入情入理，脱尽现时学界、报界习气奴性，钦折莫名"②。得到梁启超、宋恕等思想界巨子如此高的评价，实为陈门诸子的莫大荣幸。他们经过养正时期的刻苦求学后，厚积薄发，一举成名天下知，很快赢得了思想界趋新力量的认可。可惜出至第15期后，陈黻宸因须赴河南参加科考，加之陈门师徒间此时因报馆账目问题发生了一点误会，遂决定将报馆停闭。③ 除了帮助蒋智由编辑《选报》外，马叙伦这一阶段的工作主要都在《新世界学报》上，他的活动基本上也是养正书塾时期的继续，但凭借自己的才华与汗水，他已经顺利取得进入思想文化界的入场券。

第二阶段从《政艺通报》到《国粹学报》。《新世界学报》停办后，陈门弟子暂时各奔前程，汤尔和赴日留学；马叙伦则因生活负担关系，往来于上海、杭州之间，教书写文。《新世界学报》馆与邓实主持的《政艺通报》馆相邻，开始阶段彼此虽不曾往还④，但马叙伦这一时期的出色表现还是引起了邓实的注意。《新世界学报》停刊后，邓实就开始向他约

---

① 陈黻宸：《答〈新民丛报〉社员书》（后附有梁启超的来函），载《新世界学报》，1902(8)。
② 胡珠生编：《宋恕集》，612～613页。
③ 1903年5月11日左右，陈黻宸在致其弟（醉石）的信中称："报馆事腐败已极！吴幼莲四十洋亦由马、杜（指马叙伦、杜士珍——引者，下同）二人截用，此洋只得由兄赔出，可恨之极！上海新党浮嚣不可言喻，中国之亡必矣！兄先将报馆（即《新世界学报》）停办，通甫只得带他同到京用功。"（《致醉石弟书第十八》，陈德溥编：《陈黻宸集》下册，1056页）
④ 马叙伦：《鼓吹民族革命之国粹学报》，见马叙伦：《石屋余渖》，192页。

35

稿。后邓实因为要去应1903年9月在开封举行的癸卯乡试，乃于该年8月请马叙伦代其编辑《政艺通报》。1905年1、2月间，邓实、黄节等人在上海成立国学保存会，并于2月23日发行机关报《国粹学报》。马叙伦参与了这些活动，成为《国粹学报》的主要撰稿人之一，被后人视为晚清国粹派中的重要成员之一。① 他之所以此时能与黄节、邓实等人合作，除了报馆毗邻这一机缘巧合因素外，还有另外两个原因。

第一，与马叙伦这一时期对国粹主义的关注有关。受日本国粹思潮的影响，梁启超于1902年7月率先在报章上介绍日本国粹与欧化思潮对垒的情况，而黄节则于该年12月30日首次将日本国粹主义向国人作肯定的介绍。② 国粹思潮开始在中国高涨，如何处理国粹与欧化的关系成为时人讨论的热点问题之一。马叙伦对这个问题的关注也比较早。1903年1月初，他在《新世界学报》上发表《中国无史辨》（续）一文，这是其首次撰文论及国粹问题。在该文中，他称：

> 吾尝闻诸吾国人之言曰："国之立也有大宝焉，是名曰国粹。国粹存则国存，国粹盛则国盛，国粹衰则国衰。"吾又闻之《新体欧洲教育史》曰："国民教育而有外国语言文字，实非得已之事。"呜呼！是诚通言哉！夫一国必有一国之特性，而后可言特立。毋论政治、学术、技艺，三者具备，其国固必大强。即三者能得其一，国亦必能小治。今日泰西诸邦皆各守其特性，各崇拜其国粹，莫有弃其国粹而盲从他人者。如东邦日本维新以来，几尽弃其旧学而从泰西矣，然近日彼邦人士大夫，亦斤斤以复汉学为务矣，此亦立国之公理哉。吾政治、技艺皆不足取，然学术则有远过欧西者矣。③

此后不久，他又发表了《日儒加藤氏之〈宗教新说〉》一文，该文系翻译日本学者加藤氏的《宗教学新说》，后人在研究国粹主义时，较少注意及此。文前的"感言"部分系统地阐述了他对国粹主义与外化主义的看

---

① 郑师渠：《晚清国粹派——文化思想研究》，9～10、18～19页。
② 同上书，4～6页。
③ 马叙伦：《中国无史辨》（续），载《新世界学报》，1903年，壬寅年最后一号，即第9号。

法，并对他在《中国无史辨》中的看法作了一些补充及修正。他指出："立国于大地不能无竞争，竞争之胜负，决于其文明与否"，而外化主义和国粹主义则是一国达到文明的两条必经途径。首先，他分别阐述了"外化"和"国粹"的定义。他认为，"外化"是"惊时君子"有感于本国的黑暗而羡慕他国之文明，于是殚精竭虑，通过输入他国的精华来启发本国民众，这是启发民智、强国强种的要则。世界上以外化主义而强国者，首推日本。而"国粹"的含义则为："一国之成立，必经几何圣人、几何贤士之缔起经营，乃能越数千年而不亡。此圣贤之所缔造而经营者，是名国粹"，国粹可以说是一国的精华，"大抵一国必有一国之特性，国粹者又即国家之大特性也"。一个国家若无国粹，则绝不可能成立并长久存在。中国本来是国粹最丰富的国家，之所以陷入当前积贫积弱的境地，就是不能"显扬"和"发辉"自身的国粹的缘故。他进而把国粹分为"学术粹""政治粹""宗教粹""教育粹"四大类，认为"显四大强，扬一小强，征诸万国厥例罔差"。与前文分作"政治""学术""技艺"三类相比，这一点上他作了些修正。在此基础上，他进一步探讨国粹和外化的关系："外化乎？国粹乎？国粹乎？外化乎？皆致国于文明之要道，我不知其优劣。皆强国之不二法门，我不能定其孰当务孰不当务。谓外化为劣而不当务欤？则日本固因之以文明其国，而主是说者且必顽固、且必不达之人也。谓国粹为劣而不当务欤？欧西固以显扬其国粹而强者也[①]，主是说者又且必顽固、且必不达之徒矣。"因此，必须辩证地看待二者的关系。他认为，"外化主义者，黑暗文明过渡时代必要之主义也"。当"自国衰颓、人民愚蠢"之际，志士仁人"不可不专力于外化"，以他国"新奇之术"来冲破本国民众的昏庸陈腐。但是，当一个国家渐渐强大起来之后，又不可不由外化转而变为保存国粹。因为如果一味地追求外化的话，"则人人皆专力于他国学术而弃其自国之学术[粹]。人人皆专力于他国之政治，而忘其自国之政治粹矣。人人皆专力于他国之宗教，而废其自国之宗教粹矣。人人皆专力于他国之教育，而遗其自国之

---

① 此处当指西方的文艺复兴运动。

教育粹矣"。他进而指出，日本强国过程中的缺憾就在于过度追求外化，强盛之后，"而欲大倡保国粹矣"。具体到中国的情况，他认为，"今日中国黑暗文明过渡之时代也"，外化是"今日中国之要法哉"。但有感于中国"嚣然傲然专力于崇拜外人者"日多一日，他认为，必须借鉴日本的教训，做到未雨绸缪，"不然吾恐顽固之奴隶除，而崇拜外人之奴隶增也"。概言之，他认为，由于当时中国尚处于黑暗时期，故需通过外化以输入新知；但为了避免重蹈日本的覆辙，又必须预先注意保存国粹。只有妥善地处理二者的关系，才能使中国早日臻于文明之境。①

《新世界学报》馆与《政艺通报》馆相邻，这两篇文章又发表于黄节的《国粹保存主义》一文刊出后不久，时空距离都很接近，因此他对国粹问题的关注很可能就是受到黄节的影响。但查黄节《国粹保存主义》一文中并无马叙伦所引之语，或者同一时期另有他人也曾就这一问题发表过自己的见解。马叙伦在两篇文章中均以日本为参照，他此时虽尚未去过日本，但在《新世界学报》工作时期曾翻译过多篇日本学者的文章，故这一阶段对国粹的看法也可能有一部分直接来源于日本学者。

第二，马叙伦与黄节等人在反清革命问题上达成一致。《国粹学报》创办时，开始阶段仅有邓实、黄节、马叙伦、陈去病等数人，"实阴谋藉此以激励反满革命之思潮，其后刘申叔、章太炎皆加入焉"②。如前文所述，马叙伦反清革命的意识在养正时期受到陈黻宸启迪后已经开始萌芽，在上海活动时期，随着革命形势的进一步高涨，这种意识也不断发展。③

正是他与黄节、邓实等人这一时期在思想倾向及政治取向上较为契合，才有可能在创办国学保存会、《国粹学报》上通力合作。黄节、马叙伦等人提出的保存国粹论，本是有感于日本的教训而提出的一种文化理论。至于这一理论如何与反清革命的政治需要相衔接，马叙伦后来追述

---

① 本段所引资料均出自马叙伦：《日儒加藤氏之〈宗教新说〉》，载《新世界学报》，1903年，癸卯年第2号。
② 马叙伦：《鼓吹民族革命之国粹学报》，见马叙伦：《石屋余沈》，192页。
③ 马叙伦：《我在六十岁以前》，19~20页。

这段经历时说,《国粹学报》"有文艺复兴的意义,而鼓吹民族主义的革命很卖力气,居然风行一时"①,声称《国粹学报》同时肩负"文艺复兴"和"鼓吹民族革命"双重使命,而前者又为后者服务。有学者认为,邓实1904年3月所发表的《国学保存论》提出"国学"的概念,完成了这一理论构建工作。②后有学者发现,在这过程中起主要作用的还是黄节,因为黄节的《〈国学报〉叙》虽后发表,但成文却在邓文之前。③但又有学者指出,在黄、邓之前"国学"一词早已有人使用;较普遍使用近代意义的"国学"是20世纪初的事,其语义的转变,直接受明治维新后日本学术趋向变化的影响。④从这些研究成果看,黄节、邓实提出保存国学的理论,与当时思想、文化界的大环境是密不可分的。马叙伦在这方面虽然未见有多少理论上的建树,但在创作实践上却走得比较早,他1903年发表的《宋爱国岳文二公传》⑤、《中国民族主义发明家黄梨洲先生传》⑥,以及后来在《国粹学报》上发表的《方召传》、《记郑涛诗祸事》等文⑦,都把发扬国粹和宣传反清革命有机地结合在一起,民族主义倾向非常明显。而且,从参与编辑《政艺通报》到国学保存会的组织及《国粹学报》的发行,马叙伦基本上都与闻其事,故他在《国粹学报》创办过程中所发挥的作用亦颇值得关注。

自从参与编辑《政艺通报》起,马叙伦即以较高的热情投入此项工作,除一般的编辑工作外,他还撰写了《二十世纪之新主义》、《救中国必先自治论》、《说德》、《史界大同说》、《中国民族主义发明家黄梨洲先

---

① 马叙伦:《我在六十岁以前》,21页。他在怀念黄节时亦称:"晦闻与邓秋枚、陈佩忍及余结国学保存会,兼治《国粹学报》,实阴阐民族主义,为革命之鼓吹"(《一月廿四日黄晦闻之亡正一年矣歌以当哭》七首,见马叙伦:《马叙伦诗词选》,54页注释)。
② 郑师渠:《晚清国粹派——文化思想研究》,114页。
③ 孙之梅:《南社研究》,242~244页。
④ 桑兵:《国学研究与西学》,见桑兵:《晚清民国的国学研究》,2页。
⑤ 《新世学报》,1903年4月,癸卯年第6号。
⑥ 《政艺丛书》,中篇,《光绪癸卯(廿九年)政艺丛书》。
⑦ 《国粹学报》,1906,2(6)。

生传》等文。① 到《国粹学报》阶段，他更表现出高昂的创作激情，撰写了《古政述微》②、《啸天庐古政通志》③、《啸天庐政学通议》④、《孔氏政治学拾微》⑤、《啸天庐搜幽访奇录》⑥、《宋徐正节先生传》⑦、《方召传》、《记郑涛诗祸事》⑧、《史学存微》⑨、《书体考始》⑩、《论性》⑪等一大批文章。值得注意的是，《国粹学报》创刊后不久，他就离开了上海，先到诸暨东乡里浦谿翊学堂任教习，1906年2月又改任江山县立中学堂教习。⑫ 1906年，在王舟瑶等人的推荐下，陈黻宸被两广总督岑春煊奏请调派到广东办理学务，后被派充两广方言学堂监督，兼任两广优级师范学堂教务长，并于该年9月13日前往接办。马叙伦遂于该年底随其师到粤，先后任教于这两所学校。⑬ 1909年，因陈黻宸当选浙江省谘议局议长需要助手，同时浙江两级师范学堂也邀请马任教，马叙伦始于1909年下半年回杭州，任教于浙江两级师范学堂。远在千里之外而频繁为《国粹学报》写稿，由此可见马叙伦与《国粹学报》同人的紧密关系。⑭ 国粹派的兴起是扬州学派与浙江、岭南两大区域的优秀学术传统在特定历史条件下的结合⑮，在晚清思想文化界里占有相当重要的位置。马叙伦成为国粹派的重要一员，也就意味着他已经融入了当时中国

---

① 《政艺丛书》，上编（一），《光绪癸卯（廿九年）政艺丛书》；《政艺丛书》，中篇，《光绪癸卯（廿九年）政艺丛书》。
② 《国粹学报》，1905，1(1)～(2)。
③ 《国粹学报》，1905，1(3)～(7)。
④ 《国粹学报》，1905，1(9)～(12)。
⑤ 《国粹学报》，1906，2(1)、2(2)、2(3)、2(5)、2(6)。
⑥ 《国粹学报》，1906—1907年多期连载。
⑦ 《国粹学报》，1906，2(2)。
⑧ 《国粹学报》，1906，2(6)。
⑨ 《国粹学报》，1906，2(7)。
⑩ 《国粹学报》，1907，3(3)、3(4)、3(5)。
⑪ 《国粹学报》，1907，3(8)、3(9)、3(10)，1908，4(2)、4(4)、4(6)。
⑫ 卢礼阳：《马叙伦年表》，见卢礼阳：《马叙伦》，373～375页。
⑬ 陈德溥编：《陈黻宸年谱》，见陈德溥编：《陈黻宸集》下册，1196～1197页。
⑭ 辛亥革命后国粹派成员不断分化，各人出处不一，马叙伦与黄节的友谊则终生不渝。《马叙伦诗词选》、《蒹葭楼诗》收录了马、黄的部分唱和之作，从中可看出两人的密切关系。
⑮ 郑师渠：《晚清国粹派——文化思想研究》，49页。

思想文化界的一个重要流派。

第三阶段是加入南社。南社是一个在提倡民族气节、宣传反清革命、研究文学的旗帜下聚拢到一起的文学团体。由政治宣传而寻求学术上的支援，由学术而文学，正是南社成立前所经历的路程。南社和国粹派分别以文学和学术作为革命派反清革命政治目标的文化资源。共同的政治信念、共同的历史使命使南社与国粹派之间必然有着密切联系。[1]《政艺通报》和《国粹学报》的主要撰稿人绝大部分都加入了南社。1910年4月10日，南社在杭州西湖唐庄举行第二次雅集，到者有陈去病、柳亚子、朱少屏等人，马叙伦在这次雅集上加入了南社。[2] 柳亚子回忆这次雅集时称："我们那天，好象[像]是在唐庄吃饭的，吃完以后，就坐了西湖的老爷船在湖上兜水圈子。"[3]马叙伦的记载稍详，据其回忆："柳亚子、陈佩忍发起组织南社，做同盟会的外围，我也加入了。这时，我正学做诗，读了一本《孙逸仙》，就胡诌一首七律，现在只记得末了两句是：'一击满湖烟雨破，谁家天下举杯看'。因为在杭州游西湖船里做的，所以就把满湖两个字相关用了"。[4] 万丈豪情跃然纸上。马叙伦与南社的关系颇为复杂，这一时期他参加南社的活动自属无疑，但辛亥革命后似又逐渐疏离了南社的活动。1914年柳亚子曾专函催他补填入社书，并交社款[5]，但马叙伦并未遵嘱办理这些手续。[6] 反倒是到解放战争时期，马叙伦、柳亚子等人彼此均以南社旧人相待。[7] 不管如何，马叙伦此阶段自愿加入南社[8]，且得到南社同人的认同，这一点是可以肯

---

[1] 孙之梅：《南社研究》，1、230～231页。
[2] 杨天石、王学庄编著：《南社史长编》，7、39、158页，北京，中国人民大学出版社，1995。
[3] 柳亚子著、柳无忌编：《南社纪略》，18页，上海，上海人民出版社，1983。
[4] 马叙伦：《我在六十岁以前》，22页。
[5] 柳亚子文集编辑委员会主编：《柳亚子文集·书信辑录》，7页，上海，上海人民出版社，1985。
[6] 在柳亚子开具的《南社社友姓名录》里，马叙伦属于未交入社书的行列（柳亚子著、柳无忌编：《南社纪略》，203页）。
[7] 1948年1月17日，柳亚子曾撰《即席呈衡老、夷老，两君皆南社同人也》七律一首（柳无忌编：《柳亚子年谱》，28页，北京，中国社会科学出版社，1983）。
[8] 据郑逸梅称，沈尹默曾否认自己为南社社员，"谓此乃柳亚子所强拉，本人未曾同意也"（郑逸梅：《艺林散叶》，168页）。

定的①。这表明他此时已经进一步融入了全国性的知识群体。虽然他是在杭州参加南社的，但这也可算是他在上海时期活动的延续。

从马叙伦的早年经历中可以看出，他是如何在晚清思想文化界的精英群体中逐步拓展自己的交游圈，如何逐步接近思想文化界的中心的。若以他为圆心，向外第一圈就是他祖辈留下的交游圈，第二圈就是他在养正时期的交游圈，第三圈则是他20世纪早年在上海时期围绕《国粹学报》和南社的交游圈。这类交游不仅给马叙伦带来了相当的学术声望，而且大大拓展了他的人脉。由于进入民国以后国粹派和南社的众多成员在文化界、教育界里仍有着较大的影响力，这类交游对马叙伦日后在教育界的发展也非常重要。正因为有这样的经历，再加上后来的努力及师友的提携，他才逐渐树立起自己在知识群体中的地位，也才有可能在民国时期乃至新中国成立后长期执全国教育界之牛耳。

二、进入北京教育界

武昌起义爆发后，马叙伦不再停留于《国粹学报》时期的文字宣传，而是走出书斋，在浙江独立过程中做了不少具体工作。民国初年，不少知识人出身的革命志士或因过于乐观地认为革命已经成功，或因二次革命失败后对现状悲观失望，纷纷回到学术界、教育界。马叙伦属于前一种情况。三十多年后，他追述这段经历时说：

> 我觉得革命成功了，我本来不晓得政治，不过推翻满清好[像]是我不能辞谢的责任，我虽则不曾参加革命的重要工作，也尽过些儿力量，现在满清被推翻了，革命的目的达到了，以后是怎样建设中华民国了，应分让"学有专长"的人们去做，我还是做教书匠，在我的岗位上工作吧。……从读了皇甫谧的《高士传》、《后汉书》的

---

① 马叙伦后来被视为南社同人的佼佼者。郑逸梅认为，南社"研究诸子"中成就较大者当数马叙伦（郑逸梅：《艺林散叶》，259页）。

第一章 进入北京教育界：1913—1919

《独行传》和《逸民传》，配合了什么"不事王侯高尚其志"和"日出而作，日入而息，凿井而饮，耕田而食，帝力何有于我哉"，就想做一个高人逸士，也想做个侠客。从陈黻宸老师读书的时候，他老给我谈些社会主义的大概，后来又读了俄国的无政府主义者托尔斯泰的传记，都给我的思想有很大的陶铸的影响。所以在这时，我便不问一切，只做教书匠了。①

除了这种思想认识上的因素之外，马叙伦的这一决定还与当时浙江政坛的情势有关。陈黻宸以浙江咨议局议长的身份参与策划浙江独立，劝说与其交情甚笃的驻防旗营协领贵林率部投降，杭州得以兵不血刃就顺利光复。汤寿潜担任浙江军政府都督后，陈黻宸被任命为民政司司长。但不久形势就发生了逆转。陈黻宸因受排挤被迫出走，从此退出浙江政治舞台，而贵林则被加以阴谋叛乱罪处死。② 陈黻宸受到排挤出局，长期追随他的马叙伦在浙江政坛的活动也大受影响，曾离开杭州一段时间。1912年1月，南京临时政府成立后，汤寿潜出任交通总长，所遗浙江都督一职建议在陈其美、章太炎、陶成章三人中择一以代，其中以陶成章最受拥戴。当时同盟会与光复会系统，尤其是陈其美与陶成章之间存在着尖锐的矛盾。陈其美不愿丢掉上海的地盘去当浙江都督，

---

① 马叙伦：《我在六十岁以前》，41～42页。
② 对于这一疑案，至今各方记载仍自说自话。主流看法坚持认为贵林谋叛有据，死有余辜（参见徐和雍等主编：《浙江近代史》，266～267页，杭州，浙江人民出版社，1982；沈谱、沈人烨编：《沈钧儒年谱》，33页，北京，中国文史出版社，1992；庄一佛：《褚辅成先生年谱初稿》、项雄霄：《辛亥革命在浙江》，浙江省政协文史资料委员会编：《浙江辛亥革命回忆录》，杭州，浙江人民出版社，1982）。与此相反，另一种看法则认为贵林是屈死，是当时各派政治势力争斗的牺牲品（参见陈德溥编：《陈黻宸集》下册，1209～1212页；马叙伦：《我在六十岁以前》，32～38页；蒋梦麟：《西潮·新潮》，109页；卢礼阳：《马叙伦》，44～49页。沈晓敏也认为贵林是被设计诱杀，详见沈晓敏：《处常与求变：清末民初的浙江咨议局和省议会》，66页，北京，生活·读书·新知三联书店，2005）。此案内情极为复杂，似不能笼统以封建官僚、立宪派、革命派等政治标签作为判断案情是非的标准。参照此案的前因后果，后一种说法似更接近历史事实。民国初年，原先革命派阵营内部保定派、武备派之间亦互相倾轧、争斗激烈，造成浙江政坛的长期动荡不安，为皖系势力侵入浙江创造了机会（参见徐和雍等主编：《浙江近代史》，282页）。从这一点看，当时革命派阵营的不少做法也并非完全符合情理。

但这一职务由陶成章出任，他也难以安枕。同年 1 月 14 日，陈氏指使蒋介石刺杀陶成章于上海广慈医院。① 16 日，蒋尊簋被公推为浙江都督②，马叙伦才因好友楼守光(也是陈门弟子)与蒋的关系，重返杭州并在都督府秘书处任职，担任几个月秘书职务后又接替楼出任印铸局局长。后该局改为公报处，由马叙伦担任经理。不过，因为与杭辛斋、邵飘萍等人意见不合，他并未就职，而是回到浙江省立第一师范学校教书③，并于次年初进入北京教育界。

(一)任职医专

1912 年，汤尔和被北京政府教育部任为中央教育会议员。该年 8 月，汤尔和赴北京参加全国教育会议。他对"专门学校暂行计划案"把法政学校列为"最急"开办提出异议，反对滥倡法校，主张多办医校。会后教育总长范源濂请他在北京办一所模范医学校，他欣然同意。10 月，汤尔和着手筹办国立北京医学专门学校，他主张"要办就得专门西医，不可中西合璧"，以原北京医学馆为校址，本科四年，不设预科。汤任校长，从聘请教员到招收学生，他都亲自动手。次年 1 月医专开学④，马叙伦受盟兄汤尔和邀请前往任教，开始进入北京教育界。

关于马叙伦到医专任教的时间，1913 年 2 月 17 日造册的《北京医学专门学校职教员、学生姓名清册》记作"二年二月"，即 1913 年 2 月。⑤

---

① 杨天石：《蒋介石为何刺杀陶成章》，见杨天石：《蒋氏密档与蒋介石真相》，1~10 页，北京，社会科学文献出版社，2002。另参见莫永明：《陈其美传》，110~116 页，上海，上海社会科学院出版社，1985。

② 钱实甫编著：《北洋政府职官年表》，70 页，上海，华东师范大学出版社，1991。

③ 马叙伦：《我在六十岁以前》，40~41 页。参见萧邦奇：《血路——革命中国中的沈定一(玄庐)传奇》，19 页；卢礼阳：《马叙伦》，50~51 页。按 1903 年学制，师范有优级、初级之别，优级培养中学师资，初级培养小学师资。民国成立后，教育总长蔡元培主张各省不再设优级师范，只设北京一所，并改称高等师范。因此浙师优级部分即告结束，所招第二届公共科于 1913 年送往北高师后，学校更名为"浙江省立第一师范学校"。详见郑晓沧：《浙江两级师范和第一师范校史志要》，载《浙江文史资料选辑》，1962(2)，49~50 页。

④ 详见幼松：《汤尔和先生》。另参见楼献阁：《汤尔和》，见严如平、宗志文主编：《民国人物传》第 6 卷，183 页。

⑤ 1913 年 2 月 17 日，《北京医学专门学校职教员学生姓名清册》，国立北平大学区医学院档案，北京市档案馆藏，J29-1-7。

1914年起的各种记录则均作1913年1月,前一记载离马叙伦到校时间较近,当更为可靠。至于医专1月开学,他为何2月才到,限于材料尚无法知悉详情。马叙伦在医专时期任职的具体情况见表1-2。

表1-2　马叙伦在北京医学专门学校任职情况表(1913—1921)[①]

年份	职务	专任/兼任	科目及时间	薪酬(元)
1913	事务员	专任	/	80
	教员	兼任	伦理2小时,国文4小时	72
1914	事务员	专任	/	80
1915	一等一级事务员	专任	/	80
	教员	兼任	国文、伦理每周共5小时	60
1916	/	/	/	/
1917	教员	兼任	伦理每周5小时	67.5
1918	教员	兼任	伦理每周5小时	67.5
1919	教员	兼任	伦理、国文	/
1920	教员	兼任	医科伦理,助产讲习所国文及修身	/
1921	教员	兼任	医科伦理,助产讲习所国文及修身	81

马叙伦后来对医专这段工作的描述略有不一致之处。前一处记载是:汤尔和邀其到医专当国文教员,他在"国立北京医学专门学校教书,真是什么事也不问"[②]。后一处则为:"在医专的时候,还兼办文书。"[③]从上表可以看出,马叙伦1913—1915年在医专的本职工作是"事务员"("一等一级"是"事务员"的最高级别,地位仅次于"学监"),兼任工作才是"国文、伦理教员"(其1914年担任功课的情况尚未见材料记载)。只是他对自己作为"事务员"的本职工作并不满意,因为"极平常的一件公

---

① 资料来源:国立北平大学区医学院档案,北京市档案馆藏,《北京医学专门学校教职员、学生姓名履历清册》(1914—1926),J29-1-7;《北京医学专门学校教职员名册》(1918—1922),J29-1-9;《北京医学专门学校教职员名册》,J29-11-11。

② 马叙伦:《我在六十岁以前》,42页。

③ 同上书,59页。

事，我(马叙伦自称——引者)还不能办得'恰到好处'，时时要汤尔和修改，觉得经过他改以后，就情理都合，因此，我便看得事真不易办，也就不愿再问别事了"①。

(二)进入北大

进入北京教育界两年多后，1915年下半年马叙伦首次进入了最高学府北京大学，任教于哲学门。②哲学这一科系在北大的历史颇为悠久。1902年，京师大学堂设速成科，下置师范馆，即有伦理、心理、周秦诸子等哲学方面的功课。按1903年学制，经科大学分11门，内有理学门。到1912年，始有所谓的"哲学门"。当时大学文科分为四门，哲学门为其中之一。哲学门中分中国哲学类及西洋哲学类两类，功课均颇为完备，但该年似未曾招生。至1914年才开始有中国哲学类一年级学生，为中国哲学类正式成立后的第一班。③该班同学包括陈中凡在内共有23人，其中日籍学生1人(野满四郎)。④据冯友兰观察，在时人眼里，一般还把学校视作变相的科举，上大学为的是得到个人仕途的"出身"，而论"出身"则以入法科最为合适，愿意入文科的人不多。北大为了吸引考生，对愿意入文科者还特地放宽入学考试的尺度。⑤这一情况到蔡元培长校后发生了变化。由于蔡氏自身对哲学的兴趣，又聘请了一些有哲学兴趣的教员，提高了学生对哲学的兴趣，使哲学系在北大的地位有了较大的上升。据梁漱溟称，五四运动前后，"哲学系在当时始终为最重要的一个学系，估量比其他任何学系的学生都多"。⑥但查现存

---

① 马叙伦：《我在六十岁以前》，59～60页。
② 关于马叙伦任教北大的时间，按《我在六十岁以前》的记载是1915年下半年(见该书第50页)。唯姚柯夫参阅《北京大学民国三年教职员录》后认为，1914年8月陈中凡(又作钟凡，在当时不少文献中均以"钟凡"之名出现，不另注明)就读北大时，文科教员里已有马叙伦(姚柯夫编著：《陈中凡年谱》，7页，北京，书目文献出版社，1989)。因无从查阅该资料，暂从马氏自身记载。
③ 《哲学系略史》，见王学珍等主编：《北京大学史料》第2卷中册，1742～1743页。
④ 姚柯夫编著：《陈中凡年谱》，7页。
⑤ 冯友兰：《北大怀旧记》，见冯友兰：《三松堂全集》第14卷，170页，郑州，河南人民出版社，2000。
⑥ 梁漱溟：《五四运动前后的北京大学》，见全国政协文史资料委员会编：《中华文史资料文库》第17卷，文化教育编，383页，北京，中国文史出版社，1996。

的1917、1918、1920、1922等年北大各专业学生人数统计表，哲学系的学生数（包括正科生和旁听生）都远少于法律、经济等系①，可能梁氏所说的还包括数量众多、未曾列入正式统计的偷听生。从他的回忆可以看出，由于地位上升，当时哲学系中人的"自我感觉"是较为良好的。

1915年，冯友兰考入北大哲学门，据他回忆：

> 当我在1915年投考北京大学的时候，北大的章程上规定，有三个哲学门（当为"类"，下同——引者）：中国哲学门，西洋哲学门和印度哲学门。实际上已经开的只有中国哲学门。据说1915年就要开西洋哲学门，当时我很高兴，可是入学以后，才知道西洋哲学门又开不成了，因为原来打算聘请的那位教授死了。……我没有办法，只得进了中国哲学门。②

1915年下半年马叙伦进入北大后，所教的就是1914年和1915年入学的两个年级。他当年开设的课程为"中国哲学宋学"，具体授课时间见表1-3。

表1-3 1915年马叙伦在北大授课课程表③

时间＼星期	周一	周二	周四
8～9	/	/	/
9～10	宋学（二年级）	/	/
10～11	宋学（一年级）	宋学（一年级）	/
11～12	/	宋学（一年级）	/
1～2	/	/	宋学（二年级）
2～3	/	/	宋学（二年级）

---

① 王学珍等主编：《北京大学史料》第2卷上册，590～595页。
② 冯友兰：《冯友兰自述》，见高增德、丁东编：《世纪学人自述》第1卷，81页，北京，北京十月文艺出版社，2000。关于这一时期北大哲学门的情况，另参见张申府：《所忆》，《张申府文集》第3卷，465～466页，石家庄，河北人民出版社，2005。
③ 据1915年10月26日《北京大学分科每星期各门授课时间表》，北洋政府教育部档案，中国第二历史档案馆藏，1057—1475。

所谓"宋学",即宋明哲学史。据冯友兰记载:"中国哲学门里有三门主要的课程。一门课程是中国哲学史,讲二年。还有诸子学和宋学,这是两门断代哲学史。'宋学'就是宋明哲学史,不过还沿用宋学这个旧名词。此外,还有些专家和专题的功课。"①马叙伦在讲授"宋学"时,所用的教材是黄宗羲的《宋元学案》,周敦颐的《太极图说》、《周子通书》等。②

北大哲学系素有注重哲学史研究的传统。出身北大,后曾长期任教清华的冯友兰曾对两校哲学系的风格作过比较,得出如下结论:"北大的哲学系注重在资产阶级哲学经典的学习,注重哲学史的学习。清华的哲学系注重在资产阶级哲学问题的分析和解决,自命为注重'创作'。"进而他评论道:"北大哲学系毕业的学生,如果不能学好,至少也可以有些哲学史的知识。清华哲学系毕业的学生,如果成功,可以成为哲学家,如果不成功,就什么也不是,所谓'成则为王,败则为寇'。"③长期在北大哲学系任教的张岱年有过类似的看法,在他看来,"北大哲学系比较重视考据,重视哲学史的研究",而"清华哲学系比较重视义理,重视理论建树"。④ 1928—1931年在北大留学的吉川幸次郎也注意到:"北京大学的哲学系,也不像日本那样以康德、黑格尔为中心,而大致是讲先秦诸子和宋明哲学。"⑤实际上康德、黑格尔等人在北大哲学系的地位虽然不像在日本那么崇高,但作为西方哲学史的重要组成部分,还有一些市场,曾任北大哲学系主任的张颐就有"黑(格尔)学专家"之称,最受冷落的应数西方现代哲学。据与北大哲学系渊源颇深的汤一介观察:"在欧洲哲学的教学与研究中,最受师生欢迎的还是古

---

① 冯友兰:《三松堂自序》,见冯友兰:《三松堂全集》第1卷,170页。
② 陈嘉蔼:《我在北大的读书生活》,见全国政协文史资料委员会编:《文史资料存稿选编》第24卷,10页,北京,中国文史出版社,2002。
③ 冯友兰:《五四前的北大和五四后的清华》,见全国政协文史资料委员会编:《中华文史资料文库》第17卷,文化教育编,404页。
④ 张岱年:《回忆清华哲学系》,见张岱年:《张岱年全集》第8卷,535页,石家庄,河北人民出版社,1996。
⑤ [日]吉川幸次郎:《我的留学记》,钱婉约译,65页,北京,光明日报出版社,1999。

典哲学。西方现代哲学中诸如实用主义、罗素、怀特海哲学在北大哲学系市场不大。"①北大哲学系的这一传统可以追溯到民国初年,据陈中凡记载,1915 年,"时所授各课除西洋哲学、论理、心理、生物学外,以中国群经诸子为主"②,所开设的具体课程基本上也都还算是在"史"的范围之内。当然,那时他们在主观上对哲学和哲学史还不是区分得很清楚。③

1915 年年底,马叙伦为抗议袁世凯称帝,"不愿在袁皇帝'辇毂之下'混事",遂辞去在医专的两门功课(改由时在北大任教的沈尹默担任)及北大的兼职,与汤尔和、邵裴子(时任职于北京政府财政部)两人一起南下。④ 1917 年 1 月,应蔡元培所邀(蔡于该年 1 月 4 日到北大就校长职),马叙伦重返北大任教。⑤ 此次重返北大后,他在校内的地位大大上升,不仅由兼任教员改为专任,而且从该年下半年起,除了担任哲学本科教授外,还同时兼任哲学、国文两门研究所导师。⑥

马叙伦在哲学门担任的功课是"中国哲学"。这一课程包括儒家、道家、墨家、南北朝玄学、宋明哲学五个部分⑦,由马叙伦和胡适(1917 年 7 月回国,9 月正式被聘为北大文科教授)共同担任⑧。除宋明哲学外,马叙伦这一时期经常担任的部分还有道家哲学。由于他常用一年时

---

① 汤一介、孙尚扬:《不激不随 至博至大——汤用彤与北大》,见萧超然主编:《巍巍上庠 百年星辰——名人与北大》,116 页。
② 陈中凡:《自述读书时事》,转引自陈德溥编:《陈斠宸集》下册,1215~1216 页。
③ 冯友兰:《三松堂自序》,见冯友兰:《三松堂全集》第 1 卷,170 页。参见罗志田:《大纲与史:民国学术观念的典范转移》(收入罗志田:《近代中国史学十论》)。
④ 马叙伦因此得有"挂冠教授"的美名。《顾颉刚年谱》称:顾颉刚于 1916 年秋入北大文科中国哲学门后,"听陈汉章中国哲学史课、崔适春秋公羊学课、陈大齐西洋哲学史课、马叙伦中国哲学课"(顾潮编著:《顾颉刚年谱》,41 页)。马叙伦辞职南下后在上海住了几个月,后因生计问题,经龚宝铨介绍,做过一段时间浙江省财政厅厅长莫永贞的秘书。1916 年 9 月随莫到北京活动了一个月左右,但未曾在北大开课(马叙伦:《我在六十岁以前》,56~58 页)。
⑤ 《指令北京大学改校评议会简章及会员履历备案文》,见王学珍等主编:《北京大学史料》第 2 卷上册,133 页。
⑥ 《现任职员录》,见王学珍等主编:《北京大学史料》第 2 卷上册,347 页。
⑦ 《文科大学现行科目修正案》,载《北京大学日刊》,1917-12-29。
⑧ 《文科现行课程》,哲学门,载《北京大学日刊》,1917-11-29。

间来讲解《庄子·天下篇》，故得有"马天下"的雅号。① 1918 年前后，马叙伦在哲学门研究所开设的科目为"二程学说"②，后还与胡适一起指导过"墨子考订学"③。在国文门研究所则与钱玄同一起主讲文字学中的"形体"部分。④ 参照 1925—1926 年《国立北京大学哲学系课程指导书》，马叙伦在北大开设的课程中，道家哲学包括"老子哲学""庄子哲学"，宋明哲学包括"二程哲学""王阳明哲学"。⑤ 具体课时及教学目标为："道家哲学：一年讲完。以老子、庄子为主。教授次序先绎明二书之训诂，使于全部原文融会贯通，次乃籀其系统，以哲学方法编次纲要，使明其主旨，并旁及其流别焉。宋明哲学：一年讲明宋明诸子学术之派别及传授之系统。"⑥

在北大担任专任教职后，马叙伦辞去了医专事务员之职，教职则由专任改为兼任，讲授的科目主要还是伦理和国文。1921 年 6 月 3 日，马叙伦因领导索薪运动身受重伤，该年 9 月他请假回杭州休养，后担任浙江一师校长及浙江省教育厅厅长，次年 10 月回京出任北京政府教育部次长，辞职后又回到北大任教。终其一生，马叙伦曾四进四出北大，一直到 1936 年夏才最后离开北大。在北大任教的同时，他还陆续在医

---

① 这一时期马叙伦著有《庄子天下篇述义》一书（后由上海龙门联合书局 1958 年再版）。参见曹聚仁：《悼念马叙伦先生》，见曹聚仁：《听涛室人物谭》，280～281 页。详细讲解《庄子·天下篇》在当时北大文科中较为常见。时在北大预科教国文的沈士远亦因此被称为"沈天下"（周作人：《知堂回想录》下册，416 页，石家庄，河北教育出版社，2002；谢兴尧：《红楼一角》，见谢兴尧：《堪隐斋随笔》，80 页，沈阳，辽宁教育出版社，1995），另有某位"王教授"亦有类似现象（陶钝：《风雨北大》，见王世儒、闻笛编：《我与北大》，393 页，北京，北京大学出版社，1998）。学生们对这种讲授方式反应不一，马非百颇为不满（《马非百自述》，见高增德、丁东编：《世纪学人自述》第 1 卷，101 页），而杨向奎则认为这种教法是在给学生们"度金针"（王学典等著：《顾颉刚和他的弟子们》，74 页，济南，山东画报出版社，2000）。
② 哲学门研究所：《记事》，载《北京大学日刊》，1917-11-29。
③ 《哲学门研究所启事》："墨子考订学已拟定有人手办法，稿本所中，胡适之先生每日均在英文教授会，马夷初先生每星期六上午十一时至十一时三十分（如学校改时刻则推后三十分）在哲学门教员室，如有疑问，可于规定时间内质问。"（《北京大学日刊》，1918-11-20）
④ 《国文研究所研究科时间表》，载《北京大学日刊》，1917-12-04。
⑤ 《国立北京大学哲学系课程指导书》，1925—1926，见王学珍等主编：《北京大学史料》第 2 卷中册，1124 页。
⑥ 《国立北京大学讲授国学之课程并说明书》，载《北京大学日刊》，1920-10-19。

专兼任过一些功课。从1918年2月起，马叙伦还开始任教于北京高师，在该校兼任国文教职，讲授修辞学。① 据前面所引的马叙伦自述简历，他还曾任清华大学、私立中国大学两校教员，限于资料，现已难知详情。② 马叙伦在各校的兼职，大致在国文、伦理及诸子哲学的范围之内，这是在当时以章门弟子为主的浙江籍学者控制北大乃至整个北京文史学界的大背景下进行的。③ 至此，马叙伦在北京教育界已经占有一席之地。

(三)同门与同乡

在晚年的回忆中，马叙伦未曾述及其进入北大任教的背景。如果说进入医专主要是靠同门汤尔和的关系，马叙伦进入北大，就当时的具体情况看估计离不开时任教于北大哲学门的业师陈黻宸的提携。

陈黻宸在清季就曾任教于北大的前身京师大学堂。1903年冬，他得到张百熙的举荐，被奏派为大学堂师范科教习，1904年1月16日到大学堂任史学教习。该年4月，他在家书中记述了与当时操纵大学堂实

---

① 马叙伦除"四进四出"北大外，还曾"三进三出"北师大(北高师1923年起改称北师大)，长期在该校兼任国文教员，开设过"修辞学"及《说文解字》研究"等功课。第一次自1918年2月至1921年夏；第二次自1923年10月起，约至1926年；第三次自1930年10月起，迄于何时未详。北京师范大学档案馆藏《解放前北京师大档案》：1918年《北高师十周年纪念录》(1－295)、《1919—1920年北高师教职员一览表》(1－86－1)、《北京高等师范学校职教员一览表》(1－86－2)、《1921年北高师教职员一览表》(1－87－1)、《1925—1927年北京高师教职员一览表》(1－88－3)、《国立北平师范大学教员姓名册》(1－89－5)。另参见《说文解字研究法》序(马叙伦：《说文解字研究法》，北京，中国书店，1988)、《北京师范大学校史1902—1982》(北京师范大学校史编写组编，29页，北京，北京师范大学出版社，1982)。马叙伦长期在北大和北师大任课，1925年7月前后，甚至专任北师大教职(教授)，在北大反而只是兼任(讲师)(中国革命博物馆整理，荣孟源审校：《吴虞日记》下册，274页，成都，四川人民出版社，1986)。

② 朱自清在1932年10月1日日记中记载："早与芝生先生(即冯友兰——引者)至马夷初先生处，告以功课无人选习，谈及《庄子义证》，竟忘却已在商务印行"(朱乔深编：《朱自清全集》第9卷，163页，南京，江苏教育出版社，1998)。笔者曾查《清华大学校史稿》(清华大学校史编写组编著，北京，中华书局，1981)、《清华大学九十年》(清华大学校史研究室编，北京，清华大学出版社，2001年)、《清华大学校史资料选编》(清华大学校史研究室，北京，清华大学出版社，1991年)等书，并到清华大学档案馆、校史馆、校友会等处查询，未能找到马叙伦在清华大学任教的相关记录。

③ 参见桑兵：《近代中国学术的地缘与流派》，收入桑兵：《晚清民国的国学研究》。

权的日本教习服部宇之吉激烈冲突的情况，可知彼时陈黻宸在大学堂已有一定的影响。1904年11月起，陈黻宸兼充学部京师编译局编纂。次年6月，户部派充计学馆（即京师译学馆）教习，仍兼京师大学堂教习及京师编译局编纂。1906年6月初，才奉调到粤办理学务。①

杭州光复后，陈黻宸被排挤出浙江政坛，但在北京的发展却颇为顺利。1913年，陈黻宸被举为众议院议员，重返北京任职，并兼任北大文科史学教职。次年1月，国会被解散后，遂独任北大史学及诸子哲学教授。1916年6月，袁世凯死后，黎元洪继任大总统，召集旧国会，陈黻宸复出为议员，仍兼北大教席。陈黻宸在这一时期的北大文科学生中，声望十分崇高。当时有学生认为："我国自有大学以来，讲师将千人，未有出瑞安陈先生右者。先生学通古今，旷代一人。每当讲画，批却[卻]道[导]窾，循循然善诱人，故门弟子受化最深，感慕亦最切，当冬夏假日，先日归省，门弟子必来送别，先生与处一室，欢若家人。"陈黻宸从教一生，北大时期是继养正书塾后的又一高峰。在陈中凡看来，"介石先生授温州语，非吾辈所能尽了，而先生每至教授，挥粉笔急书，累千百言，一闻钟声，戛然而止，录出读之，洋洋洒洒，韩潮苏海，无以过也"。②冯友兰亦有类似的印象："陈介石先生的话虽不易懂，但是他的学问的渊博，态度的诚恳，我们一、二两班的学生，无形之中，受他的影响很大，我们都爱敬他。"③陈黻宸逝世后，陈中凡在哀词中称：他在北大就读时，"从瑞安先师讲学三年，其所启悟者甚众。论难发蒙，欣然交契。师生之谊，何减天伦"④。陈黻宸在学生中的威望由此可见一斑。马叙伦在医专任教时，与其师来往颇密。1914年春，他与陈黻宸一起由浙返京，道经天津时，同访梁启超。⑤按照常理，马叙伦进入

---

① 陈德溥编：《陈黻宸年谱》，见陈德溥编：《陈黻宸集》下册，1190～1196页。
② 同上书，1214～1216页。
③ 冯友兰：《北大怀旧记》，见冯友兰：《三松堂全集》第14卷，171页。
④ 陈中凡：《先师陈君哀词》，见陈中凡著、柯夫编：《清晖集》，177页，北京，书目文献出版社，1987。
⑤ 卢礼阳：《马叙伦》，377页。

北大哲学门任教，最大的可能当是陈黻宸的援引。

此外，马叙伦之所以于此时进入北大任教，还与当时北大内部的第一次"新旧之争"有关。清末民初，桐城派在京师大学堂(北大)文科中有着举足轻重的地位。1912年年底，严复辞去北大校长职务后，由工科学长何燏时代理校长①，胡仁源则为预科学长。何、胡均为有留日背景的浙江人，他们不满于桐城派控制北大文科的现状，开始援引以浙江籍为主的章门弟子进入北大任教。1913年2月，沈尹默在时任杭州工业学校校长的许炳堃(浙江籍，留日出身，与沈、何、胡等人均为旧交)介绍下，以"太炎门生"的名义进入北大(沈本身并非太炎弟子)，朱希祖、钱玄同、马裕藻、沈兼士、黄侃、周作人等人随后跟进。② 这些带有同门、同乡私谊的留日学者到来后，对桐城派学者采取一致的攻击措施。到1914年6月，同为浙江籍的夏锡祺出任文科学长，桐城派在北大文科中已经失去左右其发展的力量，日渐没落。③

马叙伦1913年年初到医专任教时，章门弟子已经大量在京。据王云五观察：江浙为人文渊薮，"教育界的杰出人物，往往不能舍江浙二省而他求"④。自清季学部设立后的情况就可以看出这一点。据统计，学部档案职官类卷宗有人事变动记载的404人中，直隶因新式教育比较发达，加上有地利因素，故共有86人，约占21%；江苏与浙江分别为51人和35人，合起来也约占21%之多。⑤ 民国成立后，教育部人员更是多出自江浙。蔡元培出任南京临时政府教育总长后，就请许寿裳、鲁迅、钱家治等人到教育部工作。蔡出任北京政府首任教育总长后，这批

---

① 何燏时与北京大学渊源甚远。1906年何从日本回国，该年冬任学部专门司主事兼京师大学堂教习，1907年奉命到日本考察大学教育制度，筹划图书馆设备及建筑事宜，历时数月。回国后就任京师大学堂工科监督兼新校舍建筑主任。何荣穆、唐士毅：《北京大学前校长何燮侯先生传略》，载《人物》，1985(6)。

② 沈尹默：《我和北大》，见全国政协文史资料委员会编：《中华文史资料文库》第17卷，文化教育编，374~376页。

③ 对于此次掺杂着人事与学风变迁的"新旧之争"，已有学者做过较为详尽的论述，详见陈以爱：《中国现代学术研究机构的兴起——以北大研究所国学门为中心的探讨》，2~12页。

④ 王云五：《旧学新探——王云五论学文选》，119页，上海，学林出版社，1997。

⑤ 关晓红：《晚清学部研究》，215~216页。

浙籍学者又随教育部一起北迁。[①] 1913年2月，教育部召集全国读音统一会，朱希祖、马裕藻等人作为浙江省代表也进京出席。[②] 由于彼此师承不同，阅历各异，马叙伦与章门弟子此前甚少交往。据鲁迅日记记载，这一阶段在京的章门弟子频繁会面，饭局不断。从现有记载看，马叙伦从未参加过类似的聚会。他的交往对象主要是盟兄汤尔和及同乡邵长光（裴子），后来他回忆这段交往时说："每晚，他（指邵裴子——引者）总到医校，和尔和、我，上天下地，无所不谈。橘子、长生果是帮助我们健谈锋的。但是，好景不常[长]，袁世凯想做皇帝了，他把现金都挪用到军事上去，钞票不能兑现，中国、交通两行的纸币，价值跌到五折以内，公教人员，叫苦连天，那末，这种'风雅之谈'，就此搁起"[③]。在北京教育界中，汤、马与章门弟子之间的关系十分复杂，双方既有过配合，也存在竞争关系（此点容后详述）。

虽然在此之前马叙伦与章门弟子往来不多，但他与章太炎的关系却过往甚密、渊源颇远。章太炎比马叙伦年长17岁，与马同为杭州人。据马叙伦自述，他们两人的关系是谊在"师友之间"。如前所述，马叙伦的父亲马琛书与不少俞门弟子谂熟，与章太炎相识当属意中之事。陈黻宸与章太炎的交往亦甚早，据章氏自定年谱记载，"（1897年）时新学初兴，为政论者辄以算术物理与政事并为一谈。余每立异，谓技与政非一术，卓如（即梁启超——引者，下同）辈本未涉此，而好援其术语以附政论，余以为科举新样耳。唯平子（即宋恕）与乐清陈黻宸介石持论稍实，然好言永嘉遗学，见事颇易"[④]。可知彼时章、陈之间已有过一些交往。1898年，戊戌政变后，章太炎"避钩党南渡，至台湾"，此事亦与陈黻宸有关。据马叙伦载，彼时清廷有逮捕章太炎的命令，"黄仲弢丈得讯

[①] 彭定安等编著：《鲁迅和他的同时代人》上册，138页，沈阳，春风文艺出版社，1985。
[②] 陈以爱：《中国现代学术研究机构的兴起——以北大研究所国学门为中心的探讨》，10页。
[③] 马叙伦：《我在六十岁以前》，42～43页。
[④] 汤志钧编：《章太炎年谱长编》上册，38页，北京，中华书局，1979。

以告孙颂容丈（即孙诒让——引者，下同），颂容丈告其从妹夫宋平子先生（即宋恕）。宋先生以告余师陈介石先生。师与宋先生皆以太炎友也。即促太炎避地，乃应日本人之招耳"。马叙伦在上海参与编辑《新世界学报》、《政艺通报》时期，适逢拒法、拒俄运动的高潮，上海反清革命的浪潮空前高涨，马叙伦与章太炎经常参加在张园举行的集会。后章太炎因《苏报》案入狱，出狱后即被同盟会接往东京主持《民报》编辑工作。1911 年，马叙伦随汤尔和到日本时，曾亲往其住处探访，并帮他联系返乡事宜，后因形势紧张而作罢。① 总的来看，无论是革命思想还是治学路向，章太炎对青年时代的马叙伦都有很大的影响。②

除了传统的私交及学术交游外，武昌起义爆发后至民国初年，陈黻宸及其门下马叙伦等人与章太炎在许多政治问题上步调也基本一致。1911 年，陈黻宸被排挤出浙江政坛后，于 11 月 9 日离杭赴沪。③ 马叙伦亦随后到沪。章太炎于同月 15 日从日本返回上海，"寓爱俪园"，马叙伦"日趋与划策"。④ 南京临时政府成立后，章太炎因对选举大总统、组织政府等事持有异议，遂联络江浙旧同盟会会员及原预备立宪公会人士张謇等，于 1912 年 1 月 3 日在上海成立中华民国联合会，章氏和程德全分别被推为正、副会长。⑤ 次日，《大共和日报》创办，章太炎任社长，马叙伦和杜士珍分别为总主笔和经理。围绕报社之事，章对马、杜两人还有过一些误会。1 月 24 日，章太炎在致钱玄同的信中称：

大共和日馆发端，自杜杰峰（即杜士珍——引者，下同）、马夷

---

① 马叙伦：《章太炎》，见马叙伦：《石屋余渖》，43～47 页；另见马叙伦：《〈太炎先生自定年谱〉补遗》，载《近代史资料》，总第 1 期。1911 年 8 月 30 日，章太炎致函钱玄同称："仆居东五岁，乡思愤盈，欲一归省坟墓，适马夷初来此，亦劝言归。马本介石弟子，而仆与介石亦旧交，文网渐宽，嫌疑未尽，故欲以介石为奥主，陈、马二子，未遇险阻，不知其难，遂将原书登报，亦太疏忽。然观其所为如此，或内地风波果已恬静也。"（马勇编：《章太炎书信集》，140 页，石家庄，河北人民出版社，2003。）
② 马叙伦早年治史，后转治文字训诂学，与章太炎关系甚大，详见下节论述。
③ 陈德溥编：《陈黻宸年谱》，见陈德溥编：《陈黻宸集》下册，1212 页。
④ 马叙伦：《章太炎》，见马叙伦：《石屋余渖》，47 页。
⑤ 李新等主编：《中华民国史》第 2 编第 1 卷上册，32 页，北京，中华书局，1987。

初后并入联合会,仆虽有社长之名,亦犹蛰仙(即汤寿潜)为浙江都督也。曾请黄美润、汪寄生二君襄理,美润能言政事,寄生稍近浮华,其中议论含有锋芒者,杜、马震于临时政府之威,多不敢录。夷初专任编辑,于时事实无所知,不能有所别择。屡次要挟,权不得行,故今已辞去社长任,波(原文如此)族自为之。美润、寄生他日当发起月报为之位置也。①

汤寿潜名为浙江都督,毫无实权,不过傀儡而已,章太炎以此自喻,显系对马、杜二人把持报社事务有所不满。而马叙伦在报社任职十余日后亦随新任浙江都督蒋尊簋返浙,"旋就浙江都督府秘书,而此报遂由太炎而为其所重持之政党机关报焉"②。惟此后章、马之间的关系仍颇为密切,章太炎还曾托其在杭州组织中华民国联合会分会。③ 1912年3月1日,中华民国联合会改组为统一党,章太炎等五人为理事,陈黻宸也加入了该党,并曾嘱马叙伦协助处理党务。④

1913年8月,"二次革命"失败后,章太炎冒险入京,在新华门前痛责袁世凯,为袁所软禁,先囚于龙泉寺,后移至钱粮胡同。在此期间,章太炎两次以绝食抗争。时陈黻宸、马叙伦等均已在京中任教,章太炎第一次绝食发生于被囚在龙泉寺时,马叙伦、黄节两人分别致书时任众议院副议长的李经羲营救,"请其为言于世凯,释太炎之锢,仲轩(即李经羲——引者)不敢言也"⑤。移到钱粮胡同后,章太炎"复以郁居绝食,逖先(即朱希祖——引者)私袖饼饵以进。太炎斥之,掷其物",后经马叙伦"委婉譬喻"才复食。⑥ 关于此事经过,《石屋余渖》及《我在

---

① 1912年1月24日《与钱玄同》,见马勇编:《章太炎书信集》,145页。
② 马叙伦:《章太炎》,见马叙伦:《石屋余渖》,47页。
③ 马叙伦写《我在六十岁以前》时已忘记该会名称(该书第42页),按诸史实,当为中华民国联合会。
④ 马叙伦本人并未曾加入统一党,见马叙伦:《我在六十岁以前》,42页。
⑤ 马叙伦:《章太炎》,马叙伦:《石屋余渖》,48页。马叙伦:《致李仲轩议长书》(收入《天马山房文存》)。
⑥ 马叙伦:《章太炎》,见马叙伦:《石屋余渖》,48~49页。

《六十岁以前》中均有详细记载。① 据马叙伦后来回忆，他好像是章太炎被囚期间的"护卫"。② 1916年，袁世凯死后，章太炎才得以恢复自由。7月3日，浙江国会议员设宴欢迎章太炎，"与会者百数十人，颇极一时之盛"，陈黻宸代表在京浙江同乡首先致辞欢迎，并高度肯定了章太炎的革命功劳。③

章太炎讲学问政，奔走终日，为袁世凯禁锢两年反倒给他提供了著述及与在京诸弟子从容坐而论道的机会，正如他在家书中所称："京师虽秽涡之区，或有学子数人朝夕谈咏"④。这一时期，"弟子之常过从者，如黄季刚（即黄侃——引者，下同）、钱中季（即钱玄同）、胡以鲁、沈某（当系沈兼士或沈尹默兄弟——原注）等，不过五六人，往往终日谈学艺，故此五六人极得益处。苟不禁锢，即无此闲暇矣"⑤。章门"四大天王"中的"北王"吴承仕（时在北京政府司法部任职）即借此机会开始从章问学⑥，《菿汉微言》就是由他据章氏口述笔录而成。马叙伦这一时期在与章太炎交往的同时，与其门下弟子也有所接触。鲁迅在日记中有一些记载，如1915年2月14日，"午前往章师寓，君默（即沈尹默——引者，下同）、中季（即钱玄同）、遏先（即朱希祖）、幼舆（即马裕藻）、季市（即许寿裳）、彝初（即马叙伦）皆至，夜归"。同年10月22日，"上午寄马夷初《会稽故书集》一册"⑦。此期北大文科正处于章门弟子取代桐城派的转折阶段，在此背景下，马叙伦进入北大哲学门任教也就水到渠成了。

马叙伦以一浙江一师教员的资格进入北京教育界，这在当时既非特

---

① 长期以来，关于此事有一些不同说法，已有学者经过详细考订后予以澄清，详见朱正：《章太炎中止绝食一事与鲁迅无关》，见朱正：《鲁迅回忆录正误》，26～37页，杭州，浙江人民出版社，1999。
② 马叙伦：《我在六十岁以前》，55页。
③ 汤志钧编：《章太炎年谱长编》上册，532页。
④ 1914年6月26日《与汤国梨》，见马勇编：《章太炎书信集》，547页。
⑤ 顾颉刚：《章太炎弟子》，见萧乾主编：《史迹文踪》，2页，上海，上海书店出版社，1994。
⑥ 庄华峰编：《吴承仕研究资料集》，12页，合肥，黄山书社，1990。
⑦ 鲁迅：《鲁迅日记》上册，129、157页，北京，人民文学出版社，1976。

例，亦算不上什么"殊荣"。辛亥前归国的章门弟子，在进入北大之前，亦大都任教于浙江各省立中学。① 梁漱溟进入北大任教时的资历就更浅了。民国初年，当章门弟子大举进军最高学府的同时，马叙伦也在同门、同乡的援引之下，进入了北京教育界。② 彼此间的渊源、路径各不相同，但不乏遥相呼应的情况。早年的求学、治学与任教的经历是他进入北京教育界的入场券，而他在北京教育界尤其是在北大任职的履历，又成为他在下一阶段拓展自己活动空间的资格。如果说前者主要起到一种铺路的作用，那么后者则奠定了他一生事业的基础。

三、马叙伦与民初北大的新旧之争

马叙伦亲历了民国初年北大的两次新旧之争。如果说在第一次新旧之争中更多只是一个旁观者，那么在随后而来的第二次新旧之争中，由于他在北大的地位日益重要，卷入已是不可避免。对于这一阶段北大的新旧之争，前辈学者们已有过一些研究，此处主要考察马叙伦在这场争论中所持的态度，并由此管窥新旧思想、学术论争等因素对民国初年教育界的影响。

（一）新旧之争

所谓"新旧之争"本为文学上的争论，实际牵涉政治潮流、学术思

---

① 陈以爱：《中国现代学术研究机构的兴起——以北大研究所国学门为中心的探讨》，11页。周作人晚年回忆称："其时我才从地方中学出来，一下子就进到最高学府，不知道如何是好，也只好照着中学的规矩，敷衍做去。"（周作人：《知堂回想录》下册，426页）

② 在马叙伦前后还有部分章门弟子进入北大任教，如林损、陈怀等。但若说当时北大存在一个"温州学派"（卢礼阳：《马叙伦》，75～78页），则似乎不大妥当。一般而言，学派是指一门学问中由于学说师承不同而形成的派别。作为一个学派，大致有着相近的师承和治学宗旨。就北大的陈门弟子或温州籍学者间的关系而言，把他们称作"温州学派"实属勉强。且北大内部存在"温州学派"这一点仅见于胡适 1960 年与胡颂平的一次谈话（胡颂平编著：《胡适之先生晚年谈话录》，124 页，北京，中国友谊出版公司，1993。胡适用此词或许是因为听者胡颂平本身也是温州籍之故），既非时人的一般看法，也未必能够得到当事人的认同。

58

想、教育体制及同门同乡等具体的人事关系。① 第一次新旧之争主要局限于北大内部，表面上看是骈文和散文之争，而实质则"是争领导权，当然，也包括思想斗争在内"②。论争的结果是北大文科里桐城派的衰落和章门弟子的崛起。③ 但章门弟子内部并非铁板一块，而是分成如下三派："一派是守旧派，（代表人）是嫡传弟子黄侃，这一派的特点是：凡旧皆以为然。第二派是开新派，代表人是钱玄同、沈兼士，玄同自称疑古玄同，其意可知。第三派姑名之曰中间派，以马裕藻为代表，对其他二派依违两可，都以为然。"他们刚进北大立足未稳时，面对"严复手下的旧人"，出于夺取领导权的需要，彼此尚能采取"一致立场"。④ 一旦胜利来临，分裂乃是意中之事。

蔡元培从欧洲回国后，1916年年底抵达北京，次年1月正式就任北大校长。随着陈独秀被聘为文科学长，胡适、刘半农等经常在《新青年》上撰稿、赞成新文学的学者也纷纷进入北大任教。这批学者到来后，与章门弟子中的"开新派"钱玄同等人相结合，形成了一股新文化运动的中心力量，开启了新一轮的改革。⑤ 而太炎门下的守旧派黄侃等人则与其先前攻击的对象桐城派一样，同处于被批判的位置，分别被称为"选学妖孽"和"桐城谬种"。关于这一时期北大的新旧之争，据蔡元培晚年回忆："教学上的整顿，自文科始。旧派教员中为沈尹默、沈兼士、钱玄同诸君，本已启革新的端绪；自陈独秀君来任学长，胡适之、刘半农、周豫才（鲁迅）、周岂明（周作人）诸君来任教员，而文学革命、思想

---

① 陈平原：《老北大的故事》，见陈平原等编：《北大旧事》，9页，北京，生活·读书·新知三联书店，1998。
② 沈尹默：《我和北大》，见全国政协文史资料委员会编：《中华文史资料文库》第17卷，文化教育编，375页。
③ 陈以爱：《中国现代学术研究机构的兴起——以北大研究所国学门为中心的探讨》，2～12页。
④ 沈尹默：《我和北大》，见全国政协文史资料委员会编：《中华文史资料文库》第17卷，文化教育编，375～376页。
⑤ 陈万雄：《五四新文化的源流》，28～44页。

自由的风气，遂大流行"①。蔡元培以"思想自由，兼容并包"相号召，任新旧两派并存。② 新文学及新思想的传播引起旧派学者的反对，遂再次出现新旧两派对立的态势。③ 据蒋梦麟观察："新派竭力提倡思想文学之革新。旧派恐国学之沦亡，竭力以保存国粹为事。于是新旧两派作思想学术之竞争"，而北大则成为"竞争的中心点"。④ 1918年11月13日，章太炎致函吴承仕称："颇闻宛平大学又有新文学、旧文学之争，往者季刚（即黄侃——引者）辈与桐城诸子争辩骈散，仆甚谓不宜。老成攘臂未终，而浮薄子又从旁出，无异元祐党人之召章、蔡也。"⑤从另一角度描述了民国初年北大新旧之争的过程。

在此背景下，任教于北大哲学门同时兼任哲学、国文两研究所导师的马叙伦自不能置身事外。进入北大后，马叙伦颇受学生们的欢迎。1915年年底，他辞职南下，临行前哲学门的学生还特地举行集会送行。文科学长夏锡祺另请一位学者接替他的功课，因学识不高，不久即为学生所撵。⑥ 胡适进入北大后，与马叙伦同在哲学系任教，甚至还担任过同一门功课。当时马叙伦受学生欢迎程度之高，令留美博士出身的胡适初到北大时亦不免相形见绌。据北大早期学生毛子水回忆：

> 胡先生在北大，于初到后数日，即于某晚在大礼堂讲墨学，到者百余人，反应不甚良好。……胡先生后来在北大研究所，与马叙伦同任中国哲学讲［导？］师。马氏担任老庄，而胡氏则指导墨学。

---

① 蔡元培此处所谓的"旧派教员"是"原有教员"之意，而非与新派相对的旧派。蔡元培《自写年谱》（三）手稿，转引自陈万雄：《五四新文化的源流》，29页。
② 蔡元培：《我在北京大学的经历》，中国蔡元培研究会编：《蔡元培全集》第7卷，501～502页，杭州，浙江教育出版社，1997。
③ 萧超然等编：《北京大学校史（1898—1949）》，48页，上海，上海教育出版社，1981。
④ 蒋梦麟：《教育评论》，见曲士培主编：《蒋梦麟教育论著选》，103页，北京，人民教育出版社，1995。
⑤ 1918年11月13日《与吴承仕》，见马勇编：《章太炎书信集》，309页。
⑥ 冯友兰：《三松堂自序》，见冯友兰：《三松堂全集》第1卷，269页。冯友兰在《北大怀旧记》中又称：宋学一课先是无人任教，后请到了一位先生，因学识不高被学生赶走，"以后我们的宋学一课就由马夷初（叙伦）先生担任"（冯友兰：《北大怀旧记》，见冯友兰：《三松堂全集》第14卷，170页）。两处记载时间上前后矛盾。

马氏首言,欲讲名法,不可不先讲老庄,口若悬河,滔滔不绝。而当时之胡先生,口才亦不甚好,遂使研究员十六人中,十五人皆随马氏研老庄。当时哲学系,班长为赵健,觉得不好意思,乃声称愿随胡先生研墨经,借以解围。①

随着新文化运动的展开,胡适在学生中的声望直线上升。从1917年年底北大哲学门研究所选课情况可以看出这一点(见表1-4)。

表1-4 1917年11月北大哲学门研究所研究科目表

序号	研究科目	导师	人数
1	希腊哲学	/	2
2	欧美最近哲学之趋势	/	3
3	逻辑学史	章士钊	8
4	中国名学钩沉	胡 适	8
5	伦理学史	/	0
6	近世心理学史	陈大齐	6
7	儒家玄学	陈汉章	7
8	二程学说	马叙伦	8②
9	心理学 身心之关系	韩述祖	5
10	社会哲学史	陶孟和	2
11	唯心论	林 损	0

北大哲学门研究所共开设11个研究科目,报名的学生(研究员)共17人(主要是哲学门三年级学生及毕业生,另有国文门及法科学生各1

---

① (毛)以亨:《初到北大的胡适》,原载香港《天文台》,转引自罗志田:《近代中国史学十论》,69页。
② 选修马叙伦功课的8位同学分别为陈中凡、黄建平、黄芬、胡鸣盛、谷源瑞、陆达杰、稽明(稽文甫)、谢基夏。资料来源:《记事》,哲学门研究所,载《北京大学日刊》,1917-11-29;《哲学门研究所启事》,载《北京大学日刊》,1917-11-30。

人，每人可以同时选修多个科目）。伦理学史和唯心论两个科目无人问津，最受冷落；而最受欢迎的是章士钊的"逻辑学史"、胡适的"中国名学钩沉"、马叙伦的"二程学说"3门，各有8人选修。从中也可以看出，此时马叙伦在北大哲学系仍是最叫座的教授之一。

随着新旧之争的激化，马叙伦逐渐面临一些挑战。正如当时有学生嘲笑胡适"胆大脸厚"[①]一样，支持新派的学生中也开始出现批评马叙伦的声音。陈嘉蔼在晚年回忆中仍称：马叙伦讲授"宋学"，"又兼及汉易，所讲汉易中之'爻辰纳甲'，反反复复，刺刺不休，竟不能说明其道理。不特学生不能明白，马先生亦不能自圆其说"；讲授《庄子》则"常常引用佛理，作附会解释，艰深矫揉，至难索解。我们都不感兴趣"。[②] 1919年1月，在《新潮》杂志的创刊号上，傅斯年在《出版界评》中对王国维的《宋元戏曲史》极为推崇，而对马叙伦(《庄子札记》)、蒋维乔两人的著作则提出了十分尖锐的批评，褒贬之间反差极其明显。在一一举出他所认为的《庄子札记》一书存在的不足之处后，傅斯年总结称："今之谈哲学者，皆以为玄之又玄；其实天地间事，自魑魅魍魉而外，未有玄之又玄者，哲学则实之又实耳。字句必有着落，思想必有边际；必也深切著明，然后可称胜义。如乃词义圆转，放之泛之，称心所之，牵率同之，则文士之结习，非学者之术业。今试为《庄子札记》之总评曰：以效仿魏晋文词论，则先生(指马叙伦)道诚高矣，然而非所以语哲理也。"不仅如此，他还指责马著中"有自居创获之见，实则攘自他人而不言所自来者"。[③] 傅氏所谓"他人"就是胡适。文中所用言辞颇为激烈，以致引起旁观者梁漱溟的强烈不满[④]。陈嘉蔼、傅斯年均为北大早期学生里拥护

---

① 冯友兰：《三松堂自序》，见冯友兰：《三松堂全集》第1卷，185页。
② 陈嘉蔼：《我在北大的读书生活》，见全国政协文史资料委员会编：《文史资料存稿选编》第24卷，10～12页。
③ 孟真(傅斯年)：《出版界评》，载《新潮》，1919，1(1)。
④ 梁漱溟针对此事称："吾人常慨近年政争甚烈，而真正政治上之激论实不多见，满眼消骂诉谇之词而已，重为国民羞之。今讲学者不为学术上按实之商榷，而漫为消刺之文，是独不为大学遗羞乎？愿本校出版物今后不更有此事。"见《关于佛学辨明》，载《北京大学日刊》，1919-01-24。

胡适最力者（共有6人，另4人为顾颉刚、俞平伯、罗家伦、汪敬熙），他们的批评或不免带有偏见，但至少也反映了当时一部分学生的看法。尚未到北大任教的鲁迅看过该刊后，致信许寿裳，对傅斯年、罗家伦等人的文章大加赞赏。①马叙伦这一时期所面临的压力不仅来自学生，还来自革新阵营里的同事。1918年10月7日起，马叙伦所著《读书小记》开始在《北京大学日刊》上连载。②12月11日，钱玄同在致鲁迅、周作人兄弟的信后，附有其所作的《读书小记补》八则。③在这些文字里，钱氏极尽滑稽之能事。初读时云里雾里、不知所谓，以为只是一般朋友间的调侃之辞。后参阅这一时期《北京大学日刊》上连载的马叙伦所著的《读书小记》及钱玄同此后对马叙伦的另外一些批评④，方知这些文字背后的弦外之音——钱玄同通过模仿马叙伦《读书小记》的笔法来对他加以揶揄。当然，来自同事的这种批评主要还是限于密友间的私下议论，当时很少公开发表。

对于傅斯年的批评，马叙伦在1919年1月18日、20日、21日的《北京大学日刊》上发表了长篇答辩，其中针对"仿魏晋文词"一点称："伦（马叙伦自称——引者）之遣词，尚不足以望魏晋人肩背，然亦未尝以魏晋文为规范而效仿之，充吾力自为吾文而已，其所至亦不自知其何如也。乃辱加以效仿魏晋之名，在吾国文学上论之，称其文至魏晋，可谓誉之。然伦不愿承此誉，以伦未尝效仿于此也。在傅君之意，以其方提倡所谓新文学，则伦所为文，当然不合傅君之主张，因之称心牵率，必置伦于所谓选妖者而后已。然伦于吾国固有文学，非绝对主保守，而

---

① 1919年1月16日，鲁迅致函许寿裳称："大学学生二千，大抵暮气甚深，蔡先生来，略与改革，似亦无大效，惟近来出杂志一种曰《新潮》，颇强人意，只是二十人左右之小集合所作，间亦杂教员著作，第一卷已出，日内当即邮寄奉上（其内以傅斯年作为上，罗家伦亦不弱，皆学生）"（鲁迅：《鲁迅书信集》上册，20～21页，北京，人民文学出版社，1976）。

② 马叙伦：《读书小记》，载《北京大学日刊》，1918-10-07。

③ 详见刘思源编：《钱玄同文集》第6卷，3～5页，北京，中国人民大学出版社，2000。

④ 这一时期，马叙伦与钱玄同之间还是有一些交往（钱玄同著、北京鲁迅博物馆编：《钱玄同日记》第4卷，1647、1656页，福州，福建教育出版社，2002），但两人在学术思想上分歧很大，详见1920年8月8日、8月16日，钱玄同致周作人函（刘思源编：《钱玄同文集》第6卷，23～28页）。

马叙伦与民国教育界

于所谓新文学亦非绝对宾主斥（原文如此，似当为'主摈斥'——引者）者"①，表明其不绝对保守旧文学、亦不完全反对新文学的态度。但这并不意味着他对当时北大新旧两派持不偏不倚、完全中立的态度。仅数日之后，1919年1月26日《国故》月刊创办，马叙伦列名编辑之一。《国故》月刊自称"以昌明中国固有之学术为宗旨"，内容分通论、专著、遗著、艺文、记事等九大类，由刘师培、黄侃担任总编辑，教员中列名编辑的除马叙伦外还有陈汉章、朱希祖、屠孝实、梁漱溟、康宝忠五人。②3月20日，《国故》月刊正式出版时，教员编辑改称"特别编辑"，朱希祖、梁漱溟两人因故退出③，另增吴梅、黄节、林损、陈中凡四人④。马叙伦除列名特别编辑外，还致函该刊，指导具体编辑事宜⑤；并陆续为该刊提供了《列子伪书考》、《读书小记再续》、《说文六书疏证》等文。陈独秀出任北大文科学长后，《新青年》亦迁到北京出版，马叙伦不曾在上面发表任何文字。比较马叙伦对两者的态度可以看出，此时他是倾向于《国故》月刊一方的。⑥

北大此次新旧之争引起了舆论界的广泛关注，京沪各报争相报道⑦。由于列名《国故》月刊，马叙伦被当时舆论视为北大的旧派学者之

---

① 马叙伦：《释〈新潮〉中〈评庄子札记〉》，载《北京大学日刊》，1919-01-18、1919-01-20、1919-01-21。

② 《国故月刊社成立大会纪事》，载《北京大学日刊》，1919-01-28。

③ 朱希祖的退出或因见解不同，他的主张本来就介于新旧之间（《请看北京学界思潮变化之近状》，原刊于1919年3月18日《公言报》，载《北京大学日刊》，1919-03-21），后转而支持新派（朱偰：《五四运动前后的北京大学》，见全国政协文史资料委员会编：《文化史料》，1983〈5〉）。梁漱溟的退出则恐怕是由于外界的压力，据梁氏自称，他虽然"对新思潮莫逆于心"，但当时北大环境对他讲古代东方哲学形成很大的压力（梁漱溟：《我的自学小史》，见梁漱溟：《我的努力与反省》，51页，桂林，漓江出版社，1987）。

④ 《国故月刊社职员录》，见王学珍等主编：《北京大学史料》第2卷下册，2716页。

⑤ "马叙伦先生来函，略谓形式即仿国学汇刊，每种未毕之稿直排到底，不加完毕字样，则板［版］心亦可只标书名，惟于下端如向刻书家之例，标国故或国故丛刊等字。又每种如非单篇短文，并于首期加书题一页，庶几时可自成一部，与寻常刻书无异，并言及余款如何积存处置及著作权问题。"（《国故月刊社记事录》，见王学珍等主编：《北京大学史料》第2卷下册，2716页）

⑥ 参见卢礼阳：《马叙伦》，80页。

⑦ 《北京大学谣言之无根》，载《晨报》，1919-03-10。

一。1919年3月18日,《公言报》在提及北大的新旧之争时称:"文科学长陈独秀氏以新派首领自居,平昔主张新文学甚力,教员中与陈氏沆瀣[一]气者,有胡适、钱玄同、刘半农、沈尹默等","自胡适氏主讲文科哲学门后,旗鼓大张,新文学之思潮益澎湃而不可遏,既前后抒其议论于《新青年》杂志而于其所教授之哲学讲义,亦且改用白话文体裁。近又由其同派之学生组织一种杂志曰《新潮》者,以张皇其学说。《新潮》之外,更有《每周评论》之印刷物发行";而旧派则以刘师培为首领,"其他如黄侃、马叙伦等则与刘氏结合互为声援者也。加以国史馆之耆老先生如屠敬山、张相文之流亦复而深表同情于刘、黄","顷者刘、黄诸氏以陈、胡等与学生结合,有种种印刷物发行也,乃亦组织一种杂志曰《国故》,组织之名义出于学生,而主笔政之健将教员实居多数。盖学生中固亦分旧新两派,而各主其师说者也";朱希祖则介于新旧两派之间。① 3月21日上海发行的《民国日报》对北大新旧学派之争也作了报道:"最近守旧派中发行一种《国故》月刊,正与革新派发行之两种杂志针锋相对,亦足证该两派之终不相容也"。只不过在谈到"守旧派"学者时,仅以刘某、黄某指代刘师培、黄侃两人,而未言及马叙伦。② 3月24日,《国故》月刊社特地为此致函《公言报》,表明该刊的宗旨"在昌明国学,而以发挥新义、刮垢磨光为急务。并非守抱残守缺、姝姝奉一先生之言,亦非故步自封,驳难新说。时至今日,学无新旧,唯其真之为是"。与此同时,刘师培还以个人名义致函《公言报》主笔,称他与北大其他教员"素鲜接洽,安有结合之事",并称《国故》月刊系由文科学生发起,虽然以保存国粹为宗旨,但并非为了"与《新潮》诸杂志互相争辩也"。③ 刘师培这一举动出于对外显示北大内部团结的成分较多,熟悉内情的周作人则认为北大内部确实存在新旧分野,只不过《公言报》的报道有所夸大

---

① 《请看北京学界思潮变化之近状》,原刊于1919年3月18日《公言报》,载《北京大学日刊》,1919-03-21。
② 社论:《大学风谣之表里》,载上海《民国日报》,1919-03-21。
③ 《国故月刊社致公言报函》、《刘师培致公言报》,载《北京大学日刊》,1919-03-24。

而已。①

后人的不少记述也表明，马叙伦这一时期是以"旧派"学者形象出现的。有一些记载直接指出这一点，如长期被视为"旧派"典型的梁漱溟在1942年称："因我不是属于这新派的一伙，同时旧派学者中亦数不到我。那是自有辜汤生（鸿铭）、刘申叔（师培）、黄季刚（侃）、陈伯弢（汉章）、马夷初（叙伦）等等诸位先生的。我只是在当时北京大学内得到培养的一个人，而不是在当时北大得到发抒的一个人"。② 其他为数众多的文献则一般都以《国故》作为北大内部旧派的营垒，但列举旧派学者时则只提刘师培、黄侃、梁漱溟等人，而不提马叙伦。③ 之所以如此，一则《国故》确实是以刘师培、黄侃而非以马叙伦为精神领袖，二则后来的一些记述恐怕不无"为贤者讳"之意。

(二) 旧学渊源

就具体情况看，此时所谓的"旧派"主要包括两层意思：一层是指思想陈旧、保守顽固，在这一点上"旧派"一词带有明显的贬义色彩；另一层则是指所治的是旧学，从这一点看，"旧派"的贬义色彩要淡得多。就马叙伦来讲，所谓"旧派"形象主要就他治学的情况而言，在政治思想及人际交往中，他还是偏于趋新一派的。马叙伦此期之所以倾向于旧派的主张，主要是因为此时他治学的领域和方法仍属于旧学一路，而学术思想则仍带有明显的国粹主义倾向。要加深对这一问题的理解，有必要对他早年的治学经历略作探讨。

关于马叙伦早年的治学情况，现有论述是对他已刊的一些学术成果

---

① 周作人：《知堂回想录》下册，431页。
② 梁漱溟：《纪念蔡元培先生——为蔡先生逝世二周年作》，见梁漱溟：《我的努力与反省》，324页。
③ 如陈嘉蔼：《我在北大的读书生活》（全国政协文史资料委员会编：《文史资料存稿选编》第24卷）、《许德珩回忆录——为了民主与科学》（许德珩著，26页，北京，中国青年出版社，2001）、周培源：《蔡元培与北京大学》（收入蔡建国编：《蔡元培先生纪念集》，149页，北京，中华书局，1984）、《蔡元培传》（唐振常著，142页，上海，上海人民出版社，1985）、《蔡元培与北京大学（修订本）》（梁柱著，117～122页，北京，北京大学出版社，1996）等。

分门别类略作评述①，主要是平面化地罗列现象，而没有找出其治学思路前后变化的内在线索。要全面考察马氏治学的情况诚非易事，一是时间长达半个世纪之久，二是涉及的领域很广。马叙伦一生在学术上用力甚勤，正如他在《读书小记》中所称："古人云：'开卷有益。'余近每有斯乐，故食事之外，未尝废卷"②。在胡适眼里，他和马裕藻都属于"肯看书"一类。③ 这也是他专门接受教育的时间虽然不长却学有所成的重要原因。学术上马叙伦广泛涉及史学、诸子哲学、文字训诂等领域，治学的思路前后变化也很大。由于他晚年长期卧病，未曾系统回顾自己治学的心路历程，而先前出版的《我在六十岁以前》也很少述及治学情况。这些因素使得考察他的治学情况有着较大的难度。《天马山房文存》里有两处记载对了解他早年的治学思路或略有帮助。其一，1913 年马叙伦在答毛子水函中称："仆自少慕为马班韩柳之文，又妄谓能理春秋大义，近乃悔悟，始治小学，于《说文解字》粗通义例而已。"④其二，1914 年他在致劳玉初（乃宣）函中自陈："伦总角之岁，从瑞安陈师介石受文史，从溧阳宋师澄之受经义，而喜文史易成，遂疏经义。其后复染南海康氏之说，稍治公羊家言，亦逞胸臆而已。近七八年，始寤学术之原，必穷诸经，窃见清代经师，都自小学入道，乃粗治许洨长之书，明其义例，而一揽群经，尚同聋瞽。"⑤两函的文字颇有不同，但意思大体一致。结合马叙伦早年经历，这些陈述尚属于客观。他早年的治学思路大致经历了以下三次大的变化。

---

① 详见寿墨卿：《马叙伦先生事略》（中国民主同盟北京市委员会文史资料委员会编：《文史资料选辑》第 97 辑）、郑懿德：《马叙伦传略》（《晋阳学刊》编辑部编：《中国现代社会科学家传略》，16～27 页）、柏生：《马叙伦》（《中国现代教育家传》编委会编：《中国现代教育家传》第 3 卷，22～24 页）、周德恒：《马叙伦传略》（《中国当代社会科学家〈传记丛书〉》第 6 辑，10～19 页）等文的相关论述。
② 马叙伦：《读书小记》，载《北京大学日刊》，1918-11-02。
③ 中国革命博物馆整理，荣孟源审校：《吴虞日记》上册，598～599 页，成都，四川人民出版社，1984。
④ 马叙伦：《答毛子水书》，癸丑年（1913），《天马山房文存》，7 页。
⑤ 马叙伦：《上劳玉初先生书》，甲寅年（1914），《天马山房文存》，16 页。许洨长即许慎，因其曾任太尉南阁祭酒、洨长等职。所谓"许洨长之书"即指许氏所著《说文解字》一书。

马叙伦与民国教育界

马叙伦治学的第一阶段"喜文史易成",大致从其受学起至1905年(即"总角之岁"),重点在于文史。所谓"少慕为马班韩柳之文",马、班指司马迁和班固(马叙伦十分推崇司马迁的《史记》,对班固的《汉书》则颇有微词),这里宜作指代史学理解。韩、柳则指韩愈和柳宗元,二者均为古文大家,这里借指古文。所谓"马班韩柳之文"当即"文史"之意。参照致劳乃宣函,可知他在这一阶段的师承渊源以及之所以"少慕为马班韩柳之文"的缘故。对马叙伦本阶段的治学情况,前引诸文在探讨马叙伦治学情况时均未提及,反倒是在考察20世纪初年的史学思潮时偶尔有所涉及。[1]

马叙伦师从陈黻宸是在1900年陈氏任教养正书塾以后,此前他所受的训练并非文史,而是"经义"。撇开幼年在私塾所读的"四书""五经"不谈,他的治经主要包括两个时期。一是其父去世后,"遂从汤先生学,略多治经"[2]。这段时间前后共一年多,据马叙伦记载:

> 汤先生是有名的学者,俞曲园先生的学生,诗文都做得好。他老原想自己教我的,但是他老文酒应酬太忙了,每晚归来,已是"鱼更再鸣",就没工夫教我了,却叫我读《诗经》、《书经》。我觉得咯哩咯嗒,读都读不上口,哪里还记得上心,了解更谈不上了。但是三五日里,汤先生要我背诵一回,我真叫苦了,因为真是背诵不上几句。[3]

彼时马年纪尚幼,在此环境下,他对经学难免产生敬而远之的心态,因此很难真正学到什么实质性的内容。二是他就读养正后,"从溧阳宋师澄之受经义"。这一时期的情况由于资料不足已难详知,但考虑到宋澄之不久即受同事排挤离开养正,可知并不能给他多少指导。尽管汤、宋两人均为其父的盟友,且均为俞门弟子,但马叙伦在学术上受他

---

[1] 如王汎森:《晚清的政治概念与"新史学"》,见王汎森:《中国近代思想与学术的系谱》;胡逢祥、张文建:《中国近代史学思潮与流派》,上海,华东师范大学出版社,1991。
[2] 马叙伦:《啸天庐古政通志》,自序,载《国粹学报》,1905,1(3)。
[3] 马叙伦:《我在六十岁以前》,6页。

第一章 进入北京教育界：1913—1919

们的影响并不大，一则客观上为时甚短，二则他这一阶段对经学的兴趣似乎不大。

陈黻宸正好在这个关键节点上出现在他的视野里，据马叙伦追述："先生(指陈黻宸)治百家之学，贯通古今中外之精，尤深于史学，善文章，凌东汉而上之，先生治学无所宗，以通为归"①。此时以文史见长、对经学兴趣索然的马叙伦遇到陈黻宸，很快就被他所吸引，转而"从瑞安陈师介石受文史"。在名师指导下，马叙伦进步非常明显，逐渐从一般性学习过渡到学术创作。这一阶段大致持续到1905年之前。在这近五年时间里，养正两年限于材料已经无从细考，此时他基本上还处于从学阶段。在编辑《新世界学报》时期，马叙伦开始了学术创作，从1902年9月至1903年上半年，他共发表了以下24篇文章(见表1-5)。

表 1-5　马叙伦在《新世界学报》发文情况表②

期　号	篇　名	栏　目
第 1 期	《史学总论》	史学
第 2 期	《新物理学》	物理学
第 3 期	《问答》(续第 1 期的《史学总论》)	史学
	《战谴》	兵学
第 4 期	《古希腊两大教育家列传》	教育学
第 5 期	《中国无史辨》	史学
	《女子教育议论》	教育学
第 6 期	《原侠》	史学
	《印度宗教兴革论》	宗教学
第 7 期	《农史》	农学
	《印度婆罗门教发达史》	宗教学
	《新物理学》(续)	物理学

---

① 马叙伦：《啸天庐古政通志》，自序，载《国粹学报》，1905，1(3)。
② 资料来源：《新世界学报》，1902—1903 年，共 15 期。

续表

期　号	篇　名	栏　目
第8期	《古罗马两大豪杰传》	史学
	《新物理学》(续)	物理学
第9期	《中国无史辨》(续)	史学
	《儿童教育》	教育学
	《世界三特力》	物理学
第10期	无	无
第11期	《明季侠士毛公列传》	史学
	《说死》(上)	心理学
	《日儒加藤氏之〈宗教新说〉》	宗教学
	《中国工界》	工学
第12期	《罪法》	法律学
	《说死》(下)	心理学
第13期	《桑木氏哲学概论》	心理学
	《改文字议》	教育学
第14期	《兵奴》	兵学
第15期	《政教分合论》	教育学
	《宋爱国岳文二公传》	史学

从这24篇文章看，马叙伦这一时期虽广涉史学、物理学、兵学、教育学、宗教学、农学、心理学、工学、法律学9个领域，但所占比例及社会影响最大的还是史学。若严格按栏目划分，史学6篇，分8期刊载；其次才是教育学5篇。实则《古希腊两大教育家列传》、《农史》两文亦可算作史学，这样属于史学领域的文章共有8篇，占总数三分之一。此外，在协助邓实编辑《政艺通报》期间，马叙伦发表了《二十世纪之新主义》、《救中国必先自治论》、《说德》、《史界大同说》、《中国民族主义发明家黄梨洲先生传》等文。这5篇文章里，后2篇均属于史学领域，占了五分之二。若从实际影响看，马叙伦此期所发诸文，影响较大的《史学总论》、《中国无史辨》、《史界大同说》等文均属史学领域。

第一章　进入北京教育界：1913—1919

近代中国史学经历过三次革命，20世纪初年第一次史学革命的重心在于重新厘定"什么是历史学"[①]。1902年，梁启超发表《新史学》一文，揭开了这场革命的帷幕。梁氏在强调史学的重要性后，笔锋一转，几将"中国之旧史"全盘否定，指出："兹学之发达，二千年于兹矣，然而陈陈相因，一丘之貉，未闻有能为史界辟一新天地，而令兹学之功德普及于国民者何也？"进而他认为旧史学有四个弊端，并将二十四史概括为"二十四姓之家谱""地球上空前绝后之相斫书"[②]。梁启超的文章从1902年2月起在《新民丛报》上陆续刊出，到该年11月才最后刊完，在知识界引发了一场关于中国究竟"有史"还是"无史"的大讨论。[③]

正在主编《新世界学报》的陈氏师徒也参与了这场辩论。年方十七八岁的马叙伦以初生牛犊不怕虎的勇气，发表了上述一系列文章，全面阐述了对这一问题的看法。对于史学在新时代背景下的重要性及强烈不满当时中国史学现状这两点，陈氏师徒与梁启超的意见非常一致。双方的区别在于梁启超比较绝对化地主张中国"无史"，而陈氏师徒则反之。马叙伦首先指出，中国既然作为一个国家，那么它自来就具有其客观的历史，而不待历史家的著述。对过去的古史著作，他主张区别对待，对《史记》以外的二十三史持非常强烈的批判态度，认为班固不过是司马迁的"奴隶"，而陈寿、范晔以下则更只是班固的"奴隶"，他们的著作既算不上是"史"，也算不上是"著作"。但他十分推崇《史记》和《通志》，认为："夫《史记》者，固我中国特别之史而于国界世界中有以感发人之思想者也"，而郑樵的《通志》则为足"与《史记》后先相望者"。[④] 对当时史学不振的原因，马叙伦主要从体制上找原因，他认为："吾非敢谓中国无史也。自文网大密，绝学大儒遗灭而不传者多矣。明哲之士，何时蔑

[①] 王汎森：《晚清的政治概念与"新史学"》，见王汎森：《中国近代思想与学术的系谱》，165页。
[②] 梁启超：《新史学》，《饮冰室文集》之九，见梁启超：《饮冰室合集》第1册，1~7页，北京，中华书局，1989。
[③] 王汎森：《晚清的政治概念与"新史学"》，见王汎森：《中国近代思想与学术的系谱》，187~188页。
[④] 马叙伦：《中国无史辨》，载《新世界学报》，1902年，壬寅年第5号。

有？近世人士动谓中国无史、无史，不知近世酷人士以时文怗恬，史学之不讲也久矣。不明普通之史学，安有特别之著作？此非作史者之咎，乃亡史者之咎。嗟嗟禹域，果何日而见新史哉？"① 稍后他又指出，中国史学之所以不振，还由于中国史学界尚震慑于"史名之尊一，若史者有不可及之阶级，非大通者不能作"。为解决这一问题，他提出了"史界大同说"，认为史学既是"群籍"的总称，就应尽可能地细分化，让各分支学科充分发展，在此基础上再实现"大同"，只有这样才能振兴中国史学。②

在主张"有史"这一点上，陈黻宸和马叙伦基本上是一致的。陈黻宸虽然反复感慨："中国之无史宜哉""中国之无史久矣"，但实际上他是主张中国"有史"的。③ 他认为，"古史亦久且贵矣"，"古者史权特重，司过之职，载于传记甚详矣"，只是后世专制统治不断加强，"史权"下降而逐渐变得"无史"了。他认为在中国史学发展过程中有过"三厄"："一厄于汉宣帝，再厄于汉明帝，三厄于南北分朝之世"。针对当时史学衰颓的现状，他希望能够恢复"史之独权"以振兴之。这也是该文题为"独史"的用意所在。总体而言，与梁启超那种较为绝对化的观点相比，陈、马两人的观点要显得略微辩证一些。不过，史学革命的任务一面要批判旧史学，一面要建立新史学，只有对旧史学进行足够有力的批判，才有望建立新史学。在这一特定时代大背景下，反倒是梁启超的观点更能收到振聋发聩的效果。

应该指出的是，马叙伦这一阶段所治的"史"，绝大多数是史论，包括史学理论和对史书、历史人物及事件的评论。这也正是陈黻宸的特长所在，马叙伦在《石屋续沈》中曾有专文记述其师的史论。④ 这类评论对

---

① 马叙伦：《史学总论》，载《新世界学报》，1902 年，壬寅年第 1 号。
② 马叙伦：《史界大同说》，《政艺丛书》，中篇，《光绪癸卯（廿九年）政艺丛书》，见沈云龙主编：《近代中国史料丛刊正编》第 28 辑之 273，台北，文海出版社。
③ 王汎森通过分析晚清时期几个重要政治概念，深入探讨了这场争论，所论颇为精彩，但他认为陈黻宸主张中国"无史"（王汎森：《中国近代思想与学术的系谱》，190～191 页），似不甚妥当。
④ 马叙伦：《陈介石师之史论》，见马叙伦：《石屋续沈》，109 页。孙之梅也注意到了马叙伦长于史学评论这一特点（孙之梅：《南社研究》，247 页）。

于初学者而言，一般比较容易上手，或许正是基于此点，马叙伦才会有"喜文史易成"的感觉。不过，撰写这类史论与后来运用科学方法进行的史学研究毕竟还不一样。陈寅恪在分析清代经学极盛而史学不振的原因时，恰恰认为治史要远难于治经，因为"史学之材料大都完整而较具备，其解释亦有所限制，非可人执一说，无从判决其当否也"，经学则不然，由于材料不完整，研究者主观发挥的空间要大得多，因此也就更易于流入牵强附会。①

马叙伦这一阶段除了师从陈黻宸治史外，还学作古文。在传统学人看来，作文并非像史学、经学那样专门的学问，而是被视为"载道"的工具。在后来的回忆中，马叙伦非常推崇陈黻宸的古文。这段时间他因"慕为马班韩柳之文"，且又遇有名师指点，曾在古文上下过很大功夫，这一时期所发表各文均以古文笔法写成，受陈氏的影响很深。读他这一阶段的文章，约略可以从中看到其师的影子。他的治学重点不久就发生了转移，但此后还继续作了一段时期的古文。《天马山房文存》所收各文均为其多方请益、反复删削后比较得意的古文作品。从该书的"题辞"部分可以看出，民国初年他进入北京教育界后，"虚衷善下，遇当世名流，请业请益，不自满足"，常以所作古文向各派古文大家如马其昶、林纾、蒋麟振、王闿运、蒋智由、张尔田等人请教。② 1917 年出版的《国立北京大学廿周年纪念册》上，时任文科教授的马叙伦所写的"题词"也还是标准的古文。③ 通过治旧学与作古文，马叙伦在民国初年得到当时不少旧派学者的认同，上述诸人在《天马山房文存》"题辞"中大都对他的"道德文章"赞赏有加，马其昶认为："群［君?］方壮盛，其成就已如此，诚未易得之京师间也。"陈衍（石遗）在与吴绂斋（士鉴）谈论当世学人时，对他更是"推许甚至，谓江浙两省无与相抗者"。吴氏本人则认为，马叙伦《说

---

① 陈寅恪：《陈垣元西域人华化考序》，见陈寅恪：《陈寅恪集·金明馆丛稿二编》，269 页，北京，生活·读书·新知三联书店，2001。
② 详见马叙伦《天马山房文存》的"题辞"部分。
③ 《国立北京大学廿周年纪念册》，1917 年，北京大学档案馆藏，Z11·6—1。

文解字六书疏证》一书"博采众说,择精愈详,有清三百年来无此杰作"①。这恐怕也是他在北大第二次新旧之争中被视为"旧派"学者的重要原因之一。

马叙伦治学的第二阶段是研治今文经学,时间大致在1906年前后。这一阶段为时甚短,只是他治学过程中的一个插曲,而所牵涉的背景又极其复杂,故较少为论者所注意。如果说他在答毛子水函中提到的"又妄谓能理春秋大义"还比较含糊的话,在致劳乃宣函中则明确承认自己曾"染南海康氏之说,稍治公羊家言"。所谓"南海康氏之说"和"公羊家言"都是指代今文经学。只不过他似乎对这段治学历程颇不满意,故自嘲说当时他只不过是稍"逞胸臆而已",不久即"幡然悔悟"了。

1905年,马叙伦在《国粹学报》上陆续发表了《古政述微》②、《啸天庐古政通志》③、《啸天庐政学通议》④三篇文章,系统研究"古政",意在通经致用。在《古政述微》"自叙"中,他认为"夫古政不可行于今矣,然其意在也",即使起舜、禹于九泉之下,与他们讨论治国之道,他们也必将"有取乎古"。直到此时他主要还是受陈黻宸的影响。在《啸天庐古政通志》"自序"里,他在提到撰写此文的目的时称:"而当朝野变革之际,学士先生辄弃古学如粪土,趋时尚,求外国文字语言肤毛之末,稍得其一二大家学说,不知旁通博稽,谬言维新,辄为文化阻。于是外以观世变,内从瑞安先生析精求至,求社会之原,考政治之本,言古而合今,述远而考近。"但此后情况发生了一些变化。

1906年年初,《国粹学报》从第13期起陆续刊出马叙伦的《孔氏政治学拾微》一文,是他这一阶段提倡今文经学的代表作。⑤ 在该文中,

---

① 《吴绚斋总纂复书》,《唐写本经典释文残卷校语补正》,1918年铅印本。当时马叙伦《说文解字六书疏证》一书才完成了一小部分,该函后录入1957年出版的《说文解字六书疏证》。
② 《国粹学报》,1905,1(1)~(2)。
③ 《国粹学报》,1905,1(3)~(7)。
④ 《国粹学报》,1905,1(9)~(12)。
⑤ 马叙伦:《孔氏政治学拾微》,载《国粹学报》,1906,2(1)、2(2)、2(3)、2(5)、2(6)连载。

第一章　进入北京教育界：1913—1919

他一反自己1902年在《史学总论》中提出的"六经皆三代之史"的观点①，转而认为孔子是"制法之圣"，他在该文"总引"里称："自平王东迁，纲纪沦堕，典章放[散]失，诸夏声明渐以消散。乃生孔圣，笃信好古，悯兹散失，六艺是立。六艺者，其文《诗》、《书》、《礼》、《乐》、《易》、《春秋》；其义则乾坤、阴阳、四时、五行、山川、豁谷、鸟兽、草木、人伦、政教、风俗。故曰：千圣之权衡、百王之治法于斯见焉。"②不仅如此，他认为"诸夏不竞"的原因即在于孔子死后二千余年，能够"绍六经者"少之又少，即使有"承而发明之者"，也大都不得要领。因而他要阐发孔子的微言大义，"撷精而拾粹，分经而发明之"。在这一前提下，他提出了一系列主张，其中第一个就是"学春秋，然后知法治"。他对今文经学的重要经典《春秋公羊传》更是大加赞赏：

> 若夫不通《春秋》之法意，独取其刺讥之述，翊然以为经术治天下者，不亦谬欤？不亦谬欤？今拾《春秋》之法意而序次之，所以见孔子之王心焉。虽然，《春秋》非正史也，果不得公羊氏以发明其刺讥改制之意，何异乎断烂朝报也。使公羊氏发明之重遭秦焚不得董子以传之，天下又乌信公羊氏口耳之说哉？然则二子之有功于春秋不亦大哉！然则舍二子亦将无以说《春秋》哉！③

他明确主张《春秋》不是一般的历史著作，而是隐含着"改制之意"。从这些论述看，马叙伦此时很明显是偏于讲今文经，而不是古文经。辛亥革命后他也并不讳言自己曾受过康有为的影响。

当然，这不代表着他完全赞同康有为的看法，更不能说他此时在政治立场上支持立宪、反对革命。对这一阶段为何讲今文经学的原因，马叙伦本人以"又妄谓能理春秋大义"一笔带过，未见有其他说明。有学者在比照马叙伦的观点与康有为等人所讲的今文经学的不同之处后指出，他此时之所以这样做是为了以其人之道还治其人之身，目的还是为了宣

---

① 马叙伦：《史学总论》，载《新世界学报》，1902年，壬寅年第1号。
② 马叙伦：《孔氏政治学拾微》，载《国粹学报》，1906，2(13)。
③ 同上。

传反清革命。① 国粹派的精神领袖章太炎、刘师培等人都是古文经学大师，国粹派从整体而言是以古文经的观点为指导思想，但具体情况似乎要复杂一些。国粹派毕竟不是一个组织严密、整齐划一的团体，成员们虽然在反清革命和保存国粹两方面的意见大体一致，但由于师承各异、经历不同，在如何通过发扬国粹来激荡反清革命思潮方面，并非一开始就意见一致，而是在实际斗争中逐渐统一思想的。从这个角度看，马叙伦这一阶段讲今文经学也并非不可理解。

马叙伦这一阶段之所以讲今文经学，与当时的现实情况也略有关系。1903年，陈黻宸赴京应试，考中进士后，旋授户部贵州司主事留京任职；而1905—1906年马叙伦则在浙江各属辗转任教，因此与其师的联系难免较少。而且具体到对师承关系的看法上，由于陈黻宸本身在治学上"无所宗，以通为归"，受其影响的马叙伦也持类似看法，虽然他从陈氏受学，但亦"无所宗，以通为归"。② 陈黻宸作为他的受业恩师，关键在于学术和思想上的启蒙，至于具体的治学领域与治学方法，则不大受师承关系的约束。此外，由于他这一时期追求通经致用，本来就很容易流入探寻微言大义的境地，而这恰恰是今文经学家的惯常做法。

马叙伦治学的第三个阶段，经过前两个阶段的不断摸索，至此已经大致成型，以文字学作为治学的主业。从前文所引1914年马叙伦致劳乃宣函中可以看出，他放弃今文经学，内在因素是出于对自身治学路径的反思。受清代汉学家的影响，他认为学术的根本在于经学，而要治经学则须从小学（主要是文字训诂）入手。根据这一思路，他决定研治文字学，开始关注《说文解字》，这一转向大致发生在1907年前后。从外在因素看，一方面，马叙伦放弃今文经学估计与国粹派整体对今文经学态度的转变不无关系。黄节、邓实在开始阶段采取今古文经并采的态度，但自1906年秋起情况发生了变化，《国粹学报》开始出现全面反击今文

---

① 郑师渠：《晚清国粹派——文化思想研究》，305～312页。
② 马叙伦：《啸天庐古政通志》，自序，载《国粹学报》，1905，1(3)。

第一章　进入北京教育界：1913—1919

经学的浩大声势。① 另一方面，他最终选择文字学作为自己的治学方向，可能多少受到其父的一些影响，尤其是受到了章太炎的影响。马叙伦对章太炎"谈政治"评价颇低②，但对他学术上的成就则至为佩服。林损曾明言，马叙伦开始师从陈黻宸讲《通典》、《通志》、《通鉴》、《史通》、《文史通义》，谓之"五通"，"后仍从章太炎讲训诂"。③ 林损作为陈黻宸的外甥兼门生，对陈氏师徒的情况自然知之甚详。从治"五通"到讲训诂，可以看出马叙伦的学术兴趣从史学到文字学的转变。后陈黻宸之孙陈德曾在《书瑞安陈黻宸先生全集》中称："黻宸传史学于弟子林损公铎。公铎任教于北京大学及中央大学，亦为我国教育界之翘楚。"④此处记载颇含深意。就陈门弟子而言，无论是治学还是事功，成就最大的无疑当首推马叙伦（汤尔和早期在医学研究、教育和事功等方面均有突出表现，影响甚至远在马叙伦之上，不过晚节不保，自不能与马氏相提并论），此处单提林损而只字不提马叙伦，估计与他后来转从章太炎治文字学不无关系。

　　在 1907 年第 4 号的《国粹学报》上，马叙伦发表《书体考始》一文，说明此时他已经开始研究文字学。⑤ 到他 1909 年离开广州时，已被视为以小学见长的学者了。⑥ 在专注于《说文解字》研究之前，马叙伦还研究

---

　　① 郑师渠：《晚清国粹派——文化思想研究》，289～290 页。
　　② 马叙伦称："余素不乐太炎与闻政事，盖太炎讲学则可，与政则不可；其才不适此也。徒能运书卷于口舌之间，观此所载，几若洞照无遗，亮猛复出，而其实每违于事势，然四方当局皆重其名而馆之，亦实非能尽用其言也"（马叙伦：《章太炎》，见马叙伦：《石屋余渖》，50 页）。当时不少人都持此观点。章门弟子周作人认为，章太炎"谈政治的成绩最是不好，本来没有真正的政见，所以很容易受人家的包围和利用"（周作人：《知堂回想录》下册，618～619 页）。章太炎在光复会时期的同志陶成章亦认为章氏"原系学者，办事全非所宜，盖彼无眼识别人之善恶，易败事也"（湖南省社会科学院编注：《陶成章信札》，34 页，长沙，岳麓书社，1985）。
　　③ 中国革命博物馆整理，荣孟源审校：《吴虞日记》下册，70 页。
　　④ 陈德曾：《书瑞安陈黻宸先生全集》，见陈德溥编：《陈黻宸集》上册，2 页。
　　⑤ 马叙伦：《书体考始》，载《国粹学报》，1907（4）。
　　⑥ 高谊：《叙陈户部公方言人材》，转引自陈德溥编：《陈黻宸年谱》，见陈德溥编：《陈黻宸集》下册，1206 页。

77

过一段时间的《尔雅》。1911年，他曾致函章太炎就《尔雅》研究交换心得[1]，后又著有《尔雅讲义》。马叙伦最终选择研究《说文解字》，与章太炎有很大的关系。章氏的文字学研究即本之于《说文解字》，在其看来，该书乃"语言之纲纪，贯古今而范围之，不应标识汉学以自拘挛"[2]。他在东京《民报》社为门下诸生讲文字学时主要也是讲《说文解字》。[3] 而马叙伦从民国元年起就决意专心治学，"便研究中国的文字，要写一部《说文解字六书分纂》"[4]，因"彼时搜罗未富，识解亦陋。于转注、假借二书犹无剀切认识，又以事畜之谋，未得专力，故至三卷而辍"[5]。他开始从事这项研究时，曾专门向章太炎请教。章太炎在回函中称："大著寻检数过，条例尚善，所引诸说大致得之"，对其研究计划表示认可，并告诫说："鄙意许氏旧形不可更，彝器伪物不可引，此字形之要戒也。"[6]对于章氏"彝器伪物不可引"这一意见，马叙伦并未一意盲从。[7]

从马叙伦早年治学经历大致可以看出其治学重点从史学到文字学的转变，所受影响前期以陈黻宸为主，后期则以章太炎为主。此后直到20世纪50年代中期，他治学的重点基本上都在《说文解字》研究上，最终著成《说文解字六书疏证》30卷。[8] 从该书看，马叙伦研究文字学的重

---

[1] 马叙伦在《报章太炎书》中称："伦于《尔雅》，欲有所纂，侄傥不能绝俗，比于释诂，才解数条。内有自申之义，或覆前人之论，未宜为准，敢质然否，始也条哉。……凡兹数义，先祈董正。又陈兰甫谓《尔雅》训诂同一条者，其字多双声，伦谓亦有叠韵焉，以兹互求，名义可得太半矣"（马叙伦：《报章太炎书》，《天马山房文存》，5~7页）。原书注明此信作于辛亥年，《章太炎年谱长编》（上册，422页）将此函系于1913年，似误。

[2] 《与叶德辉》，见马勇编：《章太炎书信集》，601页。

[3] 周作人：《知堂回想录》上册，252页。

[4] 马叙伦：《我在六十岁以前》，60页。

[5] 《六书分纂》，稿本，国家图书馆藏。国家图书馆目录作"共十四篇，附录一卷"，实则只写了三卷。

[6] 《章太炎来书》，《六书分纂》，稿本，国家图书馆藏。录入《说文解字六书疏证》时略有一点改动，"条例尚善"被改为"条例甚善"（《章太炎来书》，见马叙伦：《说文解字六书疏证》第1卷，5页，北京，科学出版社，1957）。

[7] 马叙伦：《读金器刻词》自序，1页，北京，中华书局，1962。

[8] 《说文解字六书疏证》，疏证29卷，表1卷，共30卷，每两卷合为1册，共15册，凡3函，科学出版社1957年5月初版，上海书店1985年再版（8册）。张其昀称《说文解字六书疏证》连同《说文解字研究法》一并由上海商务印书馆1928年印行（张其昀："说文学"源流考略》，420页），不确。

点是文字构造。这里涉及"六书"这一文字学上较大的争议。"六书"是指古人分析汉字的造字方法而归纳出来的六种条例,即象形、指事、会意、形声、转注、假借。今人一般认为转注、假借实为用字方法,与造字无关。马叙伦则始终坚持"六书"都是造字的法则,并按照这些法则对汉字加以剖析。关于治文字学的目的,马叙伦在《尔雅讲义》序言部分称:"《尔雅》之为用巨哉,郭景纯论之详矣。夫天下义理尽归六经,经之诂,综于《尔雅》,故欲通六经不可不通《尔雅》。不然,是涉津而不用筏,启门而不用关也"。[①] 可见直到民国初年,马叙伦还没有摆脱清代经师的藩篱,治文字学的目的还是为了通经。[②] 从1919年马叙伦在《国故》上发表的《说文解字六书疏证·序》看,他的这一看法还未改变。[③] 正当北大第二次新旧之争愈演愈烈之际,马叙伦的学术兴趣主要在《说文解字》研究上。同时,由于他在北大担任"老(子)庄(子)哲学"(即道家哲学)功课,"感觉到庄周的学说和佛学太像了,便参考一下佛学"[④],后著成《庄子札记》一书。在该书中,除了以佛解庄外,重点还是通过文字训诂,对《庄子》原文进行章句解释。无论是《说文解字》研究,还是《庄子札记》,所用的方法基本上都还没有脱离旧学的窠臼。马叙伦此期倾向于旧派的另一个重要原因是学术思想上的国粹主义倾向。有学者对北大内部第二次新旧之争时两派学者的出身作过专门考察,发现当时的新旧双方几乎都是辛亥革命时期的革命党人,并认为他们在这一时期分裂成新旧两个阵营的主要原因还是思想上的分野,一方代表西化思想,而另一方则仍坚持国粹思想。[⑤]

[①] 《尔雅讲义》,手写稿本,国家图书馆藏。该稿序言文末有"与诸子共习之"等句,可知此稿当为其任教某校时所用的讲义。原稿未注明何时所作,国家图书馆目录作1912年。如果这个时间确切的话,则该稿当是他在浙江一师任教时的讲义。
[②] 马叙伦后来对文字学的看法发生了很大变化,一方面随着研究的不断深入,另一方面受民国时期文字学学科发展的影响,他逐渐修正自己的研究方向,最终脱离了清代学者为"通经"而研究文字的窠臼,把文字本身作为研究的对象,并积极探索新的研究方法。参见郑懿德:《马叙伦传略》,见《晋阳学刊》编辑部编:《中国现代社会科学家传略》,19页。
[③] 该文是《六书分纂》的"凡例"部分修改而成,见《国故》,1919(2)~(3)。
[④] 马叙伦:《我在六十岁以前》,60页。
[⑤] 陈万雄:《五四新文化的源流》,58页。

马叙伦与民国教育界

如前所述，晚清时期马叙伦是国粹学派的重要一员。民国初年，国粹主义对他仍有很大的影响，这一影响主要表现在学术思想上。1917年，马叙伦在《国立北京大学廿周年纪念册》的题词中，批评北大师生二十年来在"国故"研究方面存在的不足之处，他说："若夫二十年之中，治国故于此者尝数百人若千人，与教于此者率负一世盛名，号为鸿儒通人，宜有张皇幽眇，振发蒙聩，使向之绝学一旦复绍而白于天下。乃徒不然，所学与教者上不足以希风周秦之际，下不足以追踪清之乾嘉之间，此其表暴于笔札，效著于耳目，岂余私室之文致哉！"①从中可以看出他研究"国故"为的是"绍往圣之绝学"（具体而言是春秋战国时期的诸子学和乾嘉时期的朴学）。带着承续往圣思想学说的目的去研究国故，这种国粹主义思想倾向正是新派学者所强烈反对的。20世纪初年，钱玄同也属于崇信国粹主义的行列，但到五四时期，他的看法发生了根本转变——一反往日的"师古""复古""存古"主张，对中国传统文化展开全面的批判。② 1918年7月5日，鲁迅致函钱玄同称："中国国粹，虽然等于放屁，而一群坏种，要刊丛编，却也毫不足怪。该坏种等，不过还想吃人，而竟奉卖过人肉的侦心探龙（指刘师培——引者）做祭酒，大有自觉之意。即此一层，已足令敝人刮目相看，而猗欤羞哉，尚在其次也。敝人当袁朝时，曾戴了冕帽（出无名氏语录——原注），献爵于至圣先师的老太爷之前，阅历已多，无论如何复古，如何国粹，都已不怕。但该坏种等之创刊屁志（指《国故》月刊——引者），系专对《新青年》而发，则略以为异，初不料《新青年》之于他们，竟如此其难过也。然既将刊之，则听其刊之，且看其刊之，看其如何国法，如何粹法，如何发昏，如何放屁，如何做梦，如何探龙，亦一大快事也。国粹丛编万岁！

---

① 马叙伦题词，《国立北京大学廿周年纪念册》，1917年，北京大学档案馆藏：Z11·6—1。
② 杨天石：《振兴中国文化的曲折寻求——论辛亥前后至"五四"时期的钱玄同》，见杨天石：《从帝制走向共和——辛亥前后史事发微》，491～517页，北京，社会科学文献出版社，2002。

老小昏虫万岁!"①所用言辞之偏颇激烈,充分体现了当时新派学者对国粹思潮的强烈不满。也许这正是钱玄同之所以要作《读书小记补》揶揄马叙伦的原因。

需要指出的是,当时北大所谓的"新派""旧派"只是一个较为笼统的称呼,而非组织严密的团体。新派诸人的思想差异很大,五四后不久,作为新派核心的《新青年》团体即告分裂。而所谓的旧派学者阅历各异,彼此相去更远。以《国故》为中心的晚清国粹派出身的旧派学者们虽然在思想上已经落伍,但此时真正与新文化运动对立的却不是他们,而是以北大校外林纾等人为代表的尊孔复古思潮。②在周作人看来,北大校内"所谓新旧派的论争实在也争不出什么来,新派纯凭文章攻击敌方的据点,不涉及个人,旧派的刘申叔则只顾做他的考据文章,别无主张,另一位黄季刚乃专门泼妇式的骂街,特别是在讲堂上尤其大放厥词"③。

马叙伦在《国故》上发表的几篇文章均属纯粹的学术论文,既不涉及旧伦理道德,更与政治思想上的尊孔复古无关。1934年,梁漱溟自述其在北大任教经历时称:

> 我应聘之前,即与蔡、陈两先生声明,我此番到北大,实怀抱一种意志,一种愿望,即是为孔子为释迦说个明白,出一口气(出气二字或不甚妥当——原注)。其时文科教授者诸先生有讲程朱老庄之学者,更有其他教员亦是讲中国的学问。《新青年》杂志之批评中国传统文化,非常锋利,在他们不感觉到痛苦;仿佛各人讲各人的话,彼此实不相干;仿佛自己被敌人打伤一枪,犹视若无事也。而我则十二分的感觉到压迫之严重,问题之不可忽略,非求出一解决的道路不可。……不稍甘一如他人之漠不关心也。④

梁氏所谓文科教授"讲程朱老庄之学者",当系暗指马叙伦。他的这

---

① 鲁迅:《鲁迅书信集》上册,17页。
② 郑师渠:《晚清国粹派——文化思想研究》,323页。
③ 周作人:《知堂回想录》下册,431页。
④ 梁漱溟:《自述》,见梁漱溟:《我的努力与反省》,66～67页。

马叙伦与民国教育界

段话可以反证当时作为旧派学者的马叙伦，既不像校外的林纾，也不像校内的黄侃，除了同情《国故》外，对新文化运动并未有过什么实质性的反对行动，而是"犹视若无事也"。在实际交往中，马叙伦对刘师培的品行早就甚为鄙夷①，与黄侃的私交亦属一般②。与马其昶、林纾等古文家虽有过一些交往，但相比而言，还是与趋新的汤尔和、沈尹默等人更为接近。五四前后，当不少旧派学者受新思潮的冲击抑郁而终时③，马叙伦却能逐渐转变角色，不仅逐渐改用白话作文，而且最终抛弃了国粹思想④，这正是他难能可贵之处。吴虞到北大任教后，与马叙伦过从甚密，在吴氏眼里他已属于与周作人一样的"思想清楚者"了。⑤ 这也是他在五四后不仅没有消极避世，反而在几个重要历史时期均占据教育界要津的重要原因。

掺杂着人事和学风的大规模的新旧之争是民国初年北大在学术及思想文化上的一大特色。由于思想、学术的主体大都又同时从事教育事

---

① 马叙伦：《鼓吹民族革命之国粹学报》，《石屋余瀋》，192页。同样列名《国故》月刊特别编辑的黄节对刘师培更是不屑。撇开清季变节不说，刘师培参与筹安会时曾遭到黄节的痛斥；1917年刘氏进入北大任教，他曾致函蔡元培表示强烈反对（万仕国编著：《刘师培年谱》，243、247、263页，扬州，广陵书社，2003）。

② 马叙伦晚年对黄侃更为不满，认为他是"文人无行之甚者"。详见马叙伦：《章太炎》，见马叙伦：《石屋余瀋》，51～52页。

③ 杨瑞津编：《刘景晨刘节纪念集》，143页，香港，香港出版社，2002。

④ 马叙伦晚年思想最主要的特点是唯物论，较少再谈及国粹主义。他对章太炎的《救学弊论》有过如下评论："《太炎文录续编》有《救学弊论》，多根据过实之传闻。盖所失固有，而迹其大较，则晚近学术界颇能张皇幽眇，其人固多出于学校，不可诬也。又谓元魏金清习于汉化，以致覆亡之后不能复兴，以戒今人慕习远西文物为可虑。信如此说，则当彼诸蓁杌，不必从事文明矣。余昔固与太炎共鸣于《国粹学报》，彼时乃以挤覆满洲政权为职志。以民族主义之立场，发扬国粹，警觉少年，引入革命途径，固不谓经国致治永永可由于是矣。且所谓保存国粹者，非言事事率由旧章也。而论语则以人群福利为本，以共达大同为极。岂可久滞种种区分，若种若国若贵若富而不悬一共达之鹄！夫使人尽得所，生活无歉，必不为人所亡。不然，徒守茹毛饮血之俗，则太古之族存者几何！"（马叙伦：《章太炎》，见马叙伦：《石屋余瀋》，45～46页）。这段话可作为了解马叙伦对国粹主义看法的补充。从中可以看出马叙伦晚年和早年对国粹主义的看法有很大的差别，大体而言，早年强调自国的特性，而晚年则强调共达大同。有学者以此作为清末民初马叙伦对国粹主义的态度（江渤：《马叙伦》，22页），似不甚妥当。

⑤ 1924年4月29日《致〈晨报〉记者》，赵清等编：《吴虞集》，408页，成都，四川人民出版社，1985。吴虞任教北大后与马叙伦有过不少交往，详见其本阶段的日记。

业，因而新旧之争也就不可避免地影响到教育界。从这个角度看，可以说新旧之争揭开了民国初年北大派系之争的序幕。五四后，《国故》、《新潮》先后停刊，《新青年》团体由于思想的歧异也最终陷于分裂。客观上北大内部的旧派仍然存在，但新旧派间的争论已无此前那样激烈。[1]到 1925 年前后，大规模的新旧之争已成为陈年往事，北京教育界的派系争斗也更换新的面目出现。

---

[1]　陈嘉蔼：《我在北大的读书生活》，见全国政协文史资料委员会编：《文史资料存稿选编》第 24 卷，14 页。

第二章 走向教育界的中心：1919—1926

一、马叙伦与五四后的北京大学

从1917年担任北大专任教授起到1926年"三·一八"惨案后离开北京，这一时期马叙伦活动的基地都在北大，虽然中间曾出任浙江一师校长、浙江省教育厅厅长、教育特税督办，两次担任教育部次长等职务，但他和北大的关系并未中断，离开这些职务后都回到北大继续任教。五四前，马叙伦虽也参加一些社会活动，但以讲学著述为主，这两年多是他一生中难得的几个较为安心治学的时期之一。正当他"埋头写书"之际，五四运动爆发了。[①] 马叙伦因缘时会，在运动中与汤尔和等人互相配合，发挥了重要作用。从此不仅在北大内部的地位日高，此前的"旧派"形象逐渐改变，而且逐渐进入教育界的中心。几乎所有关于五四运动的著作都用较多的篇幅叙述"挽蔡"斗争，但一般多侧重考察爱国师生与北京政府之间的斗争，能够把这个过程中教育界相关各方的复杂关系剖析清楚的尚不多见。本节拟以马叙伦的活动为线索，探讨相关各方在"留蔡助蒋"过程中扮演的角色，及五四后北大内部法日派与英美派对峙局面的形成过程。

[①] 马叙伦：《我在六十岁以前》，60页。

第二章　走向教育界的中心：1919—1926

(一)"留蔡助蒋"

五四运动爆发后，规模不断扩大，局面也更加复杂。[①] 当时政府中有以马其昶替换蔡元培为北大校长的风声，蔡氏为避免"运动学生保持地位的嫌疑"，遂于1919年5月9日晨留下辞职书，悄然出京。[②] "挽蔡"因此成为支持爱国学生运动的各方与北京政府斗争的焦点之一。[③] 自蔡元培离京后到7月中旬确定以蒋梦麟作为其私人代表这段时间，在他辞职、复职问题上一波三折，从中可以看出当时教育界复杂的人事关系。蔡元培辞职后，社会各界纷纷表示挽留，但真正能够直接影响其决策的主要是汤尔和及江苏省教育会黄炎培、蒋梦麟等人，马叙伦因与汤尔和的密切关系及其在北大教职员中的实际地位，在这个过程中也发挥了重要的作用。相比之下，沈尹默、胡适等人这一时期对蔡元培在出处等重大问题上的影响力则要小得多。

蔡元培辞职的第二天，马叙伦、李大钊、马寅初等人就代表北大教职员到教育部请愿，表示如蔡不留任，北大教职员"即一致总辞职"[④]。这一时期，北大成立了教职员会，推康宝忠为主席，马叙伦为书记。5月11日，由北大教职员会发起组织了北京中等以上学校教职员联合会，也以康宝忠为主席，马叙伦为书记。教联会成立后，"现时每日下午五时必在北大文科教室集会，互相报告各校情形，并接洽一切办法"。12日，"该会议决递呈总统，请以明令挽留蔡校长"。又举代表方还、马叙伦、康宝忠等9人于13日赴国务院，要求挽留蔡元培。离开国务院后，"代表等遂退归本校通告学生，一面仍于下午五时照例在北大开教职员联合会，议定俟总统指令发表之后，当即专电蔡氏挽留，并同时派代表

[①] 详见彭明：《五四运动史》，北京，人民出版社，1984；周策纵：《五四运动：现代中国的思想革命》，南京，江苏人民出版社，1996。
[②] 蔡元培：《我在北京大学的经历》，见中国蔡元培研究会编：《蔡元培全集》第7卷，504页。
[③] 萧超然等编：《北京大学校史(1898—1949)》，80页。
[④] 许德珩：《许德珩回忆录——为了民主与科学》，59页。

持联合会公函赴杭州劝驾"①。此后马叙伦还多次与康宝忠等人一起到教育部交涉挽留蔡元培。②而此时仍任医专校长的汤尔和则为北京国立各专门以上学校校长会议的代表。据时为北大学生活跃分子的张国焘回忆:"为了抵抗当局压迫,各校校长、教职员和学生联合采取同一步骤。国立八个专科以上的学校校长组织了一个校长会议,以医专校长汤尔和为代表。各专科学校教职员也组织了各种教职员联合会,以马叙伦、沈志[士]远等为代表,与代表学生联合会的我经常接触。我们共同标榜不让教育受到摧残、挽留蔡校长、反抗政府加害陈独秀先生和爱国学生。"③这段时期,汤、马两人联手,成为掌握北京教育界局面的实力派人物。④

据沈尹默在《我和北大》一文中记载,1917年,蔡元培因张勋复辟出走后,在他提议下,评议会掌握学校实权,对外行文,在此期间:

> 夷初(马叙伦——原注,下同)有一天忽然单独请我吃鸭子,他说:"你们在学校里这样做,为什么不让我知道?"我说:"事情很仓卒,迫不及待,一个人一个人去找,来不及。夷初,你如愿意参加,我们欢迎,但要我们看法一致,一起合作才行。"我的意思是,北大内部有反对蔡先生的,拥蔡即所以维护北大。夷初同意我的话。于是我们商量,组织教员会,推康宝忠(政治法律教员,活跃分子)为主席,马叙伦为副主席,以夷初监督康,但我们也怕夷初出轨,又推陈大齐和沈士远跟他们一起。⑤

这一记载曾被多次引用⑥,实际上此事当发生于五四运动时期蔡元

---

① 《教育界之人心皇皇》,载《晨报》,1919-05-14。另参见马叙伦:《我在六十岁以前》,62~63页。
② 《昨日北大全体教职员大会》,载《晨报》,1919-06-08。
③ 张国焘:《我的回忆》第1册,63页,北京,东方出版社,1994。
④ 马叙伦:《我在六十岁以前》,61~64页。
⑤ 沈尹默:《我和北大》,见全国政协文史资料委员会编:《中华文史资料文库》第17卷,文化教育编,379页。
⑥ 江渺:《马叙伦》,50页;卢礼阳:《马叙伦》,75页。

第二章 走向教育界的中心：1919—1926

培离开北大之后，因记忆失误，沈尹默将其误植于张勋复辟时期。

查张勋复辟起于1917年7月1日，历12日而败，对北大有过一些影响，但并不是很大。复辟发生后，蔡元培即避入北京饭店，并于次日赴津，7月20日，"得北京大学职教员公函，请回校"。23日中午，蔡回到北大。① 这二十余日里，无论是评议会掌权还是组建教员会均未见他处记载。此外，较为关键的证据还有两点。其一，张勋复辟期间马叙伦并不在北京。因事先得到早年学生廖容关于可能发生复辟的警报，他乘放暑假的机会于复辟前便已离京南下。② 在杭州逗留期间，正赶上其师陈黻宸在瑞安原籍去世，7月31日他从杭州前往奔丧。③ 复辟发生后曾在短期内造成局势动荡，他不大可能在这短短一个月内从杭州回到北大，又从北京赶到瑞安。④ 其二，从北大评议会成员情况看也是如此。1917年北大成立第一届评议会，马叙伦是两名文科评议员之一（另一人是陈汉章），而沈尹默则不是评议员，与其接近的章门弟子们也无一入选。⑤ 如果此时由评议会掌权，则身为评议员的马叙伦不可能不知情。五四运动发生时的情况则大不一样，他不再是评议员，而沈尹默、陈大齐、沈士远等人则均为评议员。⑥ 因此，蔡元培辞职后，评议会掌握实权，对外行文，他不能与闻其事，遂有与沈尹默的上述谈话。这一时间确定之后，则沈尹默的这段回忆颇为重要，从中可以看出当时北大内部复杂的人事关系：康宝忠虽为章门弟子，却非浙籍。马叙伦虽为浙籍，却非章门弟子。而陈大齐、沈士远等人则同时兼具双重身份，既为章门弟子，又属浙籍。沈尹默是当时操纵北大内部事务的关键人物，从他的

---

① 中国蔡元培研究会编：《蔡元培全集》第16卷，31～35页，杭州，浙江教育出版社，1997。
② 马叙伦：《我在六十岁以前》，59页。
③ 陈德溥编：《陈黻宸年谱》，见陈德溥编：《陈黻宸集》下册，1219页。
④ 据蔡元培日记记载，7月16日，"徐州兵变，津浦路不能完全通行"。同月28日，蔡元培从北京抵达天津时，曾收到马叙伦的去函(中国蔡元培研究会编：《蔡元培全集》第16卷，36页)。这些信息也说明了马叙伦不大可能在此期间赶回北京。
⑤ 《指令北京大学该校评议会简章及会员履历准备案文》，见王学珍等主编：《北京大学史料》第2卷上册，133页。
⑥ 《本校布告》，见王学珍等主编：《北京大学史料》第2卷上册，134～135页。

安排中可以约略看出彼此之间关系的远近亲疏。

1919年5月11日,教育总长傅增湘因无法平息事态离部出走①,15日正式辞职,由次长袁希涛代理部务②。袁氏本是江苏省教育会的要角之一③,代理部务后与江苏省教育会之间密电往来频繁,5月12日他密电该会副会长沈恩孚称:蔡元培辞职后,"直辖各校长,亦遂辞职。各校员生,纷起请留。情势急切,部已派商耆(即时任教育部佥事的沈彭年——引者,下同)南来挽留。涛(袁希涛自称)昨见首揆,顷谒元首,均嘱部速留蔡。倘蔡公抵沪,请先转达。并希转告菊生(张元济)、梦麟两公为荷"④。次日再次密电沈氏称:"蔡公是否抵沪,请先略复。北京直辖各校长,继续辞职者,因留蔡未有结果,均尚未回校任事。各校学生代表,每日开会。现状如此,深以多延时日,无法维持为虑。"⑤5月14日北京政府下达慰留蔡元培的命令后⑥,袁希涛又于次日密电黄炎培称:"政府留蔡指令已发表。直辖各校长,亦多允仍任职。蔡公已否过沪,倘对于挽留一节,遽仍表示决绝,则风潮难息。牵连教育大局,深可危虑。"⑦从这些电报可以看出袁氏当时的急切心理。蔡元培出京后并未立即南下,而是在天津法租界稍事停留,16日才乘津浦车南下,次日晚抵达上海。到沪后的第二天上午,蔡元培就与蒋梦麟、黄炎培、沈恩孚等人会晤,"商发一电于总统、总理、教育总长"⑧。20日发出的通电称:"政府果曲谅学生爱国愚诚,宽其既往,以慰舆情,元培亦何敢

---

① 《教育界之人心皇皇》,载《晨报》,1919-05-14。
② 丁致聘:《中国近七十年来教育记事》,见张相文:《民国丛书》第2编,上海书店出版社据1935年版影印,82页。
③ 黄炎培:《八十年来》,48页,文史资料出版社,1982。另参见汪懋祖、黄炎培等人所作:《袁观澜先生事略》,载《中华教育界》,1930,18(8)。
④ 《袁希涛致江苏省教育会沈信卿密电稿》,中国社会科学院近代史研究所等编:《五四爱国运动档案资料》,235页,北京,中国社会科学出版社,1980。
⑤ 同上。
⑥ 《昨日之教育界消息》,见王学珍等主编:《北京大学史料》第2卷上册,296页。
⑦ 《袁希涛致江苏省教育会黄炎培密电稿》,中国社会科学院近代史研究所等编:《五四爱国运动档案资料》,236页。
⑧ 中国蔡元培研究会编:《蔡元培全集》第16卷,71~72页。

不勉任维持，共图补救。"①从中可以看出，在与江苏省教育会诸巨头会商之后，蔡元培的辞意已不如先前坚决——如果政府答应学生的爱国要求，他即可复出"共图补救"。此点亦可从 5 月 22 日黄炎培、蒋梦麟致胡适的信中得到印证，该函称：

> 回校任职事，孑公(即蔡元培——引者)已允。此事若不另生枝节，大学可望回复原状。留傅(即傅增湘)事江、浙两省教育会先发难，上海学界留蔡后，亦复争留傅。……大概大学不至于解散，因蔡既允复职(孑公以不办学生为复职条件，政府已明示，孑公不能不复职矣——原注)，田(指田应璜——引者)当亦不敢长教育(京讯政府已撤回任田同意案——原注)。现在所争持者为青岛不签约及斥罢祸首二条，且看结果如何？孑公在沪时每日相见，此公仍抱积极精神，转告同志。

在上函中，黄、蒋两人又称：

> 在南方预备如左：(一)同人所最希望者，为大学不散，孑公自仍复职。同人当竭全力办南京大学，有孑公在京帮助，事较易。办成后渐将北京新派移南，将北京大学让与旧派，任他们去讲老话(亦是好的)，十年二十年后大家比比优劣(黄炎培、沈恩孚对这句话分别写了如下眉批："此亦是一句话，但弟意北方亦要占据，且逆料旧派无组织之能力也。炎""此时未打败仗，万无退回老巢之理。孚")。况巴黎来电赔款有望，南洋富商亦可捐数百万金，办大学藏书楼、中央实验室及译书院。此事如孑公在京，必多助力，故望诸君设法维持大学，以为孑公返职地步。(二)如北京大学不幸散了，同人当在南组织机关，办编译局及大学一二年级，卷土重来。……总而言之，南方大学必须组织，以为后来之大本营，因将

---

① 同日，袁希涛在复蔡电中称："顷谒首揆，述及学生前事，政府并无苛责之意，深望我公早日回京，主持校务，以慰众望。"详见高平叔、王世儒编注：《蔡元培书信集》上册，415~416 页，杭州，浙江教育出版社，2000。

来北京还有风潮，人人知之。大学情形请时时告诉我，当转达孑公。诸君万勿抱消极主义，全国人心正在此时复活，后来希望正大也。诸乞密告同志。①

1919年5月23日，袁希涛再次密电沈恩孚称："自政府声明撤[撒]回田某同意案后，学生复以惩办曹陆问题一致罢课"，"至惩办曹陆问题，政府因各方面关系，于事实上亦不能照办。学生此次要求目的，既难达到，而防障秩序之事实，又复迭生。则外省言论上之鼓吹，此时似宜相机注意，以免青年热度沸腾，至不可收拾之地位。"②结合前面所引的袁氏密电，可知此时江苏省教育会的意图是维持北大不被解散，并尽快恢复教育界原状，除了一些光明正大的原因外，还另有考虑，即保住袁希涛教育部次长和蔡元培北大校长的位置，以便继续为他们在教育界拓展地盘提供方便。③ 作为江苏省教育会元老级前辈的张謇此期曾亲自致电大总统徐世昌，抨击安福系欲以田应璜为教育总长的阴谋，亦可见该会对此事的关注程度。④

不过，这一意图与当时的斗争形势并不一致，以致蔡元培5月18

---

① 中国社会科学院近代史研究所编：《胡适来往书信选》上册，47～48页，北京，中华书局，1979。

② 《袁希涛为政府不能惩办曹陆防止局势不可收拾密电》，1919年5月23日，中国第二历史档案馆编：《中华民国档案资料汇编》第3辑，342页，南京，江苏古籍出版社，1991。

③ 在五四运动之前，江苏省教育会就试图包围蔡元培为其所用，据沈尹默称："蔡先生到北大后，尽管我们帮他的忙，但教育部袁希涛对蔡很不好，遇事掣肘。袁是江苏教育会系统黄任之的左右手，时蒋维乔亦在教育部，他们就派教育部的秘书、蔡元培的连襟陈任中每天上午11时挟着皮包坐在北大校长室监视蔡先生，遇事就横加干涉。蔡先生曾经很不痛快地对我说：'这真是岂有此理，连我派的管帐[账]的人(黄幼轩)他们都要干涉，并且派陈任中监视我，干涉学校行政。'教育部对蔡先生掣肘的详细情况我不得而知，袁希涛对蔡不好，在我想来，是江苏教育会已显然操纵当时学界，想包围蔡先生为江苏教育会所用，而蔡先生被我们包围了，因此他们就捣蛋。此时旧社会，亦系常有的事，在民初北京官场中更不足为奇。"(沈尹默：《我和北大》，见全国政协文史资料委员会编：《中华文史资料文库》第17卷，文化教育编，380页)

④ 在电文中，张謇首先陈述巴黎和会决不可签字的理由，继而称："再教育傅总长已去职，报载将有安福派继长教育之说，安福何派？派有何人？江海野人无暇闻此。惟闻前此出钱收买议员即此派人，则扫荡国人之廉耻者此派人也，煽播政争之酷毒者亦此派人也，若以此派人主持教育，岂将夷全国于牛马襟裾之列乎？亦将熏学子以犬豕盲躁之朦也。全国学生正当盛气之时，此令若颁，一波又起，未必谅政府之应酬党派为不得已也。"(《张謇最近之主张》，载《晨报》，1919-05-27)

日的电报发出后(由蒋梦麟经手),被学生们认为是假冒的。不仅如此,"《晨报》亦有登疑假冒之新闻"①。由于急于恢复教育界原状,袁希涛甚至被指有觊觎教育总长位置的野心②,而江苏省教育会也因此受到舆论的"忠告"③。由于北京政府在挽留蔡元培的同时,还一并挽留曹汝霖等"卖国贼",而安福系则仍垂涎教育总长及北大校长两个位置④,5月19日,北京各专门以上学校学生再次罢课,各地学生群起响应。29日,袁希涛再次密电黄炎培称:"大学情形极复杂,日内孑老来,恐亦难以处理,尔和意见相同,适之赴津,俟回与商。如尚有办法,当再电告。"⑤北京政府以武力镇压学生运动,遂有"六三"事件的发生,形势急转直下。6月3日,汤尔和致函蔡元培称,"来而不了,有损于公;来而即了,更增世忌"⑥,劝其不可轻出复职。"六三"之后,事态进一步扩大。6月5日,上海出现罢工、罢市。同日,教育部次长袁希涛被迫辞职,傅岳棻被任命为教育部次长并代理部务。⑦ 6日,徐世昌令胡仁源署理北大校长。在此情形下,蔡元培再次以退为进,于6月15日发出《不愿再任北京大学校长的宣言》,列举种种理由,以示与北京政府决绝。⑧蔡元培的宣言和通电激起了爱国师生们的挽留热潮。由胡仁源署理北大校长的命令遭到北大师生一致反对⑨,教育部被迫将胡调部办事⑩,并

---

① 中国社会科学院近代史研究所编:《胡适来往书信选》上册,49页。
② 《袁希涛想做总长》,载上海《民国日报》,1919-05-29。
③ 孙镜亚:《告江苏省教育会》,载上海《民国日报》,1919-05-31。
④ 参见《教育总长之角逐》(载《晨报》,1919-05-07)、《教育总长问题之波折》(载《晨报》,1919-05-19)等报道。
⑤ 《袁希涛关于限令上课期满部持冷静态度密电稿》,见中国社会科学院近代史研究所等编:《五四爱国运动档案资料》,238页。
⑥ 中国蔡元培研究会编:《蔡元培全集》第16卷,76~77页。
⑦ 《学界风潮纪》,载《中华教育界》,1919,8(2)。
⑧ 中国蔡元培研究会编:《蔡元培全集》第3卷,632~633页,杭州,浙江教育出版社,1997。
⑨ 参见《北大全体教职员大会议决将王建祖逐出学界 反对胡仁源为大学校长》、《北大学生亦反对胡仁源》、《京校教职会函阻胡到校》、《各界之拒胡留蔡》等报道,见王学珍等主编:《北京大学史料》第2卷上册,296~299页。
⑩ 《北大校长问题》,见王学珍等主编:《北京大学史料》第2卷上册,298~299页。胡仁源署理北京大学校长职务后,从未到任,到7月30日才正式以《大总统令》的形式"免去"这一署职(见王学珍等主编:《北京大学史料》第2卷上册,245页)。

派秘书徐鸿宝南下敦劝蔡元培回任。北大教职员代表沈尹默、马裕藻及学生代表多人亦于此时南下挽蔡。① 6月17日、18日，国务院、教育部分别致电蔡元培表示挽留。20日，蔡元培在复电中再次辞去北大校长职务。② 在教育部再次作出答复后，马叙伦和康宝忠代表北大教职员会致电蔡元培称，"号电闻部已代复，仍坚挽留"，请其勿再辞职，免得为反对派提供借口。马叙伦并私函汤尔和，请其转劝蔡元培速发通电打消辞意。③ 7月9日，蔡元培才正式致电教育部，表示同意复职，得到爱国师生的热烈回应。④

至此，"留蔡"一事已无悬念。从这两月的经过可以看出，辞职与其说是蔡元培的本意，不如说是他的一种特殊的抗争方式。⑤ 在五四运动过程中，他根据形势的发展变化，将这一斗争方式运用得恰如其分。在接下来的"助蒋"过程中，汤尔和、马叙伦的作用至关重要。蒋梦麟作为蔡元培的私人代表先行返回北大，最初策划及打通各方关系的均为汤尔和；他在杭州定下这个方案后，没有及时告知马叙伦，故后者于7月19日再次电催蔡元培北上。⑥ 蒋梦麟到北大后能够站稳脚跟，除了他出众的个人能力外，马叙伦在北大教职员（主要是章门弟子）中的疏通工作也不可忽视。这一过程从胡适所抄录的汤尔和日记及马叙伦的回忆中可以看得很清楚。⑦ 这一点也得到蔡元培本人的认可，8月9日他在复马

---

① 《蔡孑民辞职与挽留》，见王学珍等主编：《北京大学史料》第2卷上册，300页。
② 高平叔、王世儒编注：《蔡元培书信集》上册，419~420页。
③ 中国蔡元培研究会编：《蔡元培全集》第16卷，80、83页。参见卢礼阳：《马叙伦》，85页。
④ 《蔡孑民应允回任》，见王学珍等主编：《北京大学史料》第2卷上册，300页。
⑤ 参见宋月红：《评五四运动中的"挽蔡护校"斗争》，载《北京大学学报》（哲学社会科学版），1995(2)。1923年反对彭允彝时，胡适称蔡元培"以辞职为抗议"。曹伯言整理：《胡适日记全编》第4卷，175页，合肥，安徽教育出版社，2001。
⑥ 中国蔡元培研究会编：《蔡元培全集》第16卷，87页。
⑦ 《胡适手抄汤尔和日记和跋》，见耿云志等编：《胡适书信集》中册，670页；另见马叙伦：《我在六十岁以前》，65~66页。汤尔和、马叙伦协助蒋梦麟进入北大的过程，已有学者做过较为详尽的论述，故此处不再展开。参见《蒋梦麟传》（马勇编著，88~99页）、《马叙伦》（卢礼阳著，85~87页）。关于蒋梦麟进入北大的原委，许德珩回忆说：五四运动中民族资本家穆藕初打算捐助全国学联十万多元，"为我们所谢绝。后来，蒋梦麟为了要钻进北京大学，他以此作为牵线，把这十万多元拿到北大，由北大接收下来。而蒋梦麟就因此打入北大，担任了北京大学的总务长"（许德珩：《许德珩回忆录——为了民主与科学》，108页）。此说似不确。

氏的函中有"'五四'以后,承公苦心维持,北大得以保存,众口同声,弟闻之不胜钦佩"等语①。9月12日蔡元培回到北京,20日正式到校视事。②该日上午北大师生分别开会欢迎蔡氏回校,马叙伦还担任了教职员欢迎会主席③,表明他在北大教职员中的地位已明显上升。

这一事件中除了反抗北京政府这个大题目外,还掺杂着当时教育界复杂的人事关系。江苏省教育会是当时教育界的一大势力,它的前身是1905年成立的江苏学务总会。1906年7月,学部颁布《奏定各省教育会章程》,在各省设立教育会,"期于辅助教育行政,图教育之普及,应与学务公所及劝学所联络一气"④。同年,江苏学务总会遵章更名为江苏省教育总会,影响不断扩大。1911年四五月间由江苏省教育总会发起组织、在上海召开的各省教育总会联合会,共有11省教育总会或学界代表20余人出席。黄炎培回忆称:"每年每省轮流举行一次教育总会联合会,第一年在江苏举行。江苏很自然地做了全国领导。"⑤同年6月学部向清廷奏准设立中央教育会,会长一职也由江苏省教育总会会长张謇出任。辛亥革命前后,江苏省教育总会的势力又进一步扩张,远远超出教育界的范围。据黄炎培载,江苏省教育总会"是教育性的江苏中心组织,经过几年,成为政治性的江苏中心组织,为的是集中这一群有力的人物,有力的领导,又是江苏惟[唯]一的江南北统一的机构。因此在辛

---

① 蔡元培在同函中称:"奉前月二十八日惠书,恳切周详,令人感泣。迟迟未报,歉仄万分。弟既不能与北大脱离关系,本宜如来示所揭,早日北行。惟胃病未痊,尚不堪舟车之劳。而代理蒋君到校以后,内之教职员及学生,均表欢迎;外之教育部以正式公牍承认,正可以盘根错节,试其利器。弟乘此养疴,决非偷懒,亦非别有所忌惮也。同事中或缘此而稍稍不满于弟,咎在弟之疏忽,本所难怪。然存此意见者,必为爱护北大、素共维持之人;否则休戚莫不相关,对于弟举措之得失,亦决不措意。然则弟之疏失,必能蒙其鉴谅,而必能与蒋君和衷共济,以尽力于北大,弟敢断言。因而北行之期,不能不稍缓。方命之罪,尚祈原宥。"参见中国蔡元培研究会编:《蔡元培全集》第10卷,434页,杭州,浙江教育出版社,1998。

② 《蔡元培启事》,载《北京大学日刊》,1919-09-16。
③ 《二十日之大会纪事》,载《北京大学日刊》,1919-09-22。
④ 《学部奏拟教育会章程折(附章程)》,1906年6月,见舒新城:《中国近代教育史资料》上册,361页。
⑤ 黄炎培:《八十年来》,48~49页。

亥革命洪潮中，江苏成为有力的发动机构"[1]。1912年，北京政府教育部公布《教育会规程》后不久，江苏省教育总会改称江苏省教育会。虽然新颁的《教育会规程》明文规定"教育会不得干涉教育行政，及教育以外之事"[2]，但对江苏省教育会而言并没有多大的约束力，民国初年该会在教育界的势力有增无减，日益膨胀。[3]

江苏省教育会里，黄炎培为蔡元培在南洋公学时期的弟子[4]，蒋梦麟则是他在绍兴中西学堂的学生，且另有绍兴同乡一层关系[5]。加之当时江苏省教育会仍以"新派"形象出现，与爱国师生大体上仍处于同一战线。五四前，北大和江苏省教育会就有过一些合作。1919年2月，蔡元培、蒋梦麟、胡适、陶孟和、黄炎培、郭秉文、徐甘棠等人一起发起组织新教育共进社[6]；同年3月，江苏省教育会、北京大学、南京高等师范学校、暨南学校、中华职业教育社等机构又合作创办《新教育》月刊，宗旨是输入世界最近教育思潮、学术新知，传布国际大事。[7] 这五大教育机构，除北大外，都属于江苏省教育会的"势力范围"。因此之故，蔡元培在整个事件中对江苏省教育会诸人倚重有加也就不难理解了。他同意而且乐于以蒋梦麟作为私人代表，主要并非出于身体健康方面的考虑（从其所拟的广告、通电等看，健康因素实在只是一个托词）。在当时的形势下，各方面的秩序尚未完全恢复，以蒋作为代表，可以起到投石问路的效果，显然比他自己贸然回到北京政府的势力范围内复职更为稳妥。1919年7月3日，张元济得知蔡将复职的消息后，特致函蔡元康（蔡元培的从弟），认为时机未到，蔡元培"不可轻于再出"，理由

---

[1] 黄炎培：《八十年来》，49页。
[2] 《教育部公布教育会章程》，1912年9月，见舒新城：《中国近代教育史资料》上册，366页。
[3] 对江苏省教育会的历史活动及影响，已有学者做过较为详细的个案研究，详见刘正伟：《督抚与士绅——江苏教育近代化研究》，313~375页，石家庄，河北教育出版社，2001。
[4] 黄炎培：《吾师蔡孑民先生哀悼辞》，见田正平等编：《黄炎培教育论著选》，4页，北京，人民教育出版社，1993。
[5] 蒋梦麟：《试为蔡先生写一篇简照》，见蒋梦麟：《西潮·新潮》，307~308页。
[6] 《新教育共进社缘起》，见中国蔡元培研究会编：《蔡元培全集》第3卷，550页。
[7] 《新教育月刊出版通告》，载《北京大学日刊》，1919-03-26。

第二章　走向教育界的中心：1919—1926

主要有三点："一、政权必归安福派，其专横无理可以想见；二、所谓旧学家，必依附攀缘，大张旗鼓，恐难免文字之祸；三、学生气焰过盛，内容纷纠，甚难裁制，纳之轨范"。① 从黄炎培等人的角度看，除了对乃师的支持外，当时江苏省教育会掌握江浙的教育大权，雄心未已，还试图占领北方地盘；袁希涛被迫辞职后，北大校长这个位置对他们的事业发展来说就显得更加重要了，因此黄炎培同意蒋梦麟作为蔡元培的私人代表也就不难理解了。②

沈尹默代表的是章门弟子的立场。蔡元培初到北大时受到他们的"包围"③，他们希望蔡元培复职，继续为其所用。以江苏省教育会为后台的蒋梦麟，在汤尔和、马叙伦等人的帮助下进入北大，打破了北大内部原来的权力格局，当然是章门弟子所不愿看到的。④ 尤其是一向为他们所包围的蔡元培在如此重大的问题上倚靠汤尔和及江苏省教育会诸人而没有提前和他们通气，使他们难免有吃醋之感，转而对汤、蒋等人不满。⑤

胡适在此事上所产生的影响则不是很大。他进入北大本是陈独秀所援引，随着新文化运动的展开，他的声望虽然上升很快，但毕竟进入北大为时尚短，植党未深，后来所谓的英美派此时也尚未成型。尤其到五四前夕，陈独秀已被解除文科学长职务，陈去而胡势遂孤。⑥ 此期参与处理校务的胡适不仅无法左右局面，且因蔡元培突然出走使原定的教学计划不能照常进行，对他还颇有怨意。⑦ 不过从后来的事态发展看，"留蔡助蒋"受益最大的反而是胡适一方。从20世纪30年代起，蒋梦麟

---

① 张树人编：《张元济书札》（增订本），1265页，北京，商务印书馆，1997。
② 石原皋：《蒋梦麟》，见石原皋：《闲话胡适》，76页，合肥，安徽人民出版社，1985。1919年7月4日，张元济致函黄炎培、蒋梦麟，辞去中华职业教育社议事员之职，"因该社近来与闻政治"。参见张元济：《张元济日记》下册，808页，石家庄，河北教育出版社，2001。
③ 沈尹默：《我和北大》，见全国政协文史资料委员会：《中华文史资料文库》第17卷，文化教育编，378页。
④ 同上书，381页。
⑤ 《胡适手抄汤尔和日记和跋》，见耿云志等编：《胡适书信集》中册，669页。
⑥ 桑兵：《近代中国学术的地缘与流派》，见桑兵：《晚清民国的国学研究》，41页。
⑦ 中国社会科学院近代史研究所编：《胡适来往书信选》上册，59~60页。

与胡适联手,成为北大英美派的"首脑"①。16年后,胡适在致汤尔和的函中称:"八年'五四'之后,留蔡之事,先生用力最勤,而梦麟兄之来北大尤为先生第一大功。倘梦兄不北来,他也许要被任之兄(即黄炎培——引者)一班人毁了。故梦兄北来之举,先生实大有造于他,亦大有功于北大。"②而汤尔和则有"留蔡助蒋真乃孽障"之感慨。③

汤尔和在此事中所起的作用则至关重要,他虽有控制教育界的野心,不过似乎还算不上是"德日派的总后台"④。若将汤尔和、马叙伦两位陈黻宸弟子的活动放在一起考察,或更能说明问题。蔡元培在北大内部事务上为章门弟子所包围,但在一些重大的出处问题上却是受汤、马等人所左右,以至于素有"鬼谷子""阴谋家"之称的沈尹默直到晚年仍大感困惑:"蔡先生对汤尔和如此信任,任其摆布,我始终不解其故"。⑤

其实早在"留蔡助蒋"之前,蔡元培最终决定出任北大校长亦与汤、马等人有很大关系。据马叙伦称:

> (1916年9月)一天,我的那位陈老师,说起国会里许多浙江同乡(陈老师这时做众议院议员——原注,下同),想叫蔡鹤卿(蔡元培的别字后来改做孑民)回来做浙江省长(这时蔡先生在德国),打了电报去,他回电说,回来是可以的,但不愿做官。我就和汤尔和说,北京大学的校长胡仁源有点做不下去,何妨把蔡先生请回来替代他。汤尔和说,这是很好的,但是蔡先生不是办事之才,你可以帮助他?我说,人家恭恭敬敬把我请得去,完全不拿"僚属"看待我,我现在怎样可以就说辞职?但是我有办法,我们只须把北大内部布置好了,就不使蔡先生为难,以后更无问题了。我想找陈仲甫

---

① 石原皋:《闲话胡适》,76页。
② 1935年12月23日胡适致汤尔和,见耿云志等编:《胡适书信集》中册,667页。
③ 1935年12月29日汤尔和致胡适,见中国社会科学院近代史研究所编:《胡适来往书信选》中册,291页。
④ 石原皋认为汤尔和是"德日派的总后台",见石原皋:《闲话胡适》,76页。
⑤ 沈尹默:《我和北大》,见全国政协文史资料委员会编:《中华文史资料文库》第17卷,文化教育编,381页。

第二章　走向教育界的中心：1919—1926

(就是陈独秀)来做文学院长，是很适当的，理学院长就让夏元瑮担任，声望够的(他是夏曾佑先生的儿子，德国留学生，本是北大的教授，研究相对论)，法学院长仍旧不动吧，另外请沈尹默在实际上帮忙。汤尔和连声说好。第二日，他就去和教育总长范源廉[濂]说了，范先生正找不到北大校长，开心得了不得，一面打电报请蔡先生回来，一面便向总统黎元洪说明，自然绝无问题的发表了。①

这段回忆在一些细节上略有不确，如当时北大各科所设的不是"院长"，而是"学长"；尤其是胡适的说法出来后，马叙伦的说法更是颇受论者怀疑。1956年秋，胡适告诉周策纵，他在汤尔和日记手稿中，发现其中提到汤与蔡、陈关于北大事务方面的交往，他不相信马叙伦所说是真的。②

胡适所谓"不相信马叙伦所说是真的"，可以作两种理解。其一，马叙伦以上所说均非事实，即蔡元培出长北大与马叙伦、汤尔和无关。若照此理解，胡适的说法本身似颇有问题。胡适本人在1917—1919年没有留下日记。③ 他看汤尔和日记手稿也是1935年底的事情。该年12月23日，胡适致函汤尔和称："送还六、七、八年的日记，并致深厚的谢意。八年日记，细细读过，曾摘记几十条重要日期的主要事项，想先生见许。六、七二年的日记，不及细读，但略翻阅而已。……前所欲查的一个日子，乃是八年三月廿六夜"④。由此可知，胡适所借阅的是汤尔和1917—1919年的日记，重点是看1919年3月26日夜在汤尔和家中讨论排挤陈独秀的情形，此前两年则属顺便翻阅。蔡元培之被任为北大校长在1916年9月，该年10月初他就自法国起程返国。⑤ 1916年9月发生的事情在1917—1919年的日记里没有记载是可以理解的，显然不能根据1917年以后的日记未载来断定1916年9月没有发生过此事。其

---

① 马叙伦：《我在六十岁以前》，57～58页。
② 周策纵：《五四运动：现代中国的思想革命》，189页。
③ 曹伯言整理：《胡适日记全编》第5卷，885页。
④ 耿云志等编：《胡适书信集》中册，666～667页。
⑤ 陶英惠：《蔡元培年谱》，468页。

二，估计也是更接近胡适本意的理解，即汤尔和与蔡元培关系密切，蔡之出长北大确是汤向范源濂推荐，但并非也无须出于马叙伦的提议。在找到汤、马两人这一时期的日记之前，讨论这个问题无疑很有风险。如前所述，汤、马两人早在养正书塾时期就义结金兰，辛亥革命后马能够进入北京教育界主要也是得力于汤氏的提携。在京十几年里，两人的关系也非常亲密。按诸常情，在蔡氏出任北大校长这个问题上，他俩交换过意见是完全有可能的。从另一个角度看，马叙伦进入北京教育界远早于胡适，他对北大早期历史比胡适也更为熟悉。而且从时间上看，他的回忆也基本上与事实相符。何况胡适二十多年之后谈起此事，凭借的只是当年翻阅汤尔和日记时留下的简单印象。考虑到他与马叙伦之间多年来对许多问题的看法一直存在很大分歧，晚年阶段更是势如水火（容后详述），故胡适的说法本身也未必多么可靠。因此，在找到更有力的资料前，还是不宜轻易推翻作为此事亲历者的马叙伦的记载。

沈尹默则认为，蔡元培之长北大"盖出于沈步洲之策划"，据载："有一天，我到医科学校上课，汤尔和对我说：'我告诉你一件事。你看沈步洲这个人荒唐不荒唐，他要蔡先生来当北京大学校长。你看北大还能办吗？内部乱糟糟，简直无从办起'"。[1] 如沈尹默所言，沈步洲可能确实有不满意于胡仁源之处，但以蔡代胡未必是出于他的提议。综合各种资料来看，汤尔和对沈尹默说这段话的用意，其实更多是在试探他对蔡元培出长北大一事的态度。[2] 沈尹默直到晚年似乎都没有意识到这一点。在他作了肯定答复之后，汤尔和马上就顺水推舟地表示："既然你们都认为如此，那我明天就去和蔡先生讲，要他同意来办北大。"由此也可反证汤只不过是在故布疑阵试探沈。蔡元培到北大后，曾主动探访沈

---

[1] 沈尹默：《我和北大》，见全国政协文史资料委员会编：《中华文史资料文库》第17卷，377页。

[2] 这个手法是汤尔和常用的，如汤尔和1919年7月25日日记载："尹默昨自南归，午约在西车站便饭。余故作疑阵戏之，谓我久主张送君出洋，故与鹤公言之甚力。今自知此说不能成立，自愿取消。渠信以为实，为之色变。乃探得其对梦兄态度，知无他故，乃复允之。"详见《胡适手抄汤尔和日记和跋》，见耿云志等编：《胡适书信集》中册，669页。

第二章　走向教育界的中心：1919—1926

尹默，令其"颇觉意外"①。其实，蔡元培的这个行动似亦当为汤尔和的主意。马叙伦此前就在北大任教过，而沈尹默同时也在汤尔和任校长的医专兼课，汤、马自然深知以沈为代表的章门弟子在北大的影响力——如果没有得到沈的支持，蔡元培出长北大固然不成问题，但至少不会那么顺利。而蔡元培晚年也一再强调，在是否出任北大校长及聘任陈独秀这两个问题上他主要都是参考汤尔和的意见。② 如前所述，蔡元培1917年1月正式就任北大校长，马叙伦同月即重返北大任教，从另外一个角度说明了这一时期汤、马与蔡之间的密切关系。五四前夕，北大以废学长之名排挤陈独秀的事件中，汤、马、沈三人均参与决策，蔡元培最终决定去陈，更加看重的显然是汤氏的意见。以致胡适十余年后仍怪罪汤尔和，认为他为理学所误，在此事上"故不免为夷初诸人所利用也"。

此期蔡元培为何如此倚重汤尔和、马叙伦，未见有直接材料说明，大致当与早年经历有关。在当时北京的政治大环境下，蔡元培出长北大、推动教育革新事业并非易事。③ 因其本身的弟子黄炎培、蒋梦麟等人主要都在江浙一带活动，要整顿北大只能更多地借重于早年好友、有同乡之谊的陈黻宸、章太炎等人在北京教育界里的弟子门生。陈黻宸与蔡元培的关系甚为密切。1902年，蔡元培与黄仲玉结婚时举行演说会，陈黻宸就曾亲临演说男女平等理论。④ 而汤尔和、马叙伦等人在养正时

---

①　沈尹默：《我和北大》，见全国政协文史资料委员会编：《中华文史资料文库》第17卷，377页。

②　参见《我在北京大学的经历》（见中国蔡元培研究会编：《蔡元培全集》第7卷，500页）、《我在五四运动时的回忆》（见中国蔡元培研究会编：《蔡元培全集》第8卷，414页，杭州，浙江教育出版社，1997）。

③　傅斯年：《我所景仰的蔡先生之风格》，见蔡建国编：《蔡元培先生纪念集》，81页。

④　陶英惠：《蔡元培年谱》上册，80页。1917年夏陈黻宸逝世后，蔡元培亲送挽联："数故乡人物渺然，若志三，若仲容，若平子，别死经年，而今又弱一个；得天下英才而教，在杭州，在广东，在北京，师承作记，相期共有千秋。"同年12月，蔡还在北大发起组织追悼会，纪念陈黻宸（高平叔编著：《蔡元培年谱长编》中卷，52、63页）。

期的出色表现,早就给蔡元培留下深刻的印象。① 汤尔和担任医专校长时,亦颇以能干名,素为蔡元培所赏识。② 至于汤尔和为何建议以蒋梦麟作蔡元培的代表先行入京,这样安排除了更易让蔡接受外,估计还有借重江苏省教育会之意。③ 马叙伦此期与汤尔和仍属无所不谈的同门加异姓兄弟,在重大事件上基本都站于同一立场,在具体行动中则互相配合。他们热心"留蔡助蒋",似亦有人事上的考虑,即以蔡元培及江苏省教育会的势力牵制北大内部的章门弟子,利用蔡元培的崇高威望来操纵整个教育界。蔡元培重返北大及蒋梦麟的到来,对此后的民国教育界影响深远。五四后,马叙伦在北大内部乃至全国教育界的地位都迅速上升。

(二)在法日派与英美派之间

五四后,北大开始全面实行教授治校。④ 校长、教授、学生是一个大学中的三股势力,在校务的管理上,如何处理校长与教授之间的权力关系,至今仍是高等教育领域讨论的一个热点话题。教授治校与校长独裁不同,由教授组成教授会、评议会等组织来管理、主持校务。这一制度本来确立的是大学内部校长与教授之间的权力关系,但在具体实行过程中却同时有对内、对外双重作用。陈岱孙在分析了20世纪三四十年代清华大学校务领导体制后指出:教授治校"在校内,它有以民主的名义,对抗校长独断专权的一面;在校外,它有以学术自主的名义对抗国民党派系势力对教育学术机构的侵入和控制的一

---

① 蔡元培在其《自写年谱》中,称养正"学生中如汤尔和、杜杰峰、马夷初诸君,均杰出之才"(高平叔编著:《蔡元培年谱长编》上卷,198页)。蔡元培对汤尔和尤为看重,1936年竺可桢让他提浙江大学校长人选时,他仍提到汤尔和(《竺可桢日记》,1936年2月23日条,第1册,16页)。
② 毛子水:《关于孟邻先生的杂忆》,见毛子水:《师友记》,111页,台北,传记文学出版社,1978。
③ 石原皋:《闲话胡适》,76页。
④ 这一时期北大职员全为专任,而教员则以专任、兼任的不同分为教授和讲师两类,专任教员都称教授。

面"。①"教授治校"这一口号最早由蔡元培提出②,在北大和清华两校均有过较长时期的实践,但两校确立这一制度的过程不同,原因也大不一样。

清华"教授治校"制度的形成主要源于内部原因。1926年起,清华实施教授治校制,成立了教授会和评议会,一直维持到抗战时期。③北大则主要由于外部因素。1917年,蔡元培出任北大校长后,沈尹默向他提了三点建议,其中第二点为:"北大的章程上规定教师组织评议会,而教育部始终不许成立。中国有句古话:百足之虫,死而不僵,与其集大权于一身,不如把大权交给教授,教授治校,这样将来即使您走了,学校也不会乱",建议蔡元培根据章程,向教育部力争成立评议会。④在沈尹默一方,多年向教育部争取设立评议会,不无进一步把持北大校务之意图。就蔡元培而言,他本身的权力欲并不强,而且他在1912年手订的《大学令》中,不仅有"大学设评议会""大学各科设教授会"的规定,而且对评议会、教授会的审议事项均作了详细规定。⑤加之此时沈尹默以一

---

① 陈岱孙:《三四十年代清华大学校务领导体制和前校长梅贻琦》,北京市政协:《文史资料选编》第18辑。就对内而言,在实际运作中,"如果校长善于运用,他不但可以不招致教授会的反对,而且可以使教授会转化为自己的工具。"(冯友兰:《五四前的北大和五四后的清华》,《中华文史资料文库》第17卷,文化教育编,403页)北大的蔡元培和清华的梅贻琦都较好地做到了这一点。
② 冯友兰:《五四前的北大和五四后的清华》,见全国政协文史资料委员会编:《中华文史资料文库》第17卷,文化教育编,403页。
③ 关于清华大学实行教授治校制的经过,《清华大学校史稿》(109页)有过一些较为简略的论述。相比而言,苏云峰所著的《从清华学堂到清华大学1911—1929》(北京,生活·读书·新知三联书店,2001)对这一过程的论述则要深入得多,详见该书的相关章节。
④ 沈尹默:《我和北大》,见全国政协文史资料委员会编:《中华文史资料文库》第17卷,文化教育编,377页。
⑤ 《大学令》第16条:"大学设评议会,以各科学长及各科教授互选若干人为会员,大学校长可随时召集评议会,自为议长。"第17条:"评议会审议左列诸事项:一、各学科之设置及废止。二、讲座之种类。三、大学内部规则。四、审查大学院生成绩及请授学位者之合格与否。五、教育总长及大学校长咨询事件。凡关于高等教育事项,评议会如有意见,得建议于教育总长。"《教育部公布大学令》,中国第二历史档案馆编:《中华民国史档案资料汇编》第3辑,教育,109~110页,南京,江苏古籍出版社,1991。1917年9月,教育部对《大学令》作了修正,取消了设立教授会相关规定,关于评议会的规定则未作改变(《修正大学令》,见王学珍等主编:《北京大学史料》第2卷上册,102页)。

致对外进言,蔡元培对他的建议自无拒绝之理,遂加以采纳。由于蔡元培在教育界的威望,提出设立评议会果然得到教育部的批准。1917年4月,北大在蔡元培的领导下,遵照《大学令》规定,初步实行教授治校。①而有感于五四运动过程中北京政府多次试图通过撤换北大校长来瓦解学生运动,蔡元培复职后即全面推行"教授治校"这一制度。他在学生欢迎会的演说中,"说明德国大学学长、校长均每年一换,由教授会公举,校长且由神学、医学、法学、哲学四科之教授轮值,从未生过纠纷,完全是教授治校的成绩。北大此后亦当组成健全的教授会,使不因校长一人的去留而起恐慌"。在蒋梦麟等人的协助下,蔡元培对北大内部组织架构作了通盘改革。②1919年12月11日,北大公布了《内部组织试行章程》,并迅速委任了各部委员及委员长。③改革后的北大内部组织分为四大部分:"(一)评议会,司立法。(二)行政会议,司行政。(三)教务会议,司学术。(四)总务处,司事务。教务会议仿欧洲大学制。总务处仿美国市政制。评议会、行政会议两者,为北大所首创。评议会与教务会议之会员,由教授互选,取德谟克拉西之义也。行政会议及各委员会之会员,为校长所推举,经评议会通过,半采德谟克拉西主义,半采效能主义。总务长及总务委员为校长所委任,纯采效能主义,盖学术重德谟克拉西,事务重效能也。"④至此,北大的"教授治校"制度逐渐完备。在接下来的几年里,这一制度在北大与外来政治势力的抗衡中发挥了重大作用,在马叙伦看来,"北大在连续几年风波动荡里面,能够不被吞没"⑤,全靠了这一制度。

北大确立的"教授治校"模式,在协调校长与教授间的关系及对抗外

---

① 《指令北京大学该校评议会简章及会员履历准备案文》,见王学珍等主编:《北京大学史料》第2卷上册,132~133页。参见高平叔:《北京大学的蔡元培时代》,载《北京大学学报》(哲学社会科学版),1998(2)。

② 蔡元培:《我在北京大学的经历》,见蔡元培:《蔡元培全集》第7卷,505页。

③ 《各部委员会及委员长之任职》,载《北京大学日刊》,1919-12-11。参见高平叔:《北京大学的蔡元培时代》,载《北京大学学报》(哲学社会科学版),1998(2)。

④ 蒋梦麟:《北京大学新组织》,见曲士培主编:《蒋梦麟教育论著选》,173页。

⑤ 马叙伦:《我在六十岁以前》,66页。参见王世杰:《蔡先生的生平事功和思想》,见陈平原等编:《追忆蔡元培》,367页,北京,中国广播电视出版社,1997。

第二章　走向教育界的中心：1919—1926

来政治干涉等方面发挥得很出色，但也引发了一些负面效应，最严重的一点是造成北大内部教授群体的分裂，这一点恐非创始者所能逆料。据顾颉刚晚年回忆：

> 北大自从蔡先生做了校长，引导学生自由思想并做社会活动，积了四五年力量，于是有五四运动的轩然大波，北大就一跃而成为全国政治和文化的领导者。因为成功太快，所以不幸的根苗也就伏在里面。蔡先生组织教授会，定出教授治校的办法，因此教授就有了权。权之所在成了争夺的目标，于是马上分成英美派和法日派两大系，用团体的力量做斗争的工作。①

因为是数十年后的回忆，顾氏此处用了"马上"一词，实则北大内部英美派与法日派对峙局面的出现经历了一个不长不短的过程。

北大内部派系争斗由来已久。② 在民初的第一次新旧之争中，内部意见不一的章门弟子能够一致排斥严复的旧人；新旧思想冲突最严重的时候，作为新派首领的陈独秀确切地说不是败在旧派之手，而是败在与自己处于同一战壕的汤尔和、马叙伦、沈尹默等人之手。此事掺杂着复杂的人事因素，只是当时在新旧之争的大势之下，内情不为外人所注意。③ 老北大出身、后来又深受派系争斗之害的顾颉刚对北大内部的派系争斗有着切肤之痛。五四运动尚未完全结束，他在给友人的信中就流露出对北大现状的悲哀："北京大学人家怎样的赞他，说他怎样的爱国，怎样的热心，怎样的有团结力，哪里知道里边党派分歧，私仇固结，排

---

① 顾颉刚：《顾颉刚自述》，见高增德、丁东编：《世纪学人自述》第1卷，27页。
② 关于北大内部的派系之争，参见桑兵：《近代中国学术的地缘与流派》、《厦门大学国学院风波》（收入《晚清民国的国学研究》一书）。
③ 陈独秀被排挤的内幕当时估计只有极少数当事人知道。周作人在回忆录中认为，陈独秀之所以离开北大是因为"校内评议会多半是'正人君子'之流，所以任陈氏之辞职，于是拔去了眼中钉，反动派乃大庆胜利了"（周作人：《知堂回想录》下册，408页）。这一记载并不确切，有可能是周作人故意"栽赃"，也有可能他根本就不知道内情。胡适也是多年后特地借阅汤尔和当年的日记才知道事情的原委。

抵强烈至于如此，冤诬有志之士，自杀文化发展力又至于如此"①。五四后，北大内部的派系争斗不但没有减弱，反而因为教授手里权力的加大而变得更加激烈。1921年2月，吴君毅在劝吴虞前往北大任教时即称："四川局面狭隘（成都尤甚——原注，下同），非吾弟兄久处之乡，争名争利，须在此间。而名胜之多，各界人才之众，生活之美，亦非此间不能按洽领略也"，"北大是全国文化运动中心（内容姑不必论），将来蔚成一种势力，吾兄入是间后，可竭力将事，待弟二三年由欧归后，以便互相提携也"。吴虞答应后，吴君毅又特地去信叮嘱："北大党派复杂，初到此间，若不悉其内容，恐动辄得咎。来京可细询惺农（即陈启修——引者），便得其详。至嘱至嘱"。后又有人告诉吴虞："大别北大党派则为新旧二派，细别之，则多矣。"②可见北大内部派系争斗的复杂情况早已是"声名远扬"。这一局面1925年前后最终演变成法日派和英美派的对峙，一如当时初到北大任教的李璜所言："北大教授的学派分野，并非新与旧之争及中与西之争，至少在我于民十四至十五在北大教书时，这种争论早成过去了。但是在我这一年亲身接触与冷眼旁观中，仍感到有种分野之争，这是根于对当时国内政治见解的有异与留学国度所受学术熏陶有所歧出之故"③。

五四后尤其是1920年11月出国后，蔡元培对于北大的影响主要是在精神上，在北大内部具体事务处理上的影响力则不是很大，一则北大全面实行教授治校，在此制度下校长实际上处于"虚君"位置；二则这一阶段他在国内的时间甚短④，中间偶尔回校，也成为各派势力竞相包围利用的对象。这一时期，北大内部能够左右局面的主要有四股力量：以

---

① 顾潮：《历劫终教志不灰——我的父亲顾颉刚》，57页，上海，华东师范大学出版社，1997。
② 中国革命博物馆整理，荣孟源审校：《吴虞日记》上册，581～582、585页。
③ 李璜：《学钝室回忆录》，123页，台北，传记文学出版社，1978。
④ 蔡元培1920年11月赴法，1921年9月回校；1923年1月因抗议彭允彝辞职离校，同年7月再次赴欧，1926年才回到上海，但因北方局势动荡并未回校。北伐后蔡元培曾再居北大校长之名，但未再到校。参见高平叔：《北京大学的蔡元培时代》，载《北京大学学报》（哲学社会科学版），1998(2)。

第二章 走向教育界的中心：1919—1926

沈尹默等人为首的留日出身的章门弟子，以李石曾为首的留法出身的学者，以胡适为首的留学英美出身的学者，以及汤尔和、蒋梦麟、马叙伦等浙江籍实力派教授。这几股势力分化组合，左右北大校政，成为这一时期北大历史的一大特色。

所谓章门弟子本是个极其笼统的称谓。章太炎门下不同时期、不同省籍的弟子人数众多，情况十分复杂。[①] 章氏晚年亲自开具的"点鬼簿"（同门录），因遗漏甚多，致使门下诸弟子纷纷猜度其取舍之间的"微言大义"[②]。作为旁观者的马叙伦则用"戈矛森立"一词形容章氏晚年所收弟子间的关系。[③] 北大内的章门弟子主要是早期在东京国学讲习会和《民报》社听讲的浙江籍学生。据统计，1918年在北大文科、预科任教的"太炎门生"有陈大齐、康宝忠、朱希祖、黄侃、钱玄同、周作人、马裕藻、朱宗莱、沈兼士、刘文典等十人之多。其中除黄侃（湖北籍）、康宝忠（陕西籍）、刘文典（安徽籍）外，其余均为浙江籍。[④] 稍后进入北大兼课的鲁迅也名列章门。而沈尹默虽未曾亲受业于章太炎，但其"章门弟子"的身份却颇得到当时北大师生的"认同"，曾就读于北大预科的陶希圣在晚年回忆中仍将其视作太炎门下的"铮铮者"。[⑤] 北大章门弟子间由于经历和籍贯的不同也有亲疏之别。在章门里资格甚老的马裕藻曾告诉初到北大的吴虞："钱玄同、周作人、周豫才（即鲁迅——引者）、朱希祖、沈士远、沈尹默、沈兼士皆太炎门人"[⑥]。而在沈尹默眼里，"包

---

① 关于章门弟子的情况，详见桑兵：《近代中国学术的地缘与流派》，见桑兵：《晚清民国的国学研究》，34～35页。
② 周作人：《知堂回想录》下册，621页。
③ 马叙伦1915年年底与章太炎告别后，联系甚少。据他回忆，仅在1920年和1932年见过两面；但自抗战阶段起与章氏遗孀汤国梨往来颇密，故对章门弟子内部的情况知之甚悉（马叙伦：《章太炎》，《石屋余沈》，49～50页）。1947年年底，汤国梨准备重开太炎文学院，还打算请马叙伦担任院长（《王仲荦自述》，见高增德、丁东编：《世纪学人自述》第4卷，459页）。
④ 陈以爱：《中国现代学术研究机构的兴起——以北大研究所国学门为中心的探讨》，第51页注释部分。
⑤ 陶希圣：《北京大学预科》，载《传记文学》，1963，3(4)。
⑥ 中国革命博物馆整理，荣孟源审校：《吴虞日记》上册，596页。

围"初到北大时期的蔡元培的"我们"则"包括马幼渔、叔平(即马衡——引者)兄弟,周树人、作人兄弟,沈尹默、兼士兄弟,钱玄同,刘半农等,亦即鲁迅先生作品中引所谓正人君子口中的某籍某系"。① 参照马、沈两人的叙述,大致可以明了这一集团所包括的范围。"三沈二马"②是这一集团的核心,周氏兄弟及钱玄同等人则居于附从地位。安徽籍的刘文典不仅不在这一行列内,而且在北大属于极其背时的人物。③ 其中,沈尹默和马幼渔进入北大任教甚至在蔡元培长北大之前,"所以资格较老,势力也比较的大,实际上两个人有些不同,马君年纪要大几岁,人却很是老实,容易发脾气,沈君则更沉着有思虑,因为虽凡事退后,实在却很起带头作用"④。沈尹默虽然是领袖,但好居幕后,因此代表这一群体出面活动的总是马裕藻(幼渔)。⑤ 以沈尹默、马裕藻为首的章门弟子借着新旧之争的机会,大举进军北大;后更"包围"蔡元培,与汤尔和等联合挤走陈独秀,免除了"安徽人压倒浙江人"⑥的危险;五四后借着全面实行教授治校的机会,又进一步扩张自己的势力。1920年,辜

---

① 沈尹默:《我和北大》,见全国政协文史资料委员会编:《中华文史资料文库》第17卷,文化教育编,378页。
② 另有"三沈三马""三沈五马"等说。"三沈"指沈尹默、沈士远、沈兼士兄弟三人无甚疑义,而"二马"(或"三马""五马")则有一些不同说法。持"三沈二马"说,认为"二马"指马裕藻和马衡的有周作人(周作人:《知堂回想录》下册,414页)、顾颉刚(《顾颉刚自述》,见高增德、丁东编:《世纪学人自述》第1卷,28页)、朱偰(《五四运动前后的北京大学》,《文化史料》第5辑,171页,1983)、傅振伦(傅振伦:《七十年所见所闻》,361页,上海,华东师范大学出版社,1997)、任鸿隽(《任鸿隽自述》,《近代史资料》105辑,40页)。梁漱溟则认为"三沈二马"的"二马"指的是马裕藻和马叙伦(《略谈胡适之》,萧南选编:《我的朋友胡适之》,6页,成都,四川文艺出版社,1995)。谢兴尧持"三沈三马"说,认为"三马者,幼渔、叔平、隅卿即也",但他又有些拿不准,表示"若舍夷初而取隅卿,殊不伦不类,与事实不符"(《红楼一角》,见谢兴尧:《堪隐斋随笔》,79~84页)。李书华认为"三马"系指马裕藻、马衡和马叙伦(李书华:《七年北大》,载《传记文学》,1965,6(3))。鲁迅则有过"三沈二马""三沈三马"两种表述,从他说的具体内容看都不包括马叙伦(《鲁迅书信集》上册,149、231页)。综合这些看法,若从与北大关系深浅和社会影响大小看,无论是"三马"还是"二马",马叙伦无疑都占有一席之地,但若从利益群体的角度看,则他算不上是其中的一员。至于"三沈五马"说,则是离史实太远(沈迈士:《怀念蔡元培先生》,见蔡建国编:《蔡元培先生纪念集》,289页)。
③ 桑兵:《近代中国学术的地缘与流派》,见桑兵:《晚清民国的国学研究》,35页。
④ 周作人:《知堂回想录》下册,414页。
⑤ 朱偰:《五四运动前后的北京大学》,载《文化史料》,1983,5(2)。
⑥ 语出《顾颉刚自述》,见高增德、丁东编:《世纪学人自述》第1卷,29页。

第二章　走向教育界的中心：1919—1926

鸿铭被北大解聘，但因裁奉出于胡适的提议，沈、马等人"不免略有烦言"。同为章门弟子且与他们关系极其密切的钱玄同对此大发感慨："平平淡淡学问，一旦身执政权，忽然就有政党的相道，说什么'我们''他们'的话，真是何苦来"①。章门弟子把持北大校政的情况，由此亦可见一斑。

李石曾与蔡元培的关系渊源颇深，他是前清大学士李鸿藻之子，而蔡则为李鸿藻的"朝殿门生"。后又加上吴稚晖、张静江等人居间联络，彼此关系更为密切。② 1916 年，蔡元培接到教育部的任命时，李石曾亦同在法国，当他决定就任北大校长一职后，即邀李一道回国，"约偕往北大以整理故都之学府"③。李石曾因故稍迟才归国，到北大担任生物学及社会学教职。李石曾、蔡元培等人都带有无政府主义色彩，他们进入北大，使无政府主义在北大得到较为广泛的传播，并产生过一些影响。④ 李石曾作为留法前辈，在提倡和组织留法勤工俭学以及华工教育方面确实做了不少工作⑤，加之他与蔡元培关系特殊，不少留法出身的学者遂因他的关系进入北大。而且，当时李石曾在北大之外不仅"办有中法大学，又办有孔德学校，适值北京政府积欠学校薪水，北大同人无法存活的时候，凡是接近他的人都要插在他的学校里，所以他的势力就逐渐大起来"⑥。留日出身的章门弟子与李石曾的合作从 1917 年年底李氏进入北大时就已经开始，当时，蔡元培、李石曾与沈尹默、马裕藻等人合办了孔德学校。⑦ 双方的合作不断加强，隐然成为北京教育界的一

---

① 1920 年 8 月 16 日致周作人，《钱玄同文集》第 6 卷，28 页。原文以方框代替，隐去姓名，结合上下文看，钱玄同所指的当为沈、马诸人。
② 参见李书华：《李石曾先生家世及少年时期》，载《传记文学》，1974，24(1)；陶英惠：《记国民党四老》，载《传记文学》，1973，23(5)。
③ 陶英惠：《蔡元培年谱》上册，474 页。
④ 参见[韩]曹世铉：《中国无政府派与新文化运动》，见曹世铉：《清末民初无政府派的文化思想》，北京，社会科学文献出版社，2003。
⑤ 许德珩：《许德珩回忆录——为了民主与科学》，102 页。
⑥ 《顾颉刚自述》，见高增德、丁东编：《世纪学人自述》第 1 卷，28 页。
⑦ 由于从 1920 年后孔德学校办学经费就由中法教育基金委员会直接拨款，所以该校教职员薪金比一般私立学校要高(钱秉雄：《我所见到的孔德学校》，见全国政协文史和学习委员会：《文史资料选辑》第 31 辑)。

大派系。1924年，易培基作为广东大学的代表进入北京教育界后①，通过李石曾的关系，也与这一派结合并成为其中重要一员。

陈独秀去职后，北大安徽籍教授的影响力受到严重削弱，但胡适另有留美出身的身份，其所代表的留学英美出身学者的势力在五四后的北大里却不断上升。民初以来，北大教员中留学英美出身的学者就为数不少，沈尹默刚到北大任教时，教务会议上居然大多数讲英语，经他强烈抗议后才略有改观。②后来成为英美派要角的陶孟和③，进入北大也远比胡适早得多。胡适由于在新文化运动中表现突出，在国内的声望迅速上升，故后来居上，无形中成为留学英美出身学者的代表。通过他的关系，另有一大批留学英美出身学者陆续进入北大。据蔡元培回忆，"因胡君之介绍而请到的好教员，颇不少"④。除援引留美时结识的学友外，胡适还通过各种关系辗转为北大访求人才。1919年11月6日，当时还在美国留学的任鸿隽致信胡适称："你托我的几件事，都可代达尊意。据我所知，颜任光已往英国剑桥去了，赵元任一两年内未必肯回国，张奚若也还要两年才能毕业，只有朱经农有明年回来的话。等我见了他们，替你游说游说。"同年，陶孟和赴英后致函胡适称："此间学生有专门地质者李君四光，曾在伯明罕充助教，若能延至吾校，当能胜任。又有丁君燮林，年只廿四岁（丁在君之堂兄弟），在伦敦充物理学之助教，亦不多觏之材，望与校长一商，如能得两君来吾校，则大佳矣。"⑤任、

---

① 邹鲁：《回顾录》，135～136页，长沙，岳麓书社，2000。另参见马复华：《易培基》，见严如平主编：《民国人物传》第9卷，106～107页。

② 沈尹默：《我和北大》，见全国政协文史资料委员会编：《中华文史资料文库》第17卷，文化教育编，376页。

③ 陶孟和为天津人，日本东京高等师范学校毕业，后又在英国伦敦大学取得经济学学士学位，1914年1月进入北大任教（《指令北京大学该校评议会简章及会员履历备案文》，见王学珍等主编：《北京大学史料》第2卷上册，133页）。陶氏生平另参见智效民：《陶孟和：中国社会学的奠基者》，载《传记文学》，2002，80（4）。陶虽曾留学日本，但与英美派学者更为接近。

④ 蔡元培：《我在北京大学的经历》，见中国蔡元培研究会编：《蔡元培全集》第7卷，501页。

⑤ 中国社会科学院近代史研究所编：《胡适来往书信选》上册，76、80页。

陶所说均与教授聘任有关，函中所述诸人后来基本上都成了北大的专任或兼任教授。

1920年后，北大的教授阵容有很大扩张。据留法出身、后成为李石曾亲信之一的李书华回忆，比他（李氏于1922年秋进入北大）早一两年到校的有周览（鲠生）、李麟玉（圣章）、李四光（仲揆）、丁燮林（巽甫）、王世杰（雪艇）、谭熙鸿（仲逵）、徐炳昶（旭生）、颜任光等人，在他之后到校的则有李宗侗（玄伯）、皮宗石（皓白）、陈源（通伯）、石瑛（衡青）等人。① 这些学者大都是留学英法出身。1921年前后，任鸿隽、陈衡哲等留美学者也先后进入北大。② 这些学者学成归国对提高北大乃至全国的学术水准无疑大有裨益，不过，他们进入北大背后大都带有派系的影子。据顾颉刚回忆："校里要请一位教员，他如是美国留学的，那么法日派里必定提出一个他们的人，要求同时通过；法日派如果先提出，英美派也必要这样以保持其平衡。"③在此背景下，这些学者陆续到来后，北大内部法日派与英美派的营垒日渐分明。④ 到1926年1月前后，据吴虞观察："北大教职员会，李（石曾）派与胡适之派人数平均"⑤。北大内部的派系争斗不仅是一直以局外人自处的顾颉刚的观察，向来以能够容纳人才自诩的胡适后来也承认北大存在"英美派"和"法国文化派"的区别，而所谓"法国文化派"与顾颉刚所说的"法日派"大体上

---

① 李书华：《七年北大》，载《传记文学》，1965，6(2)。关于此期北大增聘教授的情况，另参见蔡元培：《我在北京大学的经历》，见中国蔡元培研究会编：《蔡元培全集》第7卷，506页。
② 《任鸿隽自述》，见中国社会科学院近代史研究所《近代史资料》编辑部：《近代史资料》第105辑，15页。
③ 《顾颉刚自述》，见高增德、丁东编：《世纪学人自述》第1卷，27页。1973年7月顾颉刚在日记中补记："自蔡校长在校中设立聘任委员会后，每英美派（与皖派合）提一人，法德日派（日派为主，法德人数少，与日派合为一体）亦必提出一人，与之势均力敌，而新教员遂不易受聘。予未尝留学，说不上某派，徒以胡适、陈源接近，遂亦被编入英美派，冤哉！"(顾颉刚：《顾颉刚日记》1册，678页，台北，联经出版公司，2007)顾在晚年自述中不提"法德日派"，而改称"法日派"。
④ 桑兵：《近代中国学术的地缘与流派》，见桑兵：《晚清民国的国学研究》，41页。
⑤ 中国革命博物馆整理，荣孟源审校：《吴虞日记》下册，295页。

马叙伦与民国教育界

是一致的。①

五四后，北大权力格局的另一大变化是马叙伦、蒋梦麟等浙江籍教授地位的上升。1917年1月马叙伦重返北大后，同时兼任哲学门教授和哲学、国文两个研究所导师的职务，在该年3月北大首届评议会选举中，与陈汉章一起当选文科评议员，此时马在北大的地位不可谓不重要。②但1918年10月的评议会选举中，胡适和陈大齐分别以20票和18票当选文科评议员，马叙伦则一票未得。③ 这一结果可能与彼时马叙伦埋首学术有关，但也可从中看出此时他在北大校务决策上的边缘化。而五四后的情况则大不一样，据马氏自称："我算不断地被任为评议员，直到十五年张作霖据北京，我离开北大。"④确切地说，这一阶段只要他在北大任教（中间曾数次因故请假离校），就当选为评议员。1919年10月，他以43票当选，票数列全校第6（胡适以60票最高）⑤，同时担任庶务委员长和预算、聘任两委员会委员⑥。1920年10月再次当选，仍担任庶务委员长及组织、预算、聘任三委员会委员。⑦ 1921年马叙伦请

---

① 1935年12月23日，胡适在致汤尔和的信中称："独秀在北大，颇受我与孟和（英美派——胡适原注）的影响，故不致十分左倾"（耿云志等编：《胡适书信集》中册，667页）。胡适在1925年1月17日日记中记载："通伯（即陈源——引者）又谈北大所谓'法国文化派'结党把持、倾轧梦麟的情形，闻之一叹。梦麟方倚此辈为心腹朋友呢！我虽早窥破此辈的趋势，但我终不料他们会阴险下流到这步田地！"在胡看来，"法国文化派"大体包括"李石曾、顾孟余、沈尹默一班人也"（曹伯言整理：《胡适日记全编》第4卷，202页）。1926年4月6日，许广平在给鲁迅的信中亦称："《现代评论》执笔的人物，他的背景是英美派"（鲁迅、景宋：《两地书全编》，407页，杭州，浙江文艺出版社，1998）。从这些表述看，北大内部存在英美派与法日派的分野是当时不少人（包括部分当事人）的某种共识。当然，这种派系关系毕竟不像政党那么整齐划一，各派内部的意见也常常不一致。而且，当时北大在法日派与英美派对峙的大格局下，还夹杂着语丝派与现代评论派、浙籍与他省等其他纠葛，互相缠绕，异常复杂（详见桑兵：《厦门大学国学院风波》，见桑兵：《晚清民国的国学研究》，226页）。
② 《指令北京大学该校评议会简章及会员履历准备案文》，见王学珍等主编：《北京大学史料》第2卷上册，133页。
③ 《本校布告》，见王学珍等主编：《北京大学史料》第2卷上册，134页。
④ 马叙伦：《我在六十岁以前》，66页。
⑤ 《评议会选举法》，见王学珍等主编：《北京大学史料》第2卷上册，136页。
⑥ 《各部委员会及委员长之指任》，载《北京大学日刊》，1919-12-11。
⑦ 《评议会通告》，载《北京大学日刊》，1920-10-18。

第二章　走向教育界的中心：1919—1926

假回杭州休养，未参与选举[①]，但仍被任命为组织委员会委员[②]。1922年11月，评议会选举的时候，他还在教育部次长任上，亦未参加选举。[③] 1923年，他以40票当选，列全校第4（顾孟余以56票居首）[④]，并担任评议会书记、庶务委员长和组织委员会委员[⑤]。1924年10月又一次当选[⑥]，并担任庶务、图书两委员[⑦]，旋因再次出任教育部次长而辞职[⑧]。除一再当选评议员外，马叙伦还于1920年初发起组织北京大学教职员会[⑨]，后出任该会主席。而且，1919年下半年康宝忠病逝后，马叙伦在北京教职员团体中亦居于实际的领导地位。[⑩]

蒋梦麟这一阶段作为蔡元培的代理人，虽有江苏省教育会作为靠山，但毕竟根基未稳，且有章门弟子们在旁虎视眈眈。1921年5月7日，吴虞初到北京即觉察到，"幼渔、梦麟意见极反，而外面周旋，仍丝毫不露，足见江浙人之有内心也"[⑪]。可见蒋与章门弟子之间关系紧张这一点知情人不在少数。因此，他还须倚靠帮助其进入北京教育界的汤尔和、马叙伦及留美时同出于杜威门下的胡适等人的支持。1920年4月，蒋梦麟回杭州调停浙江"一师风潮"期间致信胡适称："北大有兄及夷初在，我可放心。还有方豪等已出狱，可帮忙，想无甚要事发现出来。"[⑫]表明此期蒋所信赖的是胡适与马叙伦，而所防备的则为章门弟子。蒋梦麟在北伐后，尤其是进入20世纪30年代后，与胡适深相结

[①]《校长布告》，见王学珍等主编：《北京大学史料》第2卷上册，140～141页。
[②]《校长布告》，见王学珍等主编：《北京大学史料》第2卷上册，118页。
[③]《校长启事》，见王学珍等主编：《北京大学史料》第2卷上册，142页。
[④]《校长布告》，载《北京大学日刊》，1923-10-25。
[⑤]《校长布告》，载《北京大学日刊》，1923-11-02。
[⑥]《评议会布告》，见王学珍等主编：《北京大学史料》第2卷上册，146页。
[⑦]《校长布告》，载《北京大学日刊》，1924-10-27。
[⑧]《评议会议事册》，1924年12月24日，见王学珍等主编：《北京大学史料》第2卷上册，182页。
[⑨]《马叙伦等启事》，载《北京大学日刊》，1920-01-12。
[⑩]马叙伦：《我在六十岁以前》，62页。
[⑪]中国革命博物馆整理，荣孟源审校：《吴虞日记》上册，596页。这些内情当是在北大较久的吴君毅告诉吴虞的。
[⑫] 1920年4月12日蒋梦麟致胡适，见中国社会科学院近代史研究所编：《胡适来往书信选》上册，88页。

纳，成为英美派的领袖人物。这一阶段他与胡适的联络也算不少，但在很多重大问题上，似更多地与汤尔和、马叙伦等人站在同一立场。1936年，马叙伦受胡适排挤离开北大时，曾谓与蒋"有交情"①，不愿为难他。初读至此，只作为一般的友情理解。后仔细披阅20世纪20年代教育界的相关史事，始觉马氏此言实另有深意。通过马叙伦和蒋梦麟，汤尔和的影响自然也就更容易渗透入北大。由于汤、蒋、马等人均属浙籍，北大内部浙江人揽权的色彩也因此显得更加浓厚了。

1920年6月12日，陶孟和致函胡适称："近日沈（即沈尹默——引者，下同）、马（即马裕藻）诸公屡有秘谋，对于预科移至第三院一事犹运动反对，排列课程，延请教员，皆独断专行，长此以往，恐非大学之福。弟意非有除恶务尽之办法，则前途不堪设想。暑校完事，务必早日归来为妙。"两月后，立场相近的高一涵致信胡适称："大学内部趁你不在这里，又在兴风作波，调集一般'护饭军'开什么会议了！结果怎样都还不知道"。② 从这些通信中可以看出，当时章门弟子与胡适一方关系已颇为紧张。在此背景下，章门弟子（主要当是沈尹默、马裕藻）中间出现了一种"联络石屋山人而排斥独枯秃路"的主张。"石屋"本是马叙伦的号，而"独枯秃路"则是英文"博士"一词的音译，这里指代胡适。③ 这种主张实际上就是联络马叙伦以排斥胡适。这一时期钱玄同致周作人的信中，还有一些关于章门弟子与马叙伦关系的记载："成均（指北大——引者，下同）甲舍三层楼上上楼梯朝南之室中诸位办事的先生们，终日领石屋公（即马叙伦）的雅教，觉得此人是成均中第一流人物。甚至办注音字母报，又要加入此人"。④ 这些不满之词反过来看，正好可以帮助后人理解马叙伦1920年写作《国立北京大学研究所整理国学计划书》背后

---

① 马叙伦：《我在六十岁以前》，106页。
② 中国社会科学院近代史研究所编：《胡适来往书信选》上册，97、110页。
③ 1920年8月16日致周作人，见刘思源编：《钱玄同文集》第6卷，27页。
④ 1920年8月8日致周作人，见刘思源编：《钱玄同文集》第6卷，25页。

的一些因素。① 由马叙伦执笔起草该计划书,可知此期章门弟子在国学研究上最初是以马叙伦为合作对象,希望通过联络马叙伦达到在校务决策及学术上排斥胡适的目的。

章门弟子内部对于联络马叙伦排斥胡适的主张意见分歧极大。钱玄同的反对最为激烈,与沈尹默等人主要从人事的角度考虑不同②,他主要还是从学术、思想的角度出发。《国立北京大学研究所整理国学计划书》分"整理学术"和"整理学术之材料"两大部分,马叙伦在文中指出:"本校之旨趣,对于世界现在及未来之学术既负传导发明之义务,对于吾国固有之学术亦负有阐扬之责任。欧美各国新发明之学术率由其相传之学术阐扬而来,则阐扬吾国固有之学术以期有所发明,正本校所应负之责任也。"由此可知,在马叙伦看来,整理国学的工作主要还是"阐扬"固有之学术("阐扬"一词在文中共出现七次之多),通过"阐扬"来达到有所发明的目的。这一研究取向实际上还带有比较浓厚的"国粹主义"色彩。在评价清代学者的工作时,马叙伦称:"清之中叶学术号为极盛,盖乾盛诸老能以数千年混沌紊乱之学术稍为之整理,使有条理系统之可循,而后学者有从入之途,治学有结果之可得,游谬之谈不得而立,穿凿之说不得而存,故当谓之朴学。其整理之法颇有近于近世治科学之方法,惜其未获科学之补助,故其功绩仅至是而止。"在此基础上,马叙伦认为:"今日科学昌明之际,使取乾嘉诸老之成法而益以科学之方法,更得科学之补助。"③

---

① 《国立北京大学研究所整理国学计划书》,载《北京大学日刊》,1920-10-19;1920-10-20。该文在《北京大学日刊》刊出时未署姓名,后在《新教育》(1920年,第3卷第4期)刊出时署马叙伦名。参见陈以爱:《中国现代学术研究机构的兴起——以北大研究所国学门为中心的探讨》一书的后记部分。此前卢礼阳已经注意到该文系马叙伦所作,只不过在文章篇名及写作时间等细节上略有讹误,详见卢礼阳:《"挂冠教授"马叙伦》,载《民国春秋》,1998(2)。

② 沈尹默晚年在《马叙伦墨迹选集·序》中称,马叙伦"早岁蜚声文苑,震惊诸老辈"(沈尹默:《沈尹默论书丛稿》,203页);不过早年他对马叙伦的诗文颇不满意,吴虞在日记中记载:"同沈尹默谈,尹默以夷初所示予,深不满意。言夷初诗文皆不成。予见夷初诗甚黑,尹默极以为然。"而沈兼士更对马叙伦的治学不满,曾"斥马夷初,谓彼为陈介石弟子,无师传,学其零碎"(中国革命博物馆整理,荣孟源审校:《吴虞日记》下册,183、233页)。

③ 《国立北京大学研究所整理国学计划书》,载《北京大学日刊》,1920-10-29。

钱玄同、鲁迅等人对这一时期的"国粹主义"倾向感到深恶痛绝。正如五四前夕私下对马叙伦的批评一样，此期钱玄同对他的这一主张亦大为不满。1920年8月8日，钱玄同在致周作人的信中对马叙伦猛烈抨击一通后，称："我觉得不肖者且不必说，若夫贤者之交友取士，虽不必有超物质的精神，然对于思想、学问，似乎总还该顾到一点"，"我总不信《庄子义证》(此书为马叙伦所作——引者，下同)有得比《中国哲学史》(当指胡适所著《中国哲学史大纲》上册)好，做骈体文的人的见识有得比偏重英文的人的见识高"①，表明了他鲜明的袒胡抑马立场。在8月16日给周作人的信中，钱玄同再次明确反对联马排胡的主张，称：

> 我对于独公(指胡适——引者)，自然也有不满意他的地方——而且很多，——但是，他这点治学的条例，看书的眼光，却不能不佩服他。若说美国派，纯粹美国派固亦不好，但总比中国派好些。专读英文书，固然太偏，然比起八股骈文的修辞学来，毕竟有用些。我以为"国故"这样东西，当他人类学地质学之类研究研究，也是好的，而且亦是应该研究的；不过像《读书小记》(马叙伦所作——引者)一类的研究，简直可以批他两个字曰 Fang p'ee(因为他不是研究，是崇拜也——原注，下同)。我近来对于什么也不排斥(因为我自己太无学问也)，惟对于"崇拜国故者"，则认为毫无思想与知识之可言。虽著作等身，一言以蔽之曰 P'ee Hwa 而已。②

在这些信里，钱玄同的语气不可谓不重，充分体现了他好说过头话、好走极端的个性。③ 这两封信均写于1920年8月，而马叙伦的《国立北京大学研究所整理国学计划书》则作于该年10月(该文下署"民国九年十月")，可见沈尹默等人开始时并未采纳钱的意见。但到1922年北

---

① 详见1920年8月8日钱玄同致周作人函，见刘思源编：《钱玄同文集》第6卷，25页。
② 1920年8月16日致周作人，见刘思源编：《钱玄同文集》第6卷，27～28页。
③ 关于钱玄同的个性，参见杨天石：《振兴中国文化的曲折寻求——论辛亥前后至"五四"时期的钱玄同》，见杨天石：《从帝制走向共和——辛亥前后史事发微》，504页。

第二章　走向教育界的中心：1919—1926

大研究所国学门正式成立时（由沈兼士任国学门主任），马叙伦则已完全被排斥在国学门之外——不仅没有担任任何职务[①]，而且《国立北京大学研究所整理国学计划书》也被胡适执笔的《国学季刊·发刊宣言》所取代。《国学季刊·发刊宣言》是一份代表国学门全体同人共同意见的学术宣言[②]，尤其是吸收了钱玄同的一些意见。宣言对"国学"一词作了清晰的界定，认为："'国学'在我们的心眼里，只是'国故学'的缩写。中国的一切过去的文化历史，都是我们的'国故'。研究这一切过去的历史文化的学问，就是'国故学'，省称为'国学'。'国故'这个名词，最为妥当；因为他是一个中立的名词，不含褒贬的意义。'国故'包含'国粹'，但他又包含'国渣'"。文中着重对明末以来三百年的学术（包括清学在内）作了清理，认为这三百年学术的主要成绩是"整理古书""发现古书"和"发现古物"三项；但又存在不少缺点，概括而言，有"研究的范围太狭窄""太注重功力而忽视了理解""缺乏参考比较的材料"三点。在此基础上，胡适指出国学研究的发展方向是要"用历史的眼光来扩大国学研究的范围""用系统的整理来部勒国学研究的材料"和"用比较的研究来帮助国学的材料的整理与解释"。[③] 在这些要点上，均与《国立北京大学研究所整理国学计划书》大相径庭。

从《国立北京大学研究所整理国学计划书》到《国学季刊·发刊宣言》，其间的关系并非一脉相承，不仅代表着两种不同的整理国故思路，而且是章门弟子在整理国故一事上的合作对象从马叙伦转向胡适的直接体现。1922年7月，胡适在日记中对沈尹默在北大弄权的历史作过全

[①] 陈以爱：《中国现代学术研究机构的兴起——以北大研究所国学门为中心的探讨》，82～83页。
[②] 同上书，169页。
[③] 《国学季刊·发刊宣言》，载《北京大学日刊》，1923-03-12—1923-03-14。

马叙伦与民国教育界

面清算①,可见此时两人关系已经相当紧张;但此时法日派和英美派的矛盾毕竟尚未完全激化,他与章门弟子在学术上还存在合作的可能。②国学门正式成立时,马叙伦正在杭州担任浙江一师校长,但他被排斥在国学门以外的原因还不仅如此,钱玄同信中所体现出来的学术思想上的分歧当是主要原因。此外,这一时期马叙伦与章门弟子在人事上也不尽协调。1924年,汤尔和、蒋梦麟、马叙伦等人还试图联手排斥沈尹默。③ 不过,随着北大内部法日派与英美派对立关系逐渐加深,胡适在国学门也逐渐被视为圈外人④;而1925年法日派与英美派紧张对立之

---

① 胡适在1922年7月3日日记中记载:"与在君(即丁文江——引者,下同)、景阳(即秦汾)、孟和、敦复闲谈,直到早二时半始睡。景阳、在君熟识北大的十年历史;在君知道何燏时做校长时及胡仁源做校长时代的历史,景阳知道夏元瑮做理科学长时的历史。当日北大建筑今之第一院时,胡仁源、徐崇钦、沈尹默皆同谋。后来尹默又反怨徐、胡两人;及蔡先生来校,尹默遂与夏元瑮连合,废工科以去胡,分预科以去徐。(后来蔡先生说,废工科确是他自己的成见,不是为去胡的。十一、七、八,适记。——原注,下同)后来我提倡教授会的制度,蔡先生与尹默遂又借文理合并的计划以去夏。我当日实在不知道种种历史的原因,也不免有为尹默利用的地方。其实(据景阳说)夏浮筠当时即召集景阳、星枢(俞)、冯汉叔、张菊人等谋抵制的方法。浮筠一生大模大样,得罪了许多人,故他们不肯帮他;他们最恨他废止年功加俸和每年更换聘约(后一事实是我发起的,我的意思在裁人,而后来由浮筠与仲甫两个学长起草,仲甫推浮筠,浮筠于稿上大书'夏元瑮拟',故人只知为他的手笔。后来评议会改每年换约为第二年换续约,以后不再换,更失原意了)两件事。结果便是浮筠出洋,景阳代他。景阳们虽不肯助浮筠,而也不愿'本科'学长归仲甫,故景阳首倡废学长之议而代以教务长。但此议后来久不提起,直到后来蔡先生欲辞去仲甫而不欲仲甫居辞去之名;恰好那时景阳调教育部为专门司长,蔡先生遂以废学长之名义去仲甫,教务长之议遂实行。当时原议教务长只限于文理两科合并的本科,而不管法科。尹默又怕我当选,故又用诡计,使蔡先生于选举之日打电话把政治、经济两系的主任加入;一面尹默亲来我家,说百年(陈大齐)等的意思不希望我第一次当选为教务长。他们明说要举马寅初(经济系主任)。我本来不愿当选,但这种手段是我不能忍耐的;当时我声明要推举俞星枢,开会时我自己先声明不当选,提出星枢来。当时景阳不曾投票,故结果为星枢与寅初各三票,蔡先生加寅初一票,遂举寅初。但后来尹默与寅初成冤家,至今不已。我对尹默,始终开诚待他,不计较他的诡计,而尹默的诡计后来终于毁了自己。而阴谋家的流毒,至于今日,恶果愈显出来了。"中国社会科学院近代史研究所中华民国史研究室编:《胡适的日记》下册,392~393页,北京,中华书局,1985。
② 桑兵:《近代中国学术的地缘与流派》,见桑兵:《晚清民国的国学研究》,42页。
③ 1924年7月13日,马裕藻告诉吴虞:"汤尔和、蒋梦麟、马夷初现排斥尹默,非去之不可,暗潮甚烈。"中国革命博物馆整理,荣孟源审校:《吴虞日记》下册,201页。
④ 陈以爱:《中国现代学术研究机构的兴起——以北大研究所国学门为中心的探讨》,82页。

时，马叙伦则由于种种原因，在不少具体事件中与法日派的立场更为接近。

五四运动中，围绕蔡元培辞职问题，各方均力图施加影响，以形成对己方有利的局面。汤尔和主导的"留蔡助蒋"方案最终得以实现，马叙伦因与汤的关系，也在其中发挥了重要影响。因此机缘，他在北大地位日渐重要。五四后，北大全面实行教授治校，在成功对抗外来政治力量干涉的同时，却逐渐形成内部法日派与英美派对立的局面。马叙伦、蒋梦麟等人周旋于两派之间，成为能够左右北大校政的又一重要势力。只有将这些错综复杂的关系梳理清楚，才能更好地理解此期马叙伦的活动，更深刻地认识北大相关史事的背后。不过事关幕后，内容极其复杂，而正面记载又极少，所以要实现这一目标诚非易事。

二、马叙伦与浙江教育界

马叙伦在1922年前后与浙江教育界有过密切关系，这是此期他在北京教育界活动的一个插曲。民国时期，浙江籍学者大量进入北京，在教育界有着举足轻重的影响。他们在北京呼风唤雨的同时，也关注乡邦教育事业的发展，并力图施加自己的影响。20世纪20年代浙江教育界的不少领袖人物，如先后担任一师校长、教育厅厅长的马叙伦，继任教育厅厅长的张宗祥、计宗型、蒋梦麟，曾任浙江一中校长的黄人望，曾任一师校长的何炳松，以及继蒋梦麟后任浙江大学校长的邵裴子，都曾长期在北京活动过。他们回到浙江后不仅占据教育界要津，还援引了不少北大、北高师（北师大）的毕业生来浙任职。这些人本为浙江籍，但当他们重返浙江教育界时，却被视为"外来户"。他们到来后，与以浙江省教育会为中心的本地教育界人士产生了不少矛盾，而且他们内部的关系也错综复杂。本节拟对此问题略作论述，作为探讨这一时期马叙伦在教育界活动的一个侧面。

（一）从一师校长到教育厅厅长

五四后，马叙伦不仅在北大内部地位迅速上升，在整个教育界中的影响也日益扩大。从1919年年底起到1921年，在要求政府清偿旧欠、改发现洋及驱逐教育部次长傅岳棻等此起彼伏的学界风潮中，马叙伦起到了实际的领导作用，扮演过非常重要的角色。[①] 据其晚年回忆：

> "五四运动"后安稳不到一年，北京大小各校教职员因挨不起饿，发起了一次"索薪"运动。这时，因"五四"的经验，大家都晓得组织的重要了。运动开始，便组织了"北京小学以上各校教职员会联合会"，除了私立各校以外，大、中、小几十个学校都联合了，声势自然不小。我呢，又被举做了主席。这时，我真要红得发紫，因为我兼任高师、医专的教员，所以，不但北大教职员会是我主席，高师、医专也硬把我推上主席，因此，我办事很有把握，而学生联合会又有了紧密的连系。政府觉得很讨厌，就用分化手段来对付我们，把京师学务局管辖的中小学分化了出去，我们也用了一点手段，对付政府当局。当时的政府当局还晓得老夫子不好过于得罪的，对于我们的要求，三件敷衍两件，我们也将就了事，算没有把一个团体公然崩溃，我也得了一个教训。[②]

从中可以看出，此时的马叙伦已成为北京教育界的重要代表人物之一。当然，这一切离不开汤尔和的暗中相助，多年后胡适阅过汤尔和日记后称："当时人只知北京教育界'跟着马叙伦走上死路'（此独秀之语——原注），不知全是汤尔和先生之奇计也"[③]。胡适本人在当年亦有北京教育界"让马夷初带着大家乱跑，跑向地狱里去"[④]的感慨。这中间

[①] 对于这些事件及马叙伦在其中所扮演的重要角色，学者们已有较为深入的研究，此处不再赘述，详见《从学生运动到运动学生（民国八年至十八年）》（吕芳上著）、《马叙伦》（卢礼阳著）、《蒋梦麟传》（马勇著）等书相关章节的论述，另参见向仁富：《论1921年北京国立八校教师索薪运动》，载《四川师范大学学报》（社会科学版），2002(4)。

[②] 马叙伦：《我在六十岁以前》，66～67页。

[③] 《胡适手抄汤尔和日记和跋》，见耿云志等编：《胡适书信集》中册，672页。

[④] 中国社会科学院近代史研究所中华民国史研究室编：《胡适的日记》上册，131页。

自然掺杂着彼此立场和见解的不同，但亦可反证在当时教育界人看来马叙伦所发挥的影响之大。不过，他也为此付出了重大代价，1921年6月3日在新华门索薪请愿中惨遭军警痛殴，身负重伤，还被大总统徐世昌告上法庭。悲愤之下，他不顾病痛在医院里绝食抗争，得到社会各界的广泛声援。出院后，北大内部围绕复课问题又存在争议，马叙伦遂请假回杭州养病①，因此机缘得以再度与浙江教育界发生关系。

在杭州休养期间，马叙伦因为好友诸宗元的关系，受浙江省教育厅厅长夏敬观的邀请出任浙江一师校长。②《我在六十岁以前》中没有记载他出任一师校长的具体时间。据胡适日记载，9月5日马叙伦已经回到上海③，不久即决定出任一师校长，9月26日已开始到校视事④。北大保存的档案显示，他曾于10月底返回北京（也有可能他本人并未回京，委托他人办理），正式向北大请假⑤，并于11月初携带家眷、行李南下⑥。

浙江一师经过经亨颐长校时期的改革，一跃成为南方新文化运动的重镇。1919年年底至1920年年初发生的"一师风潮"，使该校闻名遐迩。经亨颐去职后，继任校长姜琦以"经规姜随"的态度维持改革精神，再次引起浙江省内守旧议员的不安。⑦ 而且，"那时一师学生自治会做

---

① 卢礼阳：《马叙伦》，91、106页。
② 马叙伦：《我在六十岁以前》，70页。
③ 胡适在1921年9月5日日记中记载："今天商务诸君为我饯行。同席陈叔通说他今天遇着马夷初。我听了大诧异。梦旦就发帖邀他来一叙。他来了，我问他南来的原因，才知道他是和梦麟们闹意见之后跑出来的。他对于梦麟、孟余、孟和，都大不满意。此中情形，我已猜得一点。他这一跑，可有点不上算。将来不知可有什么人来赔小心请他回去？"中国社会科学院近代史研究所中华民国史研究室编：《胡适的日记》上册，207～208页。
④ 《杭州快信》，载《申报》，1921-09-28。
⑤ 1921年11月9日，北大评议会开会时，陶孟和提议："蒋梦麟、马夷初两教授请假，应照教授休息例办理案。"议决："询明校长后再追认"。《评议会会议事录》，见王学珍等主编：《北京大学史料》第2卷上册，166页。
⑥ 参见北大档案馆藏：《致税务处代教授马叙伦等请发南旋护照及草稿》（BD1923007—1），沈士远代拟，1921年10月26日；《税务处送马叙伦教授南旋护照一纸函》（BD1923007—2），税务处公函第433号，1921年10月29日；《税务处送马石屋教授南旋护照一纸函》（BD1923007—3），税务处公函第434号，1921年10月29日；《致督办税务处代教授马叙伦等缴销回籍护照》（BD1923007—4），1921年11月28日。马石屋也就是马叙伦，当时他同时以两个名义向税务处申领"回籍护照"。
⑦ 吕芳上：《从学生运动到运动学生（民国八年至十八年）》，145～147页。

了学校的主体，校长'动辄得咎'"①。据曾任浙江一师学生会主席的曹聚仁称，一师校长"那位置是很好的，但那只饭碗是烫手的"②。在内外交困的情况下，姜琦只好借赴美考察之机辞职了事。马叙伦正是在这样的背景下接任的。马叙伦以北大教授兼北京教育界头面人物的身份出长一师，接任之初，学生们"以为继任有人，大欢迎而特欢迎之"③。但由于大环境并无根本改善，随着工作开展，马叙伦与前任校长姜琦一样面临着种种挑战。在他担任一师校长的九个月时间里曾两度辞职，均因各方挽留而未果。

关于第一次辞职，据马叙伦回忆："我虽则做过头二十年的教员，却不是教育家，我没有办学校的经验，我就拿北大教授治校的办法推行到一师，同时仍不去削弱学生自治会的权力，调剂了一下，算得相安无事。到得第二个学期，有一次为一件什么事和学生会代表谈话，有一位代表对我语言失礼，我觉得办教育的失了信仰，只有立刻离开学校，便提出辞职书，可是，学生会也马上推了代表来挽留，只得忍耐一下。"④马叙伦执掌一师后，仿照北大教授治校的办法成立了评议会，由评议会执掌校务。学生自治会成为"学校的主体"，是"一师风潮"后的特殊产物，本非学校机构运作的常态。马叙伦虽然自称在主观上无削弱学生自治会权力的故意，但依据教授治校的办法，校务决策权应由教授代表组成的评议会掌控。随着校务逐渐步入正轨，评议会与学生自治会在校务决策上难免产生冲突。

马叙伦关于此事的回忆甚为简略，从当时媒体的报道中，可以得知这一冲突的大致经过。1922年4月，一师评议会议决学生请假办法，

---

① 马叙伦：《我在六十岁以前》，70页。
② 在曹氏看来，"那时的第一师范校长，真不太容易做的了。一则风潮初告结束，学生方面自以为失败之中占有胜利；我们曾经公开投票，决定旧教员的去留，有的教员只因一票之差，毕竟去了职务。二则校务会议，公然有学生代表出席参加，学校大政，学生有干涉的权利。我当时是学生代表之一，仿佛出席会议即得为学生争权利。三则政府方面一时头痛，姑且听其所为，有机会总要压迫一下；做校长不能不顾那时的环境。"曹聚仁：《文坛三忆》，14页，北京，生活·读书·新知三联书店，1999。
③ 《浙一师风潮已缓和》，载上海《民国日报》，1922-04-18。
④ 马叙伦：《我在六十岁以前》，70页。

内有"无故旷课三十点，令其休学"一条。这一规定意在整顿教学秩序，但在当时的情况下却被视为是对学生行为的约束，引起他们的激烈反对。14日，全体学生开会对校长马叙伦提出责问，马叙伦遂于15日上午召集全体师生大会。据载：

> 首由教务主任袁心产（即袁易——引者）发言，略谓本校教员与学生隔膜太甚，不妨于今日会中尽量发表。学生张春浩云，半年来本校种种事情，都系倒行逆施，不知马校长究竟用什么主义办学。马氏答称，予办学只有普通方针，办一师的另外方针，则予不敢另定，其大致总要学生在轨道上走，请诸位不要以学校是校长的学校，如欲牺牲人格做良心上不能做的事，则非予所敢知也。学生魏金枝云，马先生只顾到教职员人格，不顾到学生人格。相起责问者踵趾相接。次黄人望云，师校自治能力，素闻全国，今以小事而滋大祸，况今天系谈话会，要讨论将来应兴应革之事，而徒事辩论，恐结果愈坏，希望诸君将应兴应革之事具体的提出来讨论改进的办法。次朱章宝云，予未入师校以来，甚抱乐观，外人有说学生嚣张不堪者，予亦不稍留心，近日来现象愈恶，悲观顿起，其最大原因，在教员与学生隔膜太甚，教员方面开评议会，总说评议会议决案件必须照行，不能稍从权变；学生方面开自治会，单说不足法定人数不能开会，种种事项依法执行，未免各有意见存在胸中。既有存见，感情因之不洽，故有今日之事发生。众拍手称善。嗣后提起责问，指摘时弊者不下三四十人。

在全校师生大会上出现这么大的风波，显然出乎一师教职员尤其是校长马叙伦的意料之外。在此形势下，马叙伦与教务主任袁易当即向教育厅提出辞职①，全校教职员随后继起总辞职。"于是大多数学生有所觉悟"，遂于16日召集全体学生大会，代表们纷纷表示，学生一方意在于改组评议会，而该校长并无反对改组之表示，若任其辞职，则改组之

---

① 《浙江第一师范又起了波澜》，载上海《民国日报》，1922-04-17。

事更无从谈起。学生们遂一致同意加以挽留，讨论并通过了具体的方法。随后推选代表钟以智等八人，向马叙伦表示道歉①，并上呈教育厅厅长夏敬观，请其出面挽留②。在多方挽留下，马叙伦及众教职员同意复职，同时对评议会作了相应的改组。③ 按照蒋梦麟的说法："在一个大学中，校长、教授、学生是三种势力。如果三种势力之中，有两种联合起来，反对其余一种，一种必然失败。"④这一事件的经过大致可以印证蒋氏的这个说法。不过学生方面也算不上是失败，因为他们基本达到了改组评议会的目的，而马叙伦之所以得到一致挽留，主要还是在主持校务上本无过错，具体到这件事的处理基本上也还算得当。通过这次风波，师生之间加深了了解⑤，反而有助于一师恢复正常的教学秩序。26日，马叙伦随钱秝陵、许宝驹等人"溯钱塘江而上"，到严陵一带游览。可见这次辞职风波至此基本已经平息。⑥

同年5月，在省议会临时会上，议员陈惠民等提出查办教育厅厅长夏敬观溺职案，其中第一条指控夏用人不当，而所举的例子第一个就是马叙伦，其次则为一中校长黄人望。消息传出后，马、黄两人当即提出辞职。⑦《申报》报道此事时称："浙江省立第一师范学校校长马叙伦，自接任以来，于校务诸端积极改进，讵料迩来外界流言突至，故意攻击，致退志复萌，具呈教厅辞职。"马叙伦辞职后，一师学生们再次召集全体大会，一致表示挽留，并派代表上呈省长，称："马校长在北京大学教授有年，学问渊源，经验丰富，为海内所共见共闻，上年秋间，夏厅长敦请屈长本校，正为位贤任能之计，岂存丝毫私意于其间，迩乃有

---

① 《浙一师风潮已缓和》，载上海《民国日报》，1922-04-18。
② 《浙一师学生挽留马校长》，载上海《民国日报》，1922-04-19。
③ 《浙一师风潮息后之谈话会》，载上海《民国日报》，1922-04-22。
④ 冯友兰：《五四前的北大和五四后的清华》，见全国政协文史资料委员会编：《中华文史资料文库》第17卷，文化教育编，404页。蒋梦麟这一说法的本意针对的是中央大学校长张乃燕，详见《张乃燕声明辞职真相》，载《申报》，1930-10-29。
⑤ 《浙一师风潮息后之谈话会》，载上海《民国日报》，1922-04-22。
⑥ 马叙伦：《读书续记》，载《北京大学日刊》，1923-05-05。
⑦ 此事经过详见沈晓敏：《处常与求变：清末民初的浙江咨议局和省议会》，311~314页。

第二章　走向教育界的中心：1919—1926

议员因对于教育厅长，欲劳白简，牵累马校长，试思以大学教授之资格，尚不值一高等学校毕业生乎？"①从呈文中可知，该议员攻击夏敬观用人不当之所以举马叙伦为例，主要是指他没有受过高等教育，论"资历"不足以担任浙江一师校长。而在学生们看来，马叙伦担任北大教授的履历本身就是一种"资格"，这种"资格"比肄业于一般高校更有说服力。从后来的事实看，马叙伦这次辞职也因各方挽留而打消。

到该年6月底，马叙伦最终辞去了一师校长的职务，不过此次他以"因北大函促回校"②为由主动提出。出任一师校长本是马叙伦在杭州休养期间"在有条件的底下接受"③的事情，而非其长久之计。关于自己的出处，当时他主要有三个方案。

第一，他此次离开北大，本系请假性质，假满自然就得回校继续任教。

第二，如前任姜琦一样，准备赴美考察教育。自1917年到北大专任教授算起，马叙伦任教已满五年，按例"具有留学考试章程全部免考之资格，呈由教育部准补浙省留美官费缺额"④。1922年4月17日，蔡元培在复马叙伦函中称："游学事，昨汤尔公（即汤尔和——引者，下同）已来谭及。现一面属文牍课备公牍致教育部及本省教育厅；而一面以弟私人名义，函告沈省长（即浙江省省长沈金鉴）及夏厅长（即浙江省教育厅厅长夏敬观）（今晨已发——原注）。于致沈函中，且请其特别发费，以壮行色，亦尔公所属也。"⑤由此可知，在第一次提出辞职前，马叙伦已在筹备赴美考察之事，且在蔡元培、汤尔和等人的直接关照下，已作了较为充分的准备。5月11日，《申报》报道此事称："一师校长马

---

① 《浙江一师校长辞职问题》，载《申报》，1922-05-26。
② 《杭州快信》，载《申报》，1922-07-01。郑晓沧把马叙伦担任一师校长的时间记作1921—1923年（《浙江两级师范和第一师范校史志要》，见全国政协浙江省委员会文史资料研究委员会编：《浙江文史资料选辑》，1962年12月第4辑，57页），不确。
③ 马叙伦：《我在六十岁以前》，70页。
④ 《浙江一师校长辞职问题》，载《申报》，1922-05-26。
⑤ 《复马叙伦函》，见中国蔡元培研究会编：《蔡元培全集》第11卷，86页，杭州，浙江教育出版社，1998。

叙伦拟赴美游历，考察教育状况，闻将聘前江西教育厅长许寿裳继任。"①

第三，争取浙江省教育厅厅长一职。关于这一方案，马叙伦后来有较为详细的回忆：

> 不多时（十一年夏天——原注，下同）教育厅长夏先生要辞职了，那时，厅里一位秘书许宝驹先生，是北大毕业的（却并未听过我的讲），杭州第一中学校长黄人望先生，是我北大的同事，又是我介绍给夏先生的，我们商量，要改革浙江的教育，应该和厅长是一条路的人，夏先生走了，后来的是谁？和得拢？他们两位就主张我们自己来。因此，许先生就到北京和蔡元培先生和教育界几位浙江同乡讨论了一下，他们都觉得是对的。②

夏敬观1919年12月6日被任命为浙江省教育厅厅长③，上任未久即遇到"一师风潮"，因立场顽固而为进步舆论所抨击。1921年12月27日至次年5月27日，陈垣担任教育部次长期间，陈伯驺（陈垣的同乡本家）曾多次去函谋求浙江省教育厅厅长一职。已刊的1922年初陈伯驺致陈垣的四封函件为了解当时浙江教育界的情况提供了不少线索。④ 据陈伯驺称，1922年1月，夏敬观已陷于四面楚歌的境地。⑤ 到该年3月，夏氏"因学生之反对，报界之攻击，几有不可终日之势。即不遽行辞职，亦必设法求他调"⑥。4月，他最终提出辞职，浙江省省长沈金鉴因无合适的继任人选，才姑为挽留。⑦ 陈伯驺亟亟于让陈垣作出任命决定，所述情况难免有夸大之处，不过从中亦可窥见夏敬观当时的窘迫境地。尽

---

① 《杭州快信》，载《申报》，1922-05-11。
② 马叙伦：《我在六十岁以前》，72~73页。
③ 丁致聘编：《中国近七十年来教育记事》，84页。
④ 刘乃和等：《陈垣年谱配图长编》上册，113页，沈阳，辽海出版社，2000。
⑤ 1922年1月陈伯驺致陈垣，见陈智超编注：《陈垣来往书信集》，80页，上海，上海古籍出版社，1990。
⑥ 1922年3月陈伯驺致陈垣，见陈智超编注：《陈垣来往书信集》，81页。
⑦ 1922年4月陈伯驺致陈垣，见陈智超编注：《陈垣来往书信集》，81页。

第二章　走向教育界的中心：1919—1926

管陈伯驺一再恳请，但时在教育部次长任上的陈垣因阁潮、教潮、学潮层出不穷，疲于应对，自身尚且难保，更遑论其他？在此情况下，自难从其所请。

马叙伦出任一师校长本是夏氏所邀，而黄人望之出任省立一中校长又是他推荐于夏，①由于这些关系，他对夏氏的窘迫境况自然掌握得很清楚。至少4月夏敬观提出辞职时，外界已有他在争取继任教育厅厅长职位的风声。故在5月第二次辞职时，他还特地为自己辩解，称自己"素无干进之怀，谓其觊觎何席。久有严门之志，谓其营度何端"②。比照各种资料，所谓"何席""何端"均指浙江省教育厅厅长。马叙伦最终被命为教育厅厅长，得益于当时教育部的人事变动。1922年5月27日，陈垣辞去教育部次长职务。6月15日，何煜由内务部次长调任教育部次长。仅两日后，何就改任交通部查账委员会委员长，所遗教次一职由全绍青署理。③据马叙伦透露，全绍青"是北大同事李大钊先生的朋友，经大家把我提出来做继任的预备，请李先生介绍一下，不想马上就发表了"④。1922年6月27日，马叙伦正式被任命为教育厅厅长。⑤次日，蔡元培在给他的复函中称："前奉惠书，深以推荐教厅为不当，其时布

---

① 马叙伦：《马叙伦言论集》，162页，大连，大连大众书店，1947。
② 《马叙伦上教厅辞呈》："呈为敬披下情，谨űtre辞职事。叙伦比岁教授大学，上年秋间，因患脑疾，图静南旋，谬承钧长以其久厕学校之中，习知教导之术，谆命备位省立第一师范学校校长，本校学生复举代表，动以桑梓之谊，再三劝促，不获固辞，滥竽今职。受事之始，自惟本校地处会垣，观瞻所系，宜有楷则，以立风声。乃因循半岁，考绩无徵，盖擘画虽多，而推行甚寡，或阻于经费之有限，或封于习尚之难除。慨初衷之未遂，已避位之久萌，加以迩来物议横生，以其来归自北，谓将树植北系，以其未用某人，谓乃排除某派。素无干进之怀，谓其觊觎何席。久有严门之志，谓其营度何端。密云不雨，固知其非朝夕之谋，空穴来风，惟有咎闲修之缺，不亟引退，何以释疑？再者，闻本届省议会临时会有议员对因钧长用人不当，欲劳白简，详其标举，首列叙伦。伏念叙伦束发从师，当学校草创之时，廿年授读，登四方都讲之座，一艺未完，二毛频见，每临子弟，俯仰自惭。用是奋下帷之夙念，谋西迈之壮游（按马君前冲充北大教授五年，具有留学考试章程全部免考之资格，呈由教育部准补浙省留美官费缺额——原文如此）。行途将戒，屏挡未成，近竟以此仰累钩长，尤为悚恻。惟有敬披下情，至祈俯准辞职，不胜迫切待命之至。"《浙江一师校长辞职问题》，载《申报》，1922-05-26。
③ 钱实甫：《北洋政府职官年表》，54页。
④ 马叙伦：《我在六十岁以前》，73页。
⑤ 《大总统令》，载《浙江教育月刊》（浙江省教育厅编印），1922，5(7)。

置未妥，不必多与公办。现政府已发表，浙中教育界自然极欢迎。请公暂牺牲出洋之志愿，为吾浙教育立一基础，不胜企祷。"①从此函可以看出，马叙伦此期一面准备出洋考察，一面争取教育厅厅长职务，直到此时才有最终结果，遂放弃了出洋机会。此函亦可印证前引马叙伦的记载，在争取教育厅厅长一事上，他基本是居于幕后策划，实际出面与蔡元培等人联络的是许宝驹等人，故此时他在给蔡元培的信中，仍用"深以推荐教厅为不当"作为谦辞。从 7 月 11 日正式接任②到 9 月下旬被任命为教育部次长，马叙伦在厅长任上前后不到三个月，作为自然有限。据他晚年回忆，在任期间曾带领视学到萧山、绍兴等地视察教育，"给浙江乃至全国开了一个教育厅长不专在公事房看报告的风气"。③

（二）"北系"与"浙派"

从 1921 年 9 月下旬到 1922 年 9 月下旬，马叙伦担任一师校长和教育厅厅长的时间前后只有一年左右，不过他对浙江教育界的影响则远不止一年。旅京浙人对乡邦教育事业的发展一直颇为关注，"一师风潮"发生后不久，北京大学浙江同乡会即通电全国各界，对学生方面表示声援。④该风潮实际上是在蒋梦麟等人调解下解决的。五四后从北京回浙江教育界担任具体领导职务，马叙伦当属第一人。如前所述，辛亥革命前马叙伦虽曾在浙江教育界任教多年，但当他重返浙江时，却被视为"外来户"。正如五四运动中蒋梦麟作为蔡元培的私人代表进入北大时被沈尹默等人视为江苏省教育会势力的北扩，此时马叙伦从北京南归也被浙江本地教育界人士看作"北系"势力的南侵。两相对照，可以窥见当时教育界的大致格局。

关于浙江教育界的派系，马叙伦在晚年的回忆中用了较多篇幅，据称：

---

① 蔡元培：《复马叙伦函》，见中国蔡元培研究会编：《蔡元培全集》第 11 卷，130 页。
② 《浙新旧教厅长之风波》，载上海《民国日报》，1922-07-11。
③ 马叙伦：《我在六十岁以前》，74 页。
④ 《浙人声援一师》，载《晨报》，1920-04-06。《晨报》记者误将北京大学浙江同乡会当作旅京浙籍北大学生的组织，实则该同乡会虽以学生为主，但还包括大量北大浙籍教职员。1920 年 12 月 6 日，该会开常年大会改选职员，蔡元培和蒋梦麟分别当选正副会长。《北京大学浙江同乡会通告》，载《北京大学日刊》，1920-12-07。

杭州教育界分成两系，一系是前进的，一系是保守的（其实是饭碗主义），保守系里有我的老师和学生。自然，我在本省早有地位，又加我在北大地位也不算差，他们晓得我不是他们的俦伴，但是，也晓得我是不容易攻击的，因此，转用柔术进攻，就是从各方面来拉拢。可是，我有我做人的一套法宝，就是"独立而不倚"，他们也没办法。不过他们背着一个教育会，甚至还有一个省议会，都可以替他们出场的、支撑的。我不免有单枪匹马的顾虑，我倚靠的只有自己的队伍——学生了。①

其实，马叙伦在杭州并非"单枪匹马"，他的回忆在这一点上前后略有矛盾。当他回任一师校长时，尤其是黄人望经其推荐出任省立一中校长后，由于两人均曾任教于北大和北高师，故在杭州任职的两校毕业生多和他们联络，以致反对派在攻击他们时特创了"马黄党"一词。其中，"马"指马叙伦，"黄是指黄人望先生，还委屈了蒋梦麟先生，称他做蒋腿"。② 马叙伦将浙江教育界分为"前进"和"保守"两派，证之当时双方的态度，大致相差不远。但在时人眼里，这一争斗则被视为"北系"与"浙派"的冲突。正如马叙伦在第二次辞职时所称："以其来归自北，谓将树植北系；以其未用某人，谓乃排除某派。"③马叙伦被教育部任命为浙江省教育厅厅长后，省长沈金鉴在答复浙江省教育会代表时表示："当静筹良法对待，断不任马偏重北大派，而抑勒浙派"。参照两者的表述可知，马叙伦所谓的"北系"大致是指"北大派"，而"某派"则指"浙派"。

"北系"是一个特定的概念，指的是当时在杭州与马叙伦、黄人望接近的北大和北高师毕业生，所包括的范围大致与浙江教育界"反马"势力所称的"北大派""马黄党"相当。而"浙派"则指以浙江省教育会为中心且得到省议会支持的本地教育界人士。在后者看来，马叙伦、黄人望南归执掌一师和一中，大量援引北大和北高师的毕业生前来和他们争夺饭

---

① 马叙伦：《我在六十岁以前》，70～71页。
② 同上书，79页。
③ 见前引《马叙伦上教厅辞呈》，《浙江一师校长辞职问题》，载《申报》，1922-05-26。

碗，已属难以容忍，故有前述省议员借攻击夏敬观用人不当连带攻击马、黄之事。这一事件发生后，如果说一师学生的"挽留"举措还比较温和的话，一中学生则要激烈得多，不仅冲入省议会会场挟持陈惠民，还大举上街游行示威，猛烈抨击省议会。① 由此可见，此时马、黄一方与省议会之间的关系已经十分紧张。

6月21日，蔡元培及旅京浙江同乡致电省署保举马叙伦出任教育厅厅长后，"沈省长以浙人长浙教育，有违向章，电复婉拒。并闻浙学界电京，公举吴震春任教厅长，吴亦声明回避本籍"②。马叙伦被正式任命为浙江省教育厅厅长后，"浙派"更是无法接受，遂向马发起总攻，双方矛盾激化。他被任命为教育厅厅长后，所遗一师校长职务，"现学生部公举一中校长黄人望代理，仍请马氏物色继任人物"。6月28日，这一要求为当时代理教育厅厅长的朱国桢所拒绝，"于是一师学生愤不可遏，拟联络省垣各校，实行驱逐"③。迫使朱氏于7月1日签署了任命黄人望兼代一师校长的命令。④ 一师教员刘延陵还专门为此事写了《杭州观潮记》一文，发表于7月2日的上海《时事新报》，对朱国桢大加抨击，为马叙伦接任和黄人望兼代制造舆论。⑤

反对派亦不甘示弱。由于马叙伦定于7月11日就职，"一般反对派大起恐慌，推举许汉章、叶甚微、诸葛信、孟毅等十余人"，于10日上午10时联袂晋谒沈金鉴，要求挡驾。与此同时，浙江省教育会亦为此召开紧急评议会，到会的有郭成九、王卓夫、钱墨卿等十余人，磋商后议决向马叙伦提起质问。在致马氏的函件中，大肆抨击，原函称："足下之辞师校呈文，明明曰西行、北上，今日走马到东平巷，非冀北空群之千里马，直恋栈之疲马耳，以此觍然就职，食言而肥，惟恐败群之

---

① 详见沈晓敏：《处常与求变：清末民初的浙江咨议局和省议会》，312～313页。
② 《杭州快信》，载《申报》，1922-06-21。
③ 《杭州快信》，载《申报》，1922-07-01。
④ 《浙江教育厅委任令第四号》："令黄人望，十一年七月一日，委任黄人望暂行兼代省立第一师范学校校长。此令。"《浙江教育月刊》（浙江省教育厅编印），1922年7月，第5年第7期。
⑤ 《浙新旧教厅长之风波》，载上海《民国日报》，1922-07-11。

马……使青年学子开奔竞之门，作卖马拍马之交易所，足下初衷，其慰焉否？"并且声称，如其斗胆到任，省教育会就决不与教育厅有寸楮往还，"彼此断绝关系，各行其是"。^① 此外，他们还致电"北京院部、杭州沈省长、各省教育会"，反对马叙伦接任，电文称："马叙伦长师校未一年，辞职至再，以西行、北上为掩饰，密谋教长，经各界反对，犹以未奉明令无从表白为词，暗中唆使徒党四处奔走，函电拥护，克日到任，言行不符，人格可知"，因此，表示对马"誓不承认"。^② 在反对派看来，马叙伦所谓的赴美考察教育（"西行"）及假满重返北大任教（"北上"）均成了其谋取教育厅厅长一职的烟幕弹。如前所述，马叙伦此前确实有"西行""北上"的计划，故这一批评虽"查无实据"，但也算是"事出有因"。7月11日，马叙伦正式接任后，浙江省教育会还于次日通电属下各县教育会，对马进行抵制。^③ 数日后，《申报》上仍有马叙伦因教育厅事务困难，"故对沪友有所商榷"^④的报道。

浙江省教育会之所以向以马叙伦、黄人望为首的"北系"大举发动攻击，背后很可能有江苏省教育会的因素。经亨颐在担任浙江省教育会会长和一师校长期间，与江苏省教育会接触频繁。^⑤ 几经磋商后，两省教育会于1919年年初联合组织江浙教育协进会，"以求共同进行。两方已推定代表，沪杭轮流开会，协商两省教育进行办法"^⑥。但经亨颐在同江苏省教育会联络的同时，也积极联络在京的浙江籍学者。^⑦ 经亨颐领导下的浙江一师对于世界潮流与国情趋势，大体上唯北京大学之马首是

---

① 《马叙伦长浙教之风波》，载《申报》，1922-07-11。
② 《浙教育会继续反对马叙伦》，载上海《民国日报》，1922-07-13。
③ 同上。
④ 《马叙伦来去匆匆》，载《申报》，1922-07-20。
⑤ 经亨颐：《经亨颐日记》，1917—1919部分，浙江古籍出版社，1984。1907年，浙江省教育总会成立，辛亥革命后更名为浙江省教育会，以章太炎为会长，沈钧儒为副会长。1912年4月，沈钧儒因担任行政职务辞去职务，增选经亨颐为副会长。1913年，经被选为会长，从此连选连任达八九年之久（张彬：《从浙江看中国教育近代化》，180页）。
⑥ 蒋梦麟：《教育评论》，见曲士培主编：《蒋梦麟教育论著选》，104页。
⑦ 经亨颐在1919年4月30日的日记中载："北京大学之暗潮次及吾浙，亦本校之光也。"经亨颐：《经亨颐日记》，162页。这一时期经亨颐与沈尹默、汤尔和等人的来往也颇为密切。

瞻，"而一以正义行之。如民四之反抗'二十一条'，抵制日货，民五之反对袁世凯帝制，以及民八之五四运动诸大事，凡游行示威，罢课请愿，组织学生团上街宣讲等爱国运动，皆与北大相呼应而为浙江之率先行动者"①。在时人看来，浙江一师和湖南一师"可以说是北京大学新思想运动在外省的两个最得力的传播站"②。这种与北大比较接近、较为激进的思想主张，不见得会被东南学界所接纳。而且经亨颐在办学态度上亦与江苏省教育会多有异趣，他曾倡导人格教育，与黄炎培的职业教育相抗衡。"一师风潮"中，在东南教育界有着极大势力的江苏省教育会并未给经援手。③ 经亨颐所倡导的江浙两省教育会的合作中，双方基本上是对等的，而经去职后的浙江省教育会则几乎成为江苏省教育会的附庸。1925年东大易长风潮中，浙江省教育会极力拥护郭秉文，攻击当时代理教育部部务的马叙伦。有论者对这一做法痛加批评，称："浙江省教育会向来有点像江苏教育会的支店之一，大家都是知道的，现在不过更明显的表白出来罢了"④。现在尚未发现能够直接反映江苏省教育会对马叙伦出任浙江省教育厅厅长态度的材料，不过浙江省教育会强烈抵制马叙伦确是在此大背景下进行的。无论如何，马叙伦成功接任教育厅厅长，省立一中校长仍为黄人望，而1922年8月继任一师校长的何炳松⑤也是北大、北高师教授出身。这一切表明，此期从北京返回故乡的"外来户"们在与浙江省教育会的争斗中略占上风。一师、一中、教育厅这些地盘相继"沦陷"后，浙江省教育会已失去主动权，只能退居守势。

---

① 姜丹书遗稿：《我所知道的经亨颐》，见全国政协浙江省委员会文史资料研究委员会编：《浙江文史资料选辑》，1962年12月第4辑，76～77页。
② 王凡西：《双山回忆录》，2页，北京，现代史料编刊社，1980。另参见金源：《近事批评之十·浙江》，《北京大学学生周刊》，1920-01-25。
③ 吕芳上：《从学生运动到运动学生（民国八年至十八年）》，127、130～131页。关于经亨颐倡导人格教育的情况，参见曹聚仁：《文坛三忆》，8页。
④ 普照：《浙江人的毛病》，载《京报副刊》，1925-03-13。
⑤ 何炳松出任一师校长亦为蒋梦麟所介绍，他在《校长祭文》中称："去年八月二十二那一天，蒋梦麟先生忽然到我的京寓里来，代表北京同乡父老的意思，劝我回杭州办第一师范。"见刘寅生编：《何炳松文集》第2卷，583页，北京，商务印书馆，1997。

（三）何、黄之争

不过，这些自北京南下的"外来户"之间也存在着许多矛盾，争斗最激烈的是黄人望与何炳松。两人回浙后原本分别担任一中、一师校长，彼此尚能相安无事。惟按 1922 年制定的"新学制"，1923 年起开始实行"中师合校制"①，一中、一师合并组成一所新的高级中学（即新一中），新一中的校长位置遂成为他们"争抢的骨头"。时在杭州养病的胡适恰逢其会，对此事内情知之甚悉，据他记载：

> 今一师校长何炳松稍接近教育行政当局，可望得高中校长；而一中校长黄人望大失望，乃率其党羽所谓"三高师同学会"者，一致向何下攻击。何与黄均北高教授，均北大讲师，同系金华人，又有亲谊，乃至水火如此！我和蔡先生（指蔡元培——引者）曾想调解他们，屡次设法解纷，均归无效。蔡先生离杭和我入山以后，马夷初又来；夷初与黄最密，杭州谓之"蚂蝗灾"；此次他来之后，风潮遂发作。教育厅长张宗祥于此时发表何长高中之令，黄党与马党之一中一师教员遂开联席会议决了许多条的何炳松的劣迹，并上公呈给省长及教厅，丑诋何氏。②

所谓"教育行政当局"，即继马叙伦之后出任浙江省教育厅厅长的张宗祥（张氏此前也长期在北京活动，曾任职教育部多年）。围绕着新一中校长位置，张宗祥偏于何炳松一方，而马叙伦则仍与黄人望站在同一立场。何炳松被任命为新一中校长后，遭到马、黄一方猛烈攻击，曾被迫就反对派所攻击的"学问谫陋""办事糊涂""草菅人命""盗卖公物""侵吞公款""嫖赌成性""造谣卖友""手段卑鄙""触犯刑事""破坏学校"这"十大

---

① 郑晓沧：《浙江两级师范和第一师范校史志要》，见全国政协浙江省委员会文史资料研究委员会编：《浙江文史资料选辑》，1962 年 12 月第 4 辑，51 页。
② 《山中杂记》，1923 年 6 月 29 日，见曹伯言整理：《胡适日记全编》第 4 卷，106 页。据此可知，彼时杭州已有"蚂蝗（蟥）灾"之说，故"蚂蟥党"一词未必如有学者所言（卢礼阳：《马叙伦》，162 页）到 1927 年才出现。

罪状"(也就是所谓何的"劣迹")作了长篇的答辩。① 在答辩辞中何多次提及马叙伦、许宝驹、黄人望等人,从中亦可以窥见当时双方争斗的激烈程度。

6月初何、黄争端初起时,蔡元培也在杭州,曾邀胡适一起出面调解,后均告无效。② 胡适对此大有感慨:"杭州的教育界有一个大病,就是一个'陋'字。陋只是眼孔小,凡争其所不值得争,都由于一个陋字。"他认为,等到将来浙江高等教育发达时,"此等'陋相'自然会逐渐消去"③。这一点蒋梦麟也深有同感。何炳松出任一师校长本为蒋所推荐。张宗祥担任教育厅厅长后,筹划成立杭州大学,并成立了董事会。④ 1923年2月,蒋梦麟回杭参加董事会议,并与众董事一起拟就《杭州大学意旨书》⑤。到何、黄争斗激烈时,杭州且有蒋得张贿赂、为其"保驾"的流言。在蒋梦麟看来,"杭州教育界,真变了一只臭粪缸。粪缸里边坐了看天",就是一个"陋"字,"其实陋而且臭",并认为马叙伦不应参与其事,以免自低身价。马、黄、张、何等人都是浙江人,且均曾长期在北京活动,从蒋梦麟给胡适的信中看,当时"北京浙江人,对于此事,都作旁观态度,对于两方面都没有好批评"。⑥ 当然,随着事态发展,在京的浙籍人士也不完全持中立态度。1923年9月,何炳松正式出任新一中校长后,钱玄同就在北京《晨报》、上海《民国日报》等

---

① 《呈浙江省教育厅长文》,原载《浙江一中周刊》,1923年10月1日,第1号,见刘寅生编:《何炳松文集》第2卷,732～736页。
② 1923年10月,胡适曾再次出面劝双方和解,但收效甚微。见曹伯言整理:《胡适日记全编》第4卷,65页。
③ 《山中杂记》,1923年6月29日,见曹伯言整理:《胡适日记全编》第4卷,108页。
④ 1923年3月13日,浙江省省长开列杭州大学董事会名单送交省议会审议,汤尔和、马叙伦均列其中(见《浙江百年大事记〈1840—1945〉》,见全国政协浙江省委员会文史资料研究委员会编:《浙江文史资料选辑》,1985年7月第31辑,175～176页),限于材料未知详情。
⑤ 《杭州大学意旨书》,见曲士培主编:《蒋梦麟教育论著选》,230页。
⑥ 1923年7月16日蒋梦麟致胡适,见中国社会科学院近代史研究所编:《胡适来往书信选》上册,210页。

第二章　走向教育界的中心：1919—1926

媒体上发表致张宗祥的公开信，痛加谴责。①

马叙伦与张宗祥亦属熟识，不过关系似乎并不密切。②张宗祥就任后，在致陈垣的函中称："第一批做的，专换统捐局似之中等学校校长。去冬换其七人，残留者亦不多矣。惟换出去之校长有二人太弱，实因人才难得，极不满意"③。所谓一朝天子一朝臣，张宗祥这一做法显然是针对前任厅长马叙伦。围绕着黄、何之争，马、张两人各偏一方，虽未见正面冲突，但彼此感情因此更为不洽自不难想见。1924年11月10日马叙伦再次出任教育部次长，12月13日即免去张氏教育厅厅长职务，以计宗型取而代之。④之所以如此，恐怕与此前双方的分歧不无

---

①《钱玄同移书匡正张宗祥》，载上海《民国日报》，1923-09-28。后曾以《致浙江教育厅厅长》为题，发表于《晨报》1923年9月29日第6版。钱玄同在函中称："去年仆闻足下被任命为浙江教育厅厅长，即戚戚然为乡邦教育前途忧……足下莅任以后之训令或演说，大抵非荒谬，即可笑。荒谬者，如彭允彝为学界所共弃之人，其诬陷北京大学之伪令，颠倒是非，混淆黑白，而足下竟公然以训令之形式为之转行浙江各校。……如此头脑如此知识之人而操乡邦教育行政之权利，乡邦教育之前途宁不可忧！然此亦无暇斥责。惟最近足下处理第一中学学生反对何柏丞（即何炳松——引者）为校长之风潮，惨无人道，出人意表，则仆虽欲强抑愤怒，缄口不言，而不可得矣。……此次足下任何柏丞为高中校长，以仆所闻，在未发表以前，学界反对之声即已蜂起，仆以为无论柏丞之道德学问才具是否胜任高中校长，然学界既来反对之声，在足下宜加以考虑，出以审慎，方不愧为共和时代服从民意之官吏。乃足下竟悍然不顾，率尔聘任，以致掀起此次反对校长之风潮！"

② 马叙伦：《我在六十岁以前》，74页。

③ 1923年3月30日张宗祥致陈垣，见陈智超编注：《陈垣来往书信集》，46页。原函只写月日，未注年份，编者疑为1923年或1924年所作。查函中曾专门述及一师毒案，故此函当为1923年所作。

④《教育部公文目录第十二册》，1924年12月，《一九二四年十至十二月份教育部公文目录及零散目录》，中国第二历史档案馆藏：1057—270。张珏在《父亲张宗祥》一文中称："在北京的马夷初以教育部次长代部长，而以一师校长事（编者按：张宗祥在《年谱》中有'经子渊〈亨颐〉老友也，前长一师，学生中有倡为公妻、非孝之说者，一时舆论大哗。目为洪水猛兽，因之弃职，时未二年，予复任之。省署惴惴不安。予力任之。宁绅联名责予，予亦遍为之解说，卒无他放。'——原注）不满于父亲，免其厅长职。父亲不得不去瓯海"（《浙江近代学术名人》，见全国政协浙江省委员会文史资料研究委员会编：《浙江文史资料选辑》，1990年第43辑，253页）。文中认为马叙伦将张宗祥免职是因为张重新任用经亨颐之故，这一点似与事实不符。经亨颐离开一师校长职位后，即进京任北高师教职。1922年6月底马叙伦辞去一师校长职务时，所提出的后备人选即为经亨颐、蒋梦麟两人（《杭州快信》，载《申报》，1922-07-01），可见他并不反对经亨颐复任校长。此外，据上海《民国日报》报道："一中学潮酝酿半载，前校长何炳松办学无方，尽人皆知，而张厅长（即张宗祥——引者）一意庇护，其心何居，今夏局长事起，该校学生以继任问题关系重大，曾向教厅郑重请求，张厅长尝向该校代表宣言，决以聘任经子渊为一中校长，言犹在耳，忽又变卦，竟改聘沈溯明继任……今更令沈溯明率领武装警察进校"（《浙江一中拒长之近闻》，载上海《民国日报》，1924-08-12），所述与张宗祥在年谱中的记载颇有出入。

关系。

在20世纪20年代的浙江教育界，如果说所谓的"北系"与"浙派"之间的争斗还多少带有革新和保守之争的意义的话，此后张宗祥、何炳松与马叙伦、黄人望等人的纠纷则主要是派系利益上的冲突。对于浙江教育界而言，这些冲突负面作用似大过积极作用。胡适在居中调解时，一再"劝他们早日了结教育界的仇视，改仇视为监督"，因为"仇视是两力相消，效率等于零。监督是一力鞭策一力，效率很大"。① 对马叙伦来说，出任一师校长和教育厅厅长是他一生中参与教育行政的开始。虽然主观上有革新浙江教育的愿望，但由于任职时间短之又短，加之中间又夹杂着各种复杂的派系之争，种种因素决定了他在浙江教育界不可能有大的作为。不过，这段经历进一步扩大了马叙伦在教育界的影响。马叙伦在浙江教育界的活动所倚靠的是"北系"势力，同时又得到蔡元培、汤尔和等在京浙籍同乡的大力支持，此期和他接近的黄人望、许宝驹等人日后均成为他进一步参与教育行政乃至投身实际政务的骨干力量。

三、执掌中央教育行政

马叙伦这一阶段除了在北大和浙江教育界活动外，还曾两次出任教育部次长（第二次以教育部次长代理部务），参与中央教育行政。教育部虽号称全国最高教育行政管理机构，但历来属于清水衙门之列，五四后的一段时期里更是权威丧失殆尽。对于北京政府教育部，沃丘仲子（费行简）有过一段精辟的论述：

> 教育为第一穷部，富有势力者，类唾弃不顾。每月廿五支发薪费，内、陆、海三部例领现金，以有军警关系也。他部署则搭发纸币，惟教育部不但无一毫现金，且积欠亦难望补发，盖以学生为人

---

① 曹伯言整理：《胡适日记全编》第4卷，65页。

轻视也。自五四运动轩然大波,学生头角崭然大露,教育总长始少少为政府所重。然内须对付学生,外须敷衍政府,大有左右做人难之概。宜傅源叔(即傅增湘——引者,下同)夜渡芦沟,杳无下落。其次长(指袁希涛)欲乘此一出风头,究之两面皆不讨好,嗒丧以退,从此学潮将愈演愈烈。长教部者,不特无权利可争,欲求为旧日之清闲自在,亦不可得。①

这一时期因为政局动荡,内阁变动本来就十分频繁,再加上学潮、教潮此起彼伏,教育总长、次长的更替更是有如走马灯。1919—1926年短短七年里,任命、署理、兼代教育总长、次长者前后多达数十人。② 因此,如果从个人仕途的角度看,马叙伦的这段经历算不上如何辉煌显赫。不过马叙伦是这几十位总长、次长中为数不多的出身北京教育界且有较大势力者,因此在他执掌中央教育行政的过程中,与当时教育界的不少重大事件均有着密切关系。

(一)一任教次

1922年9月25日,马叙伦在浙江省教育厅厅长任内被任命为教育部次长③,这是他第一次执掌中央教育行政。这次出任教育部次长得到汤尔和的直接提携,据马叙伦后来回忆:"不想那位教育次长全先生(即全绍青——引者),他以为自己是医生,不懂办教育,却找了他的同行汤尔和去替代他。一转眼国务院改组,教育总长王宠惠任国务总理,汤尔和升了总长,他便不经我的同意,发表了我署教育次长"④。汤尔和从继任次长到升任总长的过程中一波三折,马叙伦关于此事的记载略显得简略。

---

① 沃丘仲子:《民国十年官僚腐败史》,见荣孟源、章伯锋主编:《近代稗海》第8辑,24页,成都,四川人民出版社,1987。
② 详见钱实甫:《北洋政府职官年表》,18~32、50~62页。
③ 《大总统令》:"任命马叙伦为教育次长。此令。任命张宗祥为浙江教育厅厅长。此令。中华民国十一年九月二十五日。"《浙江教育月刊》(浙江省教育厅编印),1922年9月,第5年第9期。据此可知,马叙伦是被正式任命为教育部次长,而不是署理教育部次长。《北洋政府职官年表》(第54页)将马叙伦此次任教育部次长的时间记作9月29日,不确。
④ 马叙伦:《我在六十岁以前》,74页。

马叙伦与民国教育界

民国成立后,"教育当局皆教育界负重望之人物,新如蔡元培,旧如傅增湘,不新不旧如范源濂,皆在教育界中素日占有地位"。五四运动中,傅岳棻在安福系的操纵下以铨叙局参事的身份"乃得以次长代部,闻者诧之。然其时学界已以工商界之后盾,战胜媚外派,风潮以渐平息,傅乃以为己功,转而取媚当局,以自固其位置"①。傅岳棻代理部务后,试图恢复教育部作为全国最高教育行政管理机构的权威,但由于教育部在五四运动中的表现极其拙劣,此后更是连部辖各校的基本经费都无法维持②,权威已经严重受损,故傅氏的这一做法无法为北京教育界所接受。而五四后北京政府还试图撤换北大校长蔡元培,更引起汤尔和、马叙伦等浙籍人士的不满,1919年年底的"发现"和随后的"去傅"运动中多少都掺杂着这种不满情绪的宣泄。③ 1920年8月,傅氏在北京教职员的口诛笔伐下最终去职,意味着教育部权威的进一步丧失。从此,教育行政当局除了内须对付学潮、外要敷衍政府之外,还要面对一大难题,即需要解决北京国立各校的经费问题,处理由此引发的汹涌澎湃的教潮。对于这一点,胡适曾戏称:"北京教育界是一个妓女,有钱就好说话,无钱免开尊口"④。1920年8月,在教育界中素负重望的范源濂出任教育总长,曾经赢得教育界短暂的尊重,⑤ 但不久也被经费问题弄得焦头烂额,可见这一问题对当时的教育行政长官个人仕途的重要程度。范源濂辞职后,虽有新华门前"六三"惨案的发生,但北京政府仍无维持教育的诚意。⑥ 因此,北京国立各校教职员"索薪""索欠"几无宁日,教育总长一职处于"早已无人敢做"的境地。1921年5月,范源濂再次被任命为教育总长(此前是署理),但他辞而不就,遂由次长马邻翼

---

① 《傅岳棻酿成学潮真相》,载上海《民国日报》,1919-12-30。
② 北京政府教育部"总务厅、会计科虽有管理学校经费之权,其实省自为政,部吏无从干涉","部中直辖学校,自北大以降,都十二校。其开支经费,由部规定管理"(沃丘仲子:《民国十年官僚腐败史》,见荣孟源、章伯锋主编:《近代稗海》第8辑,24~25页)。
③ 马勇:《蒋梦麟传》,146~149页。
④ 中国社会科学院近代史研究所中华民国史研究室编:《胡适的日记》上册,90页。
⑤ 《北京教育界之欢迎会》,载《申报》,1920-09-01。
⑥ 详见吕芳上:《从学生运动到运动学生(民国八年至十八年)》,188~196页。

第二章 走向教育界的中心：1919—1926

代理部务。同年12月，任命黄炎培为教育总长，黄亦辞而不就，只好由农商总长齐耀珊兼署，次年4月又改由国务总理周自齐署理，6月再改由交通总长高恩洪兼署。这一阶段，教育部的实际事务基本上都由该部次长处理。[1]

作为北京教育界实力派人物的汤尔和，对这一情况自然是洞若观火、了如指掌。如果教育经费没有把握而贸然就教育部次长一职，结果必将被弄得无法下台，徒然有损自己的清誉。故他在就职前即提议："教育经费二十九万元，本年关税增至值百抽五时，一律从关税项下拨付"[2]，以此作为出任教次的条件。7月21日就职后，汤尔和即于25日阁议席上提出这一议案，不意遭到其他阁员的强烈反对而无法通过。汤尔和对此提出强烈抗议，外交总长署内阁总理颜惠庆出面调停，决定交财政部查核后，于26日阁议中再次讨论。在次日阁议中，财政当局所言，"仅及目下每月二十九万（京师教育费二十二万，教育部七万）交部与财部如何拨付之问题，对于汤氏之提案，不肯答复。因之，其他阁员亦无赞成之表示"。汤尔和见此情形，即将事前准备的辞呈递上，并郑重表示："如果此案不能成立，则无论何人，亦无使彼不辞职之法"[3]。在此形势下，当局不得不在29日的阁议中再次讨论汤尔和的提案，"照原案通过，并由高恩洪致函汤氏，请其到部任事"[4]。胡适对此评论称："大前天阁议不肯照此议通过，尔和立即辞职，——他只做了五日的次长，——政府昨天居然能过此案以留他，可算是尔和的胜利（我前天已

---

[1] 参见马叙伦：《我在六十岁以前》，67页；钱实甫：《北洋政府职官年表》，21～22页。黄炎培后来回顾此事时称："我呢？很愿意在中下层用力。因为愿站在高层者多，而高层需要人数反少，中下层需要反多。譬如坐船，大家趋向左舷，我须站在右舷，因为船的需要是平衡。失去平衡，船立刻倾覆，结果惟有同归于尽。所以民国成立之初年，我就不愿服务中央教育行政，而愿任地方。到民国十年、十一年，我更谢却中枢教育行政的使命，而矢愿委身职业教育"（《二十年来服务职业教育的回想》，见田正平等编：《黄炎培教育论著选》，329～330页）。除了这种主观认识上的原因外，他不就教育总长一职与教育部所面临的困境也不无关系。
[2] 中国社会科学院近代史研究所中华民国史研究室编：《胡适的日记》下册，413页。
[3] 《汤尔和为教育费无着去职矣》，载《晨报》，1922-07-28。
[4] 《汤尔和对教育经费之郑重》，载《晨报》，1922-07-31。

作时评，赞成尔和'为一个主张而来，为一个主张的失败而去'的行为）。"① 不过，汤尔和认为，该案虽通过了阁议，但如果得不到税务处的认可，仍属没有把握，故不肯轻出任事。② 8月5日内阁改组，颜惠庆辞职，"照例总理缺人，先轮外交，次轮内务"，在直系军阀实权人物吴佩孚的操纵下，由原司法总长王宠惠代理内阁总理，成立所谓的"好人内阁"。③ 同日王宠惠改署教育总长，司法总长则由张绍曾署理，故王宠惠实际上是以教育总长的身份兼代国务总理。这段时期汤尔和名义上还是教育部次长，实际并未到任，8月15日后更是一直请假，次长一职由邓萃英代理。④

"好人内阁"⑤正式成立前，教育总长、次长人选仍是个大问题。王宠惠得到吴佩孚组阁的授意后，于9月4日委托罗文干出面劝胡适出任教育部次长（王彼时名义上仍署教育总长职），为胡所拒绝。罗、胡两人在与蔡元培商谈之后，决定由蔡、胡两人转劝汤尔和出任教次一职。同日，蔡、胡与汤尔和商议此事，据胡适载："尔和有肯出的意思，但须得顾少川（即顾维钧——引者）答应肯帮忙进行关税的事。"9月5日，汤尔和拟定"一个财、交、教三部合请总统下指令指定关税为教育经费的呈子"，并对蔡元培、胡适两人表示："此令朝下，他夕出视事。"但罗文干将这一方案转交王宠惠后，王以各种借口推托，不肯表示赞成。6日，胡适继续与罗文干、顾维钧等人磋商后仍无结果。面对这一复杂局势，汤尔和决计不肯出任教次，胡适对他的决定也表示赞同。7日，胡适就此事致函罗文干称："尔和虽感谢各位敦劝的好意，但他说，望梅止渴已是难事，何况现在连画梅都没有，虽有肯牺牲的人，亦无补于事，故他决计不肯担任此事，并托我转达亮畴（即王宠惠——引者），早

---

① 中国社会科学院近代史研究所中华民国史研究室编：《胡适的日记》下册，413～414页。
② 《汤尔和对教育经费之郑重》，载《晨报》，1922-07-31。
③ 中国社会科学院近代史研究所中华民国史研究室编：《胡适的日记》下册，417页。
④ 钱实甫：《北洋政府职官年表》，21～22页。关于此期政局变动情况，参见李剑农：《戊戌以后三十年中国政治史》，349～350页，北京，中华书局，1965。
⑤ 关于"好人内阁"成立的背景，参见李剑农：《戊戌以后三十年中国政治史》，350页。

日准他辞职。他的意思很坚决,故我只能将此意托你转告亮畴。我们劝事虽没有结果,但为此事跑了三天,也不能不算是尽心了。"胡适进而评论称:"平心而论,亮畴终不能脱卸'不负责任'的批评。他是教育总长,若能在阁议席上力争,当不难通过这一指令。尔和所拟之稿,在你们诸位虽始终视为迂阔,但教育界方面看来,确是一粒定心丹。况此款既有阁议在先,将来后起任其事者,无论是谁,若非单为做官而来,必不能不提此一案。这是可以预料的。"在此情况下,王宠惠不得已只得答应汤尔和的要求。① 9月19日,"好人内阁"正式发表汤尔和出任教育总长。9月22日,汤尔和正式到部视事。教育部次长一席,时论有"教次拟李大钊,李不就"②的消息,25日,正式发表由马叙伦担任。在马叙伦看来,"因为汤尔和相信他和我的交情可以不必征求同意,我一定会去帮助他的,而我呢,因为和北京教育界的关系也不得不去,希望更有作为,更不得不去"③。不过,命令发表时他尚在浙江各属视察教育受灾情况,10月7日始正式到部接任。④ 马未到任前,继续由邓萃英兼代次长职务。⑤

由于直系军阀内部津保派和洛派的矛盾,"好人内阁"仅存在两个多月便告夭折,于12月25日全体辞职。29日,由汪大燮署阁。⑥ 马叙伦对此次阁潮的背景知之甚详⑦,汤尔和辞职后,他也于12月6日连带辞职⑧,12月13日回北大任教,"讲庄子哲学、文字形体,各三小时"⑨。对于此次担任教育部次长的经历,马叙伦后来回忆称:"我在教育部,

---

① 中国社会科学院近代史研究所中华民国史研究室编:《胡适的日记》下册,449~452页。
② 《专电》,载上海《民国日报》,1922-09-24。
③ 马叙伦:《我在六十岁以前》,74页。
④ 《专电》,载《申报》,1922-10-08。
⑤ 丁致聘:《中国近七十年来教育记事》,99页。
⑥ 李剑农:《戊戌以后三十年中国政治史》,350~351页。参见周天度:《蔡元培传》,240~243页,北京,人民出版社,1997。
⑦ 详见马叙伦:《我在六十岁以前》,75~76页。
⑧ 《大总统令》,1922年12月6日,《浙江教育月刊》(浙江省教育厅编印),1922年12月,第5卷第12期。
⑨ 中国革命博物馆整理,荣孟源审校:《吴虞日记》下册,70页。

大概不过四个月，总算承各校旧同事的情，没有'索薪'的风潮，但也办不了什么事，一件中等教育'三三制'的改革，我也不过随同'画诺'；因为这个制度是黄炎培先生们研究好了，汤尔和赞成，我只觉得旧的'四二制'是有弊的，也需改革罢了。"①所谓"中等教育'三三制'的改革"即民国教育史上著名的"新学制"改革。

自清季颁布《癸卯学制》后，1912年9月北京政府又颁布了《壬子学制》，该学制公布后到1913年，"陆续颁布各种学校令，与前项系统各有出入，综合起来又成为一个系统"②，这就是《壬子癸卯学制》。这一学制受日本影响较大。进入民国以后，美国教育逐步引进中国，一批留美学生回国后在教育界任职，对扩大美国教育的影响起到了推动作用。在此背景下，改革原有学制逐渐提上日程。具体到"新学制"改革经过，据黄炎培载："我国新学制，自十年十一月，全国教育会联合会在广东开会，议决草案；十一年十月，山东又开全国教育会联合会，就原案加以修正。先是九月教育部举行学制会议，对于学校系统，亦有可增损。至是，乃复由部汇并审定，呈由大总统以教令公布"③。全国教育会联合会1919年第五届年会和1920年第六届年会都有省份提出改革学制的建议，鉴于议题关系重大，决定推至1921年第七届年会时再作讨论。第七届年会的重要议题之一就是提出新的学校系统草案。1922年9月，教育部在邓萃英代理次长时召开过一次全国学制会议，主要讨论学校系统改革案，对全国教育会联合会提出的学制草案稍加修改。1922年10月11日在济南召开的全国教育会联合会第八届年会上，以第七届年会的草案为主，参照江苏省教育会提出的改革方案及全国学制会议的议决案，形成一个议决案，呈请教育部审批。最后教育部参照全国教育会联合会和全国学制会议的两个议决案，颁布了学校系统改革案，并于11月1日以大总统名义公布施行。一般称这个学制为"新学制"，也就是

---

① 马叙伦：《我在六十岁以前》，74页。
② 陈青之：《中国教育史》，见舒新城：《中国近代教育史资料》上册，228～231页。
③ 黄炎培：《民国十一年之职业教育》，见田正平等编：《黄炎培教育论著选》，171页。

第二章 走向教育界的中心：1919—1926

《壬戌学制》。① 这一学制是中国近代教育史上的一座重要里程碑②，它的最后确定正是在汤尔和、马叙伦主持最高教育行政时期。胡适作为出席济南会议的代表，在会上表现较为活跃。从他的日记里可以看出，当时各方围绕新学制还是有过不少争论，关键是如何对待全国学制会议议决案的问题。③ 马叙伦此次真正在教育部次长任上实际算来前后仅两个月，而不是他所说的四个月；而且他这次担任教育部次长主要是作为汤尔和的"配角"，自由发挥的空间不大，作为自然也十分有限。

查阅胡适本阶段的日记可知，1922年前后蔡元培在个人出处等重大问题上基本上是处在汤尔和、蒋梦麟、胡适等人的包围之中（在北大内部事务上则仍多受章门弟子的影响）。汤尔和、马叙伦出长教育部后，《民国日报》上刊出众议院议员王恒所作的《北京学阀之研究》一文，该文在分析了"学阀"的特点后称：

> 学阀形成之后，蒙由本部而发出支队，其意趣与财阀之多办公司，军阀之扩张地盘，完全相同，盖犹是封建诸侯之下众置陪臣家宰也。故得一机会，即攫取官费，送若干人出洋游学。又得一机会，即参与组阁，使其阀内之二三级人才，高据阁席，而其首领乃渐次取得学阀元老之名。……又如最近之某学阀，民国元年以前，本为一革命党员，嗣因其个人利害之见过重，乃依然抛弃其革命事业，而投身教育界，于是由单纯生活，而进于复杂生活，得往来于南北之交，徘徊于新旧之际，出入于政学之途。得一机会，而利用学生之运动，又得一机会，而利用京洛之暗潮，而集学阀元老资格之大成。归纳其一般心理，不过为其反社会超阶级牺牲他人发展个

---

① 参见栗洪武：《西学东渐与中国近代教育思潮》，204页，北京，高等教育出版社，2002。中山大学历史系2003级博士研究生李兴韵以"新学制"改革作为其学位论文选题，此处参考了她的意见。
② 李华兴：《民国教育史》，151页，上海，上海教育出版社，1997。
③ 中国社会科学院近代史研究所中华民国史研究室编：《胡适的日记》下册，481～490、502页。

性之思想之结果,毫无不可解之神秘存乎其间也。①

此文意在攻击所谓的"北京学阀",由于写得比较隐晦,颇为费解。通观全文,并结合当时的具体史实,大致可知文中所称的"学阀元老"当是指蔡元培,而"阀内之二三级人才"则大致是指汤尔和、马叙伦等人。1922年6月3日,蔡元培领衔致电孙中山及广东非常国会,希望孙中山停止北伐,与徐世昌同时下野,引起南方国民党人士的强烈不满。《民国日报》是国民党系统的舆论喉舌,该报发表抨击蔡元培等人的文章,可见此时蔡与南方国民党人士之间的关系仍颇为紧张。② 撇开党派因素不说,上文还透露出另外一个信息,即汤尔和等人把持北京教育界已经引起圈外人的强烈不满。反过来看,从这一攻击也可以看出这一时期汤尔和、马叙伦等人与蔡元培的密切关系。

"好人内阁"垮台后,汤、马相继辞职,由彭允彝署理教育总长。1923年1月中旬,彭允彝为了使自己的阁职在众议院顺利通过,献策由国务院代表国家为公诉人,申请地方检察厅对"罗案"再行侦查,罗文干因此再度被捕下狱。蔡元培遂于1月17日愤而辞职,引发了一场"驱彭挽蔡"运动。③ 蔡元培此次辞职抗争,参与决策的主要是蒋梦麟、汤尔和、胡适和邵飘萍四人,而其他教职员则多未预闻其事。④ 蔡元培辞职后,北京教育界虽有不少响应者,但也存在一些不同声音。据吴虞记载:"刘甫周打电话来,言彭允彝不能通过,因北大学生今日前往请愿,议员深恨学阀,始特将彭允彝通过矣。子民此次辞职,仅商之蒋、胡、汤、邵四人,校中教职员,均不预闻。昨日开会,教员到者,不过三分

---

① 《北京学阀之研究》,载上海《民国日报》,1922-10-29。
② 周天度:《蔡元培传》,232~233页。
③ 关于"罗案"及此次风潮已有较多论述,此处不赘。详见吕芳上:《从学生运动到运动学生(民国八年至十八年)》,202~213页;另参见周天度:《蔡元培传》,243~247页。
④ 据吴虞记载:"闻此事昨日午间由蒋干(指蒋梦麟——引者)、尔和、适之、飘萍所怂恿,遂一发而不可收拾矣。"中国革命博物馆整理,荣孟源审校:《吴虞日记》下册,1923年1月18日条下,82页。

第二章 走向教育界的中心：1919—1926

之一，人心亦殊可见。"①字里间隐约透露出他对蔡元培等人的不满。②作为蔡元培在此事上的主要参谋及辩护者的胡适事后也承认："大学中人意见颇分歧，有许多人以不与闻此事颇怨望。其实此种举动不容有多人商量，不过有几个人如教务长（顾梦渔——即顾孟余，引者），蔡先生应先与商量耳"③。胡适曾就此事委托在上海的任鸿隽、朱经农两人分头联络黄炎培（江苏省教育会）、张东荪（《时事新报》）、汪精卫（国民党）、章太炎等人，请他们起而反对北京政府和国会，声援蔡元培，但各方反应均不甚积极。④ 由于蔡元培的这一抗争发生在汤尔和、马叙伦辞职后不久，所针对的又是继任教育总长的湘人彭允彝⑤，故外界有他和彭氏争意气的猜测，蔡元培还专门对此作了辩解⑥。从"好人内阁"成立前后的活动及"驱彭挽蔡"的决策看，汤尔和、蒋梦麟和胡适的关系颇为密切。马叙伦在具体行政事务中和胡适直接接触不是很多，在"驱彭挽蔡"过程中也未见有突出的表现，但大致是和汤、蒋等人站在同一立

---

① 中国革命博物馆整理，荣孟源审校：《吴虞日记》下册，1923年1月19日条，83页。

② 天津《大公报》报道此事时亦称："彭（允彝）之所以萌推翻蔡系学阀之野心，盖因北京教育界人物，不乏对于蔡系学阀之把持的手段，与骄横的态度，深致不满者，认为大可利用，使为己助"《学潮声中之近况》，载天津《大公报》，1923-02-15），明确指蔡元培为"学阀"。

③ 曹伯言整理：《胡适日记全编》第4卷，177页。

④ 1923年1月28日，任鸿隽致函胡适称："你十九、二十给我和经农的两信都收到了。我们近来为这件事到处跑了几天，但是跑不出甚么道理来。经农前天去看任之（即黄炎培——引者）、东荪等，我去看太炎、精卫等。上海的报界还是《时事新报》肯说一点话。江苏教育会的态度，在他的'有'电也可看见了（听说任之很有点 bukworm[应作 bookworm，书呆子]——原注）。精卫因为生病，还不曾见面。太炎先生虽然痛恨国会，但他觉得蔡先生所罪状彭的地方，似乎不成问题。我要他打一个电报骂骂政府和国会，他说要等几天再说，现在说话似乎有点袒护一边。我们说到此处，不能忘记去年夏蔡先生与太炎先生相骂的一段故事"（《胡适来往书信选》上册，184页）。胡适后来反省此事时称："蔡先生抗议的事，使我很有点反省。(1)问题的不分明。我极力把问题放大，而别人只看见彭蔡之争。(2)响应之寥寥。响应的人真太少了；饭碗的势力可怕，政治知觉的缺乏更可怕。(3)反动势力之卑污，竟出人意外，使我们感觉不但不愿与为伍，并且耻与为敌对！"（曹伯言整理：《胡适日记全编》第4卷，184页）

⑤ 蔡元培在辞职启事中称："元培为保持人格起见，不能与主张干涉司法独立蹂躏人权之教育当局再发生关系，业已呈请总统辞去国立北京大学校长之职，自本日起，不再到校办事。特此声明。"这是采纳汤尔和的意见，胡适认为该启事"专以彭允彝为主题，殊使人失望"。曹伯言整理：《胡适日记全编》第4卷，175页。

⑥ 周天度：《蔡元培传》，244页。

场。从这些活动可以看出，这一时期北大内部马叙伦、蒋梦麟等章门弟子以外的浙江籍实力派教授与以胡适为首的英美派较为接近。

(二) 二任教次

马叙伦第二次出长中央教育行政在 1924 年年底。该年 10 月，冯玉祥发动北京政变后进行改组内阁摄政。当时舆论关于内阁总理的人选有颜惠庆、张绍曾、王正廷等多种说法，而一般认为王正廷之说最为可靠，《晨报》上甚至已经公布了王正廷内阁的成员名单。① 在当时军事形势尚未明朗的情况下出面组阁，无疑要冒很大的政治风险，故王正廷不愿出任，遂改由黄郛署理内阁总理。② 黄郛本为颜惠庆内阁的教育总长，直接参与了冯玉祥的反直大计。③ 10 月 27 日，舆论猜测王正廷内阁的教育总长为李石曾，但李借口其为进德会会员，而该会有不做官、不当议员等信条，故坚决表示不就教育总长一职。④ 10 月 31 日，新内阁正式发表时，黄郛以教育总长职务兼代国务总理。⑤ "贿选总统"曹锟被囚禁后，由国务院摄行大总统职务，黄郛身为摄政，加之政局仍动荡不安，自难兼顾教育，遂于 11 月 10 日辞去教育总长本职，以指令发表易培基为新任教育总长，马叙伦为教育部次长。⑥ 马叙伦后来回忆此事的经过时称，黄郛与其在北大有同事的关系，"通过李石曾先生的关系，请我去帮忙，我便第二次任教育次长了"⑦。关于此事的内情，据李宗侗透露：

---

① 《王正廷组阁已决定》，载《晨报》，1924-10-27。
② 李剑农：《戊戌以后三十年中国政治史》，365 页。
③ 黄沈亦云编著：《黄膺白先生家传》，19 页，沈云龙主编：《近代中国史料丛刊正编》第 3 辑之 29，台北，文海出版社。冯玉祥：《我的生活》，389、396、401~404 页，哈尔滨，黑龙江人民出版社，1981。
④ 《王正廷组阁已决定》，载《晨报》，1924-10-27。10 月 28 日，与李石曾关系密切、同为无政府主义者的吴稚晖即在《民国日报》上发表致李石曾书，申述彼等"官是一定不必做的，国事是一定不可不问"的立场，反对他出长教育。《吴稚晖致李石曾书》，载上海《民国日报》，1924-10-28。
⑤ 《新内阁成立之第一日》，载《晨报》，1924-11-02。
⑥ 《专电》，载《申报》，1924-11-11。
⑦ 马叙伦：《我在六十岁以前》，76 页。

第二章 走向教育界的中心：1919—1926

十月二十五日冯玉祥等改所部为国民军，各将领在北苑举行会议，决定组织摄政内阁，并公推李石曾为教育总长，托黄郛（膺白）转达。嗣因李石曾坚辞不就，黄膺白请石曾先生推荐人选；石曾先生想到顾孟余，孟余也不肯作，孟余乃推荐易培基（寅村）。时易寅村方到北京，作中山先生代表，携汪精卫介绍信，来见北方教育界人士，因此顾孟余想到易寅村。但易与北方教育界素无关系，所以蒋孟邻提出赞成的交换条件，以马夷初为次长。此即当时易任教长，马任次长之由来。①

易培基在北京教育界根基甚浅，以他为教育总长，时论颇多猜测。李宗侗为李石曾的亲侄，后又成为易培基的女婿，与顾孟余、蒋梦麟、

---

① 李宗侗：《故宫博物院回忆录（三）》，转引自李书华：《七年北大》，载《传记文学》，1965，6(2)。李书华曾是李石曾手下的得力干将之一，他在回忆中引用了李宗侗的说法，可见也赞同这一说法。关于此事另有一些不同说法。易培基任湖南第一师范学校校长时的得意门生白瑜在谈及此事时称："易任教育部总长，是顾（孟余——原注）先生的推荐，与李（指李石曾——引者，下同）深交在后"。"三·一八"惨案后李、易同遭通缉，在东交民巷躲避时才结为秦晋之好。白瑜还一再强调："易任教育总长，乃顾孟余先生透过党部的推荐，绝非石老（指李石曾）的关系"（白瑜：《李石曾·萧瑜与故宫盗宝案》，载《传记文学》，1981，38〈5〉）。《申报》在报道易培基出长教育部的消息时称："教长一席，原本拟与李石曾，李因进德会人，不能作（做）官，遂作罢论。时有易培基者，为中山之驻京代表，□（原字不清）年以来，北京之中华革命党事务，皆由易办理。易本与李石曾友善，李乃为之介绍于冯玉祥，谓如需教育人才，就目前言，莫如易氏。易曾为孙中山之秘书、谭延闿之秘书长，为老国民党。其在京中，与教育界人，亦积极联络。提出易氏，则孙派及教育界，均可贯通，实一举两得。冯对中山派，正虑无以点缀，既有此人可用，何乐不为，故慨然依允。黄郛本人，自十分同意。……至于易在教育界之成绩，殊无所闻，据教育界人云，易旧学颇好，当年曾在湖南主持某书院，后为国民党奔走南北，甚忠于党，北上后与北京大学教员往来颇密，若吴虞等人，为旧文人而趋于新文化旗帜下者，故易虽以大孙派之嫡系资格登台，当尚不为教育界反对。"《易培基长教部之由来》，载《申报》，1924-11-16。萧瑜的《李石曾先生与溥仪出宫——李石曾先生传记之九》（朱传誉主编：《李石曾传记资料》第1册，25页）与《申报》报道一样直接指李石曾荐易自代，没有提到顾孟余一节。另据邹鲁晚年回忆："自本党（指国民党）联俄容共后，苏联政府屡向本党表示，不欲承认北京政府。但这时苏联大使馆，竟在北京成立。总理为明了当时北京政府内外勾结的真情起见，想用接洽苏联退还的庚子赔款以补助教育经费的名义，派我到北京去调查。适总理准备北伐，觉得我到北京去，恐怕不妥。于是我就建议在我没有到北京以前，派易培基代理我这个职务；因为那时他是我派在北京做广大代表的，这样可避免北京政府的注意。后来段氏组织政府，觅本党的人参加；因为有这种任务，便做了教育总长"（邹鲁：《回顾录》，135～136页）。综合这些看法，当以李宗侗的说法更接近内情。

145

马叙伦等人则属北大同事,这一时期在北京教育界中表现相当活跃。① 有这几层关系,他对此事的内情自然知之甚详。考虑到当时的教育总长经常为北京教育界所反对,北京教育界的态度对易培基能否顺利出任教长颇为重要。从这个角度看,当时蒋梦麟提出上述"交换条件"是可以理解的。从李宗侗的回忆中大致可知,易培基、马叙伦分别担任总长、次长既与当时的政治大背景有关,又是北大内部李石曾、顾孟余等法日派与蒋梦麟、马叙伦等章门弟子以外的浙江籍实力派教授间的一种妥协。这批浙江籍教授在两年前的"好人内阁"时期与以胡适为首的英美派比较接近,这一时期则逐渐偏向法日派。

黄郛的摄政内阁本属过渡性质,到11月24日就为段祺瑞的临时执政府所替代。② 在执政府中,段祺瑞为了敷衍西南军阀,以唐继尧的代表王九龄为新任教育总长,易培基在位不到半月即转去李石曾任委员长的"清室善后委员会"供职。王九龄不仅在教育界毫无根基,且物望甚差,被任命为教育总长后,迟迟没有赴京就职。在他1925年3月中旬正式接任前,一直由马叙伦以次长代理部务。关于这段经历,据马叙伦后来回忆:"我对于'出处'向来自主,不和别人商量的,因为不当和别人商量的,不过这时我为我的做官完全不是个人主义,此番应该怎样?便访问几位朋友,如张继、王法勤、李大钊、马裕藻,等等,听听他们的意见,有些说:'段祺瑞也是军阀,不做下去好。'有些说:'教育部关系革命很大,我们不应放弃,何况孙、段是有合作密契的。'我从多数的意见,就继续做下去;可是,我成了直接的当家人了"③。马叙伦此处对自己为何在段祺瑞临时执政府中代理教育部部务作出委婉的解释,这一解释似掺杂有后来的因素。他的这一做法或许确实曾征求过张继等人

---

① 李宗侗:《北大教书与办猛进杂志》,载《传记文学》,1966,9(4)。
② 李剑农:《戊戌以后三十年中国政治史》,365~367页。
③ 马叙伦:《我在六十岁以前》,77~78页。1924年11月25日,"临时执政命令:外交总长顾绍仪、财政总长李思浩、海军总长刘建章、教育总长王九龄、农商总长杨庶堪未到任以前,着各该部次长沈瑞麟、张训钦、徐振鹏、马叙伦、刘治洲暂行代理部务。"《时事大事记》,载《东方杂志》,1924,21(24)。

第二章　走向教育界的中心：1919—1926

的意见，但恐怕与当时教育界的人脉也不无关系。

从1924年11月中旬起到1925年3月16日因王九龄就职事件被免职，马叙伦此次担任教次只有四个多月的时间，不过这次由他亲自"当家"，因而自由发挥的空间也比较大。马叙伦代理部务后，在人事安排上（包括教育部重要职员、各省教育厅厅长、各国立大学校长等）作了很大幅度的变更。在浙江教育界同属"马黄党"的黄人望、许宝驹等人，以及和他比较接近的姜绍谟等人，均于此时进入教育部，担任秘书等要职。[1] 马叙伦还对各省教育厅厅长作了很大的调整：1924年12月2日，将山东省教育厅厅长于元芳免职，任命于恩波为厅长；13日，将浙江省教育厅厅长张宗祥免职，任命计宗型为厅长；23日，免去江西省教育厅厅长卢式楷、河南省教育厅厅长王幼侨职务，任命余同甲为河南省教育厅厅长，于12月16日部令朱念祖为江西省教育厅厅长；1925年1月7日，任命祝椿年署京兆教育厅厅长；1月6日，将绥远教育厅厅长郭倓象免职，前经部派李泰棻暂行代理厅长，复于2月13日派沙明远代理厅长；1月18日，把察哈尔教育厅厅长郑仲升免职，任命王维藩为厅长；1月20日，教育部派陈受中暂行代理山西省教育厅厅长；1月30日，部令安徽省财政厅厅长柳汝砺兼代教育厅厅长；2月10日，免去四川省教育厅厅长贺孝济、江苏省教育厅厅长蒋维乔职务，任命王兆荣为四川省教育厅厅长、沈彭年为江苏省教育厅厅长。[2] 此外，在国立各校校长方面，马叙伦陆续更换了农大、美专及东南大学等校校长。这些人事变动，尤其是国立各校校长的更替，曾引发过很多大风潮。此外，马叙伦的工作主要侧重两点。

一是设法改进教育行政。1925年2月初，马叙伦组织了教育行政讨论会，"并函聘教育专家如蔡元培、范源濂、蒋梦麟、邓萃英、杨荫庆、张耀翔等二十余人为会员，当日范源濂被选为正会长，蒋梦麟为副

---

[1] 参见《教育部职员任免调迁及行政事项通知粘存簿（1917—1925）》，1924—1925年部分，北洋政府教育部档案，中国第二历史档案馆藏，1057—70。
[2] 沈彭年至该年8月始接任。见丁致聘：《中国近七十年来教育记事》，118~119页。

会长，并推定蒋梦麟、邓萃英、杨荫庆、秦汾、张耀翔五人为该会细则起草委员"①。以范源濂为正会长，主要是由于他在教育界声望素隆；以蒋梦麟为副会长，则与马叙伦和他这一时期的"交情"有关。蒋梦麟作为蔡元培的代表，虽在五四后直接主持北大多年，但声望上此时显然还不能与范源濂相提并论。马叙伦自称此次代理部务"目的为改进教育及妥筹京师教育经费"，组织教育行政讨论会就是为了改进教育。按照他的设想，开始阶段将该会作为教育部的"顾问咨议"，"待办有成效，或成为教育上之重要机关"，担负教育行政的策划责任，"以期教育当局者，虽随时变更，而教育行政，有一定之计划，可以直线的向前进行"，在此基础上达到改进教育的目的。②

二是努力解决经费问题，包括教育部职员的待遇及国立各校的教育经费。由于教育部在国务院各部中的地位向来甚低，部员的待遇也较他部差很多。吴虞与其他教职员一起到教育部和交通部"索薪"后，对两部待遇反差之大颇有感慨："教育部西花厅，后有山池，地亦清雅，而芜秽颓靡，气象萧索。交通部廨署，壮丽整洁，所有办事人，皆衣服都丽，精神自得，不似穷官，多枯窘气，山池既大，亦复清洁无尘。物质之关系精神大矣，而钱之为用，更何可少哉？"③1925年2月，马叙伦因为部费积欠太多无法支持，"加之新旧年关，财外交农四部，均发薪一月或两月不等，独教部仅领到三五成。该部员咸抱不平"，特地上呈④段祺瑞，要求此后该部应与各部享受同等待遇。在经费问题上，最关键的是设法解决国立各校的教育经费问题。马叙伦将经费问题视作维持教育的关键，"因经费无着，譬之无米为炊，教育无可希望也"。至于如何

---

① 《教育行政改进会之进行》，载《京报》，1925-02-05。
② 《解散北京美专之内容》，载《学灯·教育界》，1925-02-10。
③ 中国革命博物馆整理，荣孟源审校：《吴虞日记》下册，1922年5月19日条下，37~38页。
④ 原呈如下："呈为本部经费，积欠太多，恳请平等待遇，以维持教育事。窃查本部经费，积欠在二十个月以上，今于办理教育之员，听其忍饥号寒不能存活，何以办公，何以发达教育，更何以树立巩固之国家？……以后对于各部经费务以平均为主旨。"《教部上呈要求平等对待》，载《京报》，1925-02-18。

解决，在他看来有治本和治标两种办法。1925年2月初，马叙伦向某报记者透露："治本方法，本人累年所经营，尚无确当办法，犹在撙节方面着手；治标一层，关于本年经费，已略有把握，此事不时有宣布"①。2月16日，马叙伦召集北京国立八校校长商量新预算。② 同日，在善后会议中，马叙伦提出"教育经费独立""教育基金宜指定专款""小学教育应由国家补助薪金"三个议案。③ 其中"教育经费独立案"，马叙伦援引1922年汤尔和担任教育总长时所争取来的成果，即"自该年增加关税，实行切实值百抽五日起，由关税项下，拨付京师教育经费每月二十九万元，即每年三百四十八万元，该案于十一年九月十一日呈奉指令照准备案在案"。他表示，"现在切实值百抽五，既已实行，值百抽七五、值百抽一二五亦将次第实行"，有关税增加作为保障，"则此一千二百万元之教育经费，且宜由此项下拨付，特设之保管机关发放。庶几可以副对于友邦之宣言，内可以符令准之成案。教育得以维持，国家前途，实利赖之"。④ 这些议案大致就是马叙伦当时认为治本的办法。3月初，因为经费困难，马叙伦还积极与各方联络，拟发行一百万教育债券。⑤

在当时的政治大环境下，马叙伦当然很难达到其预期目标，不过由于长期以来在北京教育界有着较大的实际影响，他的这些努力还是得到了各方相当程度的认可。⑥ 在他代理部务期间，虽偶尔也发生过索薪风潮，但基本没有出现过以前教育当局经常遇到的因为经费问题而下不了台的尴尬场面。⑦ 后来马叙伦回忆代理部务时期的活动时称："幸而段

---

① 《解散北京美专之内容》，载《学灯·教育界》，1925-02-10。
② 《新教育》，1925，10(2)。
③ 丁致聘：《中国近七十年来教育记事》，120页。
④ 《教育部提出教育经费独立案》，载《京报》，1925-02-24。
⑤ "教次马叙伦因经费困难，拟发行公债一百万，利息八厘九五扣，以俄国退还赔款作抵。本息之基金，因俄退赔款，前经罗文干发行十二年公债一千二百万，分四个月用罄，现在正在还本期内，每年尚有七八万之余款，故马商之安格联，以为担保发行教育公债或库券之用。其担保本金，承接前项基金，自十六年起还本，即以年余七八万元支付利息之用，安以本息有着，颇有允意，刻马正与国内银行界磋商承ައป问题，俟议有端倪，即行提出国务会议通过云。《教部将发行一百万教育债券》，载《申报》，1925-03-02。
⑥ 马叙伦：《我在六十岁以前》，78页。
⑦ 《京八校代表赴教部索薪无结果》，载《申报》，1925-03-02。

祺瑞心上也没有教育两个字，所以推广或革新教育根本不必谈，我只把北京的大中小各校维持得好，虽则薪水不能不欠，我总每月使各校的朋友相当满意，尤其注意到中小学方面，所以大家对我'宛如家人'，我那时就感觉到应该负责任的不积极去负责任，就自己搞糟了；我也掏不出腰包，不过我心心在这辈朋友和青年子弟身上，不怕麻烦，用些手段（我用的手段，绝对避开'阴谋'性质，所以我向来反对对付人用手段，但是反对的是有'阴谋'性质的手段），向财政总长麻烦：那时李思浩先生，可以说是很帮忙的，因为他总没使我失望过。"①其他活动则甚少涉及，由此可见他对经费问题的关注。

(三) 马叙伦与五四后的学界风潮

五四之后，学界风潮此起彼伏。② 马叙伦与不少风潮有着密切的关系，在他执掌中央教育行政尤其是代理部务期间，更是直接参与其中。马叙伦遇到的学界风潮主要与当时的国立各校校长、教育总长有关，据他晚年回忆："我这次在教育部，却遇几次学潮，如北京医专、美专、农专、女高师，却都不是'索薪'问题，而是他们校内教师、学生双方都有政治关系的风潮，就是国民党内的国共斗争，倒很费了我的心。"③从这些风潮的具体过程看，除了由于他所说的政治背景外，还与当时教育界的派系因素密切相关。关于五四后学潮、学运的政治背景，已有较多相关研究成果。④ 此处主要是通过考察马叙伦的活动，管窥当时教育界的派系争斗情况。

1. 北高师(北师大)校长问题

五四后，北高师因为校长问题接连发生了几次风潮。1920 年 11 月，北高师学生要求改制为大学不果后，又加入该校东洋派与西洋派教

---

① 马叙伦：《我在六十岁以前》，78 页。
② 杨中明在《民国十一年之学潮》(《新教育》，1923，6〈2〉)一文中称："近几年来，我国教育界里发生一种极利害的流行病是什么？是'学潮'。风起云涌，消弭乏术，真是一个急待解决，而解决不了的问题。"
③ 马叙伦：《我在六十岁以前》，82 页。
④ 参见吕芳上：《从学生运动到运动学生(民国八年至十八年)》一书的相关章节。

职员间的争逐，校长陈宝泉因此提出辞职。1920年11月20日，教育部派北大教授陶孟和长校。陶之被委任为高师校长，本是时任高师校长的陈宝泉委托蒋梦麟请其出任，但为该校东洋派教职员和学生所反对。当时且有江苏省教育会欲并吞北高师由蒋梦麟主持其事的传闻，派系争端越发复杂化。蒋梦麟曾就此事发表致陈宝泉的公开信，向外界表白心迹。①

1922年秋，马叙伦第一次担任教育部次长时，北高师因为校长李建勋的去留问题发生争执，再次发生风潮，该校师生分成驱李、拥李和中立三派。驱李和拥李两派各趋极端，久有决裂之势，后因中立派出面调停，彼此均以该校学生未到齐为名，暂行搁置。学生陆续到齐后，10月12日，两派在该校全体大会上发生冲突，致使驱李派数人受伤。"于是双方乃先后赴教部请愿，驱李派至教育部后，因欲面会汤尔和，而汤氏未在，交涉尚未办妥，而拥李派亦至"，由马叙伦接待。拥李派提出了三个条件："（一）请勿撤换校长；（二）对于驱李派诬蔑李氏之言论，请勿轻信；（三）请惩办驱李派中存心捣乱之学生。"马叙伦当即答复："（一）本部委任校长，但问其学问才力是否相当，至就任后之种种攻击，必有确实证据乃能认为撤换之原因；（二）对于双方言论，当然详加调查；（三）现在既发生冲突，双方各自认为有理，必俟调查确实后，始能定夺。"驱李派随后也提出了两个条件："（一）请求惩办行凶学生，并保护彼等身体之安全；（二）撤换校长。"马叙伦答复称："（一）保护学生，当即责成该校教职员妥慎办理，至于惩办一层，则尚须调查；（二）至于校长问题，当以公平态度，而谋解决。"驱李派对此答复不甚满意，坚持要在一周之内撤换校长、惩办行凶之人。正在交涉之际，汤尔和回到教育部，答应派代表到校调查一切，驱李派始行离部。②汤氏所谓的调查并无实际结果，驱李派的"校务改进会"和拥李派之间争吵不休，李建勋

---

① 蒋梦麟：《说明北京高师事件经过之事实致陈宝泉先生书》，见曲士培主编：《蒋梦麟教育论著选》，207页。参见吕芳上：《从学生运动到运动学生（民国八年至十八年）》，80页。
② 《北高师内部发生风潮》，载上海《民国日报》，1922-10-15。

则连上三次辞呈。在此情形下，教育部只得于 11 月 9 日训令李建勋，筹备将该校改组为北京师范大学，并敦聘范源濂为校长，在北师大筹备未就绪之前，暂由李维持①，此次风潮始告一段落。

1924 年 11 月，马叙伦代理部务时期，北师大又因校长问题发生风潮。校长范源濂"以政局不宁，教育经费无着，对于师大不能有所革新，因于去岁（1924 年——引者）秋间，辞职赴津，一去不返。该校评议会、学生会及自治会，固曾先后赴津，作坚决之挽留"，后又组织了专门的"挽留范源濂委员会"（以下简称"挽范委员会"），设法挽留。② 1925 年 1 月 10 日，北师大学生"挽范委员会"特派代表三人，"携带公呈赴教育部谒见马代部，因马氏昨未到部，该代表等留下公呈，当即转东四拐棒胡同马氏私第，马氏亲自延见"，代表们陈述来意后，马叙伦表示，"范校长德高望重，为当今国内惟[唯]一之教育大家，非范校长决无适当人才足以长师大，自其辞职，教部即始终挽留，热烈程度，当不亚于诸君，无论如何，今日可再派专员赴津挽劝"，"言时并将其亲笔书稿出示"。代表们认为范源濂数月来辞意甚坚，"最好请马代部亲自出马。赴津一行，易于告效"。马叙伦亦认为有此必要，"现国立八校教职员联席会及各方代表赴津甚多，且看范校长意志如何，另筹办法，本人宜作最后赴津挽留范校长之员"，并同意努力设法维持国立各校经费。③ 后北师大学生"挽范委员会"又举代表赴教育部，提出四项要求："一、请单独提出该校预算案通过阁议之理由；二、须于二三日内提出阁议；三、请马次长亲自赴津挽留范校长；四、下星期三由代表等再来教部，须有确实答复"④。到 2 月下旬，范源濂仍无复职之表示，马叙伦遂于该月 26 日赴天津，亲自表示慰留，并告以教育经费筹备情况。在他的恳劝下，范

---

① 《北教部解决高师风潮》，载上海《民国日报》，1922-11-15。
② 《北京国立三校之校长问题》，载《申报》，1925-01-13。
③ 《教次允赴津挽留范源濂》，载《京报》，1925-01-11；另参见《师大生再上呈挽范》，载《晨报》，1925-02-13。
④ 《国立师大学生代表往谒教次》，载《申报》，1925-02-18。

源濂才不再坚持辞职。①

2. 农专(农大)校长问题

北高师(北师大)校长问题的发生与马叙伦没有直接关系，他的处理也还算比较恰当；而几乎同期发生的农专(农大)和美专的校长问题则与他有相当的关系，处理上也不那么顺利。

马叙伦第一次出任教育部次长时，农专就发生了校长问题。农专原为京师大学堂、北京大学校农科大学，1914年起改为国立北京农业专门学校。时任农专校长的吴宗栻(字季青，浙江绍兴人，留日出身)1913年1月至1914年2月任北京大学校农科大学学长，后任农学科教务主任、化学专任教员等职，1920年9月接任农专校长。吴任职后建树不多，加之其他种种原因，导致各方强烈不满，引发风潮。② 1922年10月19日，全体学生召开大会，敦促吴宗栻辞职，并要求改为大学。在舆论压力下，吴宗栻被迫提出辞职。"驱吴"之后，农专师生围绕继任校长的问题存在多种不同意见，部分学生主张由周建侯、许璇(时任该校农科主任)继任，另有部分学生则推荐金陵大学农学院院长邹秉文来任校长，引起尖锐的对立。这段时期因说法不一，报界也纷纷披露，弄得满城风雨。为暂时缓解矛盾，教育部于11月6日任命许璇暂行代理校长职务。这一决定公布之后，11月7日，学生方面召开紧急会议，对此表示激烈反对。11月11日，农专学生上呈教育总长汤尔和，要求另派校长。③ 教育部对学生的要求搁置不批，同时又有许璇谋升正式校长的传闻。11月15日，农专学生到教育部请愿，时值教育部职员罢工，无人接待。后会见马叙伦，马表示教育部并无委任许为校长之意。11月下旬，许璇以整顿校风为名，开除学生代表蒋文孝和葛天民二人的学籍，引起学生会发动全校学生展开反许运动。他们发表罢课宣言，列举

---

① 《七校预算案今日提出阁议》，载《晨报》，1925-02-28。
② 关于此次因校长问题引发的风潮，详见北京农业大学校史资料征集小组编著：《北京农业大学校史(1905—1949)》，北京，北京农业大学出版社，1990。
③ 《农专风潮尚未平息》，载上海《民国日报》，1922-11-14。

许璇任职农专期间的种种"罪状",加以驱逐。① 这一阶段,农专学生在报上发表各种意见不一的宣言,该校因校长问题引发的风潮从内部矛盾演化到公开打笔墨官司,成为当时国内高校较为突出的风潮之一。汤尔和、马叙伦陆续辞职后,许璇亦于12月结束代理职务。1922年12月12日,教育部正式批准吴宗栻辞职,并委任章士钊为继任校长。此次校长风潮还掺杂着"改大"问题。10月16日,许璇等人代表农专教职员请见汤尔和、马叙伦未遇。17日访马叙伦于私邸,马表示同意学校呈文见解,待讨论决定后即可公布。12月14日,教育部正式发布指令同意农专"改大"。至此这次风潮才告一段落。

1924年11月马叙伦代理部务后,农大又因校长发生风潮。1922年后,农大校长变动频繁。1923年,农大校长章士钊因抗议教育总长彭允彝而与国立八校校长联袂提出辞职。1924年4月8日,沈步洲受命接任农大校长,为学生所拒,不得已而辞职。沈辞职后,改由廖训榘代理农大校长,10月,廖又辞职。② 1924年11月5日,教育部正式任命许璇为农大校长。③ 这一决定又为农大部分学生所不满,但因有马叙伦的支持,许璇得以就任。1925年3月中旬马叙伦被免去教育部次长职务后,许璇亦于3月16日提出辞职。当时有报道称,许璇"因与马叙伦有乡谊关系,前日曾宣布不与王九龄合作,其意盖别有所在,不料该校教职员及全体学生又尤而效之,亦宣布不与许合作"④。许氏辞职后,农大部分学生上呈教育部要求予以批准⑤,时任教育总长的王九龄亦不加

---

① 《北京农专学生罢课宣言》,载上海《民国日报》,1922-11-27。该宣言的目的是要"驱逐代理校长许璇",称:"知道我们农校内容的,都说吴季青(即吴宗栻——引者)先生虽为校长,不过是一躯壳,许氏实为其灵魂,许氏既陷农专于绝境,不惟不自知罪过,反不量力不忖德,来垂涎校长,滥用职权,摧残同学",认为许氏的主要罪状有"把持校务""排斥异己"等项。

② 北京农业大学校史资料征集小组编著:《北京农业大学校史(1905—1949)》,185~186页。

③ 《总务厅秘书处发文目录》,1924年11月,《一九二四年十至十二月份教育部公文目录及零散目录》,北洋政府教育部档案,中国第二历史档案馆藏,1057—270。

④ 《北京农美学生之请求》,载《学灯·教育界》,1925-04-01。

⑤ 《教育部公文目录第三册》,1925年3月,《一九二五年二、三、四、六七月份教育部公文目录》,北洋政府教育部档案,中国第二历史档案馆藏,1057—271。

慰留。①

许璇原籍浙江瑞安，留日出身，与农专（农大）关系颇深，1913年起任北京大学校农科大学教授，曾多次出任农专（农大）校长、北平大学农学院院长等职。1934年11月许氏病逝后，北平大学农学院还专门为他举行了"校葬"。②不过许氏1922年的代理校长和1924年的被聘为校长，农专（农大）校内的反对声浪都较高。他这两次任职的时间与马叙伦执掌中央教育行政几乎同步，马任教次他即上台，马去职他亦随之下台。马叙伦与许璇均为浙江人，且关系向来颇为密切③，故外界看来他在农专（农大）校长问题上有偏袒许璇之嫌疑。

3. 美专校长问题

美专校长问题同样由来已久，马叙伦代理部务期间再次爆发。1917年10月30日，教育部派郑锦筹办北京美术学校，并任命他为校长。④1922年9月，在汤尔和担任教育部次长期间，该校开始实行专门制度。⑤在此过程中，校内暗潮涌动，校长与教职员、学生间关系日渐紧张。⑥至1923年年底，最终发展成为驱逐校长郑锦的巨大风潮。开始时仅少数学生参与，后来发生学生与教员互殴事件，风潮不断扩大，种种怪象不一而足。⑦1924年3月，教育部派部员沈彭年前往接收美专，风潮有所和缓⑧，但仍未恢复上课。到1924年6月10日，教育部派佥事

---

① 《北京两大学之新校长》，载《学灯·教育界》，1925-04-09。
② 北京农业大学校史资料征集小组编著：《北京农业大学校史（1905—1949）》，264、273～274页。
③ 许璇去世后，马叙伦撰文并书写了《故北京大学教授瑞安许叔玑先生之碑》，1935年石印本，中国国家图书馆藏。
④ 《教育部职员任免调迁及行政事项通知粘存簿（1917—1925）》，1917年10月30日，北洋政府教育部档案，中国第二历史档案馆藏，1057—70。
⑤ 《美术学校决定实行专门制》，载《晨报》，1922-08-17。
⑥ 吴俊：《评北美职教员辞职》，载《学灯·艺术》，1923-09-01。
⑦ 参见《美专学生驱逐校长》，载《晨报》，1923-12-21；《美专学生与教职员打架》，载《晨报》，1924-01-08；《北京美专风潮扩大》，载上海《民国日报》，1924-01-13；《北京美专潮又一说法》，载上海《民国日报》，1924-02-13等。
⑧ 《教部派沈彭年接收美专》，载《晨报》，1924-03-06；《美专教职员宣告复职》，载《晨报》，1924-03-20。

陈延龄暂充校长，才逐渐恢复教学秩序①，但美专的内部矛盾并未根本解决。马叙伦代理部务后，于12月1日调陈延龄回教育部任事，而代之以余绍宋，陈遂于次日宣布辞职。②余绍宋前往接任时，为学生所阻，学生们不仅没收了校长印章，而且封锁了课室，美专的校长风潮遂再次爆发。从教育部秘书处收文情况看，当时美专学生给教育部的呈文对陈延龄既有表示挽留的，也有不少猛烈抨击的，各方态度不一，局面十分混乱。持续到1925年1月31日，马叙伦最终下令解散美专，并"派代理专门教育司司长沈彭年，主事杨维新、刘同恺、唐葱源，部员茅介寿前往办理接收事宜"③。关于解散美专的过程，《学灯》有详细报道："三十日晚七时，有教育部部员数人，带同军警数十名，自称奉马叙伦命，将美专实行解散，所有教职员及学生行囊衣物，均被掷出门外。及学生中有无家可归者，皆伏地大哭，惨不忍睹"④。此后，美专风潮的重点从原来内部的派系之争转为向教育部争取复校。

在马叙伦看来，命令美专暂行停办是迫不得已的办法，因为"美专风潮，迁延年余，去年部派陈延龄暂充该校校长，表面虽能回复原状，实际益陷于困难。惟陈氏本系暂充校长，既将原状回复，当然以正式校长前往接办，以冀改进。乃改派正式校长后，学生遽加反对，理由甚不充足。本人（马叙伦自称）已一再解释，但其中颇有挑拨及利用学生者，致学生不能觉悟耳。至外传此次解散美专，反致激风潮，实属一小部分（或该校学生——原注）之说。本人此次办理此事，事前曾征及教育界及舆论界名宿之意见，且请示于政府当局，并曾事前一再警告该校学生，可知并非草率从事也"⑤。但在美专教学秩序刚刚恢复正常之际更换校

---

① 《教育部解散美专》，载《学灯·教育界》，1925-02-07。
② 《教育部公文目录第十二册》，1924年12月，《一九二四年十至十二月份教育部公文目录及零散目录》，北洋政府教育部档案，中国第二历史档案馆藏，1057—270。陈氏辞职书全文见《教育部解散美专》，载《学灯·教育界》，1925-02-07。
③ 《教育部令》第19号，1925年1月31日，《教育部职员任免调迁及行政事项通知粘存簿》(1917—1925)，北洋政府教育部档案，中国第二历史档案馆藏，1057—70。
④ 《教育部解散美专》，载《学灯·教育界》，1925-02-07。
⑤ 《解散北京美专之内容》，载《学灯·教育界》，1925-02-10。

长，而继任校长余绍宋不仅与他同属浙籍①，且系多年知交，往来素密。因此之故，他的这一做法不免被外界指有植党营私的嫌疑。在新校长接任被阻后，马叙伦采取停办、解散的做法，开了一个以停办、解散解决学界风潮的先例；对于美专学生的复校运动，又调动警察干预。②他的这些做法颇为时论所批评。1925年8月19日，张申府在评论女师大风潮时称："大概是决定'停办'女师大的前三两天，因闲谈到他，有一位在马次长任内作过秘书的朋友很得意地对我说道：'马夷初解散美专，外面并没有什么话说。'我说：'外面说话的多的很。'他即答：'那不过国民党里一部分共产派。凡是什么一点的人，没有不说"解散"（美专）是应该的。'呵呵！这个世界真糟透了！"③从这段材料中，可以大致看出两层意思。其一，当时美专校长问题，确有马叙伦所说"国民党内的国共斗争"的背景。由于目前没有找更多的相关材料，故尚难知其详。其二，当时不少人对马叙伦解散美专的做法是持批评态度的。

如前所述，马叙伦代理部务时期，已经比较接近法日派一方，因而英美派控制下的《现代评论》、《晨报》等报刊这一时期更是经常对他大肆攻击。④在解散美专一事上，以"滢"（陈源）所写《北京的学潮》一文批评最为激烈，该文称：

> 北京专门以上学校的驱逐校长和拒绝校长到校等事件，层见迭出，但是因拒绝校长而解散学校，这却是第一次（第一中学是军警

---

① 关于余绍宋的生平情况，参见阮毅成：《记余绍宋先生》，载《传记文学》，1970，18(2)—(3)。

② 据《学灯》报道："二日上午十一时，警察厅应教育部之请，特派多数警察，前往包围太平湖之民国大学，据云系阻止美专学校学生假民大校舍开会而来者，但事实上美专学生是日并无聚集民大开会之事云"（《国立美专解散后》，载《学灯》，1925-02-08）。

③ 张申府：《张申府文集》第1卷，79页，石家庄，河北人民出版社，2005。

④ 这类文字很多，如1925年1月10日《现代评论》的《教育消息》就称："不论哪一个大人物来到北京，没有不宣言维持教育的：曹锟如此，段祺瑞也是如此；然而教育之不能维持也如故。这或者还可说是他们没有诚意，他们不肯为教育出力。现任代理教育总长马夷初君，是三年前为争教育费而流血的人，他的诚意与他的肯出力，应该没有疑问；何以京师公立中小学校，竟在他的任内因缺乏几万块钱而致停闭，何以这成千成万的中小学童，竟在他的任内而感失学之苦？"召：《教育消息》，载《现代评论》，1925，1(5)。

解散的,当然不在此例)。我们对于马次长整顿学风的严厉的精神,自然十分钦佩。可是美专的学生为什么拒绝新任校长呢?他们说,为了以前的校长风潮,荒废了一年的学课,陈延龄氏长校半年,虽然没有积极的贡献,风潮居然平息,学业重新上了轨道,所以不愿意又换校长,重起争端。他们的话似乎也有一部分的理由。我们也以为陈延龄氏能够引导学生安心向学,暂时也就要算称职,似乎没有急急的轻于更换的必要。马次长必定要去一引学业上轨道的门外汉,换一结果至解散学校的"美术名家",未免多此一举。何况我们想不起新任的校长余绍宋氏,是那一种的"美术名家"。我们以为把一个司法部的官去换一个教育部的官,不过"以羊易牛",究竟"牛羊何择"呢?

因更换校长而引起风潮,因风潮而解散学校,我们不敢说教育部的措置得当,可是这究竟是教育部权限以内的事。至于用军警包围另一学校,阻止美专学生开会,那可不见得是教育部权限以内的事罢?我们实在不懂得马次长有什么权力可以干涉人民集会的自由与言论的自由。这种手段不见于教育界所深恶痛绝的彭允彝长部的时候,不见于贿选登场、军阀捧台的曹政府当局的时候,却见于"革命政府"底下,攻击彭允彝最激剧的教育界"名流"马先生代理部务的时候,我们还有什么话说呢?①

《晨报》亦发表社论称:"(美专)此次校长更迭,当局事前事后各种措施,未见尽属适当。……现该校已奉令强制解散,眼前要务,即为改组问题。当局亟应妥筹善后,俾该校早日恢复;就中校长人选,关系甚重,必须挑选学术湛深人格高尚之人物,切实整顿,庶可挽回颓风;如部曹政客名流,皆当切戒。至将来校长,凡百设施,自应律以公平严正之态度,不容有植党营私之嫌。"②所谓"部曹政客名流",显然是暗指余绍宋(余氏此前曾任司法部次长)。马叙伦解散美专的本意只是暂行停

---

① 滢:《北京的学潮》,载《现代评论》,1925,1(9)。
② 勉:《美专风潮要根本解决》,载《晨报》,1925-02-06。

办，经过整顿后再重新组织，按他的设想，"先设一管理美专事务处，办理结束管理事宜，嗣后再相机恢复原校"①，恢复的时间大致定在该年暑假。但马叙伦本人旋于3月16日被免职，这一计划也就无从实现，美专风潮因此迁延了不少时日。直到该年10月，教育部才以设立艺术专门学校的名义恢复美专。②

4. 东大易长风潮

东大易长风潮是马叙伦代理部务期间教育界爆发的规模最大的风潮。1925年1月6日，马叙伦发布教育部新年第一号训令，解除了东南大学校长郭秉文的职务，代之以胡敦复，引发了旷日持久的东大易长风潮。③ 这一风潮的内容十分复杂，各方至今对此仍有不同的表述和评价。④ 关于此事的前因后果，已有学者进行过一些研究⑤，此处主要考察包括马叙伦在内的教育界各方对这一事件的态度，以及此事对民国教育界的影响。

易长风潮是东大校内外多年积累的各种矛盾的总爆发，马叙伦的命令只不过是引发这一事件的导火线。就东大内部而言，教授队伍大致分为新旧两派，这里所谓的新旧派并非五四前夕新旧思想之分，主要是对待校务态度之别，"新派以（杨）杏佛为首，批评校务，议论朝政；而

---

① 《教部对于国立美专之处置》，载《申报》，1925-03-09。
② 《北京美专已经决定恢复》，载《中华教育界》，1925，15。
③ 《教育部解除郭秉文校长职务的训令》："教育部训令第一号，令国立东南大学，前派东南大学校长郭秉文应即解职，别候任用。现经改聘胡敦复为国立东南大学校长，除函聘外，仰即遵照。此令。代理部务教育次长马叙伦 中华民国14年1月6日。"《南大百年实录》编辑组：《南大百年实录》上册，181页，南京，南京大学出版社，2002。
④ 闵卓：《梅庵史话——东南大学百年》（50页，南京，东南大学出版社，2000）至今仍认为马叙伦免郭秉文职务是"乱免乱命"，《中国现代教育大事记(1919—1949)》（中央教育科学研究所，93页，北京，教育科学出版社，1988)亦采此说。但也有不少学者持相反意见，详见《劬堂学记》(柳曾符编，上海，上海书店出版社，2002）所收《记杨诠——日记摘录》、《劬堂师从游腾记》、《回忆东大时代柳翼谋师二三事》等文。
⑤ 其中许小青从国家、政党与社会的角度所做的探讨最为深入，详见许小青：《从东南大学到中央大学——以国家、政党与社会为视角的考察(1919—1937)》，武汉，华中师范大学中国近代史研究所，博士学位论文，2004。另参见高恒文：《东南大学与"学衡派"》，桂林，广西师范大学出版社，2002；闵卓：《梅庵史话——东南大学百年》，南京，东南大学出版社，2000。

旧派则听任校长郭秉文独裁。当时东大的教授聘书，一年一换。每届暑假，新旧两派各为壮大本派阵容，竞争激烈"。① 两派的矛盾主要又集中表现在杨杏佛和郭秉文两人身上。② 从东大校外来看，这一风潮主要是作为反直三角同盟成员之一的国民党与接近直系军阀的江苏省教育会之间的矛盾所致。在此之前，国民党方面与江苏省教育会已经有过一段不愉快的经历。③ 具体到东大易长风潮，据曾亲自参与倒郭的东大学生罗时实晚年回忆：

> 因为卢永祥是段祺瑞一起的人，这时政治上的力量除国民军的冯玉祥自称隶属国民党外，段、奉和卢都和国民党有过来往。卢虽失败，但中枢局面却不利于齐。加上由黄炎培为首的江苏学阀在齐卢作战之时，显然有祖[袒]齐嫌疑。这群人的政治主张平素接近研究系，这时对青年思想能够影响的，除了国民党便要数到他们。现在政局改变，正是设法打击他们的机会。从国民党看，这些年来东南大学，直是在他们势力范围。这是长江流域的最高学府，国民党一时既乏实力取得政权，先从掌握青年思想的心战入手，要求更换

---

① 茅以升：《我的回忆》，杨宇清编著：《杨杏佛》，117页，北京，中国文史出版社，1991。
② 许小青：《从东南大学到中央大学——以国家、政党与社会为视角的考察（1919—1937）》，40~41页。
③ 据黄炎培回顾："远在一九二三年，民国十二年，那时候，它（指中华职业教育社——引者）的负责人同时是江苏省教育会负责人。国民党在上海欲从地下展开党的工作，借广设平民学校名义，由汪精卫向这些负责人商请出面，把这些学校都伪作江苏省教育会设立。这些负责人一想，我们的根据地都在上海租界以外，在军阀的淫威之下，怎么可以呢？就婉转拒绝了。不久，国民党在上海租界开大会，汪精卫当众骂这些人所办教育是'乡愿教育'。对这些人满肚子不痛快。而指不出这些人的坏处，乡愿教育的名称就是这种心理的表现。同时，就替它一群人起一个名词，叫'学阀'。有等人还创出'不革命即反革命'的口号。"《中华职业教育社奋斗三十二年发见的新生命》（原刊于《人民日报》，1949-10-15），见田正平等编：《黄炎培教育论著选》，411~412页。

第二章　走向教育界的中心：1919—1926

东大校长可能是当时一大战略。①

这是国民党一方积极运动倒郭的原因所在，东大易长风潮实际是国民党与江苏省教育会争夺东南教育界领导权的斗争。作为东大新派领袖的杨杏佛同时又是国民党内的活跃分子，故此次风潮既有党派因素，又掺杂有东大内部新旧两派的人事之争。② 郭秉文正是在这样的背景下成为被打倒的对象。

要打倒郭秉文，就有必要借重时方执掌中央教育行政的马叙伦。马叙伦与蒋梦麟接近，且曾在浙江教育界活动过，对江苏省教育会把持东南教育界的情况自然有着相当程度的了解。如前所述，他就任浙江省教育厅厅长时曾遭到与江苏省教育会关系密切的浙江省教育会的抵制，故对该会未必有何好感。况且当时他是国民党北京执行部的宣传部长③，此次出面罢免郭秉文主要就是由于其国民党背景。冯玉祥发动北京政变后，直系军阀控制的北京政府垮台。国民党属于胜利一方，尤其是孙中山离粤北上后，党内不少要员也纷纷进京。杨杏佛抵达北京后，就与马叙伦、邵元冲等国民党中的活跃分子商讨处置东大事宜。邵元冲日记中留有不少相关记载：1924年12月6日，"傍午陈佩忍偕东南大学教授

---

① 罗时实：《十四年东大学潮与我》，载《传记文学》，1962，1(5)。时任东大副校长的任鸿隽1937年在自述中载："东南大学者，承江南优级师范及南京高等师范之后，尝为江南教育界新旧势力角逐之场。当时校长郭秉文君与江苏教育会接近，甚为新派诸人所不喜。会民国十三年冬，南方民党势力侵入北方，素不慊于郭者遂因而倾之，浸以酿成民十四春间殴辱新校长胡敦复之风潮。"（《任鸿隽自述》，见中国社会科学院近代史研究所《近代史资料》编辑部编：《近代史资料》第105辑，16页）当时就读于东大、身为国民党员的郭廷以在口述自传中称："我们党员超然党外来观察此事件，可能是郭校长不肯帮国民党从事活动而引起的。郭先生与孙先生的关系本甚密切，孙先生的《建国方略》英文稿据说是郭先生拟的。孙先生希望郭先生在东大培植国民党力量，但做校长的有其客观环境与立场，像蔡子民在北大其立场就与国民党有时不一致，曾有一次还打电报劝孙先生下台。郭先生可能认为教育不要渗入政治，可能为学校经费来源着想，拒绝了国民党的要求，引起党的不满，再加上人事关系有人从中拨弄，活动易长，引起风潮"（郭廷以口述、张朋园等整理：《郭廷以口述自传》，105页，北京，中国大百科全书出版社，2009）。关于此次风潮的缘起，还可参见吴俊升：《教育生涯一周甲》，载《传记文学》，1975，27(2)。

② 许小青：《从东南大学到中央大学——以国家、政党与社会为视角的考察(1919—1937)》，40、48页。

③ 马叙伦：《我在六十岁以前》，79页。

马叙伦与民国教育界

柳翼谋(诒徵，史学——原注，下同)、顾惕生(实，经学)来谈，拟参观清室古物，且定保管之法云云。午后至佛照楼访佩忍及柳、顾诸君"；21日晚，"杨杏佛来，谈江苏教育会事"；23日，"又杨杏佛来，谭庚子赔款委员改组事及东南大学进行事"；1925年1月2日，"午后马夷初来谈东南大学事"；2月15日午前，"马夷初来谈美专风潮之原因及解散之理由，又东大之处置等"。① 后来在倒郭中发挥重要作用的吴稚晖当时也在北京，且曾亲送十余人的"请斥书"到教育部。② 从这些零散的资料中可以看出，杨杏佛提出罢斥郭秉文后，得到在京的不少国民党要员的赞同，并通过代理教育部部务的马叙伦具体操作。临时执政段祺瑞此时与国民党尚有同盟关系，且与江苏省教育会所接近的直系军阀矛盾素深，对此事自然就乐观其成了③。这也是马叙伦被免职后，作为段祺瑞心腹谋士之一的章士钊继任教育总长后仍坚持以胡代郭的原因。

马叙伦赞成罢免郭秉文，但在取消东大董事会一层开始时则主张采取审慎态度。④ 免郭令下后次日，马叙伦就致电黄炎培，请他出面敦促胡敦复就东大校长职。⑤ 这反映了马叙伦作为此事的实际执行者对江苏省教育会仍心存忌惮，不希望过度刺激对方。但东大是江苏省教育会在五四后花费多年心血苦心经营的重要据点，以胡代郭无异于虎口夺食，显然无法为其所接受，故江苏省教育会迅速对此事作出激烈反应。随着

---

① 王仰清、许映湖标注：《邵元冲日记》，85、91、92、99～100、117页，上海，上海人民出版社，1990。
② 《吴敬恒复郭秉文函》，载《京报》，1925-02-24。
③ 东大易长风潮发生时正值第一次国共合作期间，东大"亦有共产党之秘密活动，则以国民党左派姿态出之"，"国民党左派(与地下工作之中共党员秘密在一起)皆主张去郭而接受部令"。详见李清悚的《回忆东大时代柳翼谋师二三事》(柳曾符编：《劬堂学记》，126页)。可见在东大易长风潮中，共产党与国民党左派是同站于倒郭立场的。《江苏革命斗争纪略》(中共江苏省委党史工作委员会、江苏省档案馆编，97页，北京，档案出版社，1987)称：1925年2月28日，"南京东南大学学生在党、团组织领导下，组成学生维持学校委员会，展开反对北京临时执政任命学阀胡敦复为该校校长的斗争……终于将胡敦复驱逐出校。"此说似不确。
④ 《萧纯锦致胡刚复、柳翼谋之亲笔函》，中国社会科学院近代史研究所编：《胡适来往书信选》上册，317页。3月7日，教育部才下令停止东大校董会职权，并令东大克日成立评议会，详见《教育部关于东大成立评议会的训令》、《教育部关于东大校董会停止行使职权的训令》等记载，见《南大百年实录》编写组：《南大百年实录》上册，182页。
⑤ 《国内教育新闻汇编》，载《新教育》，1925，10(2)。

第二章　走向教育界的中心：1919—1926

风潮逐渐扩大，东大师生逐渐分化成拥郭和反郭两派，前者为多数派，后者为少数派。①双方冲突不断，旷日持久。②

杨杏佛回国初期与胡适关系颇为密切，曾数次致信告以东大内情。1924年年初东大副校长刘伯明病逝，由与胡适关系极为密切的任鸿隽接任，任氏亦常向他述说东大情况。故风潮发生后，胡适及其周围的英美派朋友很快就得到消息。③从胡适收到的各方来信及英美派同人刊物《现代评论》上所发各文，大致可以看出他们对东大风潮的态度。这些英美派学者大都不赞成教育部以胡代郭的做法。他们对郭秉文平素所为本不大满意。1923年6月，胡适在听了杨杏佛述说的东大内情后，觉得郭秉文的一些做法甚为"可耻"④。任鸿隽因身处其中，对郭秉文的做法不满之处更多。⑤但他们不赞成教育部贸然以胡代郭的决定，认为这样做不仅不能去郭，反而将使他的地位更加稳固。⑥风潮初起时，外界不明真相，对这一事件的主动方有过一些猜测。因为杨杏佛是中国科学社成员，遂有科学社挑起风潮的传言。科学社本为留美学者所组织，传言出来后，丁文江等人对此断然予以否认，并设法澄清。⑦由于马叙伦是北大教授出身，故舆论又有北大"妒忌东大而想乘机破坏东大"的猜度。

---

① 据郭廷以观察："这时学校分为两派——拥郭派、反郭派。在五百左右的学生中百分之九十以上拥郭，只有三四十名国民党学生反郭，而且并非所有国民党学生都反郭，像我早已秘密加入国民党，但仍拥郭……拥郭派多是发自内心……反郭派则多系奉党的命令反郭，也起不了什么作用。在教授中情形有点不同，拥郭派有百分之八十，开始亦无所谓谁领导，后来徐则陵、孙洵、邹秉文、张子高比较激烈，反郭派有十一二人，在后策动的是杨杏佛，重要分子有胡刚复、柳诒徵、叶琛、熊庆来、汤用彤等，显然的是有相当力量，起了相当作用的。"见郭廷以口述、张朋园等整理：《郭廷以口述自传》，102～103页。
② 这一风潮的过程详见许小青：《从东南大学到中央大学——以国家、政党与社会为视角的考察(1919—1937)》，37、45～46页。
③ 中国社会科学院近代史研究所编：《胡适来往书信选》上册，204～205、254、267、273、293页。
④ 曹伯言整理：《胡适日记全编》第4卷，32～33页。
⑤ 详见张奚若："东大风潮"的辨正》，载《现代评论》，1925，1(26)。该文后附有任鸿隽致张奚若的信。
⑥ 详见中国社会科学院近代史研究所编：《胡适来往书信选》上册，293、310页；曹伯言整理：《胡适日记全编》第4卷，203页。
⑦ 中国社会科学院近代史研究所编：《胡适来往书信选》上册，304页。

针对此点，《现代评论》发表了《教育家呢？讼棍呢?》一文痛加批驳，文中称："我不是北大人，不知道东大到底实在有没有可以为北大妨忌的地方。但有一件事情可以断定的是，北大无论有没有别的特长，他们从来总是泱泱大度的，断没有妨忌东大的意思，更没有破坏东大的愿望"①。任鸿隽因为身为东大副校长，风潮初起时，自不能置身事外，但他对双方的做法都不赞同，"所以两边都未曾加入，结果是两边都不讨好"②，1925年3月9日的驱胡事件发生后，他也最终被迫辞职。

英美派学者普遍不满拥郭派采取暴力手段对付胡敦复的做法。在风潮初起时，《现代评论》不过借此事宣传"教授治校"制度的优越性，并表明北大与此事无关。驱胡事件发生后，他们的立场发生了明显的转变。不少英美派学者发表文章，猛烈抨击拥郭派的做法。《东大风潮与教育独立》一文称：教育独立确是应该拥护的；但是拥护教育独立，绝不等同于拥护郭秉文。郭氏趋附军阀是无可讳饰的事实，他对外并没有给东大保全一个教育独立的颜面。郭氏的东大是一个校长独裁制的大学；所以他对内也不曾给东大立下一个教育独立的基础。③ 陶孟和则表示，"东大暴动实在是中国教育史上一个大污点"，并希望它是唯一的污点。进而他感慨道："我们处在教育衰颓的今日，在一切的教育事业，都莫不毁于兵，限于经费，限于人才的时代，这个东南文化区域最高的教育机关总应该快快的设法，继续尽行他应该担负的责任。有多少仇敌、军阀、官僚、政客，环伺于现今各教育机关的左右。有多少的恶魔，似是而非的学者，似是而非的教育家，似是而非的科学家，都蟠踞或觊觎教育的机关。东大以及其他的学校，处在这个危机四伏的状况之下，专心一志的发展他的教育事业，已经觉得力不暇给，岂可以再去戕贼自己的事业呢?"④在张奚若看来，"'党化教育'一名词，不过是那些与郭秉文同一鼻孔出气的江苏'教客'们的一种'声东击西'的战略，一种愚惑舆论

---

① 《教育家呢？讼棍呢?》，载《现代评论》，1925，1(7)。
② 中国社会科学院近代史研究所编：《胡适来往书信选》上册，318页。
③ 雪：《东大风潮与教育独立》，载《现代评论》，1925，1(14)。
④ 孟和：《东大暴动》，载《现代评论》，1925，1(16)。

第二章 走向教育界的中心：1919—1926

的手段"。他在文中提醒称，"欲明此事真象的旁观者，不可上他们的大当"。进而他认为，"党化教育的'党'字，原不必定作政党解，政党外，还可以解作教党或朋党"，并明确指出拥郭派所为全然是朋党行径。[①]蒋维乔代理东大校长后，仍有论者在《现代评论》上撰文抨击，称这种做法是在"'狗'化（走狗之'狗'——原注）教育"。[②]

英美派以外的北大教授对东大易长风潮大都持观望态度。对于拥郭派指责李石曾参与此事这一点，吴稚晖在复郭秉文的函中为李作了辩解：

> 至李石曾先生，则未尝闻彼过问此事。意者有人欲诬枉"北大不惬意于东大"，则东大同学将起不平，为先生张目，故牵入李先生，以显其有迹，想系如此（殊不知此事纯然为吾苏政治上一问题，曾未有南北学者一人插入。——惟浙江省教育会除外——原注）——一日吾因蒋梦麟先生亦东大校董，曾丐彼转告黄任之先生，若曰："黄先生曾薄教育总长而不为，何有于不规则之东大董事委员会委员？速请永远脱离。"蒋先生深谢曰："吾不能过问，自东大事起，吾始终未置一词，恐彼此不相谅也。"吾亦为之动容首肯。北大中人之远嫌如此，何能忽牵入风马牛之李石曾先生？[③]

从中可以看出，为了避免北大妨害东大的嫌疑，李石曾、蒋梦麟等人对于此事基本上不公开表态。限于材料，现尚未知沈尹默等人对此事持何看法，周作人则公开支持反郭一方。章士钊出任教育总长后仍坚持以胡代郭，这一做法在周作人看来："东大仍请胡敦复去，我以为是对的。以前的是非姑且不管，现在拥郭派联络军阀（虽然是齐'大帅'的对头）发电反对，除了强硬对付之外没有别法。军人干涉教育，督办挡驾大学校长，这种破天荒的办法不得不感谢东大诸公费心发明"[④]。1925

[①] 张奚若：《党化教育与东南大学》，载《现代评论》，1925，1(22)。6月6日，张奚若在《现代评论》上发表《"东大风潮"的辨正》一文，对自己的观点做了更正。
[②] 文：《江苏学阀与东大》，载《现代评论》，1925，2(34)。
[③] 《吴敬恒复郭秉文函》，载《京报》，1925-02-24。
[④] 《论章教长之举措》，见陈子善等编：《周作人集外文》上册，692页，海口，海南国际新闻出版中心，1995。

年 8 月，周作人评论马叙伦代理部务期间的作为时称："我觉得马叙伦君任教次时只做了一件可以称许的事，便是撤换郭秉文"①。从中可以看出他对此事的态度。

东大易长风潮初期，杨杏佛、吴稚晖、马叙伦等国民党及东大内部的"新派"属于进攻一方，而郭秉文及其背后的江苏省教育会则处于守势。五四时期江苏省教育会在教育界也以新派面目出现，因此，东大易长风潮中的攻守双方基本上都属于教育界的趋新势力。正如 1925 年 3 月 18 日穆藕初在给蒋梦麟、胡适的信中所说："昨函马次（长）及稚晖先生，请其向各方疏解，就此罢手，免得再起纠纷。国中能有几个好人，何必自相残杀，同归于尽耶？"②从这个角度看，这一风潮是政党势力渗入教育界后引发的教育界趋新势力的一次重大分裂。6 月 5 日，黄炎培离京返沪前留书蒋梦麟称："以今日之思想冲突，权利冲突，机会当前，但求胜利，不顾其他，于不知不觉中于厚道两字日离日远。人心险恶至此，而吾辈尚有三五素心，风雨不已，以为小小朋友之乐，已非打不破权利思想者所得而享有，其他一切立身处世可推想而知。兄之地位，一言一动可以致人于险，而已亦最险。弟力不及兄，然以地点关系，亦有几分类似。甚愿吾辈互以厚道两字相勉，才算不枉做一场朋友。更愿以此二字各就相知，辗转劝勉。世风能挽与否不必问，亦吾尽吾心而已。兄谓如何？"并表示："兄倘愿以此函与尔和一观，更有以益吾辈也。"③同年 8 月 16 日至 23 日在太原召开中华教育改进社第四届年会，陶行知发表年会感言称："去年开年会的时候，中国教育界同人的精神是何等的融洽啊！过不多时，少数政客稍存私意，害得教育界一波未平，一波又起；甚至于多年知交从此不好意思见面。我们深望时间可以恢复他们从前之善感"④。黄、陶两人所说显然都是指东大易长风潮，从中可以

---

① 《与友人论章杨书》，见陈子善等编：《周作人集外文》上册，740 页。
② 中国社会科学院近代史研究所编：《胡适来往书信选》上册，316 页。
③ 许汉三编：《黄炎培年谱》，64 页，北京，文史资料出版社，1985。
④ 陶行知：《年会感言》，载《新教育》，1925，11（2）。马叙伦也是中华教育改进社社员，1923 年 8 月参加过该社第二届年会。见《新教育》，1923，7（2）—（3）（合刊）。

第二章 走向教育界的中心：1919—1926

看出这一事件对当时教育界的影响。由于政治因素的渗入，同属教育界趋新势力的双方围绕这一事件展开火药味十足的争斗，风潮平息后彼此相见，尴尬也就在所难免。①

5. 女师大风潮

女师大风潮初起于马叙伦代理部务期间，他被免除教育部次长职务后与此事还有密切关系。这一事件长期以来一直为论者所关注，其中当以吕芳上的论述较为深入。② 这一事件是北大英美派与法日派冲突的一个高潮，是教育界趋新势力由于传统的派系因素及政党因素而发生的又一次大分裂。吕著对女师大风潮背后的政党因素做了不少探讨，此处主要着眼于教育界派系之争略作论述。只有将这一时期两派的冲突作一通盘考察，才能更深入地理解这一事件背后的因素。

长期以来，英美派与法日派围绕北大内部事务明争暗斗，关系本来就甚为紧张。1925—1926年双方更是冲突不断，女师大风潮算是其中的高潮之一，至"三·一八"惨案后双方完全决裂。围绕女师大风潮的斗争虽然有着强烈的政治背景，但其中一个主要方面无疑是争夺教育界、思想界的领导权。③ 由于这些学者同时在教育界、思想界乃至政界兼具

---

① 此事对民国教育界的影响甚为久远。在东大易长风潮中，因江苏省教育会关系，拥郭一方实际上占了优势，故反郭派多被排挤出东南大学，部分原本持中立态度的教授亦因不满拥郭派暴力"驱胡"而自行辞职。1925年12月14日，吴宓向清华校长曹云祥推荐柳诒徵，曹氏认为柳"在东南(大学)鼓动风潮，断不可聘其来此"。1927年5月3日，清华评议会在讨论聘请柳诒徵时，仍遭到与郭秉文接近的朱君毅力阻(吴宓：《吴宓日记》第3册，107、335页，北京，生活·读书·新知三联书店，1998)。北伐军占领长江流域后，江苏省教育会被撤销，中华职业教育社亦被捣毁，黄炎培等人均被以"学阀"罪名通缉(黄炎培：《八十年来》，88～89页)。杨杏佛在北伐后一段时期里也极力排斥过郭秉文(《与东大同学论军阀与教育书》，见杨铨：《杨杏佛文存》，317～322页，《民国丛书》第2编第84册，上海书店出版社据平凡书局1929年版影印；曹伯言整理：《胡适日记全编》第5卷，174页；中国社会科学院近代史研究所编：《胡适来往书信选》，上册，484～485页)。直到1930年，中央大学校长张乃燕对东大易长风潮中拥郭派核心分子邹秉文、孙洪芬、洪范九等人委以重任时，仍遭到部分国民党人士的极力反对(《东南学阀将重据最高学府》，载上海《民国日报》，1930-09-09)。

② 吕芳上：《从学生运动到运动学生(民国八年至十八年)》，213～246页。

③ 罗志田认为："此段重要的持续斗争尚未见较持平而深入的研究。"他在考察北伐前后胡适政治态度转变情况时曾对这场持续的斗争有所论及，但由于不是他论述的重点，故未充分展开。罗志田：《个人与国家——北伐前后胡适政治态度之转变》，见罗志田：《乱世潜流：民族主义与民国政治》，230、268页，上海，上海古籍出版社，2001。

多重身份，使得这场斗争尤其显得复杂。

1924年11月4日，黄郛摄政内阁议决组织办理清室善后委员会，推举北大法日派首领李石曾为理事长。次日，鹿钟麟率国民军迫令溥仪迁出故宫。①胡适得知消息后，致信参与其事的王正廷表示抗议。他认为，优待清室是一种"国际的信义"、"条约的关系"，国民军驱逐溥仪出宫，"这真是民国史上的一件最不名誉的事"。这封信的一部分后曾发表于11月9日的《晨报》，被溥仪称为"苏格兰老夫子"的庄士敦阅后即致函向胡表示"祝贺"，并称："你正是说出了这样一件正确的事情，并且用正确的方式说了出来。我相信逊帝看到这封信时一定会高兴的"。但胡适的做法很快遭到其法日派同事的回击，周作人同日致函胡适，认为他"不免有点为外国人的谬论所惑"。周作人的言辞尚属和缓，19日李书华、李宗侗两人给胡适的信要激烈得多。他们认为，胡适作为新文化的领袖、新思想的代表，"竟然发表这种论调"，真是出乎意料。随后双方围绕这一问题还接连展开辩驳。②围绕驱逐溥仪出宫事件的争辩，只是这一时期英美派与法日派冲突的开始。

1925年3月中旬，两派在拒绝王九龄问题上再次产生分歧。如前所述，马叙伦这一时期已经逐渐偏向于法日派一方。在对付王九龄问题上，他得到了法日派的支持。1924年11月，王九龄被任命为教育总长后迟迟没有入京就职，12月初且有因病辞职的消息③，部务一直由马叙伦以次长代理。1925年2月下旬，王九龄作为唐继尧的代表赴京出席善后会议，此时他对教育总长一职还坚辞不就④。3月初，王氏仍未定是否就职。⑤但数日后情况发生了一些变化，王九龄明确表示准备就职。支持

---

① 吴景洲：《故宫盗宝案真相》，2~8页，北京，文史资料出版社，1983。
② 中国社会科学院近代史研究所编：《胡适来往书信选》上册，268~270、276、278、281~282页。据罗尔纲称，九一八事变后，胡适认识到了自己在这件事上的错误。罗尔纲：《关于胡适的点滴》，颜振吾编：《胡适研究论丛》，16页，北京，生活·读书·新知三联书店，1989；罗尔纲：《师门五年记·胡适琐记》，增补本，132页，北京，生活·读书·新知三联书店，1998。
③ 《王九龄电辞教长》，载《学灯·教育界》，1924-12-04。
④ 《王九龄由日抵京讯》，载《申报》，1925-02-27。
⑤ 《教长王九龄就职未定》，载《申报》，1925-03-09。

第二章 走向教育界的中心：1919—1926

王九龄就职的力量主要有两方面。一方是段祺瑞。由于善后会议不容纳人民团体代表正式参加，2月1日国民党发布通告表示不派代表出席。①段祺瑞为了笼络唐继尧，对其代表王九龄就任教育总长表示特别的支持。另一方是江苏省教育会。此时东大易长风潮正进行得如火如荼，江苏省教育会支持王九龄接任，希望他上台后能够一反马叙伦代理部务时期的政策，撤销以胡代郭的命令，这样对解决他们所面临的困局无疑可起到釜底抽薪的效果。王氏就职后各方的反应也印证了这一点。②

王九龄决定就职的消息传出后，北京教育界支持马叙伦一方纷纷表示强烈反对。国立八校教职员首先致函王九龄，提出教育经费积欠问题，希望他知难而退，"乃王若未闻知，且决定十六日到部接任。北京教育会曾于前日函王，明白拒其就职。近顷各中学校及小学教员协会，先后表示拒王"。国立八校教职员联席会议更是连日开会讨论应付方法，

---

① 《中国国民党通告》："中国国民党因临时执政府于善后会议不容纳人民团体代表正式参加，故本党决议亦不参加该会议，特此通知。"《京报》，1925-02-01。
② 参见《教长王九龄将就职》《学灯·教育界》，1925-03-11）、《王九龄决定就职》《学灯·教育界》，1925-03-14）、《教长王九龄就职之窘状》《申报》，1925-03-20）等报道，其中以《王九龄就职之背景竟如是乎》（芹芮通信，《京报》，1925-03-21）一文最具代表性，该文称："盖王氏此次就职之动机始于江苏教育会之有心利用，如东南大学问题等等。欲使一反马前次长之所为，既可替郭秉文出一口恶气，尤要者则欲使该系在教育上益见根深蒂固，把持一切而为所欲为。此最足注意之点，只须观其今后所采之手段，与逐渐发生之事实，则不难完全证实吾言。王氏到京而后，本来朋友甚少，自己亦无就职之决心，嗣教育界中反对浙江派之某省派及现方大反对国民党之某系（却不是研究系——原注，下同）中一二人物，有视为奇货可居，口口声声劝他就职，王氏做官心热，当然感激涕零，无暇推求其用意所在，却不知彼辈乃以驱逐在教育界之浙江派及排除国民党分子为其最大目的，江苏教育会系一可独占饭碗，且运用于政治上，适与马叙伦（浙人）势不两立之际，对此两种主张，亦恰好利害相同，愿共同扶挟王氏，发号施令，庶几不数月间可以各得其所。彼时王氏是否不因此而牺牲，则绝非彼辈之所预计。如此一来，计划成功，王氏到部，第一步已占胜利，于是北京方面、东南地面，皆渐将一一排演其拿手好戏。国立八校校长，风闻大半已候补有人。农大校长许君（浙人）见机而作，先行提出辞呈，该校教职员早知内幕，全体议决，一致挽留（见七版另）。农大之风潮经年而始得少休者，至是乃又将掀起，农大以外，则医大、北大皆将连类而及，风潮亦可以预卜。依此形势观察之，若王氏而不能自由行使职权，逃不出利用者手法之外，试问引起党争，重演彭允彝时代之恶剧，岂非意中之事？八校教职员早悉其中隐幕，所以反对其就职者，真正原因，盖全在此。"该文作者虽以中立不倚自居，但从具体行文中看，还是带有明显的倾向性。1925年3月25日上海《民国日报》上发表的《王九龄就职背景》一文，内容基本类似。

并于3月14日发表公开宣言，劝王自行引退，免惹纠纷。① 宣言主要包括以下三点：

（一）我们对政客官僚出身之王九龄君，是始终反对的，尤其是在人格上的瑕疵，我们认为绝对不配作清洁高尚的教育最高长官，所以极盼王君自行引退，为教育界留一点余地。（二）如果王君必欲就职，我们万不得已，但望王君先将积欠十二个月经费，一次扫数发清，然后走马上任，我们只好退避三舍了。（三）如果这个条件，王君不能俯允，又必定要到部试一试，我们为维持教育界人格计，亦只得讲求适当的最善办法，以期不负段执政注重教育之好意，就使有点牺牲，也是愿意的。②

同日，北大评议会还专为此事开会，议决如王九龄悍然到任，北大即宣告与教育部脱离关系。而八校代表联席会议则于15日召开临时紧急会议，"决定最后态度，闻大多数决与北大取一致行动"。时代理北大校长的蒋梦麟更是亲赴王九龄住处，"据实报告京师教育界对王态度及北大评议会决定与教育部脱离关系之议案，请王注意"。在采取这些措施后，王氏仍表示准备就职，蒋梦麟遂"对人言，吾人今日与王九龄，只有以前对付彭允彝之方法对之，即一面与教部脱离关系，一面仍以正当手段追索积欠经费，北京大学已决定奋斗到底，即不幸当局竟出以武力压迫，亦不畏惧"③。16日，王九龄前往教育部就职，在门口为各校教职员代表所阻拦，状极狼狈，最终在武装警察庇护下才得以成功接

---

① 《王九龄就职前之教育界形势》，载《学灯·教育界》，1925-03-19。
② 《八校教职员联席会议反对王氏之宣言》，见王学珍等主编：《北京大学史料》第2卷上册，32页。
③ 《八校教职员联席会议反对王氏之宣言》、《北大评议会反对王氏到任》，见王学珍等主编：《北京大学史料》第2卷上册，32~33页。

任。马叙伦因被认为有"怂恿八校教职员阻抗王九龄就职之嫌疑"①，随即为段祺瑞下令免职。在各方抵制下，王九龄在任不到一个月就以请假之名逃之夭夭。

在此过程中，一直伴随着北大内部英美派与法日派的争斗。14日北大评议会讨论"拒王"问题时，双方已产生尖锐的矛盾。据英美派一方事后陈述，由于事前并未声明开会事由，"所以到会的人不到半数，竟议决与教育部脱离关系。我们事后知道此事，即向蒋代校长提出质问与抗议。蒋先生于三月十八日召集评议会与教务会议联席会议的谈话会，后当场改为正式会"，会上议决如下："关于王九龄长教育部事，维持十四年三月十四日评议会原案；以后进行，随时由本联席会议决行之。"②可见此时双方已有严重分歧，只是"拒王"一事毕竟无关英美派本身的利益，为了对外顾全北大面子，这一分歧暂时没有对外公开。由此可知，当时北大内部蒋梦麟和法日派诸人基本上支持马叙伦，而英美派对王九龄固然不满，但对支持马叙伦的做法也有不同意见。3月16日"拒王"之事发生后，英美派相继在《现代评论》和《晨报》发表文章，对教职员代

---

① 《王九龄武装就职记》，载《学灯·教育界》，1925-03-21。关于此事，天津《大公报》称："今日（十六）八校教职（员）及学生在教部阻王九龄就职，闻系次长马叙伦主使，故被明令免职。"(天津《大公报》，1925-03-17，《国内专电》)。长沙《大公报》关于此事亦称："马叙伦因教次不保，反对王九龄"（长沙《大公报》，1925-03-19，《专电》）。马叙伦本人并未亲自出面拒绝王九龄，但北京教育界支持他的力量全力拒王则是事实。关于此事经过，马叙伦晚年回忆称："大概过了一个多月，段祺瑞发表的教育总长云南唐继尧的代表王九龄到京，先有人来对我说：'他一到任，仍要回云南的。'叫我仍就[旧]做下去，王先生也来周旋一下；可是，王先生是抽大烟，早被各校晓得了的，他们议决反对他，他到任的时候，他们一群代表要当面和他为难，我自然为难了，不免进劝一番，他们说：'这不是你的事'。我正为难，而警察总监朱深伴同王先生到部（向来没有这种例子），朱深找我先谈，要我替王先生去向各校代表解释，这分明是给我一个难题；但是，假使他不是警察总监，还有商量，他拿警察总监的身份向我说这话，我自然一口回绝，不能照办，马上送出'辞呈'，朱深大概也去报告了段祺瑞，当晚下了把我免职的命令"（马叙伦：《我在六十岁以前》，82页）。

② 《这回为本校脱离教育部事抗议的始末》，载《北京大学日刊》，1925-09-21。

马叙伦与民国教育界

表们"拒王"的做法提出了猛烈的批评①，所针对的自然是马叙伦和支持

---

① 详见松：《又是教育风潮！》，载《现代评论》，1925，1(15)。该文称："近日京中教育界的人反对新教长王九龄氏，而王氏悍然'武装'就职，好象[像]因此又要引起甚么教育风潮来了。反对王氏的理由，说是因为他在数年前曾为私运烟土，坐过上海西牢。无论事实真相如何，教育界对于王氏的人格，究竟不能相信；而段政府任命这样的人来长教育，在人选上确是太无责任心。历来北京教育当局总不外是以官僚、政客或学客来充选，有几个真是人格清高配说主持全国教育行政的呢？现在也许是愈趋愈下的了。不过教育界既然对于王氏，认为有反对之必要，那末，进行的步骤就要得当，他们的言动要得体。就步骤上说，正当的方法应当首先对执政府提出抗议，要求他换人，不要直接对王氏自身施其恐吓。就态度上说，教育界既然是为着王氏人格而反对他，那就要率性主张贯彻到底，不要同时又提出甚么筹发全部积欠之条件。难道发完积欠经费就可以抵消王氏人格的缺点吗？我们以为上次所谓八校教职员代表对于这事的宣言实在太不成话。至于环集教部门前，对于来就职之王氏直接施其拦阻叫骂之行为，更是不成体统。不过我们相信那决不是真正教职员所为之事。我们诚恳的希望反对王氏的教育界的人，要以沉重的责任心，严定他们进行的步骤和态度，不要任令一部分人的妄动，损伤了教育界的尊严。最后我们要对于他方面说一句话。我们认为教育界的事还是要真正从事教育的人们自己负责任。现今京中各学校，不能说他们都办得使人满意，但是若这要请现政府来整顿学风那真是引狼入室，真是侮辱教育界。我们以为用教育界一部分的名义来提出这种请求的，不是有意阿附新教育当局，便是不识大体。"另见西滢（陈源）：《北京的清洁高尚的教育界》(《晨报》，1925-03-23)，陈文对教职员拒绝王九龄的做法提出了更为尖锐的批评："在现在的政制之下，教育总长是由执政任命的，那么大家既然公认王氏'绝对不配'任此职，自然早就应向执政府誓死力争，不应当让王氏污辱此名，（马先生如不甘与王氏为伍，似乎也不值得代他这许久！）八校教职员代表不据理争之于执政府，却对于王氏个人用威吓的手段拒其就职，这种手段似乎不大'高尚'。就是拒绝王氏到任，'清洁高尚'的教育界也尽有'清洁高尚'的办法，何必效法流氓暴民，'环聚门首''一拥而上'，'满面满衣唾液淋漓'呢？这种手段似乎非但不大'高尚'，而且不大'清洁'。我们觉得，这些'八校教职员联席会议代表'非但没有'维持教育界的人格'，简直把教育界的面目丢得扫地殆尽。根本的原因，说来说去，就是教育界的一部分不自甘于'清洁高尚'；他们不以气节自励，不以正直自勉，不采合理的手段，不用书生的本色，他们也学了卑污之政客官僚，玩花样，弄手段，结果同样的可唾弃噻……还说什么'清洁高尚'。譬如索薪一事，完全成为一种攻击教育总次长的工具。他们所反对的总次长在任，积欠不过二三月而他们聚众索薪，几无虚日。一旦换了他们不反对的人，便欠薪就十月，他们也不作一声。他们的赞成与反对，究竟是不是以人格的高下为标准？在我们看来，又无非'一丘之貉'，实在牛羊何择。幸而这个名为'八校教职员联席会议代表'的'代表'实在不足以'代表'八校。北京大学的教职员早就开过大会限定他们的职权，除索薪外，一概行动不能负责。师大、女师大也已经宣言不预闻了。究竟他们代表的是谁，我们也不欲深究。我们只希望'清洁高尚的教育界'以后用'清洁高尚'的态度和手段，以求达'清洁高尚'的目的。""拒王"一事发生后，上海方面的《民国日报》也对此事发表评论称："王九龄就职后，教育部与北京教育界已分成两截，却与军警联成一气了。别人说王如何如何，我且丢开，我所只(至)少知道的，王断不是长教育部的人才，断没有长教育部的资格。现在新流行一种'学客'名词，这是指目的行为无异政客而带有教育家学者等头衔的；学客长教育尚且不宜，而况王之为客，政而非学，但反对王的，竟至如东南大学拥郭派之所为，亦太荒唐。"(上海《民国日报》，1925-03-25，《教育潮》)。

他的蒋梦麟及法日派诸人。

继驱逐溥仪出宫、拒绝王九龄等问题之后，围绕女师大风潮，英美派与法日派间的冲突达到一个高潮。此次风潮1924年秋就已经爆发，次年1月21日，学生自治会代表向时正代理教育部部务的马叙伦提出撤换校长的要求。马叙伦曾派员前往调查两次①，表示他对女师大校长杨荫榆"素深倾重"，"绝对未有更易之意"②。2月25日，舆论还有他拟任命黄人望为女师大继任校长的消息。③ 2月28日，周作人受学生委托曾打电话给马叙伦，转达"只要换掉校长，风潮便自平息"之意，马叙伦对此答复："校长可以撤换，但学生不能指定后任为谁，如一定要易培基，便难以办到。"④后在周作人看来，解散美专与不撤换杨荫榆是马叙伦第二次出任教育部次长期间做错的两件事。⑤ 关于女师大风潮的内情，顾颉刚认为主要是出于法日派首领李石曾抢夺教育界地盘的需要，"他不抢北大，因为知道英美派人多，他抢到手也是麻烦；他专抢北京的各专科学校，抢的方法就是把原来的校长骂倒，或利用学生要求'改大'，而后他介绍新校长给政府，这个学校就成了他的了。最明显的一个例，就是他利用鲁迅、周作人在报上攻击女师大校长杨荫榆，而后他介绍易培基为该校校长。现《鲁迅全集》具在，请大家看看，杨荫榆果有何种不可恕的劣迹？李石曾这人很会拨弄人，使人在不知不觉间给他用了。如鲁迅、周作人，我相信他们决不会帮李氏抢地盘的，只因他们会写文章，李氏就叫人激他们，使他们自己觉得发于正义感而攻击杨荫榆

---

① 关于女师大风潮的经过，详见吕芳上：《从学生运动到运动学生（民国八年至十八年）》一书的相关章节。
② 《女师大校长不易人》，载《晨报》，1925-01-21。《专电》，载《申报》，1925-02-07。
③ 据《学灯》报道："据教部确息，北京女师大校长一席，教次已决定改派现任教部编审员黄人望接充，至原任校长杨荫榆，则拟调部递补黄人望之缺云。"《北京女师大校长问题》，载《学灯·教育界》，1925-02-25。
④ 周作人：《知堂回想录》下册，503页。
⑤ 《与友人论章杨书》，见陈子善等编：《周作人集外文》上册，740页。

了"①。从马叙伦的回复可以看出，此时他与法日派在女师大问题上的立场还不是很一致。

随着事态的逐步扩大，马氏与李石曾、易培基等人的态度渐趋一致。8月3日，马、李、易等人在欧美同学会宴请新任教育总长章士钊，以调处女师大之事。席上马叙伦主张立即罢免杨荫榆，与章士钊发生了激烈争辩。② 8月8日，章氏在《停办北京女子师范大学呈文》中称，女师大风潮因为前任次长马叙伦、总长王九龄"均以办理棘手，迁延未决"，他之所以停办女师大是"查照前次长（指马叙伦——引者）处理美术专门学校成例"。③ 马叙伦对章士钊的这一提法感到强烈不满，特于11日致函章氏申辩，首先他说明自己对女师大风潮的态度：

> 查弟在部时，迭据女师大学生会呈控杨荫榆校长，弟初以空具某会名义呈控事件，概无理会之必要，照例收档而已。即有以该会代表求见申诉者，亦属秘书告以风纪所关，倘有不实，理应严惩，慎毋轻率，以贻后悔。乃本年二月间，该会又复呈催。弟始亲见该会代表，剀切导诲，代表执辞不屈，乃告以如校长办理确有不合，应按公文程式，依法具名盖章呈诉，以便虚实皆可凭办，冀其或有虚构，知所敛束。乃越日，即有具名盖章公呈来部，弟犹以青年学子，既异凡民，况在闺秀，尤当善导。比召具呈各生到部，将呈控各节，除关学校行政各款，未经调查，无从判说，如谓校长任用私人，侵吞公款，及其他各款，皆委曲判说，晓斥兼至。当时各生即有声明不明手续，致生误会者，如因教员空乏，支出较省，薪修余

---

① 《顾颉刚自述》，见高增德、丁东编：《世纪学人自述》第1卷，28页。1973年7月顾颉刚在日记中补记："李石曾、易培基本是国民党中坏分子，专搞盗窃攘夺工作，西山一带之庙产及此后故宫盗宝案可知也。……观女师大案，杨荫榆虽改职务入教部。而继任者乃易培基，鲁迅先生诋杨不遗余力，顾于易之继任乃默无一言，能谓之认识是非乎！"顾颉刚：《顾颉刚日记》1册，659页。张申府亦指易培基借机抢夺女师大校长位置，详见张申府：《张申府文集》第1卷，69页。
② 《教章表示对女师大已有办法》，载《申报》，1925-08-08。
③ 《停办北京女子师范大学呈文》，见章士钊：《章士钊全集》第5卷，104~106页，上海，文汇出版社，2000。

款，乾入私囊之类，余仍执称均有实据，发言者且愿负其全责。弟乃告以部中办事，不能仅凭一面之辞，究竟虚实若何？当经调查。嗣后派科长张君邦华、秘书李君光宇，前往勘查。即经先据面报，除关经费一项，因部欠甚多，一时无从着手。此外各节，学生所呈，固有未实之处，校长办理不善，亦难曲为讳护，正令具文呈复，一面定有解决办法。事际垂决，值弟卸部，竹村（指王九龄——引者）到部，不待该员呈复，别派调查，此后关于该校风潮，仅于报耑[端]读悉一二，弟固不复尽知矣。

接着他比较了美专和女师大两校风潮的不同，称：

美专风潮，积以经年，其初因不具论，澎湃溃决，其影响浸及于全京师之学校者，谁实致之，舆论固昭昭然矣。去秋部派陈佥事延龄，暂充美专校长，纠纷益滋，校内情形，琐屑者不暇举。如教职员几占学生人数二分之一，主任教员薪水之大者，超过国立大学教授薪俸最高级之上，每月支出超过预算二成以上。仅薪俸一项，几占预算全额，而实际则职员学生，分派对峙，教员学生上课寥落，固一一在人耳目，该校外国教员某至诧为世界所未有，而怪若无上级监督机关者然。弟代部以后，知非别任校长，不足以资整顿。所聘校长，不敢自谓上选，然固高出旧任，社会所同许也。乃部令未下，该校已知。暂充校长，并未请假，托故离京，重要职员，啸聚学生，图抗部令。新任校长到校，遂遭拒绝，职员会同学生，封匿校印，经弟一再劝诫[诫]，充若无闻，百策俱穷，乃始谋之参司，不得已而有忍痛断腕之举。然心固慊然，以为青年学子，来受教育，吾辈不能训迪栽成，转令一二自私自利之徒，利用其易动之感情，鼓荡其未定之血气，使之冲罗决网，陷于不韪，而后以严罚随之，则亦安用教育为？

在数说章氏做法的不当之处后，他表示："今兄（指章士钊——引者）于女师大之风潮，不甚求悉其经过，而一绳之以法。法所以济情理之穷，女师大之风潮，于情理早可以了。而使之迁延，因而溃决，负其责者，不能不谓教育部也。故女师大今日之遭解散，不能不谓教育部设阱以陷之。然而且万恶加于十百青年之女子，诋之等于娼妓。于乎！不亦甚乎?!"①而章士钊则在回函中反唇相讥，称解散美专是马叙伦"故易一长以激动之，使得藉词，一网打尽"②。女师大被下令停办后，女师大师生组织了"女师大维持会"，由马叙伦担任"校务行政主任"。③ 马叙伦之所以在女师大问题上调整自己的立场，恐怕既有与法日派联合对抗英美派的意味，又带有政党的因素。女师大风潮除了教育界的派系之争外，还有很明显的政党因素参与其中④，而马叙伦与李、易及法日派的不少成员均为国民党党员。

女师大风潮本为校内学生对抗校长的风潮，至此转而成为女师大师生与教育部对抗的局面⑤，主题也从"驱杨"变成了"逐章"。在这个过程中，法日派与英美派的争斗也越来越激烈，前者以《京报》副刊和《语丝》为阵地，后者则以《晨报》副刊和《现代评论》为营垒。此期这些报刊发表了为数不少的"对骂"文字，你来我往，唇枪舌剑。据顾颉刚称，当时有许多事情"只有北大里知道，外边人看也莫名其妙"⑥。5月30日，陈源在《闲话》中称："《闲话》正要付印的时候，我们在报纸上看见女师大七教员的宣言。以前我们常常听说女师大的风潮，有在北京教育界占最大势力的某籍某系的人在暗中鼓动，可是我们总不敢相信。这个宣言语气措辞，我们看来，未免过于偏袒一方，不太平允，看文中最精彩的几句就知道了。"⑦这一"闲话"出来后，双方的争斗就更加充满火药味。停办女师大后，8月17日，教育部决定设立女子大学。8月18日，北大评

---

① 《马叙伦致章士钊函》，见章士钊：《章士钊全集》第5卷，158～160页。
② 《女师大——答马叙伦》，见章士钊：《章士钊全集》第5卷，157页。
③ 《京女师大与教部对抗》，载《申报》，1925-08-11。
④ 吕芳上：《从学生运动到运动学生（民国八年至十八年）》，234～236页。
⑤ 同上书，228页。
⑥ 《顾颉刚自述》，见高增德、丁东编：《世纪学人自述》第1卷，28页。另参见徐丹甫：《北京文艺界之分门别户》，见薛绥之主编：《鲁迅生平史料汇编》第4辑，243～247页。
⑦ 西滢：《闲话》，载《现代评论》，1925，1(25)。

第二章　走向教育界的中心：1919—1926

议会议决与教育部脱离关系。9月12日《申报》所载《北京大学脱离教部之索隐》记述此事经过甚详：

> 北大宣布独立，出于评议会之议决。评议会之通过此案，李石曾、顾孟余、马裕藻等主之最力，兹数人者皆女师大风潮背面之主要人物也。盖当八月中旬，章士钊决定接收女师大，驱逐留校学生，时李石曾等见所主持之女师风潮，学生方面已归失败，情急智生，遂急速于十八日召集评议会，宣布北大独立。在李等原意，以为北大发难，其余国立各校，或当惟北大之马首是瞻，亦追随脱离教部。盖其时各校学生方面，如学生联合会、各校沪案后援会，皆一致宣言援助女师大，态度亦甚激昂也。乃北大宣布独立后，各校寂然无应者，即各校学生方面，亦无以学校为依据而单独表示者，李石曾等之原来计划，至是归于失败。①

女师大风潮及北大脱离教育部独立，基本都在法日派主导之下。围绕脱离教育部独立一事，北大评议会内部矛盾激化，北大的主要教职员也公开分化为两大阵营。双方纷纷在《北京大学日刊》上发表宣言，互相攻讦。列名《为北大脱离教部关系事致本校同事的公函》的有胡适、颜任光、李四光、丁燮林、王世杰、燕树棠、高一涵、陶孟和、皮宗石、王星拱、周览、胡睿济、陈源、张歆海、陈翰笙、邓以蛰、高仁山等人，列名《为反对章士钊事致本校同事的公函》的有李石曾、王尚济、朱希祖、李书华、李麟玉、李宗侗、沈士远、沈尹默、沈兼士、周作人、徐炳昶、冯祖荀、杨震文、谭熙鸿、顾孟余等人，列名《反对章士钊的宣言》的则有王尚济、王仁辅、朱家骅、朱希祖、朱洪、李书华、李宗侗、李麟玉、李辛白、李石曾、吴文□（末字原文看不清）、沈士远、沈尹默、沈兼士、周树人、周作人、林损、马裕藻、马衡、徐炳昶、徐宝璜、翁之龙、陈大齐、陈君哲、陈倬、张凤举、张颐、屠孝实、冯祖荀、贺之才、叶翰、杨芳、杨震文、赵承易、刘文典、黎世蘅、钱玄

---

① 《北京大学脱离教部之索隐》，见王学珍等主编：《北京大学史料》第2卷上册，37页。

同、戴夏、关应麟、谭熙鸿、顾孟余等人。① 这些教职员中，列名第一个宣言的基本上属于英美派成员，而列名第二个宣言的则大致属于法日派成员，在第三个宣言上签名的则以法日派成员为主，包括部分因不满章士钊而在女师大风潮中表同情于法日派的其他教职员。这些宣言的发表，意味着北大内部英美派与法日派长期以来若隐若现的矛盾冲突至此已经完全公开化。②

英美派此时极力主张北大应从政潮中脱离出来，而法日派则以蔡元培抗议彭允彝事件证明此次北大脱离教育部独立的合理性③，且用以胡适为首的英美派诸人在"好人内阁"前后大谈政治的经历反唇相讥。周作人是当时法日派的活跃分子之一，关于此事他撰文称：

> 《新青年》的同人最初相约不谈政治，那是我所极端赞成的……我个人至今还没有改变这个态度，环境却改变了，——我所在的北京大学三年以来滚入政治旋涡，连带我们不要谈政治的人也跟着它滚，虽然无从去怨天尤人，总使我觉得极不愉快。民国十二年（当为民国十一年——引者，下同）五月，十六名人发表政治主张，至十三年（当为民国十二年）一月，因为那罗文干事件，大学校长辞职出京。这些事我不以为然，但未曾说话，因为我本来不喜欢谈政治，况且这不是他们的"个人的"政治活动么？然而，事实上，校长既被彭允彝逼走，学校当然不能悠然置身事外，拱候为旧校长所不齿的教育长官派新校长来接任，于是以学校反抗教长的行动自然就发生了。我在这里并不想批评什么人，我只说明北大之滚进政治旋涡是这样地起头的。学校也同个人一样，有它的校格与态度，不能轻易改变，——这也正同个人一样。北大对于不职的教育长官既决

---

① 《为北大脱离教部关系事致本校同事的公函》、《为反对章士钊事致本校同事的公函》，载《北京大学日刊》，1925-08-29。
② 详见吕芳上：《从学生运动到运动学生（民国八年至十八年）》，238～239页。
③ 《致评议会》、《李四光教授致陶孟和教授等书》，载《北京大学日刊》，1925-08-22；《评议会布告》、《为北大脱离教部关系事致本校同事的公函》、《为反对章士钊事致本校同事的公函》，载《北京大学日刊》，1925-08-29；《蒋梦麟启事》，载《北京大学日刊》，1925-09-03。

定反抗的态度，遂由彭而王而章，一律反对，正是必然的趋势，我们个人虽极希望学校早日与政治分离，在学校方面却断无可以自动地中途变节之理。但是这颗铃系上去了，总须解它下来，不过我们（此处不妨作单数解——原注）没有这个能力即使不是说没有这个责任，虽然我是始终反对弄政治的。幸而这回反对章士钊事件发生，给予北大以改变态度的机会，现在已经评议会通过一条规定，加以限制：以前因十六名人的宣言而滚进政治旋涡的北大于是因十七教授的抗议而又滚出政治旋涡来了，这是很可喜的一件事，因为我是最不喜欢谈政治的，如上边所说。①

文中周作人对胡适等人自"好人内阁"以来的一些做法冷嘲热讽，若不熟知此事的背景，则殊难理解这些文字的背后之意。1924年年底，马叙伦由于出任教育部次长已经辞去了北大评议员的职务，此时未见他公开加入两派的论战，故在北大评议会围绕是否独立的争论中看不到他的身影。考虑到他对女师大风潮态度的转变，此时他倾向于法日派自不难想见。

作为英美派的代表人物，胡适这一时期成为法日派攻击的主要目标。无论是办理清室善后委员会还是后来成立的故宫博物院，实际上都由后者掌控。他们在整理故宫古物的过程中，不忘寻找胡适"私通"清室的证据，后找到他给溥仪的片子，上写"我今天上午有课，不能进宫，乞恕"，遂特加装裱，并予以展出②，作为攻击对手的武器。1925年7月31日，清室善后委员会在点查养心殿的过程中，发现了金梁等人密谋复辟的文件。其中金梁在给溥仪的"奏折"中，不仅将胡适列入他所保举的"贤才"之列，且称："皇上以德服人，昔胡适既见后为皇上所化"③。这些文件公布后，京中舆论对胡适十分不利，甚至有"反清大同盟"欲逐其出京的消息。以至于章太炎在致吴承仕的信中，谈及此事时

---

① 《我最》，见陈子善等编：《周作人集外文》上册，762~763页。
② 胡颂平：《胡适之先生晚年谈话录》，255页。
③ 吴景洲：《故宫盗宝案真相》，50~68页。

还为胡"缓颊"："为恐株连过广，则彼（指金梁——引者）所保荐，与稍有诖误者，如胡适等，皆可置之不问。歼厥魁渠，亦足以振风纪，特恐当事泄沓，不肯为此耳。"①在追究清室复辟责任这一大题目下，这些活动同时又掺杂着英美派与法日派的派系争斗。

8月26日，顾颉刚在给胡适的信中称："此次北大内部欲借女师大学潮为党争之具，心地均不坦白，而一方面又拉先生为领袖，遂致反对者集矢于先生"，他劝胡适"不必与任何方面合作，要说话就单独说话，不要说话就尽守沉默"。② 不过在双方已经全面交锋的情况下，胡适自然无法"独善其身"③。8月28日，在北大评议会、教务会议谈话会上，胡适与李石曾、顾孟余等人发生激烈争吵，从此不再出席评议会。9月，胡适离开北大，并于11月提出辞职，直到1931年才重返北大，中间六年半里只回去做过两次讲演。④ 但两派之间的争斗并未因胡适的离去而停止。1925年11月21日，陈源未经查证，便指摘鲁迅《中国小说史略》一书"剽窃"日本学者盐谷温的著作⑤，再次挑起争端，遭到鲁迅的猛烈回击。双方的笔战最后发展到就连胡适也往往看不懂他们用的什么"典"，"打的什么官司了"的地步。⑥ 两年多后，吴稚晖提到这一时期北大两派相争的历史时，"说那一年的事都是陈通伯（即陈源，吴稚晖的外甥——引者）挑拨出来的，其中又有陈淑女士的关系，都是他的两个亲眷闹出来的玩意"⑦。11月30日女师大复校后，又有女师大和女大争

---

① 1925年8月9日《与吴承仕》，见马勇编：《章太炎书信集》，350页。
② 中国社会科学院近代史研究所编：《胡适来往书信选》上册，341页。
③ 罗志田认为，胡适虽然自称无党派，但他的倾向性确实颇为明显。罗志田：《个人与国家——北伐前后胡适政治态度之转变》，见罗志田：《乱世潜流：民族主义与民国政治》，252页。
④ 蒋梦麟只准胡适以请假名义离校，但他旋即出国。曹伯言整理：《胡适日记全编》第6卷，55、102~103页。《胡适辞教授职》，载《学灯·教育界》，1925-11-25。
⑤ 西滢：《闲话》，载《现代评论》，1925，2(50)。关于此案的前因后果，详见桑兵：《厦门大学国学院风波》，见桑兵：《晚清民国的国学研究》，216~217页。
⑥ 1926年5月24日胡适致鲁迅、周作人、陈源（稿），中国社会科学院近代史研究所编：《胡适来往书信选》上册，378~379页。
⑦ 曹伯言整理：《胡适日记全编》第5卷，155页。

校址、华北大学和北大争夺宗人府等争斗①，这些争斗的背后，实际上主要还是法日派和英美派之间矛盾冲突的延续。这一时期北大内部的派系之争中，法日派略占上风，故在英美派看来，"北大蔡校长在校的时候，北大是个极好的虚君共和'教授制'，自蔡校长离校以后，就渐渐的变成了一个横恣跋扈少数专制的局面"②。1926年2月，蔡元培从欧洲回到国内后，因为政治环境关系没有回北大。2月7日，他在北大旅沪毕业同学公宴上发表他关于大学的看法："大学之大，因其无所不包，各种言论思想均可自由，但亦不必出于互相诟骂。如各有主张，尽可各自鼓吹自己主张之长处，不必攻击或排斥他种主张。北大内部现今似有党派的趋势"，对北大内部的派系争斗婉转地提出批评。周作人对此并不以为然，他撰文回应称："北大内部有党派，已是事实，也不是始于今日。因为有党派所以这才能说无所不包，否则怎么能说包呢？"进而他说，如果"攻击""诟骂""于北京教育界不无益处，即使为蔡先生所不满意，也就不能顾得了"。③

"三·一八"惨案发生后，段祺瑞当局炮制了一张通缉北京教育界五十人的名单，法日派及北方国民党学人多数榜上有名，而英美派学者则无一入选。④ 至此，双方已经完全决裂，在法日派看来，英美派诸人不无勾结政府之嫌疑，以至于吴稚晖在北伐后大骂胡适是"反革命"，并称："东吉祥胡同这班人简直有什么面孔到国民政府底下来做事！"吴稚晖所言自属过火，但胡适后来也承认："大概（高）一涵等人在'三·一八'之后，有些议论或是过分一点，说他们'不幸而言中'之意。稚晖是

---

① 《华北大学紧要启事》，载《晨报》，1925-12-11。
② 召：《政府与北京大学》，载《现代评论》，1925，2(40)。
③ 《我们的闲话》，见陈子善等编：《周作人集外文》下册，98页。
④ 《"三·一八"惨案之内幕种种》，江长仁编：《三一八惨案资料汇编》，43页。

老于刀笔的，遂以为章士钊的通缉他们是东吉祥胡同的人主张的。"①

出长中央教育行政，进一步表明马叙伦已经进入了民国教育界的中心。五四后，政党势力逐渐渗入教育界。1925年前后，时值北伐战争前夕，国内政治形势日趋紧张，各种政治斗争不可避免地波及教育界，并与教育界原有的各种派系因素掺杂在一起，使得当时的学界风潮变得更加复杂化。东大易长风潮、女师大风潮都是政党关系与教育界中原有的各种派系因素综合作用下所引发的，结果导致五四后教育界趋新势力不断分化。② 马叙伦正是在这样的背景下出长中央教育行政。在层出不穷的学界风潮中，他总体上是倾向于国民党、法日派一方的。考察他这一阶段的活动③，为了解同一时期教育界的派系争斗情况提供了一个很好的视角。

四、督办教育特税

经费问题是民国时期困扰整个教育界的核心问题之一。④ 从五四后

---

① 曹伯言整理：《胡适日记全编》第5卷，157～158页。据石原皋称，1926年3月19日，他曾听见王世杰在胡适家客厅里"大放厥词，大骂国民党左派和共产党，诬蔑爱国运动的领袖是有意叫学生去送死，并信口雌黄地说，青年学生是盲动的，受了欺骗，白白地送死了。胡适静听他说话，一声不吭"（石原皋：《闲话胡适》，73页）。这一说法略有不确之处，"三•一八"惨案前后胡适并不在北京。不过，当时不少英美派学人对此确实作如是观。一直不承认自己属于英美派的顾颉刚在1926年3月19日的日记中称："报载府中拟下令捕徐谦、李大钊、易培基、李煜瀛、顾孟余等。段氏固非下令之人，但徐氏辈实闹得太厉害了。我对于这种人，和段氏一样地深恶痛绝。"（顾颉刚：《顾颉刚日记》1册，728页）

② 罗志田认为，1925—1926年北京学界发生的持续斗争，是新文化人分裂的一个转折点。罗志田：《个人与国家——北伐前后胡适政治态度之转变》，见罗志田：《乱世潜流：民族主义与民国政治》，230页。

③ 除上述风潮外，马叙伦与1924年前后北京医专（医大）的校长风潮也有关系。1924年初，"医大因学生教员排斥洪式闾，致校务停顿两月，毫未进行，日前该校关系者，为促进解决纠纷起见，特由数人拟定组织董事会"，马叙伦与熊希龄、黄郛、李煜瀛、陈祀邦、洪式闾等七人被推举为董事，《晨报》对此评论称："马叙伦在医大中仅教国文二小时，与医学为门外汉，且资格甚浅，不知何故竟可加入。"《医大董事会不满人意》，载《晨报》，1924-02-26。

④ 熊贤君：《论民国时期教育经费的困扰与对策》，载《湖北大学学报》，1996(6)。

到北伐前,这一问题尤其突出。教育特税督办公署是北京政府为解决这一问题而成立的一个特设机构,如果从马叙伦被任命为教育特税督办算起到辞职,前后不到两个月时间;若从这一公署正式成立算起到被撤除,则存在的时间只有十余日。不过,这段经历既与他此前几年的活动有关,又是当时政局变动及教育界派系之争的反映,是讨论马叙伦这一阶段在教育界的活动时不宜忽略的内容。

(一)特税督办

马叙伦被段祺瑞解除教育部次长职务后,重新回到北大任教。1926年1月26日,许世英内阁议决派他督办教育特税事宜。① 29日,马叙伦正式受命出任此职。② 关于教育特税督办公署的成立及马叙伦之所以决定出任这一职务的原因,主要包括以下两方面:一是他在回忆中所说的和北京教育界的"历史的关系"③,二是当时政局变动及教育界的派系因素。

五四以后,马叙伦在教育界的地位日渐上升。无论是在北大任教,还是出长中央教育行政,他都与困扰当时教育界的经费问题有着密切的关系。从1919年年底的"发现"之役到此后接二连三的"索薪"运动,时任北大教授的马叙伦起到了实际的领导作用。在这些实际斗争中,他逐渐形成了教育经费独立的主张。1919年年底,各校教职员联合会向政府提出的五项条件之一即为"筹备教育基金"④。1920年8月,在欢迎新任教长范源濂的致辞中,马叙伦再次提出"速行筹划教育基金"⑤的呼吁。1921年2月,他在各校教职员代表联席会议上提出"教育基金案",

---

① 《国内专电二》,载《申报》,1926-01-27。
② 令文如下:"教育为立国根本,改革以还,干戈方兴,未遑学校,财源枯竭,几辍弦歌。长此因循,国于何立。兴念及此,愀慨殊深。查教育经费曾迭经明令主管各部筹划办理,迄未规定的款,致鲜成效。现在时会益艰,教育尤急,应特派专员,会同主管各部妥切筹画教育特税,以充教育经费。一经确定税款,不得移作别用,以副振兴教育,巩固国本之至意。此令。""令马叙伦督办教育特税事宜。此令。"吴廷燮编:《合肥执政年谱初稿》卷下,136页,沈云龙主编:《近代中国史料丛刊正编》第16辑之153,台北,文海出版社。
③ 马叙伦:《我在六十岁以前》,85页。
④ 《北京大学全体教职员宣言》,载《北京大学日刊》,1923-01-22。
⑤ 《北京教育界之欢迎会》,载《申报》,1920-09-01。

议决由该会先行组织一个"教育基金委员会"，"如所得税、铁路收入、关余、盐余、印花税等，均拟拨定若干款项，作为教育基金，并以社会的组织由人民自动的监视收支"，并推举各校代表郑寿仁（北大）、姚憾（法专）、李贻燕（女高师）、朱其煇（医专）、经亨颐（高师）、戴济（工专）、许璇（农专）、徐瑾（美术）八人为委员。① 在此背景下，1922年12月，彭允彝执掌教育部时，提出并通过了设立"教育基金委员会"的议案。② 如前所述，马叙伦出任教育部次长后，尤其是1925年前后代理部务期间，也十分注重教育经费的解决，并曾在善后会议上提出教育经费独立案。这些主张和实践，使他长期以来一直关注并希望能够有机会从根本上解决长期困扰教育界的经费问题。

1926年前后，政界及教育界的新局面为马叙伦实践这一主张提供了现实条件。段祺瑞虽号为临时执政，但他此次出山实际上是冯玉祥和张作霖两大军事势力互相妥协的产物，由于缺乏武力后盾，底气明显不足，一直在双方的夹缝中摇摆不定。段祺瑞执政前期基本上是唯奉系之命是从，但1925年年底形势发生逆转，奉系势力先是受直系"后起之秀"孙传芳的攻击，从东南溃退，接着又因郭松龄倒戈事件暂时退出北京。11月28日，北京民众在反奉倒段运动声中包围段宅，要求段氏下野，同时捣毁了其幕下红人章士钊、李思浩等人的住宅。章士钊狼狈逃往天津，并于12月初辞去教育总长职务。根据所谓临时政府组织条例，黄郛摄政内阁结束后，本来不再设内阁总理，由临时执政主持国务会议。1925年12月底，段祺瑞为继续得到冯玉祥的支持，修正了组织条例，重新设立国务院，由许世英担任内阁总理，以敷衍国民党人。③

---

① 《北京教育界进行不懈》，载上海《民国日报》，1921-03-11。
② 《教育基金委员会条例》，载上海《民国日报》，1922-12-31。稍后还设立了教育基金委员会。不过，这一时期彭允彝因为罗文干案与北大的关系十分紧张，这一做法遭到北大评议会的强烈反对，后者认为，彭允彝假借教育基金委员会的"美名"，"而植翼私人，月糜巨费，部务不繁，而旬月之间，增益百员，非同党之劣子，即共井之鄙夫。见者吞炭，闻者齿冷"（《北京大学全体教职员宣言》，载《北京大学日刊》，1923-01-22）。
③ 李剑农：《戊戌以后三十年中国政治史》，384～385页；钱实甫：《北洋政府职官年表》，27～28页。

第二章　走向教育界的中心：1919—1926

政局变动随即波及教育界。1925年12月31日，易培基在李石曾的推荐下，取代章士钊，再次出任教育总长。① 这是国民党一方的胜利。章士钊对女师大风潮等事件的处理，早就引起北方国民党人的极大不满。1925年8月10日，在京国民党诸要人与冯玉祥会谈时，徐谦就提出："现章士钊承奉张意旨，摧残教育；沈瑞麟则对外问题延宕敷衍，南北外交合作问题，尤难亟进；奉张则拟力攫北京警察厅，以杨毓珣代朱深以为实力，压迫民众及控制地方之地步；凡此诸端皆盼国民军方面能有所主张，以收取外交、教育两部及北京警察厅，以为局部改造北京政府之计。"由于国民军在军事上对奉张无取胜把握，所以才隐忍不发。② 此次政局变动，驱逐章士钊也就水到渠成了。这也是法日派在教育界派系之争中取得的一大胜利。1926年1月17日，易培基上任后不过数日，便以部令恢复此前由于女师大风潮而去职的鲁迅、许寿裳、齐宗颐三人在教育部的职务。③ 随后，又任命李石曾为农大校长（原由章士钊兼任）、林风眠为艺专校长（原由章士钊的亲信刘百昭充任）。④ 林风眠也是留法出身，此时尚未归国，因资历过浅受到艺专教职员的反对。易培基又准备由李石曾兼任艺专校长，林风眠则改为"会办"。⑤ 如前所述，在这一时期法日派与英美派的争斗中，马叙伦偏向法日派一方，易培基上任对他来说无疑也十分有利。而此时教育经费问题仍然十

---

① 中国革命博物馆整理，荣孟源审校：《吴虞日记》下册，295页。

② 王仰清、许映湖标注：《邵元冲日记》，180～181页。

③ 《周树人等将复职》，载《晨报》，1926-01-16；《教部昨日复职三人》，载《晨报》，1926-01-18。鲁迅因女师大风潮，被时任教育总长的章士钊非法免去教育部佥事职务（鲁迅曾就此事提起诉讼），与鲁迅关系甚密的许寿裳、齐宗颐不满章士钊的这一做法，愤而辞去在教育部的职务。

④ 《国立三校校长决定更动》，载《晨报》，1926-01-21。艺专成立后大致是控制在英美派学者手中，1925年8月11日，闻一多在致闻家騄的函中称："又有可喜消息：则今日席间又谈及北京美专事，同人皆谓极宜恢复，并由本社同人（指主要由英美派学者组成的新月社——引者）主持其事。故已议定上书行严，由林长民任疏通之责，大概美专之恢复，亦不难实现矣。"闻一多：《闻一多书信选集》，202页，北京，人民文学出版社，1986。

⑤ 《李石曾将兼艺专校长》，载《晨报》，1926-01-24。林风眠时年方25岁，参见李伟：《一代艺术宗师林风眠》，载《传记文学》，2002，80(2)。

分突出，易培基接任后，国立九校曾数次大举索薪。① 1月18日，九校还因此全面停课一天。② 除了国立九校的校长、教职员之外，同时前往教育部索薪的还有北京公立中小学的校长和教职员，女师大所属附中、附小教职员，以及教育部部员等。"教部门前，债主连翩不断，易氏无法筹款，大感困惑"③。

在此形势下，马叙伦提出了举办教育特税的办法，据他记载："许多朋友和我（马叙伦自称）计划，我们本来主张教育经费独立，孙中山先生也赞同我们这个主张，我们还是再来试一试，拟了一个教育特税办法"④。马叙伦的方案如果能够成功实施的话，无疑可以解除易培基的燃眉之急，因此易氏此时也有必要借重于马叙伦。除了易培基出任教育总长这一层关系外，马叙伦被任命为教育特税督办还与许世英、黄人望两人有关，据他回忆："那时，浙江省长夏超派了黄人望到京，和许世英先生接洽事情，就由黄先生和许先生接洽，得许先生的赞同，许先生和我本来相识的，因此，就在国务会议上通过这个提案，而且发表了我督办教育特税事宜；我明晓得这件事当然不是段祺瑞愿意的，而且也决不容易办，因为历史的关系，尝试一下"⑤。

1月29日命令发布后，直到3月4日教育特税督办公署才组织就绪，5日正式举行成立仪式。马叙伦在就职演讲中，结合亲身经历，回顾教育界运动经费独立的历史，并提出对以后工作的期望，他说："吾国近年教育以时局不靖，财政支绌，致各地学校经费大半无着，教育界辛苦维持已属精疲力竭。往岁本人在北京教育界服务时，既会同京中教育界，努力教育经费独立运动，以政局并不定，迄未成功。今幸有此机会，本人及诸位均为教育界之分子，或与教育界有关系者，望本自救救

---

① 《国立九校今日大举索薪》，载《晨报》，1926-01-16；《九校教职员大举索薪之结果》，载《晨报》，1926-01-17。
② 《国立九校今日全行停课一天》，载《晨报》，1926-01-18。
③ 《教易与交通协款》，载《晨报》，1926-01-18。
④ 马叙伦：《我在六十岁以前》，85页。
⑤ 同上。

国之精神，一守教育界清高卓绝之习惯，努力做事，幸勿沾染任何衙署之官僚积习"①。接下来由常任参议许绳祖和调查科科长许宝驹相继发表演说。教育特税督办公署是一个特设机构，由于成立时没有明确说明，加上存在的时间又非常短，故其隶属关系不是很清晰。从前引令文看，这一机构的主要职能是联络、协调政府相关各部，举办教育特税，最终达到解决教育经费的目的。从成立时的情况看，它是由国务院直接下令设置的，公署需要提出阁议的各有关事项则通过教育总长提出讨论。

公署的办公经费，最初阁议决定每月开办费一千元、经常费一千元。2月下旬，马叙伦因为此数不敷开支，"曾开具具体数目，请求教部提出增加为八千元。两星期前，许世英宅开特别阁议时，易培基本拟提出讨论，事先曾与法长马君武协商，马答此案通过，只有三日，今忽然增加八倍，恐起他方误会，似应以逐渐增加为妥，究竟如何办理，请阁下决定。易深以马说为然，比［并］未提出阁议。春节后，许世英即上呈辞职，阁议均未开会。前日贾德耀代阁成立，易又将原案提出讨论，佥以事关经费开支，今日无财长出席，未便照办。贾德耀并深不以该署增加预算为然，于是此案又因而搁置矣"②。据马叙伦在公署成立时的报告，交涉的最后结果是开办费四千元、经常费七千五百元。公署内部办事机构只设三个科和一个秘书，其中许宝驹担任调查科科长。③ 通过许的关系，郑天挺也曾在公署任职（估计是担任秘书）。据郑氏晚年回忆，从这个时候起他就颇受马叙伦的赏识（他本是马叙伦在北大的学生，不过开始时和马的关系不如许宝驹密切）。④ 另设参议会为最高权力机构，公署组织大纲的修订须由参议会决定。参议分为常任参议和参议两类，由马叙伦函聘国立各校校长及教育界中素有声望者担任。常任参议

---

① 《督办教育特税公署昨日成立》，载《晨报》，1926-03-06。
② 《教育特税督办署欲阔比衙门》，载《晨报》，1926-02-22。
③ 《督办教育特税公署昨日成立》，载《晨报》，1926-03-06。
④ 《郑天挺自传》，见冯尔康编：《郑天挺学记》，381页，北京，生活·读书·新知三联书店，1991。

需要常川到公署办公，"得支车马费"；而参议则"遇有要事召集之，为名誉职"。当时共聘请了蔡元培、黄炎培、汤尔和、胡适、沈尹默等85位参议，所聘的三位常任参议则为邵长光（即邵裴子）、许绳祖和蒋梦麟。① 此外，公署还设有稽核委员会，稽核特税之收支。② 公署成立后，各项工作渐次展开，主要包括两个方面：一是调查国立九校最近的财政状况，派公署职员到各校会计处调查经费总额、开支的实际情况以及支付现状等，为将来的特税分配做准备③；二是筹划办理教育特税，包括调查中外税制，确定税种及征收办法等。④

(二) 各方反应

从公署的成立经过以及各常任参议及科长、秘书的人选可以看出，马叙伦所依靠的基本上都是他在教育界的故交和亲信，如黄人望、许宝驹、蒋梦麟、邵裴子等人。北京教育界中的一般教职员们久受经费问题困扰，公署的成立给他们带来了一线希望，故多数对此持乐观其成的态度。在公署的第一次参议会上，工大校长马君武、民国大学校长雷殷，以及北京中小学教职员代表关景山等人的发言表明，当时北京教育界还是有相当部分的教职员支持这项工作的。⑤

从争取公署的开办费及经常费的经过看，易培基对于这项工作给予了很大支持，出任督办可以说是马叙伦与法日派之间的再度合作。这一时期正介于女师大风潮和"三·一八"惨案之间，北大内部法日派与英美派的争斗还在激烈进行，易培基出任教育总长后的不少做法都遭到英美派学者的猛烈抨击。针对他准备以李石曾兼任艺专校长的做法，《晨报》特发表社论，在指出教授治校制的优点及他们所认为的大学校长所应具备的标准后，批评称："自章士钊兼农大校长即创行政长官兼大学校长

---

① 《教育特税督办署之参议》，载《晨报》，1926-03-07。
② 《教育特税署参议会》，载《晨报》，1926-03-09；《教育特税署发表参议八十五人》，载《申报》，1926-03-15。
③ 《特税公署调查九校经费》，载《晨报》，1926-03-07。
④ 《督办教育特税公署昨日成立》，载《晨报》，1926-03-06；《教育特税署参议会》，载《晨报》，1926-03-09。
⑤ 《教育特税署参议会》，载《晨报》，1926-03-09。

之恶例，不图今之教育长官竟亦延此恶例，兼长女师大而不疑。他如马君武身长司法，亦未闻有辞工大校长之举。最近教育当局且表示令农大新校长李石曾兼长艺专（李君昨有声明不兼——原注），并有'会办'等名目，尤足令人诧异。岂中国教育人才欠缺至斯耶？当局其审慎将事，勿使章士钊恶例上又加恶例也"①。1926年3月，政局变动，内阁再次改组，易培基去职前提拔了不少亲信职员，《晨报》再次对他的做法大加抨击："此种大放起身炮，实该部民十以后未有之举动"②。自从马叙伦被任命为教育特税督办后，英美派的舆论阵地《现代评论》、《晨报》也对他进行了不少批评。

1月29日，任命马叙伦为教育特税督办的命令发表。2月6日，《现代评论》就有专文评论此事。该文先是对政府的这一举措表示"赞赏"，称："闹到山穷水尽，差不多下学期就不能开学的教育界，居然有现内阁替她设了一个特税督办，以图教育经费独立。这真是有生死骨肉的希望了。"不过作者很快将笔锋一转，对这一计划能否成功实施表示强烈怀疑。作者认为，政府之所以要征收教育特税，原因不外有二："（甲）政府罗掘已空，无法支付教育费。（乙）所有教育费，为实力派所攫取，政府无可如何。中国今日的状况，就是合以上两种原因而有之"，而在中国当时的状况之下，"非把国家财政破产的原因根本铲去，换言之，除非农工商学各界团结起来，用种种方法逼军阀裁兵，教育经费无论有征收特税机关与否，总是不会有着的"。接着作者指出，在裁汰军队、整理财政未实现之前，在特定的时期里，举办教育特税作为权宜之计也是可以理解的；但作者认为，与其设立教育特税督办，不如合全国各大学组织一个教育基金委员会更为可行，因为："（一）委员会不至于受政潮影响，人选随内阁更换；（二）不至有那一党那一派的嫌疑；（三）有全学界为之后援，不至如督办之孤立，并且这个委员会，可请各赔款委员加入，对于各种文化事业的分途补助，大家决定一个办法。像在各

---

① 勉：《国立大学校长问题》，社论，载《晨报》，1926-01-25。
② 《易培基大放起身炮》，载《晨报》，1926-03-06。

赔款委员会，未免一盘散沙，彼此太无联络了。这也是社会与教育当局应该注意的一件事"。①

一周后，在接下来的一期《现代评论》中，又有《教育特税与教育经费》一文对教育特税督办公署提出尖锐批评。首先，作者提出要注意教育特税的税源问题。他认为，筹款对于教育界而言固然十分重要，但是，"也要有适当的原则和方法。象[像]饥不择食的去找钱，究竟不是教育界能做的事"。在其看来，教育特税是不得已而行之的一种救济手段，如果行之而不得法，则"恐怕教育界所得有限，民间所感受的骚扰则特别的大"，因为，"除了各种正税的附加税外，恐怕总要在种种所谓杂税上下手，而这些大都是直接影响于民间日用生活之需，而增高生活费的。并且这种税捐收入不大，而征收费用多。其结果则实际所得的收入远少于民间所纳的税额。那末，假定这些税收真尽充教育经费，也免不掉因为教育界这点有限的财源，增重了人民极大的负担。教育界的个人以消费者之资格，也要同时感受生活费增加的影响"。其次，作者特别强调特税保管和分配问题的重要性，认为如果特税落入政府手里或流用他处，"或是全用在教育上面分配不得当，那都是减少教育界之利益而有背此特税之本旨的"。作者进一步指出，从教育特税督办公署现行的组织架构看，无论是保管还是分配，都没有切实的保障，因为作为督办的马叙伦是"出自政府任命的，隶于政府之下的"，教育界无法参加或监督税收的保管和分配。最后，作者特别强调，不能让教育特税成为政府搪塞一切教育经费要求的口实，因为这毕竟只是一种缓不济急的做法。②

在这两篇文章中，作者不仅认为举办教育特税及教育特税督办公署的设置不合理，而且指出教育特税在税源、保管和分配上也是毫无保障的。这两篇文章结合起来，实际上就从宏观和微观两个角度完全否定了举办教育特税这一举措。这两篇文章均未署名，大致代表了英美派学者

---

① 《教育特税》，载《现代评论》，1926，3(61)。
② 《教育特税与教育经费》，载《现代评论》，1926，3(62)。

对这一问题的看法。平心而论，这两篇文章的许多观点都是符合当时的实际情况的，教育特税督办公署成立不久即告夭折的事实也证明了作者的先见之明。但文中先是含糊其词地说教育特税督办"有那一党那一派的嫌疑"，接着又强调要避免分配不均，这也透露了当时北京教育界派系纷争的一些信息，即英美派不愿意看到教育特税为法日派以及与之接近的马叙伦等人所垄断的局面。《晨报》也对这一问题进行了大量报道①，除一些事实描述外，整体上是持否定态度的。如前所引，《晨报》在报道马叙伦要求增加经费一事时就以"教育特税督办署欲阔比衙门"为标题，褒贬倾向十分明显。

从段祺瑞的角度看，此时他之所以同意设立教育特税督办公署，主要是为了敷衍教育界的经费要求，而并非真心实意要维持教育。命令下达后，就连基本的开办费也迟迟没有到位，开始议决一千元，后来虽然增加到四千元，但3月5日正式开始办公时，开办费实际用去三千五百元左右，其中由政府拨付的仅有五百元，其余均由私人借垫。② 教育特税开始征收后，还是免不了为各地的实权派所截留，据《晨报》载："自阁议通过举办教育特税，并特派马叙伦为督办以后，此项教育特税条例，即经公布，交通机关如各路局、车站、电报局等处即恪遵公令，照章于售出客货车票及拍发商电时，随带实行附征此项特税，旅客商户亦自忍痛增加负担，如数捐纳。时迄阴历年底，综计所收税款，数已不少，但所有此项税收，已悉数被各处军人，直接自向各站局随时提去，教育界本身，并未能沾润[分]毫"③。在税源上，公署本拟举办屠宰税、房税、酒席税、所得税等项，但警厅方面又决定自办屠宰税，与之争利。④ 虽然教育特税督办公署不久即遭裁撤，但在当时的政治环境下，即使长久存在，结果恐怕还是免不了如英美派学者所预料：教育特税督办有了，但教育经费还是没有着落。对此，马叙伦本人也有深切的认

---

① 这一时期的《申报》对此事的报道大都源于《晨报》，只是标题略作改动。
② 《教育特税署参议会》，载《晨报》，1926-03-09。
③ 《国立九校恐不能开学矣》，载《晨报》，1926-02-20。
④ 《教育特税预算每月一万五成发给》，载《申报》，1926-03-12。

识,据他回忆称:"果然会同办理的财政部、京兆尹,表面上敷衍我,实际上连督办公署的经费也无着落"①。亲历其事的郑天挺则认为,所谓的教育特税督办公署只不过是北洋军阀政府的一个骗局而已,"只存在了一个月,昙花一现就完了。我和许(宝驹)曾拟就了几个计划书,完全成了一堆废纸"②。

"三•一八"惨案发生后,马叙伦于3月23日"写了一个辞职呈文,痛快地教训了段祺瑞一顿"③。此时,许世英内阁已经垮台,易培基也于3月4日被免去教育总长职务,贾德耀内阁旋于25日议决,批准马叙伦辞职,并下令裁撤教育特税督办公署,"特税事宜由教育、财政两部迅速妥筹办法"④。这只不过是官样文章罢了,后来并无下文。这也从另一个角度印证了段祺瑞政府之设立教育特税督办公署,并非诚心诚意要解决教育经费问题。

督办教育特税的挫折,使马叙伦更加清醒地认识到了教育与政治的关系——大的政治环境如不改变,教育是无法改善的。作为北方国民党学者中的活跃分子之一,他也列名当局欲行通缉的五十人名单⑤,不得

---

① 马叙伦:《我在六十岁以前》,85页。
② 《郑天挺自传》,冯尔康编:《郑天挺学记》,381页。
③ 马叙伦:《我在六十岁以前》,86页。丁致聘:《中国近七十年来教育记事》(第130页)将马叙伦辞职的时间误作4月2日。马叙伦的辞呈如下:"呈为辞职事,叙伦奉令督办教育特税事宜,转瞬两月。窃体明令振兴教育,巩固国本之意,组织公署,筹画税务,均已次第就绪,正在进行之际,突见本月十八日京师民众暨各校学生,以八国最后通牒事件,诣执政府暨国务院请愿,为卫队枪杀至数十人,伤者闻又数百人,惨目伤心,当食而废,中寝而昧。乃读十八日明令,通缉徐谦等五人,谓其假借共产学说,啸聚群众,屡肇事端。又谓徐谦率领暴徒数百人,闯袭国务院,泼灌火油,抛掷炸弹,手抢木棍,丛击军警等语。窃以徐谦等是否尽属共产党人,及十八日之事真实相,连日京师中外报纸,俱有记载,一致证明,确系因八国通牒事件请愿,并无泼火油等事。即是日枪杀之众,各校学生既居十九,其他亦属一般市民,以外交问题请愿之民众学生,杀之而又坐以倡乱之罪,加以暴徒之名,是国家育才养士,而不欲其爱国也,则亦何用教育。叙伦身任教授二十余年,迄今犹复忝跻学校,中间一再从政,俱关教育,此次督办特税,亦以事关教育,然后受令。今视各校学生,为国家争外交,被杀而犹蒙恶名。窃谓教育可废,特税亦可不办,用特恳予免去督办教育特税事宜之职。叙伦生惟愚戆,不知忌讳,临颖干冒,愿乞明罚。此呈临时执政。"《马叙伦因愤段惨杀学生辞职书》(原载《时报》,1926-03-30),见江长仁编:《三一八惨案资料汇编》,170~171页。
④ 《专电》,载《申报》,1926-03-26。
⑤ 《"三•一八"惨案之内幕种种》,江长仁编:《三一八惨案资料汇编》,43页。

第二章　走向教育界的中心：1919—1926

不避入东交民巷的法国医院。4月下旬奉鲁联军进入北京后，形势更加严峻。4月24日，《京报》被封，社长邵飘萍被捕，两日后遇害。[①]"黑暗光临北京文化界教育界的头上了，随后，吴佩孚、张作霖都到北京，他们大有桃园结义的气概，拜了把子；北京因此更加恐慌。"在此形势下，马叙伦被迫"易服"潜回杭州[②]，直接参加推翻北京政府的政治斗争。这样，五四后他在北京教育界的活动也暂告一个段落。数年后，当他重返北京教育界时，面对的已是另一番景象。

[①] 张静如主编：《中国新民主革命通史》第3卷，83页，上海，上海人民出版社，2001。
[②] 马叙伦：《我在六十岁以前》，87页。

第三章 疏离、重返与淡出：1926—1936

一、北伐前后的从政

从 1926 年 4 月离开北京到 1928 年 11 月第三次出任教育部次长，这段时期马叙伦参与实际政务，与教育界相对疏离。不过，他以学者身份从政，在从政过程中主要还是依靠此前在教育界的人脉，从政生涯结束后，他又重新回到教育界。从这个角度看，他的从政活动与教育界又有着千丝万缕的关系。要了解他在教育界的活动，对这段从政经历就不能不加以重视。

(一) 从政缘起

马叙伦早年以学人自居，故辛亥革命后不久即回到教育界。然而，五四后他在各校任教的同时，不仅多次参与教育行政，甚至完全脱离教育界投身实际政务。之所以如此，与他对教育与政治关系的认识发生变化不无关系。

"教育救国"是清末民初重要的社会思潮之一，正如蔡元培所言："我国输入欧化六十年矣，始而造兵，继而练军，继而变法，最后乃始知教育之必要"①。这一思潮曾给热心救国的有识之士带来很大希望，

---

① 《蔡校长告本校学生暨全国学生书》，载《北京大学日刊》，1919-07-23。

第三章　疏离、重返与淡出：1926—1936

但五四后却日益受到挑战。由于北京政府没有维持教育的诚意，拖欠教育经费成为家常便饭，以致国立各校经常面临着关门倒闭的危机。如何维持教育使之免于破产成为时论关注的热点话题之一。短短十几年里，教育从民众心目中的救国利器一变而成为需要国人维持救济的对象，这一残酷的现实促使时人尤其是教育界中人不得不重新审视教育与政治的关系问题。胡适将二者的关系比作连环套，他在《后努力歌》中称："教育不良，哪有好政治？政治不良，哪有好教育？这一套连环，如何解得开呢？"①蒋梦麟也有过类似表述："知识界看政治问题、社会问题、学术问题，彼此循环不息，好像走进一个万恶的圈子里，转来转去转不出来。这个问题，好像古代的一个老问题：鸡生蛋的呢，还是蛋生鸡的呢？"②五四前黄炎培也将教育视为"救国唯一方法，而以全力注重之"③，在经过一系列挫折后，最终认识到，"政治不上轨道，哪里办得好教育呢"④？

马叙伦对这个问题同样有着切身体会，抗战胜利后他在回顾自己早年经历时称："我呢，做了几十年的教师，也以为教育办好了，政治也就好了。但是我却几度走上政治舞台，几次担任过最高教育行政机关的职务"，之所以如此，是因为"看明白了政治办不好教育没办法的"。⑤从"教育办好了，政治也就好了"到"政治办不好教育没办法"，他的教训

---

①　《后努力歌》，《胡适的日记》下册，1922年5月28日条，362页。

②　《知识阶级的责任问题》，见曲士培主编：《蒋梦麟教育论著选》，266页。

③　黄炎培在《对于斐[菲]律宾华侨教育意见书》(收入《东南洋之新教育》，商务印书馆1918年6月版)中称："中华民国成立以来，国体虽定共和，政局几经变，事实所著，无可讳言。同人私相研究，谓此纷纷扰扰之原因，与其归之道德问题、知识问题，不如归之于教育问题。"见田正平等编：《黄炎培教育论著选》，126页。

④　《不想与不忍》(原刊于《教育与职业》第203期，1947年12月)，见田正平等编：《黄炎培教育论著选》，398页。白坚武在1921年5月14日的日记中就有类似的看法："教育罢课既一再行之，当局漠不闻问，非从本身谋切实办法，日日沿门托钵庸有济耶？一载以前颇闻奋力教育不问政治之论，持者大有人在，今何如矣？天下事息息相关，互有关锁，支支节节，头痛医头，脚痛医脚，浅识不应如是。政治无水平之常律，恶潮澎涌，时起时落，新基均淹没以去，他皆不足言也"(白坚武：《白坚武日记》第1册，313页，南京，江苏古籍出版社，1992)。

⑤　马叙伦：《为黄任之先生的来》，载《民主》，1946(18)。

无疑是很深刻的。作为北京国立各校教职员的代表，他为了争取教育经费受过重伤。此后，虽然有机会参与浙江省乃至中央的教育行政，但因为政治大环境的制约及教育界派系争斗的影响，基本上也没有什么大的作为可言。这些经历也是他从参加北京政府、主持教育行政到最终与之决裂的重要原因之一。在前引的自撰简历中，他自称从1920年以后就谋求推翻北洋军阀的统治，此点似掺杂有后来的观念。当时，他虽然作为北京教职员团体的实际领导，1921年8月还参与发起组织"国立八校教职员太平洋问题研究会"①，但这些活动还算不上是推翻北洋军阀的政治活动。从现有资料看，1923年前后他才加入国民党，投身实际政治活动。

近代中国社会的剧变使学者的生存空间发生很大的改变。随着新式教育的兴起，从前的设馆授徒、游幕、优游山林等生存模式逐渐发生变化。在新形势下，学者们除了一部分进入研究机构及文化组织外，大部分都转移到陆续出现的各类新式学校中来，逐渐与教育事业发生联系，成为形形色色的施教者。而清季以来，尤其是五四后，学生群体作为一个日益崛起的新兴势力，社会影响不断扩大，又为施教者影响社会提供了工具，从而使施教者在更高层次上参与实际政治活动成为可能。有学者详细考察过五四后政党"运动"学生的情况②，实则当时各政党除了"运动"学生，同时也"运动"在学生中声望较高的教职员。学者从政成为民国时期的一个普遍现象，与这一背景不无关系。从政学者一般都拥有各自的资源，其中有相当一部分是在教育界获得的各种资源。

从马叙伦的经历看也是如此。在此之前，马叙伦和国民党并无多少关系。他在《我在六十岁以前》中称，1911年夏他曾请章太炎介绍入同盟会。不过这一记载颇为含糊，他只是说："我（马氏自称）请他（指章太炎）介绍入同盟会，他答应了，但是他却想回国"③，并没有交代此事结

---

① 中国革命博物馆整理，荣孟源审校：《吴虞日记》上册，627页。
② 参见吕芳上：《从学生运动到运动学生（民国八年至十八年）》一书的相关章节。
③ 马叙伦：《我在六十岁以前》，27页。

第三章　疏离、重返与淡出：1926—1936

果到底如何。查彼时章太炎与同盟会之间关系颇为紧张，而且此后未见马叙伦参加过同盟会系统的任何活动。有学者曾对此事做过一些论述①，但证据上似还不是很充分。在前引的自撰简历及其他关于自己早年政治活动的回顾中，马叙伦都谈到了他和国民党的历史关系，均只字不提加入同盟会之事。② 之所以如此，最大可能就是他本来就不曾加入过同盟会（详见附录二）。1922年前后他在浙江教育界活动时，不少北大、北高师毕业的青年学生和他联络。当他回到北京时，"益发有青年集中到我这边"③。1923年，由他组织的以北大学生为中心的民治主义同志会成立。同年冬，在国民党元老谢持、张继的介绍下，这一组织的全体成员履行了集体加入国民党的手续，他本人大致也于此时加入了国民党。④ 国民党"一大"后，北京执行部成立，他当选为宣传部长，成为北京教育界国民党的重要代表人物之一。接下来的两年多时间里，从遥祭列宁到吁请恢复中俄邦交⑤，从组织五卅惨案后援会到领导英国公使馆华人罢工，从发起"国民大会"、"首都革命"到"三·一八"惨案前后的"倒段"运动，在这些活动中他均扮演过十分重要的角色。⑥ 据老北大出身的谢兴尧观察：马叙伦"中等身材，留着两撇牛角胡子，貌似老儒，而思想激烈，每逢会议，必慷慨激昂，每请愿游行，必手执号筒，前队

---

① 卢礼阳：《马叙伦》，37～40页。
② 1946年4月，马叙伦在《敬尽最后的忠告于国民党》（《民主》，1946年4月27日第28期）一文中称："在我做中学生的时代，已迷信了革命……后来我加入南社，也入了国民党，两次首都革命，一次浙江独立，不是我'丑表功'，也算出生入死，影响到国民革命军的成功。这固然是革命者应尽得［的］责任，但我总不算对不起国民党。"1945年12月1日所写的《国民的责任应该说话》（马叙伦：《马叙伦政论文选》，17页）也有过类似回忆。马叙伦在这两处记载中都只说曾加入南社，而没有提及同盟会。
③ 马叙伦：《我在六十岁以前》，79页。
④ 卢礼阳：《马叙伦》，118页。
⑤ 1924年1月26日，北京学生联合会、马克思学说研究会等四团体在北大第三院大礼堂举行遥祭列宁大会，由马叙伦担任主席（王学珍等主编：《北京大学纪事》，上册，119页，北京，北京大学出版社，1998）。同年初，北大教授吁请恢复中俄邦交，列名的有蒋梦麟、陈大齐、胡适、汤尔和、马叙伦、李石曾等47人，"皆北大教授中知名之士也"（《北大教授请复中俄邦交》，载《申报》，1924-02-18）。
⑥ 马叙伦：《我在六十岁以前》，79～86页。《天安门前之国民大会》，载《申报》，1925-07-21。参见卢礼阳：《马叙伦》，118～120页。

197

冲锋。与李石曾、顾孟余等，均能抓住群众，且具极浓厚之民党色彩者。与太炎为友，又与吴稚晖、李石曾为同道，盖学生运动中之老英雄。……虽学而未阀，要系学者中之政客，故在北大前期，极有势力"①。

国民党北京执行部一直存在着左派、右派之分，孙中山逝世后，双方交锋日渐激烈。1925年11月下旬西山会议召开后，两派矛盾更加激化。在这些争斗中，马叙伦属于右派阵营。②他自己并不隐讳这一点，后曾对此作过如下解释："这时，北京的国民党党部已分成两个，一个是'西山派'，由林森、邹鲁、张继、谢持一辈领导的，他们怕国民党被共产党篡窃了，他们反对阶级斗争，他们主张国共仍就[旧]分开；但是，他们是孤立的。我呢，虽然信仰社会主义，却不赞成暴动政策，我和李大钊谈过，他在共产党的纪律底下，没有表示，后来他们常有红字的传单，明白鼓励暴动，我因此也参加了西山派。"③1926年年初，国民党北京市党部左右派分设两处：一在翠花胡同，左倾，由李大钊、于树德等人主持，被称为翠花胡同派；一在南池子南花园，右倾，由马叙伦等人主持，被称为南花园派。④到"三·一八"惨案发生前后，马叙伦自称是"西山派党部的参谋长"，⑤可见他在北京国民党右派中位置之重要。

不过，马叙伦与西山会议派的主流还是有着一定的距离。作为西山会议派核心的林森、邹鲁、谢持等人以前不在北京活动，初来乍到之际，根基不深，自不能不借重在北京教育界有重要影响的马叙伦等人。而马叙伦作为北京国民党右派代表，出于与左派争夺领导权的需要，也

---

① 谢兴尧：《堪隐斋随笔》，84页。文中称马叙伦在"北伐后任教次甚久，遂未北来"，不确。
② 参见卢礼阳：《马叙伦》，129～131页。
③ 马叙伦：《我在六十岁以前》，85～86页。
④ 黄宝实：《忆一湖寄庐》，载《传记文学》，1968，12(2)。张继在回忆录中称，"西山会议会后，设机关于翠花胡同，林(森)邹(鲁)二君主持之"(张继：《张溥泉先生回忆录·日记》，16页；沈云龙主编：《近代中国史料丛刊三编》第3辑，台北，文海出版社)。此处记载不确，在翠花胡同的党部是国民党左派党部。
⑤ 马叙伦：《我在六十岁以前》，86页。

第三章　疏离、重返与淡出：1926—1936

乐于与林森等国民党内资历颇老的右派主将们合作。1926年年初，西山会议派的活动中心从北京转移到上海，"企图攫取上海和江浙各省的组织，以对抗广州的中央左派"[①]。他们到上海后，已不必像此前那样倚重马叙伦等人；而马叙伦亦与西山会议派渐行渐远，尽管此期他的右派立场还未改变。1926年3月29日，西山会议派在上海吕班路建国中路中学礼堂召开"二大"，马叙伦并未出席，不过仍被选为"中央监察委员会委员"[②]。不久后，他就和西山会议派脱离了关系，据其回忆："当我还没有离开北京的时候，我觉得革命的力量，还是需要集中，不当分散，曾经和几位青年（西山派——原注，下同）表示我的意见，这样孤立而不能发展，是违背革命的'宗旨'；回南以后我又和一位青年说了，希望他们赶紧加入军事工作，他们果然接受了我的建议，联名登报声明脱离西山派（王昆仑、许宝驹等都是这时退出西山派的）；等我代表夏超到广州，他们已经有七八成都担任着革命工作了"[③]。

加入国民党是这一时期马叙伦参与实际政治活动的起点。此后，他在北京教育界的活动除了传统的同门、同乡、门生故旧等关系外，又多了一层政治上的同党关系。他在段祺瑞政府出长中央教育行政以及督办教育特税，除了教育界的派系因素之外，背后还有国民党与各派军阀关系亲疏离合这一政治背景。这是他在东大易长风潮中与杨杏佛、吴稚晖等国民党人站在同一立场的重要原因，也是他在北大内部派系之争中逐

[①]　潘念之：《大革命时期浙江的反对国民党反动派斗争》，见全国政协浙江省委员会文史资料研究委员会编：《浙江革命史料特辑》第2辑，4页，杭州，浙江人民出版社，1980。

[②]　《中央执行委员会常务委员会第二十一次会议录》（1926年4月23日），中国第二历史档案馆编：《中国国民党中央执行委员会常务委员会会议录》第1册，19页，桂林，广西师范大学出版社，2000。据《马叙伦》（卢礼阳：《马叙伦》，131页）所引西山会议派"二大"前的通告，70名代表里有马叙伦（替代李大钊）。但查《中央执行委员会常务委员会第二十一次会议录》（1926年4月16日）（《中国国民党中央执行委员会常务委员会会议录》，6～9页），出席会议的70名代表里并无马叙伦。另沈云龙在《林森、邹鲁、谢持与西山会议》一文中根据《清党实录》的资料称，出席该会的代表共有108人，里面也没有马叙伦（沈云龙：《民国史事与人物论丛》，212页，台北，传记文学出版社，1981）。据马叙伦回忆，他是在邵飘萍遇害后才离开北京的，故最快也是在4月24日后才南归；而且他"混出北京"后是"直回杭州"的（马叙伦：《我在六十岁以前》，87页），因此他不曾在上海出席该会大致可以确定。

[③]　马叙伦：《我在六十岁以前》，87～88页。参见卢礼阳：《马叙伦》，133～134页。

渐倾向于法日派的原因之一。国民党内的左派和右派虽然斗争激烈，但在反对段祺瑞这一点上却基本一致。①"三·一八"惨案发生后，随着国民党与北洋军阀的全面决裂，他也南下参加响应北伐的政治斗争。

(二)响应北伐

在北伐过程中，马叙伦最大的动作就是说服浙江省省长夏超宣布独立、响应北伐。此事最初起于姜绍谟、许宝驹两人的提议，据姜绍谟记载：

> 有一天我忽然想起浙江省长夏超(定侯——原注，下同)，为人机警有大志，绝不甘心屈居孙传芳之下，如有机会，必可举义反孙。此时如有机会策动夏超反正，东南半壁，影响甚大。我知道马叙伦(夷初)先生与夏有深交，此时马正在杭州，若由马向夏进言，夏必言听计从。我们两个定计后，当天晚上就到东交民巷西口乌利文洋行楼上，去看易培基(寅村)先生，把我们的意见告诉他。他听了以后，大为嘉许。他说今晚时间不早了，准备把这件事告诉李石曾先生(时为北京政治分会主席，避居法国医院)，要我们明晚去听消息。第二天晚上我们复往谒见，他告诉我们李先生亦甚赞成。他将先去电与国民政府主席张静江先生接洽，要我们二人中，一人去杭州，一人留在北京和他保持联系。我们商定由许宝驹回浙江进行此事；我则留在北京静候好音。因为宝驹口才便给，说话比较动听，所以我推他前往。宝驹到了杭州，把我们的计划和经过情形，告诉马夷初先生。马往见夏，晓以利害，夏极表赞成，决定反正。②

马叙伦、黄人望与夏超的关系素密，加之夏氏本来就"不满意外省人统治浙江"，正对孙传芳和督办浙江军务的卢香亭心存不满，遂为马、

---

① 《为三·一八写》，见马叙伦：《马叙伦政论文选》，93页。马叙伦：《我在六十岁以前》，86页。

② 姜绍谟：《随侍蔡先生的经过及我对他的体认》，见陈平原等编：《追忆蔡元培》，250页。关于此事经过，参见卢礼阳：《马叙伦》，134~139页。

黄等人说动，同意反正。① 9月中下旬，夏超派马叙伦到广州与国民党中央党部主席张静江、国民政府主席谭延闿等人接洽②，并通过葛武棨（黄埔同学会骨干、蒋介石的亲信、黄人望任浙江省立一中校长时的学生）的关系和蒋介石联络。③ 各方商洽妥当后，国民政府遂任命夏超为浙江省省长，兼国民革命军第十八军军长；许宝驹为十八军党代表，姜绍谟为十八军政治部主任。④ 当蒋介石所率的中路军与孙传芳主力在江西接触时，夏超即于10月16日宣布独立，并向上海进兵。但形势很快逆转，23日孙军攻入杭州，夏超兵败遇害。⑤

夏超之所以如此迅速失败，原因很复杂。首先，双方力量对比决定了夏超这次独立成功的把握不大。夏超的军事实力原本就远不如孙传芳。据亲历其事的蒋梦麟观察，夏超"准是被别人的胜利陶醉了，否则他怎么会企图与实力强十倍的敌人作战呢"⑥？而北伐战局的变化使得双方力量对比变得更为悬殊。按照北伐军的战略意图，蒋介石的中路军在江西吸引住孙传芳的主力，何应钦的东路军再由福建入浙接应。这些意图若能够实现，可以大大缓解夏超所面临的军事压力。但彼时孙传芳的军事实力尚强，蒋介石与之战于南昌附近，一度连司令部都被攻陷了。⑦ 而何应钦指挥的第一军这时在福建亦为孙军所败。这样一来，就谈不上对孙军有多少牵制。夏超宣布独立后即陷入与孙军单独对垒的态势，蒋介石的嫡系主力尚且不敌，更何况夏超手下的保安队，他们大都缺乏军事经验，"军事的技术也差，再加上保安队的训练也不够，而且他在平时为了避免卢香亭的注意，运输军火甚至训练军队，都是不能完

---

① 马叙伦：《我在六十岁以前》，87页。
② 同上书，87~88页。
③ 童志沂口述、徐义君整理：《大革命时期浙江革命运动的点滴回忆》，见全国政协浙江省委员会文史资料研究委员会编：《浙江革命史料特辑》，41页，杭州，浙江人民出版社，1981。
④ 姜绍谟：《随侍蔡先生的经过及我对他的体认》，见陈平原等编：《追忆蔡元培》，250页。
⑤ 《时事日志》，1926年10月23日条，载《东方杂志》，1926，23(23)。
⑥ 蒋梦麟：《西潮·新潮》，149页。
⑦ 马叙伦：《孙传芳》，见马叙伦：《石屋续渖》，26页。

全公开的；所以'仓促之间'，不能立刻动员"①，在军事上已经失去了先机。在此形势下，夏超的失败也就难以避免了。

其次，夏、孙两人处理事变的态度也相去甚远。夏超的决断力较弱，未能做到"谋定而后动"，宣布独立后又优柔寡断，迟迟不肯就"第十八军军长兼浙江民政事宜"的职务。据时论称："一方面马叙伦等及浙军中国民党军官，正在怂恿夏就职中。在夏则主张浙江自治，并维持现制度，对部下国民党系人物主张采用委员制事，尚未同意。"18日，夏超还令当地绅商开会发表浙江自治宣言，"以便为延期就任第十八军军长之口实"②。同时，他对外又有否认独立之说，在致淞沪商埠总办丁文江的通电中，"声明进兵系因谣诼纷传，商民请求，已令折回嘉兴"③。如此反复不定，直视军机大事如儿戏。在浙江共产党方面看来，"夏超在政治上毫无进步要求，只玩了一下手段，当他和孙传芳争夺地盘时才借国民党来壮自己的声势。临到了宣布独立的一天，临时向国民党省党部借去一面青天白日和青天白日满地红的旗（国民党的党、国旗——原注），但也未曾挂起来。……到了形势十分险恶的时候，他临时又派人来要我们组织敢死队，替他督战。那时候我们虽已有工人纠察队的准备，因为形势很坏，事实上无法挽救夏军的溃散，没有出动"。④孙传芳的态度则完全相反。事变发生后，他就一直坚持以武力解决，令第八师第十五旅旅长宋梅村为前敌指挥，率所部迅速向夏超发起攻击。21日，宋部在嘉兴击败夏超的保安队，两天后攻入杭州，夏超在出逃途中被捕遇害。

再次，浙军内部的矛盾也是夏超失败的重要原因。当时浙军在省外的还有陈仪和周凤岐两师，如果这两部分军队与夏部一起行动的话，胜算就会大得多，但实际情况正好相反。陈、周两人虽然暗中也分别接受

---

① 马叙伦：《我在六十岁以前》，88～89页。
② 《党政府任命夏超为第十八军长》，载《晨报》，1926-10-21。
③ 《时事日志》，1926年10月18日条，载《东方杂志》，1926，23(23)。
④ 潘念之：《大革命时期浙江的反对国民党反动派斗争》，见全国政协浙江省委员会文史资料研究委员会编：《浙江革命史料特辑》第2辑，6～7页。

第三章　疏离、重返与淡出：1926—1936

了国民革命军第十九军、第二十六军军长的任命，但都不敢公开就任。① 夏超宣布独立后，孙传芳采取离间手段，免去其浙江省省长职务，以陈仪取而代之，陈氏随即在徐州宣布就职。② 周凤岐与夏超的关系本来颇为密切，夏超之所以最终下定决心独立也与周有关。据马叙伦记载："周凤岐也是十兄弟团的一个，不能不顾；当然，这个消息会立刻传到周凤岐那里，周凤岐就瞒了孙传芳，把他的部队向浙江撤回，这也是夏、周的斗争。夏先生得到这个消息，立刻找我决定宣布独立。"③ 此处所谓"夏、周的斗争"，是因为周凤岐在浙江"资望颇老"，得知夏超被国民政府任命为"国民革命军第十八军军长兼理民政"后"忌之"④；而夏超误以为孙传芳败局已定，又担心周凤岐回师浙江后会抢了他在省内的领袖地位，遂匆忙宣布独立⑤。由于这一复杂关系，周凤岐在夏超独立过程中不仅没有给予有力援助，反而起到掣肘夏部行动的反作用。当夏超的保安队从嘉兴溃退时，周凤岐部驻扎在杭州的伍崇仁团还阻止夏军回杭。⑥

夏超宣布独立后，马叙伦被任命为建设厅厅长。当杭州形势危急时，他因在广州接洽时，"由张人杰（即张静江——引者，下同）先生面嘱，请夏先生（即夏超）拨十万元付上海钮永建先生，这时，钮先生是驻上海，和各方接洽且筹划军事的，夏先生开了一张支票，由我（马叙伦自称）找励乃骥先生立刻由早车带走，幸而车已通过，不曾出事。这日下午，我和蒋梦麟渡钱塘江，到绍兴，宿了一晚，第二日走宁波，由宁波乘轮船到上海，找钮先生想法补救，但是钮先生一下子也没办法"⑦。因为这个缘故，当时倾向于孙传芳一方的《晨报》上遂有他"搜刮十数万

---

① 沈晓敏：《处常与求变：清末民初的浙江咨议局和省议会》，377～378 页。
② 《时事日志》，1926 年 10 月 20 日条，载《东方杂志》，1926，23(23)。
③ 马叙伦：《我在六十岁以前》，88 页。
④ 马叙伦：《孙传芳》，见马叙伦：《石屋续沈》，26 页。
⑤ 沈晓敏：《处常与求变：清末民初的浙江咨议局和省议会》，378 页。
⑥ 《时事日志》，1926 年 10 月 22 日条，载《东方杂志》，1926，23(23)。
⑦ 马叙伦：《我在六十岁以前》，89 页。

元而去"①的消息。他及黄人望、许宝驹、王强(即王昆仑)等人在夏超独立过程中发挥了主导作用,这些人有不少是所谓的"马黄党"成员,在当时的舆论里,夏超是受他们所左右的,因此事后均遭到孙传芳通缉。②

作为具体的策划、联络者,马叙伦对此事内情当然知之甚详。两个月后,在北伐军逼近浙江时,他曾撰文呼吁省内民众起来响应,并谴责反对夏超独立的各方势力,称:"借使夏超倡义之际,浙江民众能积极的赞助革命,或消极的了解革命,则夏超何至于遽败?且或将越浙江而抵上海,则孙传芳失其要害之区,将无侧足之余地。即曰战事未必遽已,而浙固可图安宁也。乃官僚挠之,法团阻之,资本家反对之,反革命者百方恐吓牵制之,由是夏超不致于败者而亦不能不败矣(余有《浙江丙寅革命失败记》,今时尚未敢公布也——原注)"③。他所批评的对象里自然也包括周凤岐。1926年12月,周凤岐步夏超之后尘,在衢州宣布响应北伐,就国民革命军第二十六军军长职,北伐后在浙江政坛上势力很大,与马叙伦的关系也颇为紧张。

(三) 主持浙政

1926年12月中旬,国民党浙江省党部筹组临时政权,这次决定设立的浙江省临时政权包括三个组织:设政治会议为最高决策机关,以政务委员会和财政委员会为执行机关。马叙伦因自加入国民党以来的政治资历,加上策动夏超独立、响应北伐有功,被同时任命为政治会议委员

---

① 《夏超卷逃公款》,载《晨报》,1926-11-03。
② 据马叙伦回忆,当时被通缉的有他和黄人望、许宝驹、王强四人(马叙伦:《我在六十岁以前》,89页),实际上远不止此数,据《申报》记载:"夏超业经出示悬赏十万元缉拿后,现续行通缉者,闻尚有马叙伦、许宝驹、宣中华、黄人望、韩宝华、查人伟、黄(王)强等七人。某方面消息,浙省此次事变,应行查究之名单,计共二十余人"(《杭州快信》,载《申报》,1926-10-28)。
③ 马叙伦:《我所希望于改岁后之浙江》(1926年12月23日),载上海《民国日报》,1927-01-01。马叙伦《浙江丙寅革命失败记》一书无疑是了解这一事件的第一手资料,惜已无从查找。

第三章　疏离、重返与淡出：1926—1936

和政务委员会委员。① 由于杭州仍在孙传芳的直接控制之下，故临时政治分会改在宁波召开，旋因受到孙军威胁，委员们决定暂时分散躲避。马叙伦和蔡元培、姜绍谟等人同行，先到象山，次年1月20日坐帆船抵达福州，与何应钦部会合。② 时任职于厦门大学国学院的顾颉刚、容肇祖、潘家洵等人适在福州购买书籍和风俗物品，便邀蔡、马两人于29日同往厦门。③ 1926年奉系军阀占据北京后，北大不少学者纷纷南下。因为林语堂的关系，厦大国学院的主干班底几乎是北大研究所国学门的延续。④ 马、蔡到后，恰逢国学院风潮，为了避嫌，遂住在离厦大校园较远的鼓浪屿。⑤ 他们两人对于此事均有所建议，马叙伦劝顾颉刚

---

① 各组织成员如下："政治会议委员：张人杰、蔡元培、经亨颐、褚辅成、周凤岐、陈其采、戴任、陈仪、韩宝华、宣中华、马叙伦、蒋梦麟。政务委员会委员：张人杰、褚辅成、蔡元培、蒋尊簋、沈钧儒、王廷扬、庄崧甫、魏炯、查人伟、马叙伦、朱兆莘［莘］、潘枫涂（即潘念之）。财政委员会委员：陈其采、徐鼎年、俞炜、阮性存、周骏彦、孙鸣皋、张世杓、丁济美、萧剑父、钱新之。政治会议代理主席：蔡元培；政务委员会代理主席：褚辅成；财政委员会主席：陈其采"（中国蔡元培研究会编：《蔡元培全集》第16卷，280页）。马叙伦的委任状："国民革命军总司令部任命状，第四四六号，任命马叙伦为浙江政务委员会委员。此状。总司令蒋中正，中华民国十五年十二月十九日"（原件已由马氏家属捐给中国革命博物馆）。据潘念之记载："一九二六年十月，国民党浙江省党部的宣中华商得中共江浙区委同意后去南昌向北伐军总司令蒋介石联系工作，商量北伐军进入浙江后的政权机关组织问题。宣中华提出了一张名单，主要是浙江国民党员的代表人物和浙江地方公正士绅，经蒋介石看过同意，并加上他自己的亲信，就以总司令的名义发了委任状。……一九二六年十月下旬，北伐军已占领江西和福建，两路东指，克复浙江成定局。十一月初，新任的浙江省政府各委员在上海全浙公会（褚慧僧负责的浙江绅士的团体）举行了一次会议。当时浙江发起独立刚失败，孙传芳部队只占踞钱塘江西岸，浙东地区是浙军第一师石铎部队驻地，一师师长陈仪同褚、沈有关系，再经省党部的工作，他们准备投向北伐军。委员们都主张先到宁波成立省政府，把行政事务管起来。十一月中旬，许多委员到了宁波，已经开了会，打算宣布成立新政府，开始工作。但在当天晚上又得到消息，孙传芳部队已经到了百官，正向宁波行进中。石铎部队准备向台州撤退。于是各委员决定暂时分散，待北伐军到浙江后再集合。这时褚、沈二老回到上海，宣中华、潘枫涂则赴浙江内地工作"（潘念之：《怀念沈衡老》，见生活·读书·新知三联书店：《沈钧儒纪念集》，128～129页，北京，生活·读书·新知三联书店，1984），这一记载很详细，但所记时间与其他史料有很大的出入，录此以备一说。

② 马叙伦：《我在六十岁以前》，91～92页。对于这一阶段的行程，蔡元培日记里有详细记载（中国蔡元培研究会编：《蔡元培全集》第16卷，282～285页）。

③ 顾潮：《历劫终教志不灰——我的父亲顾颉刚》，111页。蔡、马等人于30日抵达厦门，见前引蔡元培日记。关于马叙伦这一时期的活动，参见卢礼阳《马叙伦》的相关章节。

④ 桑兵：《厦门大学国学院风波》，见桑兵：《晚清民国的国学研究》，213页。

⑤ 1927年2月2日顾颉刚致胡适，中国社会科学院近代史研究所编：《胡适来往书信选》，上册，425页。马叙伦有《宿厦门大学》一诗记此事，诗云："楼船严守望，刁斗即归程（时寓鼓浪屿——原注，下同）。人静海声大，楼高铃语清（校右为南普陀佛院）。拥衾窥鼠窃，侧耳待鸡鸣。辗转心潮涌，吾亲在宛平"（周德恒编：《马叙伦诗词选》，4页）。

暂勿辞职，"先向校长提出质问书，质问停办国学院及辞退院中各教员之理由，俟其答复而后再辞职"。顾颉刚听取了他的意见，作《顾颉刚为厦门大学停办国学研究院事质问林文庆书》，林语堂以《质问书》中承认国学院同人有投入风潮旋涡者，颇不满于顾。① 在福建停留了将近一月，北伐军已经克复杭州，蔡、马等人遂于2月18日离厦返浙，参与主持政务。在这一月里，"从福州到泉州、漳州、厦门、宁波随地都要演说，总是阐扬革命主义，唤起群众，最可纪念的，在福州陪何总指挥（即何应钦——引者）阅了一次兵"②。从2月26日回到杭州，到8月中旬辞职，马叙伦与浙江政局发生了密切关系。这近半年时间大致可以分为以下三个阶段。

第一阶段，从2月底回浙到3月底张静江回杭。自从国共合作后，浙江就一直存在左右两派的斗争。左派势力包括共产党员和国民党左派，以宣中华为首。而右派势力则前后不同，初期指沈定一为首的西山会议派，此时则变为蒋介石为首的"新右派"③。北伐军进入杭州后，国民党浙江省党部的活动从地下转为公开化，1926年年底组织的省政府三个委员会也正式成立，开始实际运作。在共产党一方看来，"省政府是北伐军到达以前所任命的。全由浙江当地人所组成，没有军人参加，具有联合政府的性质"④。在这些委员里，属于左派的有宣中华、潘枫涂（即潘念之）、韩宝华、查人伟、张世杓、朱兆莘、丁济美等人；属于中间派的主要是浙江地方绅士褚辅成、沈钧儒、魏炯、王廷扬、庄崧甫等人；属于右派的主要有张静江、陈其采、蔡元培、马叙伦、蒋梦麟等人。当时，浙江省共产党的领导按照中共中央的部署，采取团结中间派、反对右派的策略。⑤

---

① 顾潮：《历劫终教志不灰——我的父亲顾颉刚》，115页。
② 马叙伦：《我在六十岁以前》，94页。
③ 潘念之：《宣中华同志战斗的一生》，见全国政协浙江省委员会文史资料研究委员会编：《浙江革命史料特辑》（浙江文史资料第14辑），1979年，11页；潘念之：《怀念沈衡老》，见生活·读书·新知三联书店编：《沈钧儒纪念集》，128页。
④ 潘念之：《大革命时期浙江的反对国民党反动派斗争》，见全国政协浙江省委员会文史资料研究委员会编：《浙江革命史料特辑》第2辑，10页。
⑤ 据潘念之所载，这些左派分子中只有宣中华、潘枫涂是共产党员，其余均为国民党左派。潘念之：《怀念沈衡老》，见生活·读书·新知三联书店编：《沈钧儒纪念集》，129页。

第三章　疏离、重返与淡出：1926—1936

马叙伦回杭后不久即卷入了左右两派之争，成为当时浙江政坛右派的代表人物之一。由于蔡、马等人长期在教育界活动，尤其马叙伦曾任过浙江一师校长和教育厅厅长，在省内教育界有着较大的影响力。在他们还没有到来之前，中共杭州地委就对如何争夺浙江教育界的领导权作出应对准备，提出了包括拥护中间派经亨颐回浙领导教育界在内的两个方案，希望以此作为与右派之间的缓冲。① 果然，马叙伦回杭后不到一周时间，《申报》上就有浙江省教育厅厅长"闻已内定马叙伦、朱步青（前绍兴女师校长）二人中，择一委任"②的消息。不过在3月1日浙江省政务委员会开会时，最终是确定左派的朱兆莘（少卿）为教育科科长（相当于教育厅厅长）。根据当时浙江省政务委员会组织大纲规定，政务委员会设秘书处，暨民治、司法、教育、建设四科。③ 除教育科科长由朱兆莘担任外，褚辅成任主席兼民政科科长，沈钧儒任秘书长，查人伟任建设科科长，魏炯任司法科科长，全部是左派或中间派分子。这一结果表明共产党的策略取得了初步成功，包括蔡元培、马叙伦、蒋梦麟在内的右派分子基本上都被排斥在外。故当时在北大校友看来，共产党与联治派联合起来排斥北大派。这一阶段，马叙伦虽然同时为政务委员会委员和政治会议委员，但实际上完全被架空，据其回忆："委员中除了那位年轻的共产党委员（指宣中华——引者）和三位兼科的委员外，差不多没有话问，每件公事，经共产党两位委员许可就成了决议案"④。

第二阶段，"清党"前后。政治会议浙江分会主席张静江3月10日从南昌出发，21日抵达杭州。⑤ 他的到来使浙江左右两派的斗争趋于尖锐化。当天晚上，马叙伦就和邵元冲、蔡元培等人一起到新新旅馆看望张氏，并谈到了杭州左右派斗争的情况。据张静江称，蒋介石"对于与共产党分离事已具决心，南京定后，即当来宁共商应付"⑥。而据当时

---

① 参见卢礼阳：《马叙伦》，149页。
② 《浙教育厅长人选之内定》，载《申报》，1927-03-02。
③ 《朱兆莘被推为浙江教育科长》，载《申报》，1927-03-05。
④ 马叙伦：《我在六十岁以前》，94～95页。参见卢礼阳：《马叙伦》，149～150页。
⑤ 《张静江等昨日抵沪》，载《申报》，1927-03-25。
⑥ 王仰清、许映湖标注：《邵元冲日记》，312页。

共产党一方观察,张静江"出任浙江省政府主席,不到省政府办公,也不接见省党部派去看他的人,而是住在西湖新新旅馆内同马叙伦、蒋梦麟等策划反共夺权";另一方面,"杭州群众组织在当天傍晚举行游行,贴出'反对昏庸老朽分子(指张静江——原注,下同)、打倒西山会议派(指马叙伦)'的标语,予以抵制"。①22日,张静江与邵元冲继续密议,并约蔡元培、马叙伦、蒋梦麟、邵元冲等人以到前敌慰劳将士的名义,于23日午后特开专车赴沪,于次日上午抵达龙华白崇禧的指挥部。②此行使马叙伦亲历了国民党右派"清党反共"的决策过程。

张静江等人在龙华停留了两天多,"晤白健生(即白崇禧)、潘宜之、张伯璇(定璠)、黄膺白、王伯群等,旋稚辉[晖]、石曾亦同来晤,共商应付党务事宜。稚辉[晖]以屡为陈独秀等所绐,亦忿然以为非分裂不可。石曾意亦激昂"③。3月26日傍晚,邵元冲等人得知蒋介石抵达"丰林桥(新西区对门)上海交涉使署"(马叙伦记作"枫林桥上海镇守使署"),"遂于晚间偕稚辉[晖]、石曾、孑民、静江等同往一谈,以杨杏佛等在座,故不能尽言,约明日再商而别"。次日午前,蒋介石"约同迁入丰林桥总部行营,遂与稚晖、石曾、孑民、梦麟、夷初等均行迁入,寓旧沪海道尹公署内。是日开会讨论与共产党分裂之办法,稚晖主张由中央监察委员会提出弹劾共产党员及跨党分子谋危本党、动摇后方及卖国之行为,其证据则根据数星期前陈独秀对稚晖之谈话,谓共产党于二十年内必可实行共产,又去年双十节共产党在湖北秘发之传单阴谋破坏国民党者以为证,然后再由监察委员会召集中央执行委员之非附逆者开会商量以后办法,而开除及监视一切附逆及跨党之首要等,听候代表大会裁

---

① 潘念之:《宣中华同志战斗的一生》,见全国政协浙江省委员会文史资料研究委员会编:《浙江革命史料特辑》(浙江文史资料第14辑),1979年,14页。
② 参见卢礼阳:《马叙伦》,151页。关于张静江等人何时赴沪有不同记载。蔡元培的记载是"23日午后"(中国蔡元培研究会编:《蔡元培全集》第16卷,286页),而同车前往的邵元冲却记作24日"午后五时"(王仰清、许映湖标注:《邵元冲日记》,313页)。亲历同一事件的两人在日记里所记的日期却不同,可见作为史料,日记也不可尽信。参照《申报》的报道(《张静江等昨日抵沪》,载《申报》,1927-03-25),以蔡元培所记较为可靠。
③ 王仰清、许映湖标注:《邵元冲日记》,313页。

判"①。此后数日，相关各人又召开了一系列的秘密会议。当时马叙伦论资历还没有机会参与最高决策，仅权充过会议的"秘书"。②

从马叙伦这段时期的活动看，他是积极支持"清党"的，表明他退出西山会议派后并未改变自己的右派立场。正如不隐讳自己加入过西山会议派一样，抗战胜利后他对"清党"时支持国民党右派的民众的政治态度作过如下剖析：

> 国民党里一部分青年，看见共产党党员在国民党里有"喧宾夺主"、"养子乱宗"的危险，表示不愿意混在一起，便产生国民党的右派——西山派。到这时国民党的中央首脑部也感觉到这种危险，不能再忍，因而有十六年四月的清党运动。从此共产党自立门户了。因为那时共产党大都属于托洛斯基派，主张的是世界革命，用的手段是暴动。受帝国主义、资本主义压迫惯了的次殖民地底民众感觉不到什么主义和自己切身的利害有关，而为苟安所麻醉的心理（或者因为尚未到水深火热的程度）又使他们厌恶过激的动作，所以看他们真如"洪水猛兽"，就都投靠到国民党怀抱里来。③

结合其本人在"清党"过程中的表现，他此处所言多少带有点"自嘲"的意味。

"清党"后，马叙伦等右派成员在浙江政坛的地位迅速上升。4月14日傍晚，马叙伦与邵元冲、蒋梦麟、蒋尊簋等人一起回到杭州，"当晚用政治会议浙江分会名义，布告受派来浙办理党政"④。在浙江"清党"过程中，原有的政务委员会委员中，韩宝华事先得到消息避开，朱兆莘

---

① 王仰清、许映湖标注：《邵元冲日记》，314页。
② 马叙伦：《我在六十岁以前》，96页。台湾影印再版国民党党史文献专辑《革命文献》第17辑时，又收录了1927年3月28日和4月2日中监委紧会议记录，这两份文献均注明是由马叙伦记录。其中，4月2日的会议记录有论者认为是伪造的，详见张静如主编：《中国新民主革命通史》第3卷，609～627页。
③ 《国民的责任应该说话》，1945年12月1日，见马叙伦：《马叙伦政论文选》，10页。关于这一时期马叙伦的政治倾向，参见卢礼阳：《马叙伦》，154页。
④ 王仰清、许映湖标注：《邵元冲日记》，317页。

临时脱出，王廷扬、魏炯、庄崧甫未遭拘禁，褚辅成、沈钧儒和查人伟三人则被拘禁。① 张静江让马叙伦、蒋梦麟、陈其采三人主持政务委员会，曾引起庄崧甫、王廷扬等人的激烈反对。② 中共及国民党左派联合

---

① 潘念之：《怀念沈衡老》，见生活·读书·新知三联书店编：《沈钧儒纪念集》，133页。
② 庄崧甫致电蒋介石称："崧甫谬蒙委任为浙江省政务委员会委员，已三月有余，前因党部不遵党纲，逾越范围，崧甫早拟提出辞职，故有党部与政府应划清权限案之建议，嗣钧座深知内情，特令清党。查本会委员共十二人，此次经清党后被逮者一人，避去者二人，除有告假及不到任外，在会中连崧甫共尚有五人，如马委员叙伦、蔡委员子民能到会，即足法定人数。乃马委员逗留沪上二十余日，反故说各委员均行星散，实则褚代理主任与沈委员，十四日上午仍照常办公，下午突由军警迫令离署，美其名曰保护，而马委员等则在沪上开临时政治会议，据陈委员其采、马委员叙伦、蒋委员梦麟，处理一省政务，实则询之陈委员，则云财务尚未能周顾，焉能兼管政务，蒋委员亦以不能兼管为词，是则一省行政，独揽于马委员之手，迹其自由布告，为所欲为，非包办而何？以帝国主义官僚之手段，行之于青天白日之旗下，夫复何言？崧甫等为钧座所委任，政务委员会为合议制，非独裁制，今竟若此，使崧甫成为一虚悬之人，职责既不能守，不能不呈请钧座准予辞职，俾得遂初衷而让贤能，无任迫切待命之至。"庄崧甫致马叙伦函："本会三月十一日（此为农历，即公历4月12日——引者）清党后委员被逮者一人，避去者二人，惟会中连崧甫尚有五人，查本委员会共十二人，张主席从未到任，蒋委员伯器又长期请假，如果贵委员与蔡委员能到会，即可足法定人数。乃贵委员逗留沪上二十余日，反诬省内各委员均行星散，特在沪开临时政治会议，举贵委员与陈委员其采及蒋委员梦麟主持一省行政。其实褚代理主任与沈委员于十四日上午仍照常办公，十四日下午方说是为保护往东路军指挥部内办公。至主持一省行政，询之陈委员其采，则言会内既有人，何敢越俎？且财政尚不能周顾，奚能兼管政务？而蒋委员梦麟亦以不能兼管为辞，是则贵委员责重心切，有意独裁。但崧甫等委员系蒋总司令所委任，吾侪既非乱党，在未奉蒋总司令解职以前，自应负责，乃贵委员必欲消灭政务委员会总揽一切而后快。谅以贵委员为一大政治家，浙省行政非我莫属，前组织时不共推兼任重要职务，致英雄无用武之地，诚为憾事，今则可为所欲为矣。崧甫年老无为，本求早日引退，以让贤路，兹既贵委员能力负全责，请速行转请解散本会，崧甫一面已电请总司令辞职，待批准后解除职务，俾得卸仔肩而遂初衷，无任欣慰。"马叙伦复庄氏函："接诵大教，敬悉一是。惟伦等奉政治会议之命而来，与个人意志无关。除命令所付予之责任外，其他一切未便过问，并已电张主席辞职矣。"庄崧甫、王廷扬致蒋介石、张静江及浙江省党部电："寒日褚沈两委员经罗主任招人行营后，马委员叙伦、蒋委员梦麟自沪归，删日即移政治会议于行营，并以陈、马、蒋三委员名义，召政务委员会股长以上职员开重要会议，谓浙江政局无主，经政治会议在上海决定派某等三人返杭主持，凡重要文件，均送此间办理，斯时廷扬虽在杭，而马蒋两委员几摈之于局外。铣日崧甫及陈委员其采同日自沪归，即偕赴行营探询究竟，崧甫以君等此来，将置某等于何地为质问，陈委员并谓沪上传闻，与浙局事实完全不符，某等何敢越俎？然马、蒋两委员则力以政治会议名人[义]任免官吏，以行使其特殊之职权。在委员制度之下，而无[有]此现象，殊骇听闻……而在上海所开之政治会议，是否有左右政务委员会之权能，又马、蒋两委员，是否负有独裁浙政之使命，则不得不急求明示，以释群疑，崧甫、廷扬自问无他，褚、沈两委员虽失自由，而委员资格尚在，廷扬更受褚委员函托代主会务，当日面嘱全会职员照常办事，马委员既已来杭，魏委员销假在即，法定人数，无虑不足，藉非奉令改组，似不容放纵职责，致负委任，党部值更张之际，合作精神，尤不敢稍懈，更切望张主席克日莅杭就职，俾有秉承"《浙省政务易人》，载上海《民国日报》，1927-04-22）。

第三章　疏离、重返与淡出：1926—1936

中间人士排斥右派的局面至此完全被打破，在中共一方看来，"从此，浙江完全落入反动派手中。由张人杰、马叙伦、蒋梦麟、邵元冲、黄人望、周凤岐等反动人物改组了省政府，张任主席，马以告密、献计、阴谋破坏，坚决反共有功，担任民政厅长。实际上，他掌握了整个省政府的实权。马叙伦和黄人望相勾结，任用私人，把持反动政府，声势煊赫，市人侧目，当时有'蚂蟥党'（谐音马、黄——原注）的称呼"①。从这些文字里，可以看出这一时期浙江各派政治势力斗争之激烈。②

第三阶段，从4月底浙江省政府正式成立到8月中旬辞职。4月27日，浙江省政务委员会成立，仍由张静江任主席，马叙伦任民政厅厅长，周凤岐任军事厅厅长，阮性存任司法厅厅长，陈其采任财政厅厅长，蒋梦麟任教育厅厅长，程振钧任建设厅厅长，邵元冲任秘书长，陈

---

①　潘念之：《大革命时期浙江的反对国民党反动派斗争》，见全国政协浙江省委员会文史资料研究委员会编：《浙江革命史料特辑》第2辑，16页。

②　关于"清党"后浙江各派政治势力的斗争情况详见《马叙伦》（卢礼阳著，154～155页）的相关论述，不过"逼迫"罗鸣白处决褚辅成、沈钧儒是否带有为其师陈黻宸报仇的意味这一点还值得讨论。4月11日，杭州"清党"开始，褚辅成、沈钧儒直到14日上午仍照常办公，近午时分被罗鸣白软禁（沈钧儒：《楼居七日记》，见周天度编：《沈钧儒文集》，184页，北京，人民出版社，1994）。马叙伦当日傍晚才与邵元冲、蒋梦麟等人从上海赶回杭州。据庄崧甫载，马叙伦后来曾逼迫罗鸣白处决褚、沈二人。阮毅成晚年谈及此事时称："四月，中央实行清党，马竟以科长逮捕代理主任委员，说慧僧先生是共产党，要加以枪决"（阮毅成：《记褚辅成先生》，载《传记文学》，1970，16(6)）。潘念之谈及此事时亦称："事变后，马叙伦衔张人杰的命，到杭州接收省政府，主张把褚、沈二老立即枪决"（潘念之：《大革命时期浙江的反对国民党反动派斗争》，见全国政协浙江省委员会文史资料研究委员会编：《浙江革命史料特辑》第2辑，15页）。潘进而推论称，马叙伦之所以这样做，"这不仅因他们二人靠近共产党，也由于他们在浙江的历来政治活动中和马叙伦等阴谋派不相协调的缘故"（同前文）。萧邦奇引用了这一说法（[美]萧邦奇：《血路——革命中国中的沈定一〈玄庐〉传奇》，周武彪译，288页注释部分），而卢礼阳则进一步推论说马之所以这样做带有为其师陈黻宸报仇的意味。现在没有看到马叙伦对此事的正面回应，不过，他曾述及一件类似的事情。当时有人认为宣中华惨遭国民党杀害是由他造成，对于这个说法后来他曾作过辩解："余（马叙伦自称——引者）绝对不主以暴力加于人者，况陷人于死乎？"并称其曾掩护过陈独秀、李大钊等共产党领袖（马叙伦：《李叔同一言阻止毁寺》，见马叙伦：《石屋余渖》，133页）。平心而论，马叙伦的辩解似乎也带有后来的观念。在"清党"前后党派激烈斗争的时候，主张用激烈手段对付反对派不是没有可能的，但说这样做是为陈黻宸报仇在论据上似乎还不够充分。而且从马叙伦的处事原则看，他并非完全以陈黻宸的是非为是非。在养正书塾时期，陈黻宸与陈叔通的关系极度紧张（详见陈德溥编：《陈黻宸年谱》，见陈德溥编：《陈黻宸集》下册，1182～1184页），但马叙伦与陈叔通的关系不仅甚好，而且还老而弥笃。

其训、蒋尊簋、黄人望、马寅初等人都是委员。马叙伦、周凤岐、蒋尊簋三人还被推为常务委员。① 邵元冲随后不久出任杭州市长，秘书长一职改由陈布雷担任；陈氏因不满马叙伦的"专擅"，旋于5月底辞职，遗缺由马氏的亲信许宝驹接任。② 据马叙伦晚年回忆："在省政府里又兼了常务委员，张主席再把他的私印交给了我（马叙伦自称），除了关于建设的计划，他感兴趣的，以外的事都由我代表了他"。③ 可见，张静江虽挂着浙江省主席的名号，但实际主持全省政务的是马叙伦。这一时期他委任了大批县长、公安局长，不仅击败了省党部中陈果夫的心腹，还打败了资格甚老的右派分子沈定一。④ 1927年7月16日，浙江省政务委员会再次改组，正式改称浙江省政府，马叙伦再次被任命为浙江省政府委员，并兼任民政厅厅长。⑤

马叙伦在实际从政中所依靠的主要还是他在教育界时的门生故旧。通过蔡元培、蒋梦麟、马叙伦等人的关系，不少北大毕业生前来浙江谋

---

① 马叙伦在成立大会上作为省务委员代表致答词，称："本人代表浙江省务委员，向政治会议浙江分会主席谨致答词。适才张主席的那种诚恳的态度，郑重的说词，各省务委员都异常感动，本党以数十年的历史，负着伟大的使命，直到最近数年，才有迅速的发展。现在浙江既经克服，清党运动，亦告成功。这种情形，是大家努力的结果，以后浙江的事，大家都负了一份责任。省务委员受了民众和一般同志和中央的几重委托，自顾才力，本不胜任，但既为本党一分子，服从了三民主义，就要力求实现三民主义，不容规避。现在这种重大的责任，既加在省务委员身上，省务委员惟有本着张主席训勉的意见，努力做去，使三民主义，最先在浙江实现。"《浙省政府第一次会议纪》，载《申报》，1927-05-08。参见马叙伦：《我在六十岁以前》，97页。

② 陈布雷：《陈布雷回忆录》，12页，《民国丛书》第2编第84册，上海书店出版社影印；马叙伦：《我在六十岁以前》，99～100页。

③ 马叙伦：《我在六十岁以前》，100页。

④ 卢礼阳利用档案资料，对这一阶段浙江省内政治派别的斗争作过较为深入的论述，详见卢礼阳：《马叙伦》，156～162页。另参见王合群：《国民党派系斗争与浙江"二五减租"运动的兴起》，载《民国档案》，2002，（2）。

⑤ "浙江军事，早经结束，原设之省政务委员会，应即改组为浙江省政府"。改组后被任命为浙江省政府委员的还有张静江、蒋介石、颜大组、蒋梦麟、程振钧、阮性存、李伯勤、周凤岐、蒋尊簋、陈希豪、陈纪怀、邵元冲、马寅初《中央政会纪要》，载《申报》，1927-07-18）。国民政府于1927年8月1日正式任命（《南京国民政府公报》第1函第1册，165页，南京，河海大学出版社，1989）。

求县长等职务。① 马叙伦担任民政厅厅长后，郑天挺随即被发表为第三科科长。② 郑氏在自传中回忆这段经历时称：他7月初到杭州后，"和罗常培、章廷谦（川岛）同住在一起。马先生初发表我（郑天挺自称）为科长，因我晚到，且没有实际行政经验，到厅之后改任秘书。八月，马先生辞职，令我代拆代行，负责移交。我替他到处奔走、周旋，是月底我也辞职"③。"没有实际行政经验"的尚且可任科长、秘书，当时的情况可见一斑。政权交替时期，各种政治斗争十分激烈，当时浙江的社会舆论对这批北大师生并不十分有利。1927年7月22日，顾颉刚从马寅初处听说胡适将出任浙江大学国文系主任，特地去信劝阻，称："浙中对于北大积愤已深，街头已有标语。若先生来，则身处领袖地位，徒然代人受过"④。

马叙伦这一阶段在浙江政坛的活动主要以张静江为靠山，他在连连取胜的同时也招来了许多"妒忌"，据其回忆：

> 尤其是省政府改组了一次，一位曾经共患难的朋友落了选，就怪我不帮忙，就和周凤岐、×××、×××（原文如此——引者）等合伙靠着中央有背景，要挤去我（周凤岐大概为了夏超独立的事——原注）。有一天，蒋介石忽然给张主席一个电报，大致是说我不孚众望，嘱我辞职，张主席给我看了电报，叫我"不必介怀"，又说："这事我明白，我今天正要往南京，我会给蒋先生说明的。"果然，也就没事。不久，蒋介石因和"桂系"诸位大将不能谅解，自

---

① 潘念之：《怀念沈衡老》，见生活·读书·新知三联书店编：《沈钧儒纪念集》，130页。如马叙伦委任为武义县长的李宗裕就是北大国文系的讲师（千家驹：《我在北大》，载《文史资料选辑》，1984，95（5））。
② 《浙省务委员会第三次会议纪》，载《申报》，1927-05-10。
③ 《郑天挺自传》，冯尔康编：《郑天挺学记》，381页。
④ 1927年7月22日顾颉刚致胡适，中国社会科学院近代史研究所编：《胡适来往书信选》上册，439页。

动"下野",张主席正在上海得了消息,立刻电报催我到上海,叫我给他拟个辞职电报,我也自然辞职了;果然,周凤岐做主席了,杭州报上立刻发现"马叙伦卖官得贿二十四万存在汇丰银行";也有"扬言":"马叙伦被打倒了"。①

他在这里说得比较隐晦,初读时至为费解。所谓省政府改组发生于7月中旬,在这次改组中落选而又算得上他"曾经共患难的朋友"的,估计当是指黄人望——他是"清党"后任命的浙江省政务委员会委员,7月中旬改组后没有入选浙江省政府委员。由于张静江的关系,他们的合伙排挤并没有直接奏效。② 1927年8月中旬,蒋介石宣布"下野",张静江随之辞职,马叙伦也连带辞职③,并很快得到批准。蒋介石的下野不过是以退为进的手段,而马叙伦则从此被排挤出浙江政坛。他辞职后,庄崧甫、陈其采、斯烈三人随即被任命为浙江省政府委员,其中斯烈兼任民政厅厅长,陈其采则兼任财政厅厅长。更关键的是,在张静江未回任以前,浙江省主席一职改由马叙伦的政敌周凤岐暂行代理。④ 他辞职时,原本打算由亲信许宝驹暂行主持政务,从这一安排看,他不无重振旗鼓的意图。南京国民政府改任周凤岐代理浙江省主席,使他的这一设

---

① 马叙伦:《我在六十岁以前》,100页。
② 据卢礼阳所引中共浙江省委的报告称,1927年5月间蒋介石就曾致电马叙伦,让他"辞职调宁"(卢礼阳:《马叙伦》,159页)。这和马叙伦此处所说似非同一件事。一则两个电报的内容不同,前者是蒋直接要他"辞职调宁",而后者是说他"不孚众望",叫张静江嘱他辞职。二则时间上不大一致,马叙伦在文中说张静江接到电报后不久,蒋就下野了。查蒋此次下野是8月中旬的事情,若接电报一事发生在5月间,就隔有3个月之久了。三则如果此处所说是5月间的事情,那么与马叙伦前面所说患难朋友在省政府改组中落选一事又衔接不上。因此,比较合理的推断是7月中旬浙江省政府改组后到下野这段时间里,蒋介石再次致电张静江让马叙伦辞职。当然,也可能是马叙伦晚年记忆模糊,把这些事情的前后顺序弄颠倒了。
③ 参见王仰清、许映湖标注:《邵元冲日记》,351页。
④ 从这个结果看,引文中马叙伦隐去姓名的当是指庄崧甫、陈其采等人。《中央对浙局之决议》,载《申报》,1927-08-22。

第三章　疏离、重返与淡出：1926—1936

想落空。① 他和周凤岐在夏超独立一事上有过矛盾，"清党"后两人分别为民政厅厅长和军事厅厅长，彼此关系更为紧张。"马黄党"一词最先出现于1922年前后的浙江教育界，这一时期卷土重来时已扩张到整个浙江政坛。周凤岐上台后趁机排挤蒋系人员，以除"六畜"为号攻击政敌，排除异己。所谓"六畜"指的是马叙伦、沈尔乔、沈定一、蒋梦麟、姜绍谟、邵元冲六人，除二沈外，马、蒋、姜、邵四人此前基本上都是站于同一立场的，而"马黄党"的另一首领黄人望却没有"入选"。② 这也反证此

---

① 萧邦奇称，马叙伦直到20世纪30年代仍是浙江省内重要的政治人物（[美]萧邦奇：《血路——革命中国中的沈定一〈玄庐〉传奇》，周武彪译，19页），不确。曹聚仁在《听涛室人物谭》中记述了1927年秋许宝驹在杭州楼外楼的感怀诗及马叙伦1952年的和诗，许氏原作为："山河如此昼沉沉，白眼看天觉泪深。已误当年蔡州雪，湖楼滞酒近来心。"马氏和诗为："不用迁生叹陆沉，倚天一剑酒尊深。当年事等辽东豕，江海浮槎此日心！"曹聚仁在文中专为此二诗作了解释："国民革命军北伐胜利，到了沪杭那一时期，蒋介石那一小圈子，突然发动了国共分家的政治大悲剧；我的同学宣中华、汪寿华、叶天底诸兄，都于于斯难。杨贤江、徐白民诸兄虽幸免于难，也是穷蹙无所归。而许宝驹他们的'反蒋'运动也终于失败。老蒋曾经下了台，不久又卷土重来，有了宁汉合作的局面，写出了蒋家政权的一页。许氏乃有'江河如此昼沉沉，白眼看天觉泪深'之叹。夷初先生原韵作诗，已在新中国建国之后，他在人民政府教育部工作，乃有'不用迁生叹陆沉'的新感。于今老成凋谢，我不来补说几句，也许世人会看不懂楼外楼头的题壁诗意呢！"（曹聚仁：《悼念马叙伦先生》，见曹聚仁：《听涛室人物谭》，280～281页）按诸史实，曹氏的这一解释未必完全与史实契合。如前所述，从"清党"到1927年8月，马叙伦等人在政治上是和蒋介石一派站在同一立场的。蒋退，张静江即告辞职，而马叙伦亦随同辞职。马叙伦一派从此逐渐被排挤出浙江政坛。从1922年前后的浙江教育界到这一时期的浙江政坛，许宝驹一直是马叙伦的追随者，周凤岐取代马叙伦后，他感到失意自是难免。从邵元冲日记看，这一时期北伐后浙江政坛的新贵们经常在楼外楼宴饮。马叙伦受排挤后也有过类似的失落感，据他回忆："离开浙江省政府以后，就'灰心仕途'，想学'信陵君醇酒妇人'"（马叙伦：《我在六十岁以前》，101页）。几乎在许宝驹题写此诗的同时，马叙伦在给汤尔和祝寿的诗中有"楼外楼前暮霭收，轻烟初笼一湖愁"等句（《丁卯秋月奉怀尔兄北京兼寿其五十》四首之一，见周德恒编：《马叙伦诗词选》，44页），格调和许诗非常相近。从这个角度看，许宝驹之所以作此诗，更多的是有感于省内派系斗争中失意，而不是由于国共分家，更谈不上与"反蒋"运动有多少关系。曹聚仁对民国政坛内情知之甚详，之所以作这样的解释，恐怕不无为贤者讳的因素。当然，也可能是由于晚年误记的缘故，在该文末他就把马叙伦创建的"民进"误记为"民建"。

② 卢礼阳：《马叙伦》，161页。萧邦奇认为，9月3日，杭州"市民"集会攻击马叙伦等六人是针对"清党"及其影响（[美]萧邦奇：《血路——革命中国中的沈定一〈玄庐〉传奇》，周武彪译，193页）。此说似不甚妥当，这次集会主要是由于"清党"后浙江政坛内部的派系斗争，而不是针对"清党"一事。

215

时马、黄之间的关系出现了微妙变化。①

马叙伦是民国时期为数不少的出身于学术界、教育界的政治人物之一。从他的经历可以看出，治学使其获得施教的资格，而在教育界所获得的各种资源又转而成为他从政的基础。综观其一生的从政经历，大致经历了一个从"不党"到"党魁"的过程。辛亥革命后，当他的不少师友纷纷加入进步党之际，他选择了"超然物外"②，而晚年却成为中国民主促进会的主要创始人。在这个过程中，1923年起参加国民党及北伐前后投身实际政务的经历无疑是十分关键的一环。

二、三任教育部次长

离开浙江政坛后，经过一段时间的徘徊，马叙伦选择了重返教育界。此前在教育界的经历以及北伐前后的从政活动这些新旧资历，使他有机会在南京国民政府担任教育部次长。正如他组织中国民主促进会，在解放战争时期参与推翻国民党政权，因此新中国成立后得以历任教育部部长、高教部部长等要职。这是其能够连续在中国近现代史上的三个重要历史时期都有机会执掌中央教育行政的又一重要原因。

(一)三任教次

国民政府在广州成立后，于1926年年初设立中央教育行政委员会以管理教育事业，先后派陈公博、甘乃光、许崇清、金曾澄、钟荣光、韦悫、经亨颐等人为委员。武汉国民政府虽设有教育部，但并未组织完备。南京国民政府成立后，原有的教育行政委员会北迁。1927年4月27日，国民党中央政治会议第76次会议又加派蔡元培、李石曾、汪精卫三人为教育行政委员会委员，并决定由该会行使教育部职权。随着军

---

① 当然，这一时期马、黄的关系未见有正面记载，马叙伦所指的是否就是黄人望还有待进一步确证。

② 马叙伦曾多次对自己不是进步党员作出辩解。见马叙伦：《我在六十岁以前》，42页；《国民的责任应该说话》，见马叙伦：《马叙伦政论文选》，18页。

政时期转入训政时期，在蔡元培等人提议下，1927年6月南京国民政府决定仿照法国的教育制度，改用大学院和大学区制。① 这一体制包括两大部分。概言之，中央设立大学院代替教育部，管理全国教育行政，同时兼具全国最高学术研究机构的职能。大学院成立时，所期望实现的目标是："（一）教育行政与教育学术合而为一，是谓'教育学术化'；（二）教育学术与教育研究合而为一，是谓'学术研究化'"②。地方上则实行大学区制，每个大学区设校长一人，取代各省原有的教育厅，管理区内一切学术及教育行政事务。6月17日，南京国民政府任命蔡元培为大学院院长，并于7月4日颁布了《大学院组织法》；地方上则决定在浙江、江苏两省首先试行大学区制③，蒋梦麟和张乃燕分别被任命为第三中山大学校长（浙江）和第四中山大学校长（江苏）。这一制度由于在试行过程中与国情不合，加上教育界派系争斗、困难重重，试行一年多后最终遭到废止。1928年10月23日，国民政府正式下令改大学院为教育部，任命蒋梦麟为第一任教育部部长。④

马叙伦被排挤出浙江政坛后，张静江曾请他担任秘书长，后南京国民政府又聘他为参事。对这两个职务，他都没有接受。大学院改为教育部后，他被任命为教育部政务次长，第三次参与执掌中央教育行政。按照他的说法，之所以决定出任这一职务，"只是还捺不住一点火气，人家说我被打倒，不过说我丢了官，我就再做一次官看看；所以，这次做

---

① 丁致聘：《中国近七十年来教育记事》，128、139页。《国民党中央政治会议秘书处关于教育行政委员会行使教育部职权案复国民政府秘书处函》、《大学院组织缘起》，见中国第二历史档案馆编：《中华民国史档案资料汇编》第5辑第1编，教育（一），21、31页，南京，江苏古籍出版社，1994。

② 《大学院组织缘起》，见中国第二历史档案馆编：《中华民国史档案资料汇编》第5辑第1编，教育（一），31页。

③ 原先决定在粤、浙、苏三省试行，后考虑到广东方面的实际情况，决定仅在浙江和江苏试行。《国民政府关于粤、浙、苏三省试行大学区制训令》、《教育行政委员会关于广东暂缓试行大学区制呈》，见中国第二历史档案馆编：《中华民国史档案资料汇编》第5辑第1编，教育（一），30页。

④ 关于大学院和大学区制的实行及废止，参见《中国教育行政史》（熊贤君著，武汉，华中理工大学出版社，1996）、《近代中国大学研究（1895—1949）》（金以林著）、《蔡元培传》（周天度著）等著作的相关章节。

官真是做官了"①。10月31日，国民政府正式发布命令。② 实际上早在十天前，《申报》就披露大学院将改为教育部，由马叙伦任政务次长、吴震春(雷川)任常务次长。③ 10月26日，马、吴两人的任命案在国务会议上通过。④ 27日，教育部电催他们就职。⑤ 31日，马叙伦从杭州赶抵南京，正式就任。⑥ 南京国民政府教育部第一任职员有两个显著特点。第一，从籍贯上看，浙籍人士仍占据统治地位，部长蒋梦麟及马、吴两次长均属浙籍；第二，从履历上看，以北大出身的为主，除蒋、马外，秘书长梦寿椿、高等教育处处长余文灿等人亦均有北大背景。⑦ 马叙伦兼具这两种身份，与蔡元培、蒋梦麟的关系向来较为密切，加之北伐前后有功于新政权，因此再度出任教育部次长也就不足为奇了。

从1928年10月31日就任到次年11月11日辞职⑧，马叙伦此次在任一年零十一天，和前两次相比时间上要长得多。期间，据其本人记载："我还是每日早到迟归，'案无留牍'，也办了一件改革大学制度的事情，又替蒋部长顶了二次大学潮。"⑨这是他对自己第三次担任教育部次长一年多里所做各项工作极其简略的总结。

作为教育部政务次长，1929年2月马叙伦成为教育部大学委员会

---

① 马叙伦：《我在六十岁以前》，101页。
② 《南京国民政府公报》第1函第1册，1928年11月2日，144页。
③ 《教部次长定吴雷川》，载《申报》，1928-10-21。在时人眼中，常务次长是秘书长的别名(《行政院各部之规划》，载《申报》，1928-11-02)，但后来教育部又另设有秘书长。高思庭在《国民党政府统治教育事业概述》(《文史资料选辑》，87辑，140页，1983)中把首任常务次长记作刘大白，不确。1929年7月29日，吴震春辞职后，刘大白才受命出任此职(丁致聘：《中国近七十年来教育记事》，197页)。
④ 《昨日之国务会议》，载《申报》，1928-10-27。
⑤ 《教部两次电促就职》，载《申报》，1928-10-29。
⑥ 《教部次长马夷初到京》，载《申报》，1928-11-01。
⑦ 《教部新职员履籍之调查》："常务次长吴震春，字雷川，浙江籍，前浙江高等学堂毕业，曾任浙学堂监督及燕京大学教授及副校长。秘书长梦寿椿，四川籍，前北大讲师，为五四运动领袖之一；留学美国于加州大学研究院毕业，当五卅惨案发生，在美组织援华会，向美国人士极力为党国宣传。高等教育处长余文灿，广东籍，英国留学，曾任北大教授，并代理校长"(《申报》，1928-11-05)。
⑧ 丁致聘：《中国近七十年来教育记事》，206页。
⑨ 马叙伦：《我在六十岁以前》，101页。

的当然委员。① 所谓改革大学制度，指的是1929年7月国民政府颁布的《大学组织法》等一系列文件。南京国民政府成立初期以"党化教育"作为教育方针，这一方针不仅受到革命人士的抨击，国民党内部也有不同的解释。1928年5月召开的第一次全国教育会议，通过了废止"党化教育"、代以"三民主义教育"的议案。这一议案虽然通过，但未得国民党中央批准，没有立法的效力。1929年3月开幕的国民党第三次全国代表大会把教育作为一个重要问题加以讨论，并于4月26日公布了中华民国教育宗旨及相应的实施方针。新教育宗旨规定："中华民国之教育，根据三民主义，以充实人民生活、扶植社会生存、发展国民生计、延续民族生命为目的，务期民族独立，民权普遍，民生发展，以促进世界大同。"②

这一宗旨确定后，马叙伦曾于5月间专门进行讲解。首先，他阐述了教育的概念及意义。他认为，教育是"指导人类在社会上求生存的方法之一种工具，就是把人类从前求生存方法的各种经验，和将来怎样才可以得到更美满的生存方法，一五一十[地]来指教现在的人类。人类是要求生存的，人生的目的是求生存，无论讲唯物论的好，讲唯心论的也好，总之人是要生存的，人如若离却了生存，便不成其为人类，便不成其为社会，便不成其为国家，以至未成其为世界上的一切"。进而他指出，教育对一个国家而言至关重要，"是立国的根本事业，一个国家要想在世界上立得住脚，非从教育上立基础不可"。接着，马叙伦回顾了以往所制定的各种教育宗旨，并一一指出这些宗旨存在的不足之处，他说："我们中国的教育，在以前是无一定的宗旨的，到近来袭取外国教育学说，才以德育、智育、体育为教育宗旨，然而太空泛了，结果与没

---

① 《国民政府公布修正教育部大学委员会组织条例》（附大学委员会委员名单），1929年2月27日，见中国第二历史档案馆编：《中华民国史档案资料汇编》第5辑第1编，教育（一），170～171页。

② 这一宗旨虽以"三民主义"为号，但实质上已非国民党"一大"宣言中所解释的具有革命精神的新三民主义，"而是变了质的反人民的假的三民主义"。关于南京国民政府教育宗旨从"党化教育"到"三民主义教育"的变化及评论，详见华东师范大学教育系教科所编：《中国现代教育史》，194～200页，上海，华东师范大学出版社，1983。

有教育宗旨一样。……到去年开全国教育会议，大家又拟定一个'三民主义教育'的名词。但是，'党化教育'、'三民主义教育'仍然与德育、智育、体育拿来做教育宗旨，同样的空洞。"在此基础上，他对新教育宗旨作了进一步的阐发："三民主义虽然有民族、民权、民生三方面，而他[它]的本体实在是一个民生，我们不能离开了民生而谈三民主义，三民主义离开了民生便不成其为三民主义，所以我们以后的教育是要以我国的三民主义做根据，以三民主义实现后的大同世界为最终目的，我们就应当以解决民生问题为教育的途径。……如果人民生命延长了，然后民生问题才能希望得整个的解决，教育的目的才算达到，教育的能事才算尽了。"最后，他表示要依照这次全会制定的八个原则作为贯彻实施新教育宗旨的方针，在教育政策上只有改以前的"放任主义"为"严格主义"，才能够实现新教育宗旨所预定的各项目标。①

　　围绕新教育宗旨及实施方针，教育部重新拟订了《大学组织法》。该组织法共26条，规定：中华民国的大学分为国立、省立、市立及私立四类，大学的设立、变更及停办，须经教育部核准；大学分文、理、法、农、工、商、医各学院，凡具备三学院以上者，始得称为大学，不符合条件的为独立学院；大学得设研究院；大学校长、院长、科主任的聘任及权限；大学各学院教员分教授、副教授、讲师及助教四类；校务会、院务会议、系教务会议的设置及权限；大学生入学资格、修业年限及毕业考核，私立大学或私立独立学校董事会之组织及职权，等等。②此外，按照新教育宗旨，教育部还制定了《大学规程》、《专科学校组织法》。其中，《大学规程》包括总纲、学系及课程、经费及设备、试验及成绩、专修科、附则六大项。③《专科学校组织法》的内容与《大学组织

---

① 《教育部次长马叙伦播讲教育宗旨稿》，1929年5月，见中国第二历史档案馆编：《中华民国史档案资料汇编》第5辑第1编，教育（一），4～8页。
② 《国民政府颁布大学组织法》，1929年7月26日，见中国第二历史档案馆编：《中华民国史档案资料汇编》第5辑第1编，教育（一），171～173页。
③ 《教育部公布大学规程》，1929年8月14日，见中国第二历史档案馆编：《中华民国史档案资料汇编》第5辑第1编，教育（一），174～178页。

法》相似，但具体规定上差别很大。① 此外，马叙伦在任内还协助蒋梦麟设立教育方案编制委员会、大学课程标准起草委员会、中小学课程标准起草委员会等班子。② 从这些举措可以看出，南京国民政府教育部试图改变北京政府教育部的疲软状态，恢复教育部作为最高教育行政管理机构的权威，以加强对教育界的控制。

马叙伦任内替蒋梦麟所顶的两次大学潮，有学者认为是南京中央大学易长事件和上海国立劳动大学停办风波。③ 查这两次学潮均非发生于他担任教育部次长时期，故也无所谓为此弄得焦头烂额之事。按诸史实，他所说的两次学潮都和北京教育界有关。这一时期，北京教育界学潮不断④，规模较大的主要有以下两次。

第一次是1928年年底至1929年年初。1928年6月，国民党军队进逼北京，在李石曾授意下，由易培基提出建议，改北京大学为中华大学，任蔡元培为校长，以李石曾为代理校长，并于6月9日以国民政府令的形式公布。6月19日，南京国民政府会议批准蔡元培辞职，正式任命李石曾为中华大学校长。⑤ 这个决议遭到北大绝大多数学生的反对。李石曾原拟以中华大学校长名义北上，到八九月间陆续见到北大学生的反对电文，见势不妙，乃于9月初向国民政府呈请辞去中华大学校长一职。9月13日，国民政府指令慰留，同时发表以李书华为中华大学副校长。后来李石曾鉴于北方形势不佳，建议不用中华大学名义，改称北平大学，一方面当时北京已改称北平，改为北平大学名正言顺；另一方面配合北平大学区的名称，也可名实相符（在北平大学区下，国立

---

① 《国民政府颁布专科学校组织法》，1929年5月，见中国第二历史档案馆编：《中华民国史档案资料汇编》第5辑第1编，教育（一），178～179页。

② 参见卢礼阳：《马叙伦》，164～165页。

③ 卢礼阳：《马叙伦》，165页。

④ 1928年，北伐军克复北京后，南京国民政府下令改北京为北平。为方便表述起见，本文在一些地方仍称北京，不另注明。

⑤ 1928年6月9日《中华民国国民政府令》："北京大学改名为国立中华大学。此令。任命蔡元培为国立中华大学校长。此令。国立中华大学校长蔡元培未到任时以李煜瀛署理。此令。任命李煜瀛署理国立中华大学校长。此令。"见王学珍等主编：《北京大学史料》第2卷上册，20页。

北平大学还合并了天津的国立北洋大学)。9月21日南京国民政府同意李石曾的建议,通过改中华大学为北平大学,并慰留李氏,改称北平大学校长。11月20日,李石曾离南京北上,到北平后,各院校的反抗风潮日趋激烈,其中尤以北大为甚。① 北大学生坚决反对接收,11月17日宣布停课护校,发表宣言称:"北京大学之有特殊情形,完善组织,及历史上之成绩,国际间之地位,而允宜独立。北平大学区之因人设制,易使学阀把持,学术官僚化,及顾此失彼,弊端百出,破坏全国教育行政统一,而应受反对",并提出了三项要求:"北京大学名称不变,北京大学组织不变,北京大学直隶中央。此三者乃我北大全体同学最低限度之要求,目的一日不达,即护校工作一日未完"。② 除打走接收人员外,还于11月29日大举游行示威,捣毁了北平大学校长办公处,砸碎"北平大学办事处"和"北平大学委员会"的招牌,随后又将李石曾和李书华的住宅什物捣毁一空。12月2日,数百名警察护送接收人员前往北大各院准备武力接收,因学生反抗而未果。③

事件发生后,蔡元培、蒋梦麟不仅致电李石曾表示慰问,还应他的要求,通电劝诫学生勿走极端,希望他们努力学术,"校事静候当局解决"。④ 对于此次学潮,马叙伦亦公开表示:"北大风潮,蒋主席、蔡院长已致电该校学生,如再发现越轨行动,当遵照行政院决议,依法制裁,因学生无理拒绝校长,陷学校于停顿地位,使共党得以乘机,致教育问题影响于政治"⑤。蔡、蒋、马等人做出这些表态,主要是他们所处的位置使然。作为最高教育行政长官,他们在公开场合自不能不遵从

---

① 吴范寰:《李石曾与北平大学区》,鸿鸣编:《学潮忆旧》,141～146页,香港,香港中原出版社,1990。
② 《北大复校运动发表宣言》,见王学珍等主编:《北京大学史料》第2卷上册,53～54页。
③ 萧超然等编:《北京大学校史(1898—1949)》,165页;陈中凡:《昙花一现的大学院和大学区制》,《清晖集》,297～298页。
④ 《北大学潮在调处中》、《蔡元培慰问李石曾》、《蔡蒋劝告北大学生电文》,见王学珍等主编:《北京大学史料》第2卷上册,54～57页。
⑤ 《马叙伦谈北大学潮》,见王学珍等主编:《北京大学史料》第2卷上册,224页;《马叙伦谈教育行政》,载《申报》,1928-12-12。

国民政府的议决案，但与蔡、蒋等人一样，和北大关系密切的马叙伦在内心里对北大的复校运动还是持同情态度的。北大复校运动委员会南下请愿代表和他进行了长时间的会谈，对谈话情况表示满意。后在蔡元培、吴稚晖等人的调停下，各方最终就北大复校问题达成协议①，北大得以保持原有的文、理、法学院三大组织，改为北平大学北大第一院、第二院和第三院。保存原来的英文校名，正式校名则改为国立北平大学北大学院。这样，北大被迫停课九个多月后，于1929年3月11日重新开学。②

第二次是1929年七八月间。1929年6月17日，国民党三届二中全会第四次会议议决由教育部定期停止试行大学区制。22日，北大学生会召开全校代表会议，宣布本校独立并自行恢复北京大学校名。③ 7月10日，北大评议会致电蒋梦麟要求恢复独立，并改回北京大学原名。与此同时，代理北大学院院长的陈大齐也致电蒋梦麟、马叙伦，要求恢复北大独立，并请他们敦促请蔡元培回去主持校务。④ 7月15日，教育部正式明令北平、浙江两大学区限于该年暑假内停止，中央大学区则限于该年底停止，大学区制施行两年后最终完全取消。⑤ 8月7日，国民政府行政院第32次会议议决国立北平大学北大学院改为国立北京大学，第一师范学院改为国立北平师范大学。⑥ 北平教育界的学潮因此复起，北大、北师大以外各校要求复大的运动此起彼伏。所谓"复大"，"复"是要求复校独立，"大"则是要求由独立学院升格为大学。

对于这些复校运动，马叙伦表示，自北平大学区取消后，"教部暂认定北平学校应加整饬，整饬标准，即根据其成绩内容而定，如北京大学原为国内著名大学之一，备有文、理、法三院，与新颁大学（条）例

---

① 赵子懋：《国立北京大学复校运动》，见中国人民政治协商会议文史资料委员会编：《文史资料存稿选编》第24卷，56页。
② 吴范寰：《李石曾与北平大学区》，鸿鸣编：《学潮忆旧》，146～147页。
③ 萧超然等编：《北京大学校史（1898—1949）》，166～167页。
④ 《北大复校运动》，见王学珍等主编：《北京大学史料》第2卷上册，25页。
⑤ 丁致聘：《中国近七十年来教育记事》，195页。
⑥ 同上书，198页。

(即《大学组织法》——引者)相符，应使之独立，自无问题。至于第一师范学院，即前师范大学，自来办理成绩与北京大学相伯仲，亦备有文、理、教育三部，教部根据三全代表大会决议公布之教育实施方案第五项，师范教育'于可能范围内使其独立设置'之意旨，拟定计划，将师范教育独立设置，故将第一师范学院使之独立，并改文、理、教[育]三科为三个学院，称为大学，以为全国师范教育之最高学校，且与大学条例相符，并无外间所传不合法之处。至该校改大，仍以师范名之者，一则系三全大会之决议，一则系取旧有之名，与北大学院仍用北京大学同"。至于其他各校欲援引北师大之例，亦请改为大学，是因"不明教部对师范所以改大之情形也。各校请示改大，教部以其与大学条例不符，碍难允许。至要求独立，只须至相当时期，由教部考察斟酌，当可办到。查大学条例，独立学院与大学同等，不过内容所包含不同而已"[①]。按照这一思路，教育部没有答应这些学校的复大要求。北大和北师大恢复独立后，北平大学虽还有法学院、工学院、农学院、医学院、俄文法政学院、女子文理学院、女子师范学院、艺术专门学校及附属中小学等组织，但因矛盾重重、风潮不断，实际上已是名存实亡。[②]

  在担任教育部次长期间，马叙伦参与了不少文化事业，其中最重要的是参与保存江苏吴县甪直镇保圣寺的"唐塑"。1918年，顾颉刚受同学叶圣陶、王伯祥邀请到甪直小住，期间参观保圣寺，注意到该寺罗汉像的价值，认为是唐朝杨惠之所塑。1922年，顾颉刚和陈万里一起到甪直拍摄了保圣寺的"唐塑"，当时这些佛像和塑壁尚未完全坍塌，顾著文呼吁保护这些珍贵古物。1926年，南开大学秘书陈彬龢将顾文和陈万里拍的照片寄给日本东京美术学校教授、《东洋美术史》主编大村西崖。大村阅后前来实地考察，后出版了《吴郡奇迹——塑壁残影》一书。叶恭绰见到该书后，乃邀陈彬龢于1928年9月9日同游甪直，始知保圣寺大殿已于数月前坍塌，而其余残存者亦败栋颓垣，遂有保存"唐塑"

[①] 《马叙伦谈北大复校运动》，见王学珍等主编：《北京大学史料》第2卷上册，61页。
[②] 吴范寰：《李石曾与北平大学区》，鸿鸣编：《学潮忆旧》，151页。

第三章　疏离、重返与淡出：1926—1936

之愿。返沪后，叶氏函请大学院院长蔡元培设法保护，9月28日，得到蔡氏复函同意。① 次年2月4日，教育部组织"保存甪直唐塑委员会"②，制定该会的组织大纲，并聘蔡元培、马叙伦、叶恭绰、陈去病、顾颉刚、陈万里等18人为委员。18日，该会在上海亚尔培路中央研究院驻沪办事处召开第一次会议③，后经常开会商议。具体主持会务的是蔡元培和叶恭绰，马叙伦在其中也发挥了一些作用。3月4日，他和蔡、叶等人专程前往视察保圣寺及"杨惠之塑壁"的修葺情况。④ 在该会的努力下，从此初具规模的古物馆赖以成立。蔡元培所撰的《甪直保圣寺古物馆记》碑文也是由马叙伦书就，不过那时他已经离开教育部半年了。⑤ 1929年6月6日，轰动全国的杭州西湖博览会开幕，展期历时四个多月，直到10月20日才闭幕。大会期间举行名人学术讲演，马叙伦应邀做了题为《博览会与科学教育》的演讲。⑥

此外，马叙伦还曾多次出任全国最高图书馆的馆长。中华教育文化基金董事会前与教育部议决，将原国立北平图书馆与北海图书馆合组为国立北平图书馆。1929年8月27日，教育部令国立北平图书馆完全移交给国立北平图书馆委员会，随于31日移交清楚。⑦ 合组前，国立北平图书馆的前身是宣统元年奏请设立的京师图书馆，1926年起称国立京师图书馆，1928年改组为国立北平图书馆。而北海图书馆的前身则

---

① 1918年顾颉刚认为这些罗汉雕塑是唐朝杨惠之所塑，1930年他已推翻了自己的这个论断，晚年时他认为这些雕塑应该是北宋人所塑。见顾潮编著：《顾颉刚年谱》，46、73、134、167～169、180页。另参见王稼句：《摄影先辈陈万里》，载《苏州杂志》，2001(2)；方子庆：《〈塑壁残影〉与保圣寺》，载《苏州杂志》，2002(1)；张志新：《滑田友与甪直保圣寺》，载《苏州杂志》，2003(6)；茅铨：《顾颉刚为修复古佛而奔走》，载《民国春秋》，1995(1)。

② 《教育部组织系统表》，见中国第二历史档案馆编：《中华民国史档案资料汇编》第5辑第1编，教育（一），58～59页。

③ 丁致聘：《中国近七十年来教育记事》，185页。

④ 中国蔡元培研究会编：《蔡元培全集》第16卷，300页。

⑤ 卢礼阳：《马叙伦》，166页。

⑥ 其他演讲者还有戴季陶、王正廷、陈铭枢、蔡元培、杨杏佛、蒋梦麟、马寅初、陈布雷、沈士远等人，详见乔兆红：《1929年的杭州西湖博览会》，载《广西社会科学》，2003(3)；另参见《浙江百年大事记(1840—1945)》，《浙江文史资料》第31辑，220～221页，1985。西湖博览会在当时影响甚大，2000年杭州市恢复举办这一活动。

⑦ 丁致聘：《中国近七十年来教育记事》，200页。

是北京图书馆。1925年，北京政府教育部与中华教育文化基金会（即中基会）订立合办京师图书馆契约，条件为：第一，教育部以原在方家胡同的旧籍（包括文津阁四库全书、敦煌写经及宋元版善本书籍）移交给行将组织之国立京师图书馆；第二，中基会拨款一百万元作馆舍建筑费（1927年9月增加建筑费二十万元、购书费三十万元）；第三，每月双方各支付经常费四千元。由于北京政府库空如洗，无法履行契约，原议建设之图书馆遂暂由中基会独力经营，取名北京图书馆，1928年起改名为北海图书馆。[1] 京师图书馆由教育部直辖，1918年夏曾佑去职后，馆长一职多为教育部次长兼任（也有例外），1922年年底马叙伦首次担任教育部次长期间就兼任过馆长职务。1924年年底，马叙伦第二次担任教育部次长并代理部务后，下令免去京师图书馆馆长傅岳棻（傅氏1924年4月至10月在任，时并未担任教育部次长）的职务，改由马氏自兼。[2] 京师图书馆改为国立北平图书馆后，马叙伦于1929年4月至8月再次担任馆长职务。该馆与北海图书馆合并组成新的国立北平图书馆后，馆长一职才改由蔡元培担任。[3] 马叙伦数次出任全国最高级别的图书馆馆长，都是他在担任教育部次长时的兼职。北平图书馆馆长向被视为北京文化教育界"三巨头"（另两个为北大校长和故宫博物院院长）之一[4]，多次担任馆长职务，无疑大大加深了他和北京文化教育界的关系。

(二)"李系"与"蔡系"

1929年11月，马叙伦辞去教育部政务次长职务，原因是当时教育界的状况令他"灰心"：

---

[1] 严文郁：《梁启超与北京图书馆》，载《传记文学》，1975，27(1)。
[2] 教育部训令第258号，1924年11月28日，《京师图书馆长由教育部次长兼任》："训令第二百五十八号，十三年十一月二十八日，令京师图书馆 本部直辖京师图书馆馆长一职，向由次长兼任。现在教款支绌万分，所有该馆馆长一职，毋庸特设，仍由次长兼任。该馆馆长傅岳棻应改为名誉馆长，另由本部聘。仰即遵照。此令。"（北京图书馆业务研究委员会编：《北京图书馆史资料汇编》，105页，北京，书目文献出版社，1992）
[3] 蔡元培担任馆长期间，馆务由副馆长袁同礼代理。《国家图书馆历届馆长、副馆长名单》，中国国家图书馆网站，具体网址为 http：//www.nlc.cn/dsb_footer/gygt/。
[4] 谢兴尧：《堪隐斋随笔》，83页。

第三章　疏离、重返与淡出：1926—1936

> 为了国民教育问题，我们正在计划，中央党部政治会议竟把中央委员、考试院院长戴传贤（即戴季陶——引者）的计划发到教育部叫照办，我觉得戴先生的计划要得要不得，另是一个问题，政治会议直接把他的计划，不经国民政府和行政院而直发到教育部，将来这种事情多了怎么办？又一次，国民政府秘书（陈立夫——原注，下同）来了一封"便函"，说："奉主席（蒋中正）谕：着教育部发给留日学生×××（原文如此——引者）书籍费贰百元。"蒋部长问我："怎样办？"我说："搁着吧，我们部里预算，都有规定的，这笔款子，数目虽小，没法支出，而况主席命秘书'便函'叫我们部里发款，怎样能照办？就是主席正式的命令，也该由行政院转来，搁着吧，不会有问题的。"这样的事，实在不易应付，就是做官，官兴也不佳了，又碰着我家庭的问题，就此辞职。①

所谓"家庭的问题"，限于史料尚不知其详。在上文中他提到令其"官兴不佳"的主要原因是各类琐事不易对付，从当时教育界的实际情况看，他在教育部次长任内真正难以应付的恐怕还是这一时期教育界错综复杂的派系争斗。

与北京政府时期相比，马叙伦担任国民政府教育部次长前后的教育界的经费问题不像此前那么严重，但派系争斗的激烈程度却有过之而无不及。据曹聚仁观察，北伐后北大一派掌握了全国文化教育事业的命脉，"国民党主政这二十年中，国民党的元老派，包括吴稚晖、李石曾、蔡元培、朱家骅这几位元老在内，他们似乎和当权派取得了如次的谅解：凡属于北京大学、教育部、中央研究院的人事任免，得由元老派全权作主，因此，国民政府时期，这三个文教机构，都属于北京大学的势

---

① 马叙伦：《我在六十岁以前》，101～102页。有学者称马叙伦辞职是因为他与蒋梦麟的政见不合，"马不满意蒋梦麟的措施，拂袖去职"（高思庭：《国民党政府统治教育事业概述》，见全国政协文史和学习委员会：《文史资料选辑》第87辑），此说似不确。

力圈子"①。这一结论可以从李石曾的记载中得到印证。"四老"吴稚晖、李石曾、蔡元培、张静江在"清党"问题上与蒋介石、谭延闿等人互相勾结，南京国民政府成立后，在权力分配上，蒋、谭等人"从事军政权要"，而吴、李、蔡、张等"党国元老"则致力于"文化经济建设事业"。其中张静江的活动主要集中在经济、建设方面，前三者则主要在文化教育事业。② 与吴稚晖的独来独往不同，蔡、李两人在文化教育界均有自己的基干"队伍"，两人身后隐然各存在一个大小不同、时相交叠的文人圈③，故在教育界的势力尤大。如前所述，蔡元培长期担任北大校长，由于他的援引，李石曾与北大也有着千丝万缕的关系。从这个角度看，曹聚仁的说法还是有一定根据的。在从事文化教育事业的过程中，这些"党国元老"内部出现了分歧和矛盾，教育界由此形成了以蔡、李为首的两大派系，彼此争斗激烈。关于此事的内情，据陈布雷所载：

> 教部之改组，由李（石曾——原注，下同）蔡（子民）两系之龃龉。石曾先生方面常视蒋梦麟为蔡所提挈之人（不但对蔡不满，且对于现代评论派之人物亦不满，而谥之曰吉祥［胡同名］系）。然石曾先生所汲引之人如易培基（劳动大学）、褚民谊（中法大学工学院）、郑毓秀（上海法政学院）及萧瑜（中法大学）、谭熙鸿等在平、沪等处办学成绩极不佳，且常蔑视教部法令，教部屡欲裁抑之，石曾先生以为难堪，主张去蒋梦麟甚力。吴稚老于李、蔡均友善，而

---

① 曹聚仁：《京派与海派》，见曹聚仁：《我与我的世界》，485页，北京，人民文学出版社，1983。曹聚仁在《听涛室人物谭》（139页）里也有类似的看法，他认为："国民政府定都南京以后，中枢的势力分配，有一不成文的君子协定，即是教育部长、北京大学校长、中央研究院院长这三只宝座（后来，加上了台湾大学校长），乃是北京大学系的势力范围，别人是不许问津的。"何廉在回忆录中谈到20世纪20年代末教育界状况时亦称："'北大'派控制中国高等教育的'唯我独尊'的政策及某些领导成员党同伐异的作风，使得教育界的'少数派'忧心忡忡，深为不安。"（详见何廉：《何廉回忆录》，42页，北京，中国文史出版社，1988）

② 李石曾：《稚晖先生六十年来公谊私交之关系》，杨恺龄编：《吴稚晖先生纪念集》，15页，沈云龙主编：《近代中国史料丛刊续编》第13辑之130，台北，文海出版社。

③ 张晓唯：《蔡元培与李石曾》，丁石孙等编：《蔡元培研究集——纪念蔡元培诞辰130周年国际学术讨论会文集》，518页，北京，北京大学出版社，1999。

第三章 疏离、重返与淡出：1926—1936

尤同情于李。①

陈布雷是蒋介石的亲信幕僚之一，有机会接近最高机密，所述自甚可信。

在蔡、李两系的争斗中，作为首领的蔡元培和李石曾个人之间的直接冲突并不多，主要是他们在教育界中各自所代表的势力之间的冲突。② 至于这两系所代表的势力，论者一直存在不同的说法。老北大出身的千家驹认为，蔡、李之争实际上是"北大派"和"中法大学派"之间的争斗，"蔡、李虽同为国民党'元老'，而派系不同，各立门户"。③ 白瑜则认为，当时教育界所谓的"蔡李之争"，"其实是留法、留美两派学系之争（蔡、李个人不会有争——原注），也就是前北京大学与北平大学之争种下的祸苗"④。后来的研究者有的将蔡、李之争归结为"北大系"与"中法系"之争⑤，也有的认为是"欧美派"和"留法派"之间的争斗，蔡元培和李石曾分别是两派的首领。⑥ 这些说法大都似是而非。李石曾一系中包括李氏本人在内的不少人都有北大背景，故蔡、李之争很难说得上是"北大派"和"中法大学派"之间的争斗。而从北大校史上看，蔡元培又很难算得上是"欧美派"的首领，而且如果说存在一个"欧美派"的话，那"留法派"也应当算是其中的一部分。

如果把这一问题放回到具体的历史演变脉络中，就可以看得更加清楚。蔡、李两系之争大致还是由原来北大的英美派与法日派的争斗演变而来。这一争斗在北伐前基本上局限于北京教育界，尤其是北大校内。"三·一八"惨案后，北大旧日同仁有不少离校的，"人脉转移，矛盾随

---

① 陈布雷：《陈布雷回忆录》，20～21页。参见陶英惠：《记国民党四老》，载《传记文学》，1973，23(5)。
② 参见前揭张晓唯《蔡元培与李石曾》一文。
③ 千家驹：《我在北大》，见全国政协文史和学习委员会：《文史资料选辑》第95辑，1984。
④ 白瑜：《李石曾·萧瑜与故宫盗宝案》，载《传记文学》，1981，38(5)。
⑤ 周天度：《蔡元培传》，280～281页；张晓唯：《蔡元培与李石曾》，丁石孙等编：《蔡元培研究集——纪念蔡元培诞辰130周年国际学术讨论会文集》，515页。
⑥ 金以林：《近代中国大学研究(1895—1949)》，179～180页。

之"。鲁迅与顾颉刚等人在厦门大学和中山大学的冲突，基本上都是北大内部矛盾的延续。① 北伐后由于北大一系几乎控制了全国的主要文化教育事业，其内部原有的英美派与法日派的分歧与矛盾更随之扩大到全国范围。李石曾一系除了陈布雷所提到的易培基、褚民谊、郑毓秀、萧蘧、谭熙鸿等人外，还包括作为北大内部章门弟子核心力量的"三沈二马"。② 北伐后，法日派控制的故宫博物院中，马衡和沈兼士分别担任古物馆和文献馆的副馆长。③ 其中，沈尹默与李石曾的关系尤为密切，不仅受李石曾委派与李书华、李圣章、萧瑜等人一道接收中华大学④，后且被任命为河北省教育厅厅长⑤、北平大学校长等。故所谓"李系"大致是原来法日派的扩大，只不过此时"三沈二马"的地位已不如以前重要，他们与李石曾的结合原先基本上是对等的，现在则逐渐成为附庸。北大的英美派（亦即陈布雷所谓的"现代评论派"、"吉祥系"）长期以来一直以胡适为精神领袖，这一派不仅无功于新政府，且"三·一八"惨案前后有勾结北京政府的嫌疑，北伐后这一派自不能像法日派那样得势。但由于胡适进入北大后很得蔡元培的赏识，故在北伐后得到蔡的援引，被聘为大学委员会委员。⑥ 因为这层关系，北伐后一段时期内，蔡元培实

---

① 详见桑兵：《厦门大学国学院风波》（收入《晚清民国的国学研究》）。1973年7月，顾颉刚在其日记1926年8月9日条下补记："此次到厦门，携北大派性以俱往，代表德法日派者，沈兼士、鲁迅、孙伏园、章廷谦（川岛）也。代表英美派者，我也。我本非留学生，且一人亦不能成一派，徒以接近现代评论社之故，遂自成一对立面。"（顾颉刚：《顾颉刚日记》1册，778页）

② 朱偰：《北京大学的复校运动》，见陈平原等编：《北大旧事》，138页。

③ 吴景洲：《故宫盗宝案真相》，118页。

④ 曹伯言整理：《胡适日记全编》第5卷，158页。

⑤ 据称，沈尹默被任命为河北省教育厅厅长后，"他那原可罗雀的史家胡同的宅门，早已车马辐凑；一入客厅，看见前来求职的人，真如'过江之鲫'。"洪炎秋：《诗人厅长沈尹默——回国求学师长印象记之二》，载《传记文学》，1963，37(4)。

⑥ 中国社会科学院近代史研究所编：《胡适来往书信选》上册，447~448页。这一时期蔡元培还试图推荐胡适任中山大学副校长，据胡适1928年5月19日日记载："蔡先生拉我细谈，问我肯不肯到广州中山大学去做副校长。骝先现任浙江民政[厅]长，季陶又任广州政治分会事，故他要我去。我谢绝不能去，说了两个理由：第一是我现在决定开始做《哲学史》，不能做这样的事；第二是季陶的思想近来颇有反动的倾向，恐怕不能长久合作。"见曹伯言整理：《胡适日记全编》第5卷，117页。

际上被英美派奉为精神领袖。①蒋梦麟本来与马叙伦一样，周旋于英美派与法日派之间，此时由于与蔡元培的关系，他自然更倾向于英美派，成为"蔡系"的得力干将。

在南京国民政府成立初期，蔡元培与李石曾同被任命为中央教育行政委员会常务委员。在推行大学区制上，两人曾有过密切的配合，蔡元培出任大学院院长，李石曾则在大学院担任一系列职务，两人在改革文化教育事业上的思路和努力方向基本上是一致的。②但在北平大学区试行过程中，两人产生意见分歧，教育界出现了"蔡系"和"李系"的争斗，并持续了若干年时间。③1928年6月，北伐军进入京津，如何接收和处置北京国立各校成为当时各方关注的问题。蔡元培希望继续兼任北大校长，在国民政府会议上因不便自己提出，遂由杨杏佛转请易培基提议。但易氏表示他此前已与吴稚晖、张静江等人议决推举李石曾，故无法满足蔡的要求。④6月8日，国民政府讨论此问题时，易培基秉承李石曾的旨意，提出北京大学改名为中华大学，由蔡元培任校长，在蔡尚未到任时，由李石曾署理。这一提议获得通过，并于次日由国民政府正式发布。⑤这一决议实际上完全满足了李石曾的要求，之所以还任命蔡元培为中华大学校长，只不过是顾全他的体面而已。

在胡适看来，这是国民政府会议对蔡、李两派的一种"调停的办法"。蔡元培当然深知其中奥秘，故6月15日下午的大学委员会会议

---

① 据蒋复璁称，这一时期李石曾和蔡元培"彼此不和"，他们"分裂的原因主要与底下的人有关。那时北大有两派：胡适之先生、王世杰先生和留学英美的人为一派；而李石曾等留法、留日的人成了另一派"（蒋复璁口述、黄克武整理：《蒋复璁口述回忆录》，102页，台北，"中央研究院"近代史研究所，2000）。

② 详见张晓唯：《蔡元培与李石曾》，丁石孙等编：《蔡元培研究集——纪念蔡元培诞辰130周年国际学术讨论会文集》，515页。

③ 周天度：《蔡元培传》，281页。顾颉刚认为，李石曾是"蓄意打倒"蔡元培的，"李氏前在法国办进德会，办勤工俭学团，办中法大学，蔡先生无不与之合作，他回国后蔡先生又请他到北大来教授生物学。我想蔡先生决不会有对不起他的地方。但是五四运动以后，蔡先生声望委实太高，在全国人的心目中成了一个教主，也许李氏为了这点而吃醋。"（《顾颉刚自述》，见高增德、丁东编：《世纪学人自述》第1卷，27~28页）

④ 曹伯言整理：《胡适日记全编》第5卷，156页。

⑤ 周天度：《蔡元培传》，280页。

上，他在报告北大问题经过时提出两点："(1)改名中华大学；(2)他自己不愿兼中华大学校长，请会中决定推李石曾为校长。"胡适对此提出异议，认为："(1)北京大学之名不宜废掉；(2)石曾先生的派别观念太深，不很适宜，最好仍请蔡先生自兼。"为此，胡适与吴稚晖、易培基等人发生了激烈的辩论。吴稚晖发表长篇演说，指责胡适不应用蔡元培牵制李石曾，并称"蜀洛党争"是"最可怕的"事情。胡适试图为"三·一八"惨案前后英美派的做法辩解，遂有被吴稚晖骂为"反革命"之事。在此形势下，蔡元培提出要辞去大学院院长一职，并提议由易培基接任。会后，蔡元培私下对胡适表示："他从不晓得社会这样复杂；他应付不了这样复杂的社会，干不下去了。"① 吴氏此处所谓的"蜀洛党争"，指的是1925年前后北大内部英美派与法日派相争的故事。② 从当时的实际情形看，蔡元培提出辞去大学院院长职务显然并非出于自愿，而是他惯常使用的以辞职为抗议的手段。如前所述，6月19日国民政府批准蔡元培辞去中华大学校长，改由李石曾继任。③ 6月27日，胡适致函蔡元培，最终辞去了大学委员会委员职务，函称："去年我第一次辞此事时，曾说我的脾气不好，必至破坏院中和平雍穆的空气。十五日之会果然证明此言。当时我已十分忍耐，故虽被稚晖先生直指为'反革命'，亦不与计较。但日后我决不会再列席这种会，因为列席亦毫无益处，于己于人，都是有损无益。吴先生口口声声说最大危险是蜀洛党争，然而他说的话无一句不是党派的话，这岂是消弭意见的办法吗？我虽没有党派，却不能不分个是非。我看不惯这种只认朋友，不问是非的行为，故决计避去了。既已决心不出席，留此名义何用？此为最后陈述，亦不劳先生赐复，我也不登报声明，望先生体谅此意"④。

---

① 曹伯言整理：《胡适日记全编》第5卷，155~158页。
② 罗志田：《个人与国家——北伐前后胡适政治态度之转变》，见罗志田：《乱世潜流：民族主义与民国政治》，252页。有学者认为，吴氏此处所谓的"蜀洛党争"，是暗指蔡元培"北大系"与李石曾"中法系"的争执（张晓唯：《蔡元培与李石曾》，丁石孙等编：《蔡元培研究集——纪念蔡元培诞辰130周年国际学术讨论会论文集》，515页），似不甚妥当。
③ 周天度：《蔡元培传》，281页；梁柱：《蔡元培与北京大学（修订本）》，297~298页。
④ 中国社会科学院近代史研究所编：《胡适来往书信选》上册，483页。在此之前，6月16日、21日胡适曾两次致函蔡元培提出辞职，但蔡元培均不应允，详见高平叔等编：《蔡元培书信集》，863~869页。

第三章　疏离、重返与淡出：1926—1936

7月4日，时任大学院高等教育处处长的张奚若告诉吴宓："蔡（元培）消极，教育权归于李石曾一派"①。这一时期，李石曾派下还有人试图利用"三·一八"惨案一事来"罗织"胡适为首的英美派诸人。南京的《民生报》上曾刊出《北平市民大会请通缉反革命罪魁》一文，该文的大意为北平市民大会电告政府称，"三·一八"惨案的祸首为段祺瑞、熊希龄、梁启超、章士钊，助逆者则为胡适、刘伯昭（百昭）、王世杰、周览（鲠生）等人，皆应通缉。据胡适推测，此电乃李石曾手下成舍我所捏造。②

在北大改名及校长人选上的争论，实际上是蔡、李两系在北方教育领导权上的争夺。此时由于李石曾不在国内，蔡、李之间并无直接冲突，但两系之间的争斗已经十分激烈。除了6月15日在大学委员会上的激辩外，双方在北大是否应该改名上还有过不少争论。周作人主张北大应改名为"北平大学"③，而英美派学者则在《现代评论》上撰文主张北京大学应保留原名。④ 6月25日，李石曾被国民党中央政治会议任命为北平临时政治分会主席，7月底回国。8月16日，大学委员会审议李石曾提出的设立北平大学区议案，即以北平政治分会所辖区域为北平大学区，设大学委员会北平分会。合并后，北平国立九校及天津北洋大学统称国立北平大学，分设各学院，并由大学代行省教育厅行政。而身为大学院院长的蔡元培，鉴于江苏、浙江两大学区试办以来问题迭出，无日不在扰攘之中，新建规模更大的北平大学区势必更甚（北平大学区管辖河北热河两省、天津北平两特市，范围最大），遂表反对，而李石曾则极力主张，双方出现分歧。由于会上蔡居少数，李的议案获得通过。次日，蔡元培在极度失望之余，递交辞呈，辞去了大学院院长等本兼各职。不久，他又坚决辞去中法大学校长名义。这一时期，蔡、李之间的

---

① 吴宓：《吴宓日记》第4册，85页，北京，生活·读书·新知三联书店，1998。
② 曹伯言整理：《胡适日记全编》第5卷，206～207页。
③ 详见《关于北京大学等》、《历史癖（随感录一八八）》、《论可谈的》等文，见陈子善等编：《周作人集外文》下册，325～341页。
④ 《大学名称与大学区别》，载《现代评论》，1928，8(185)。

关系呈现某种紧张态势。① 10月3日，国民党中央政治会议批准蔡元培辞职，同时任命蔡的亲信蒋梦麟为大学院院长。以蒋梦麟继任大学院院长，而不是由蔡元培"提议"的易培基接任，显然是对蔡元培的一种安抚。② 随后，大学院改为教育部，由蒋梦麟出任部长。如前所述，马叙伦正是在这样的复杂背景下开始他第三次出任教育部次长的经历。

围绕北大及北平大学区的争斗，只是蔡、李两系之争的开始。如前所述，1928年年底北大学生复校运动高涨时，蔡元培、蒋梦麟曾致电李石曾表示慰问，并劝告学生勿走极端。不过，在接下来几年里，两系的矛盾不仅没有化解，反而不断加深。1929年6月，大学区制最终废止，除了因为这一制度不合中国国情以及其他一些阻力外，与蔡、李两系间的矛盾也颇有关系。③ 到1930年12月，两系矛盾激化，最终导致教育部改组，部长蒋梦麟被迫辞职。从前引陈布雷的记载可知，蒋梦麟的去职主要是因为蔡、李两系的"龃龉"，具体表现为李石曾派下诸位不仅办学成绩"极不佳"，而且时常"蔑视"教育部法令，身为教育部部长的蒋梦麟对李系诸人屡欲加以"裁抑"，李石曾"以为难堪"，故主张去蒋"甚力"。作为主要当事人的蒋梦麟则称，他的辞职是因为在中央大学易长及劳动大学停办两事上与元老们的意见相左。④ 可见当时两系争斗的焦点在于中央大学和劳动大学。

中央大学的前身是东南大学，该校自1925年易长风潮之后就陷入动荡不安之中。1927年北伐军克复南京后，该校改组为第四中山大学，由张静江的侄子张乃燕担任校长，中间曾改称江苏大学，最终于1928

---

① 参见张晓唯：《蔡元培与李石曾》，丁石孙等编：《蔡元培研究集——纪念蔡元培诞辰130周年国际学术讨论会文集》，515～516页；周天度：《蔡元培传》，282～284页；金以林：《近代中国大学研究(1895—1949)》，180～181页。

② 蔡元培"提议"由易培基接任大学院院长，未必出于他的真实意愿。当时外间已有易培基将接任大学院院长的消息。1928年9月19日，鲁迅在致章廷谦的信中就提到："据报，云蔡公(即蔡元培——引者，下同)已至首善(指南京)，荐贤自代，将成事实。贤者何人？易公培基也。而院(指大学院)则将改为部(指教育部)云。"(《鲁迅书信集》上册，198～199页)

③ 参见陶英惠：《蔡元培与大学院》(《蔡元培传记资料》第2册)，及金以林：《近代中国大学研究(1895—1949)》一书的相关章节。

④ 蒋梦麟：《西潮·新潮》，152页。

第三章　疏离、重返与淡出：1926—1936

年5月定名为中央大学。在蒋梦麟担任教育部部长之前，中央大学就曾因为校长问题发生过大风潮。1928年6月8日，大学院调张乃燕为大学院参事，代以吴稚晖为校长。张乃燕对此表示强烈不满，不仅拒绝交出校政大权，而且呈请国民政府，要求对大学院任命程序的合法性进行审查；而吴稚晖也表示决不到任，闹得不可开交。① 张奚若曾向胡适详述了此事的内情，据称，此事发端在国民党中央党部的陈果夫、叶楚伧，他们听了许多"流言"，以为中央大学即将有大风潮，并且带有政治意味。陈果夫为张乃燕的同乡好友，想设法维护他，故陈、叶要时任大学院院长的蔡元培早日解决此事，请他自兼校长。蔡元培、杨杏佛事前不曾与张静江、张乃燕商量，故引起许多误会。他们在张宅里商量此事，想当然地以为张静江已得知，其实二张并未预知。此外，杨杏佛的处置也有许多失当之处，主要是过于武断，且在程序上确实不无瑕疵。而吴稚晖则告诉胡适："张乃燕是阔少爷，若聘他作大学委员，他一定高兴；今调他作参事，则是叫他在杨杏佛手下作属员也，他所以跳起来了。"在6月15日的大学委员会会议上，蔡元培报告了中央大学的事情，吴稚晖作了补充说明，据胡适日记载："他们老实说，校长是不能不换的，但现在找不着适当的人，只好请张乃燕维持下去，等到选着人时再交代。这样说法，张乃燕先生居然忍受的下，此人肚里真可撑船也"②。会后，中央大学此次因为易长问题而发生的风潮即告一段落。张乃燕在蔡、李两系争斗中，本来就倾向于李石曾一方。③ 蔡元培之子蔡无忌曾任中央大学农学院院长，1928年9月中央大学忽然爆发驱蔡风潮，蔡无忌被迫辞职，离职前与张乃燕发生过激烈的辩论。④ 此事也多少影响

---

① 参见许小青：《从东南大学到中央大学——以国家、政党与社会为视角的考察(1919—1937)》，88~93页。
② 曹伯言整理：《胡适日记全编》第5卷，151~155页。柳诒徵记述此事经过时称："张(乃燕)与蔡(元培)、杨(杏佛)不协。政府中人多忌杏佛，设计使蔡易张，张不屈。蔡与杏佛乃辞大学院，别组中央研究院研究学术，不涉政治焉"(柳诒徵：《记杨诠——日记摘录》，柳曾符等编：《劬堂学记》，55页)。当以张奚若所述更接近事实。
③ 曹伯言整理：《胡适日记全编》第5卷，155页。
④ 金以林：《近代中国大学研究(1895—1949)》，180页。

了张乃燕与蔡元培一方的关系。

蒋梦麟担任教育部部长期间，1930年10月中央大学因为校长问题再次发生风潮。这次风潮与劳动大学停办风潮纠缠在一起，成为蔡、李两系争斗的高潮，最终导致教育部的改组和蒋梦麟去职。关于这两次风潮，一则事关内幕，正面记载甚少；二则当事诸人因立场不同，记载也各异。只有综合考察各方看法，才能更加接近事实本相，如仅据一家之言，则难免偏颇。据蒋梦麟回忆，在这两件事上，"我（蒋梦麟自称）当时年壮气盛，有所决策，必贯彻到底，不肯通融，在我自以为励精图治，在人则等于一意孤行。我本世居越中，耳濡目染，颇知绍兴师爷化大为小化小为无的诀窍。今背道而驰，自然碰壁。武力革命难，政治革命更难，思想革命尤难，这是我所受的教训"[①]。而吴稚晖的记载则大不一样。1930年10月21日，吴稚晖在致蒋介石的长函中称：

> 上海劳动大学不令易君（指易培基——引者）兼办，自所应当。惟劳动大学本身，以弟旁观，亦与诸多大学同一不完善。此乃十余年来，南北相习成风。若诸校皆上轨道，劳动亦能随之而进步；并非劳动有特别之腐败，如忌者所传之甚，故彻查劳动亦可也。若废弃劳动则亦不必。此次蒋梦麟先生处办劳动，于整顿之中，似含报复之意。缘易君前长北平教育时，虽（原文如此）力罢法政大学江庸之职，不受梦麟之请，始终怏怏。

> 何以知之，则向之传闻，弟所不信。于十九早忽造假言，曚告钧右，则弟不能无疑其举动。因数日前弟想起两月之前，梦麟曾面辱易君（其时四人，梦、易、石、稚也——原注，下同）。近来又不招呼其辞职，而竟以免职辱之以为快。未免造成同官不协，操切兴事。故于十四晚，弟偕石曾先生同造教部，劝彼不可以气矜用事。劳动账目，发交审计院彻查；劳动财产，彻底点验，皆无不可。止需派人点验，自能清彻。查明后，学校之进行与改良，向有董事会

[①] 蒋梦麟：《西潮·新潮》，152页。

可以协议办法。蒙彼采纳。即于十六日派员前点验。……

据梦麟嘱蔡子民先生告弟,彼于十九早进谒先生,告知劳动拒绝点验。先生赫然震怒。已电张市长派警接收。且言拒绝点验时,校中人言:"你们部长都要换了,还来点验什么?"弟初闻亦甚愧恨。恨劳动之人,如是可恶!岂知昨日二十晚间,劳动人来缕言其详。且言二十(星期一)早上,教部两派员忽言:"不点验了。又得部令改为接收。若不马上交出,蒋主席已令军警押交。"弟方知梦麟报复是真,借整顿之名,行破坏之实。然此或弟之神经过敏,而彼忽造作假话(即拒绝点验一语),意欲何居?闻彼此次之矜张,据云实恐弟等进言先生,摇动其位置,故作先发制人之计。惟彼以小人之腹,度君子之心,实出情理之外。不惟先生深恶进谗,明察有素;即弟等粗知大义,岂肯得宾礼之荣,又以妄[妾?]妇之行以自污?四年以来,弟曾有一次论人短长,议及职务用舍者乎?先生必哑然笑其妄也。①

吴稚晖所谓"近来又不招呼其辞职,而竟以免职辱之以为快",是指蒋梦麟于1930年9月24日明令将劳动大学校长易培基免职。在吴氏看来,蒋梦麟的这一做法及以腐败为由查处劳动大学都是在公报私仇,他在此函中对蒋梦麟的指责不可谓不重。关于此事,另有论者也认为蒋梦麟"施展预谋,公报私仇","远因为易氏在北京教育总长任内,与北京大学代校长蒋梦麟不相融洽。后来蒋任南京教育部部长,而易任劳动大学校长。其时适因中央调整部长缺额,准备腾出教育、内政两部,让与张学良部高级人士。于是蒋可能仍回任校长之职。同时又以易氏曾任北平教育总长,有接长南京教育部部长之可能。蒋氏特在中央政治会议提议,中央院、部、会首长不兼大学校长为原则,并列为决议。但蒋氏一面先密函戴季陶速辞中山大学校长,孙科预辞交通大学校长,以避明令

---

① 吴稚晖:《上蒋主席函》,罗家伦、黄季陆编:《吴稚晖先生全集》卷3,文教,678~680页,台北,中国国民党中央委员会党史史料编纂委员会,1969。该函只注月日,未注年份,按诸所述内容,当作于1930年10月21日。

免职。对于易氏则趁劳动大学开学前一天，易氏在京尚未来校时，免去校长之职。迨易到校，已成事实。且不派代理人员，以致群龙无首，全校哗然"。① 在易培基被免职之前，蔡元培也已事先得到消息，预先辞去了北大校长一职。② 综合各种信息，吴稚晖等人在这一点上对蒋梦麟的指责似不无道理。直到12月9日，蒋介石才任命王景岐为国立劳动大学校长③，时蒋梦麟早已辞去教育部部长职务。

几乎在整顿劳动大学的同时，蒋介石得到密告称："中大（指中央大学）为国家主义与共产主义之角力场，劳大为共产主义之托庇所，与晓庄相等。"④10月21日，他收到吴稚晖的信后当即作了回复。蒋氏原函现已无从查考，目前能够看到的是吴稚晖1947年1月所写的按语。从中可知，吴稚晖还继续为劳动大学辩护。他认为，该校只有无政府党，决无共产党。不过，对于"中大为国家主义与共产主义之角力场"这一点他也深不以为然，而且认为："此决非梦麟所中伤，实还有留心党事者之谋会也"。得到蒋的复函后，吴稚晖遂劝张乃燕辞职⑤，并于21日夜半再次致函蒋介石，称："两校内容如此，深恐所见不同，难免有告者之误。但先生既有至明之见，自有极相宜之措置。弟等惟先生之命是听，敢不首先赞助。故今晚君谋（指张乃燕）来，告以此意。欣然愿去其职。且言先生若早言之，彼执通家子弟之义，早应请命乞休。力所能尽，随时皆可别效劳苦也。今先附呈彼之辞呈一通。若国府下令能予以'某某辞职，应免本职'字样，较有礼面，则感激不尽矣。"吴稚晖1947

---

① 傅清石：《易培基的生平与晚年遭遇》，载《传记文学》，1979，34(2)。
② 蔡元培于1929年9月16日再次被任命为北京大学校长，未到任前由陈大齐代理。但此时他已出任中央研究院院长，迄未赴任。丁致聘：《中国近七十年来教育记事》，202、227页。
③ 丁致聘：《中国近七十年来教育记事》，231页。有学者称马叙伦曾任中国劳动大学校长（李焕真：《一生正直爱国的学者与诗人》，见广东炎黄文化研究会编：《岭峤春秋——黄节研究论文集》，146页注释），不确。
④ 《张乃燕声明辞职真相》，载《申报》，1930-10-29。据张乃燕称，是蒋梦麟向蒋介石报告，但二蒋对此均予以否认。详见许小青：《从东南大学到中央大学——以国家、政党与社会为视角的考察（1919—1937）》，97~98页。
⑤ 吴稚晖1947年1月在《上蒋主席函》后的注释，见罗家伦、黄季陆主编：《吴稚晖先生全集》卷3，680页。

年在函后注释称，此函去后中央大学校长问题算暂告一个段落，张乃燕失败，蒋梦麟获胜。①

实际上此事至此还远未了结。张乃燕辞职赴沪后，蒋梦麟对媒体发表谈话，认为张以私函向蒋介石辞职不合向例。这一谈话发表后，张乃燕专门致函蒋梦麟提出质问，后者随即针对张乃燕的声明函发表公开谈话，对张氏的指责一一作了辩解，引起双方的一场恶斗。可见张乃燕在此事上的策略是对蒋介石采取谦恭态度，而对蒋梦麟则进行猛烈还击。直到11月2日蒋介石在浙江溪口亲自对记者发表公开谈话，对他提出严厉批评后，张乃燕才最后下决心辞职。②

在劳动大学和中央大学两个问题上，吴稚晖除了暗地上书蒋介石痛责蒋梦麟公报私仇、为易培基和张乃燕缓颊外，还亲自出马面责蒋梦麟。据蒋氏记载，在他辞职的前一天夜里，"吴稚晖先生突然来教育部，双目炯炯有光，在南京当时电灯朦胧的深夜，看来似乎更觉明显。他老先生问我中央、劳动两校所犯何罪，并为两校讼冤。据吴老先生的看法，部长是当朝大臣，应该多管国家大事，少管学校小事。最后用手指向我一点，厉声说道：'你真是无大臣之风'。我恭恭敬敬[地]站起来回答说：'先生坐，何至于是，我知罪矣。'"③第二日即11月27日，蒋梦麟就向国民政府辞去了教育部部长的职务。④

---

① 在注释中吴氏又称："异日梦麟亦浸疏者，到底用手段太多。故现在之梦麟，去手段一切不用，进德不少矣"（《上蒋主席函》，见罗家伦、黄季陆编：《吴稚晖先生全集》卷3，680页）。言下之意，不无批评蒋梦麟当日使用"手段"。

② 张乃燕与蒋梦麟互相指责的情况，详见许小青：《从东南大学到中央大学——以国家、政党与社会为视角的考察(1919—1937)》，96～102页。张乃燕辞职后，国民政府为加强对中央大学的控制，决定将中山大学校长朱家骅调任中央大学校长。详见王德滋主编：《南京大学百年史》，157页，南京，南京大学出版社，2002。

③ 蒋梦麟：《西潮·新潮》，152页。

④ 有学者称，蒋梦麟去职是因为"蒋介石很不满意蒋梦麟无力平息学潮及在第十区党部大会上被人反驳之事。适因蒋梦麟亲笔所写的'中国文明是草棚文明'的字条被其秘书张西曼所揭发，说是直接攻击国民党当局，而遭到免职处分"（高思庭：《国民党政府统治教育事业概述》，见全国政协文史和学习委员会：《文史资料选辑》第87辑）。此说不确。蒋复璁在口述回忆录中称："蒋梦麟先生做教育部长之后，因为他同时为北大校长，所以放弃部长之职，由老总统(指蒋介石——引者)兼教育部长"（蒋复璁口述、黄克武整理：《蒋复璁口述回忆录》，102页）。按诸史实，这一说法也不准确。

马叙伦与民国教育界

蒋梦麟辞职后，蔡、李两系的争斗趋于白热化。限于材料，现已难知详情。不过，从吴稚晖所拟复蔡元培的函稿中可以略知大概，该函称：

> 弟于教部、研究院、中大、劳大，以及北平学界、北平文化（界），皆从无主张。不过夹在中间，彼此嘱我传话。弟之主旨，不愿见洛蜀之交哄。其法以五雀六燕，均得其平为原则。以不令毛细得失，牵及巨大政潮为希望。两方于我，初无利害可言。此必先生所洞知也。我何铃曾系，而亦何铃可解？此先生极多误会也。前天弟去汤山，系与介石同意往慰季陶。一告知并无人干涉考试院之用人，亦无人想插入。二告柏年（百年，即陈大齐——引者）长教部，未免十二帆高拽，失意人互相火拼，殊非所宜。渠允柏年仍为考试院秘长。此传话第一事之任务毕。二先生来言，常任以下不宜调（先生言曾以此意告介石——原注）。弟告本拟请季茀（即许寿裳——引者）任常次。先生言不必。石曾未开口。弟随即赞同，言经农本好，且不事纷更最所赞同。石亦首肯。此传话之第二事亦毕。于是归途再随先生告以最近一切，惧误会也。回至招待所，即将转告季陶之决议，及先生之主张，与弟等之赞同，函告介石。完任务也。难道弟亦如梦麟之亦硬亦臭，反复不信，故劳先生又驰一书耶？弟知此等毛细臭事，尽其拨弄，必至破坏一切旧交。①

此函草拟后，吴氏自觉措辞过于激烈，并未发出。原函只注月日，未注年份，有学者将其断为1928年11月30日所作②。按诸函中所述内容，此函当为1930年11月30日所作。这一时间确定后，该函所透露的信息就显得十分重要，从中可以看出当时教育界两系相争的大致轮廓。

---

① 1930年11月30日《复蔡元培函》，见罗家伦、黄季陆编：《吴稚晖先生全集》卷3，674页。

② 张晓唯：《蔡元培与李石曾》，见丁石孙等编：《蔡元培研究集——纪念蔡元培诞辰130周年国际学术讨论会文集》，516页。

第三章　疏离、重返与淡出：1926—1936

　　蔡、李两系的争斗自1928年开始一直持续到此时，所涉及的范围除了前述的中央大学、劳动大学风潮外，还包括教育部、中央研究院及北平文化教育界等多个领域。吴稚晖一再表示不愿看到"洛蜀之交哄"的局面，自己所做的只不过是居中传话，但从上书蒋介石到面责蒋梦麟，他实际上都是站在李石曾一方的。前引陈布雷所谓"吴稚老于李、蔡均友善，而尤同情于李"，于此亦可得到印证。① 蔡元培致吴原函目前尚无从查考，从吴的复函稿中推断，蔡元培对他不无责怪之辞，致使吴急欲辩白，且因一时冲动而"过甚其词"。自称"夹在中间"的吴稚晖言辞尚且如此激烈，更遑论当时争斗中的"洛蜀"双方。② 由此亦可窥见这一时期蔡、李两系争斗的激烈程度。③

　　蒋梦麟辞职后，面对两系之争，无人能胜任教育部部长之职。蒋介石不得已，只好以行政院长的身份兼理，并任陈布雷为次长。据陈氏记载：

---

① 蔡、吴、张、李号称国民党"四老"，实际上蔡元培思想发展和另外三人日后逐渐相违，晚年更截然不同（唐振常：《蔡元培传》，75页，上海，上海人民出版社，1985）。就个人交谊看，李石曾在台北市温州街的私第正厅初名"恒杰堂"（恒指吴敬恒，杰指张人杰——引者），并自书匾额，临终前遗命改为"三友堂"（吴延环：《忆李石老》，载《传记文学》，1980，36（5）），由此亦可见"四老"间关系的亲疏。

② 参见张晓唯：《蔡元培与李石曾》，丁石孙等编：《蔡元培研究集——纪念蔡元培诞辰130周年国际学术讨论会文集》，516页。

③ 1931年7月11日，教育部电令劳动大学及附属中学暂行解散，易培基致函吴稚晖"求援"。次日，吴稚晖在复函中谈及教育界这些争斗时已深表厌倦："知劳大近忙，不胜彷徨。愧叹先生维护学子之盛意，一再不能达此，皆由于最高当局教育方针之不定，故南北皆受混乱之摧折。弟于去年劳大、中大之交涉以后，加以四中全会时，党中四面八方抢夺教育权。遂觉知向日我辈为豆腐生涯，将无人顾问，不免尚蹈错误。所以戏告石曾先生，从此于教育事业，亦当如党部运动，我辈并须痴聋退出，以免妄生顾忌，或碍当局之发言。故石曾先生亦笑而颔之，一切遂取放任。弟并有个人偏见，以为今日之教育，可有可无，任他狗咬死羊，或羊咬死狗，皆无不可。此虽足以火上浇油，或壮摧残者之胆。然即主张维护，去年试之，其效果何如？假使勉强他人，特为留不死不活之局面，而又付托何人？我辈去年又试之矣。人将以为其人即我辈所物色。……故此番南北事起，弟即抱概不问闻之决心。不料清华因子民先生之邀约，稍参末议，几乎又入漩涡。急急知难而退，已留多方面之不快。因此弟非敢独忘劳大，不得已也。……非不欲扶得醉人归，知时未可，姑有待耳。弟想万般皆由兵事不停，当局无暇计虑尽善。迨有暇一计虑之，亦觉方针不定之错误。"《致易培基函》，见罗家伦、黄季陆编：《吴稚晖先生全集》卷3，677～678页。吴氏所谓的"四中全会"指的是1930年11月召开的国民党三届四中全会。该函只注月日，未注年份，参照函中所述诸事，当作于1931年7月12日。

（吴稚晖）乃提议以高鲁（天文学者——原注）代蒋梦麟为教长，将通过矣，而胡展堂（即胡汉民——引者，下同）先生反对甚力，即席声言"高鲁何如人，乃可托以教育行政之重任，岂不羞天下之士！"蒋公（指蒋介石）不得已，乃请于高鲁未到任以前，由蒋公以行政院长名义自兼教育部长，而以李书华润章为政务次长。润章则石曾先生所提挈之人物，而在李氏系统中最纯正公正之人物也。蒋公既自兼部长，因欲以余任次长，故由吕秘书长蘧孙电邀到京相商云。余既至京，适开国务会议，而蒋公在牯岭，余乃走谒戴季陶院长，始悉国府已内定余为常务次长云。念教育行政非所素习，而此职将调和两大势力之间，尤为复杂而繁难，不知何以副蒋公之望乎。……蒋公促余早日赴部接事，且命之曰："教育为革命建国要计，凡事当请教于吴、李、蔡诸先进，然必勿堕入派别之见。总之，不可拂李、蔡诸公之意，亦不可一味顺从李、蔡之意见，宜以大公至诚之心，斩绝一切葛藤，而谋所以整顿风气。至于政府及前教部所行整顿大学教育与整肃学风之政策，则须排除万难以贯彻之，不以人事关系而稍为迁就也。"①

在教育界两大势力相争的情势下，作为蒋介石心腹亲信的陈布雷出任教育部次长尚有如履薄冰之感，可见当时教育界人脉之复杂。从对陈布雷的叮嘱中可以看出，蒋介石本人对于当时教育界蔡、李两系争斗的

---

① 陈布雷：《陈布雷回忆录》，20～22页。高鲁字曙青，福建人，时任驻法公使，后回国改任监察院监察委员。据吴稚晖记载，以高鲁为教育部部长出自李石曾的提议。遭到胡汉民反对后，蒋介石之所以还让高鲁挂了一段时期教育部部长的名义（直到1931年8月才正式辞职）则是采纳了吴稚晖的建议，详见吴稚晖致蒋介石函的记载。吴在函中称："教长可否暂维曙青（即高鲁——引者，下同）名？异日弟等决劝别就相宜之事。今以润章（即李书华）代。高君在法使任，借债度日。闻有部长命，欣然回国。后我等嘱暂住。然维持使馆之钱，仍恃向外人移借。外人因彼新任部长，遂慨然借与。然积欠甚多，外部又无钱可发，正焦急。蒋雨岩（即蒋作宾）先生言，曾相对唏嘘。今若再免部长职，则逼债者必加紧。冷嘲热讽，必极难堪。且于外交上显出高君之无能，亦不便也。"1947年1月22日吴氏在此函后自注："石曾先生举高鲁君为教长，实未得之。乃致展堂面斥石曾曰：高鲁尚可为教育部长，真无政府党所为。我故函蒋先生，暂维其面子"（《上蒋主席书》，1930年，见罗家伦、黄季陆编：《吴稚晖先生全集》卷2，172页）。

情形也有一定程度的认识，并试图寻求整顿之方。从另一角度看，他此时已逐渐站稳脚跟，开始插足文化教育领域。他兼任教育部部长期间，李石曾派下的李书华为政务次长，陈布雷则为常务次长。1931年6月，国民政府特任李书华署理教育部部长，政务次长为陈布雷，常务次长则为钱昌照。陈、钱两人均为蒋氏的亲信，后者更是他在经济、外交和教育领域的心腹谋士。[①] 12月，李书华辞职后国民政府任命朱家骅为教育部部长。[②] 朱家骅也是北大教授出身，不过他还有CC骨干这层身份，他受命出任教育部部长标志着蒋介石对教育控制的进一步加强。

马叙伦此次出任教育部次长，正逢蔡元培、李石曾为首的两大势力相持不下之际。他与蔡、李两系均有一定的关系，但又不属于其中的任何一派，更算不上是他们的心腹亲信。而早年对马叙伦提携有加的汤尔和自参加"好人内阁"后兴趣逐渐转移到政界，在政治上先后投靠直系和奉系军阀，北伐后则主要在张学良幕下活动，在南京国民政府里已无多少影响力。不仅如此，马、汤之间这一时期也渐行渐远，抗战阶段最终分道扬镳。[③] 北伐后对马叙伦颇为赏识的国民党元老张静江兴趣则不在文化教育界，故很难给他多少援手。就马叙伦自身而言，虽然他在政界

[①] 据钱昌照回忆，蒋介石之所以重用他是因为黄郛的关系（蒋与黄是结拜兄弟，而黄和钱则谊属连襟）。那时蒋的幕僚组织还比较简单，陈立夫管党和政，他则管经济、外交和教育。钱的回忆略有失误，他出任教育部次长是在李书华署理部长时期，而不是在蒋氏自兼部长时期（钱昌照：《钱昌照回忆录》，33页，北京，中国文史出版社，1998）。另参见李书华：《一年教育部》，载《传记文学》，1969，15（3）。

[②] 丁致聘：《中国近七十年来教育记事》，246、249、257页。

[③] 1925年底，北京群众在马叙伦等人的率领下，"在激昂的气氛里，打毁了一两处段祺瑞部下要人的住宅，烧了晨报馆，因为他平日有反革命的言论表现"（马叙伦：《我在六十岁以前》，84页）。1925年12月2日，汤尔和在致胡适的信中批评此事称："京中状况狞恶可怖，白昼纵火烧报馆，此是何等景象？章行严（即章士钊——引者，下同）纵犯弥天大罪，亦不应放火烧之；下而至于安福系，对之亦不应惨无人道至于此极。……朱留先（骝先，即朱家骅）平时颇谨饬，亦中风狂。是足见非稍稍读书有相当修养者，无不从风而靡，人心如此，可畏哉"（中国社会科学院近代史研究所编：《胡适来往书信选》上册，355页）。可见此时马、汤的思想倾向与政治立场已有很大不同。后汤堕落为汉奸，而马则坚决主张抗战，两人更是彻底"异趣"。马叙伦曾对汤尔和作过如下评价："尔和有治事才，见事敏捷。然不能无蔽；余尝谓尔和一目能察舆薪，一目不能见泰山，友人邵裴子然之；其所爱日本人也，亦以此持其家。尔和既历任仕途，乐而不倦，又交王克敏，浸丧其操"（马叙伦：《汤尔和晚节不终》，见马叙伦：《石屋续沈》，13~14页）。

和教育界都有一定的资历,这一时期也仍处于教育界的核心,然而在愈演愈烈的派系争斗中却逐渐被边缘化。面对教育界蔡、李两系相争的复杂局面,他因"官兴不佳"挂冠而去也就不难理解了。

三、马叙伦与蒋梦麟时代的北京大学

1949年以前,北大历史上最重要的时期无疑当属蔡元培时代。由蔡元培亲自主持校务的时期从1917年到1923年年初,前后虽不过五年半左右,但此后他还多次居有北大校长之名,直到1930年9月才最终辞去这一名义。[①] 同年12月由蒋梦麟继任,从此北大正式进入了一个新的历史时期——蒋梦麟时代。马叙伦于1931年初重返北大任教,1936年夏最终离开北京教育界。在这五年多里,北大乃至整个教育界都发生了很大的变化。

(一)重返北大

1926年夏,张作霖控制北京后,北大教授如刘半农、马叙伦、周鲠生、高一涵、陈翰笙、顾孟余、马寅初、王世杰等人先后离开北大。走不开的许多教授也大多考虑如何应变、另谋出路,如朱希祖改就清华大学教授,沈兼士到辅仁大学,钱玄同到北京师范大学,沈士远到燕京大学。"三沈二马"中只剩下马裕藻还留在原校不动。留下来的大多销声匿迹、深自韬晦,北大呈现一片零落景象。[②] 据吴虞记载,1926年6月前后,北大教授们"因北京困难,纷纷他去,如化学主任丁燮林,物理主任颜任光,数学主任冯祖荀,哲学教授胡适及其他教授李四光、林语堂、沈兼士、钱玄同等,或被他校请去,或宣告暂行离职。顾孟余、李大钊、陈启修、于树德、朱家骅,因政治关系未到校授课。蒋梦麟、马叙伦,亦皆销声匿迹,不敢再露头角",到该年9月,"学校放假,几同

[①] 高平叔:《北京大学的蔡元培时代》,载《北京大学学报》(哲学社会科学版),1998(2)。
[②] 朱偰:《北京大学的复校运动》,见陈平原等编:《北大旧事》,135页。

第三章　疏离、重返与淡出：1926—1936

倒闭，开学无期。北大教授，除党派色彩太重者上季遁迹外，鲁迅、陈源十余人或赴厦门，或往清华。闻晦闻（即黄节——引者）下季亦将请假。二三硕果，风流云散。惟一般谈乡谊、保饭碗辈，继续活动"①。北伐后，钱玄同、朱希祖、马氏兄弟、沈氏兄弟等人又陆续回到北大，但也有不少人因另有高就而没有回来。

1929年5月11日，北大哲学系同学会开会议决，要求校当局电催各教授下学期返校，并要求添补一系列科目，其中"王阳明哲学"、"二程哲学"等课程多年来一直由马叙伦讲授。②惟彼时他尚在教育部次长任上，自不可能回校任教。1929年11月，他辞去教育部次长职务后，回杭州住了半年。经历北伐后从政的挫折后，他曾赋诗一首，诗云："抱笏登场又一回，未酬素志鬓丝衺（同'衰'）。身无媚骨难谐俗，从此柴门不再开。"③表明自己已经绝意仕途。在杭州住了半年后，北大邀请他回校任教，由于他想把《说文解字六书疏证》写成，"就迟到二十年一月才去北平；但是，《疏证》并未写成；这是第四次还北大了"④。有学者称马叙伦此次进入北大是胡适所请⑤，此说似不确。当时，北大要聘请知名教授颇为不易，胡适曾戏称聘请教授用的是"拉夫之手腕"⑥。一方面，当时国中人才本少，北伐之后，国民政府定都南京，北京改成了北平，各方面的学人纷纷南去。一个大学教授最高俸给每月三百元，还比不上政府各部的一个科长，不少学者因此不愿北返。另一方面，北平国立各校因无法向外延揽人才，只好请那些留下来的教员尽可能多地兼课，不但外面的人才不肯来抢饭碗，他们还订立种种规则以保障自己的饭碗。⑦这一阶段，胡适的确为充实北大的师资力量付出很大努力，但

---

① 中国革命博物馆整理，荣孟源审校：《吴虞日记》下册，319、330页。
② 《哲学系同学会启事》，载《北京大学日刊》，1929-05-14。
③ 《述怀》，见周德恒编：《马叙伦诗词选》，46页。
④ 马叙伦：《我在六十岁以前》，102页。
⑤ 欧阳哲生：《胡适与北京大学》，耿云志编：《胡适评传》，227页，上海，上海古籍出版社，1999。
⑥ 《北大新旧教授多已返校　昨举行首次纪念周》，见王学珍等主编：《北京大学史料》第2卷上册，434页。
⑦ 胡适：《丁文江传》，111页，海口，海南国际新闻出版中心、海南出版社，1994。

从胡、马两人十余年来的关系看,彼此虽未见有正面冲突,但互不欣赏,很难想象他会主动出面邀请马叙伦回校。马叙伦此次重返北大,除哲学系学生向校当局要求"敦请马叙伦先生来校授课"[1]外,最主要的因素恐怕还是出于他与蒋梦麟的"交情"。此前北大请他回去,他以要撰写《说文解字六书疏证》推托,不为所动。1930年12月底蒋梦麟出任北大校长后[2],次年初他就重返北大任教,那时前述著述计划也并未完成。

马叙伦此次在北大仅任哲学系教授,不再兼任其他系所的功课。不过如前所述,在北大任教的同时,他还在北师大、清华等校兼任过一些功课。这一时期北大哲学系主任为张颐,1931年该系教授有张颐、马叙伦、汤用彤、黄方刚、胡适(名誉教授)、徐炳昶(名誉教授)、阿夺西加利(印度人)七人之多。1932年以后的几年时间里,该系正教授则只剩下张颐、马叙伦、汤用彤三人,正副教授总数在文学院中不仅远少于国文系,而且少于历史系。[3] 五四时期北大哲学系的鼎盛景象渐成明日黄花,这一变化主要与当时主持北大文科的胡适的办学思路有关。据钱穆观察,胡适曾明确表示办文学院其实只是办历史系,"因其时适之已主张哲学关门,则哲学系宜非所重"[4]。马叙伦这一时期在北大哲学系讲授的功课主要还是以前开设过的"道家哲学"(老庄哲学)和"宋明理学"(周程陆王哲学)。[5] 据1936年毕业于北大国文系的张中行描述:

> 三十年代初我上北京大学,听了马先生一年课,讲的是宋明理学。讲什么内容,现在都不记得了,只记得他是中上等身材,偏于瘦,面长而苍老,态度严肃,总是穿蓝青色缎袍,团花,闪闪发

---

[1] 参见卢礼阳:《马叙伦》,167页。

[2] 有学者记蒋梦麟1931年1月才北上出任北大校长(马勇:《蒋梦麟传》,232页),但蒋梦麟在给胡适、傅斯年的信中称他1930年12月19日就离南京北上(曲士培主编:《蒋梦麟教育论著选》,278页)。

[3] 详见《蒋梦麟分别聘请接洽新教授》、《北大昨发表各系主任及教授讲师》、《文、理、法学院教员全名册》、《北大昨已开学 各系主任教授均已聘定》、《北大下年度各系教授名单》等,见王学珍等主编:《北京大学史料》第2卷上册,451~456页。

[4] 钱穆:《八十忆双亲·师友杂忆》,169页,北京,生活·读书·新知三联书店,1999。

[5] 参见卢礼阳:《马叙伦》,170、390页。

第三章　疏离、重返与淡出：1926—1936

光，坐着讲，完全是旧日书院山长的风度。马先生是哲学系教授，在学校像是多讲《庄子》，著有《庄子义证》一书。他通旧学的各个方面。文章和诗词都写得不坏。更高的是书法，虽然名声不像沈尹默那样大，我觉得，与沈相比，风华像是差一些，至于筋骨内敛，也许要占上风。我同马先生没有个人交往，可是据我所知的一点点，觉得他在北京大学的老一辈里，人品学识，有不少是难及的，值得说一说。①

由于时间相隔久远，加之张中行毕竟不是就读于哲学系，他所描述的只能是一个大概的轮廓。尽管如此，从中亦可看出当时一般北大学生对马叙伦的印象。由于此前在治学、施教、从政等方面的显赫经历，再加上书法方面的特长，马叙伦在北大仍深受学生们的欢迎，返校后不久即有很多同学向他求字，以致他不得不在北大日刊上发布启事，约定每人以一件为限。② 不过，这一时期选修马叙伦功课的学生并不多。如前所述，1932 年下半年他在清华的功课因无人选习而停开；1933 年在北大开设的"老庄哲学"也只有五名同学选修，其中还包括两名留学生。③

这一情况某种程度上反映了当时学界风气的转移，这一变化从蒋廷黻对杨树达的看法也可以看出。杨树达在民国学术界声望甚高，他在回忆录 1931 年 8 月 18 日条下载："读《大公报·文学副刊》，有张季同评日本人《先秦经籍考》一文，谓日本多学人，今中国学人止有冯友兰之哲学、陈垣之史学、杨某之训诂学，足以抗衡日本云。张君不知何人，读之令人生愧"④。杨树达所谓"不知何人"的张季同，估计当是张岱年。

---

① 张中行：《马叙伦》，见张中行：《负暄琐话》，29 页。
② 《马叙伦启事》："伦今已定居于和平门内新华街路西松树胡同西口甲三十四号。""伦于书法实未尝习，而友好辄责以书，复有辗转浼索者，向以为苦，曾订润例，冀塞来途。今还北平，复苦是役。本校同学尤多督索，悉依润格，似失人情，用申特约，凡曾从讲肆者，不论余诸学友，必强拙书者，人以一件为限（扇面、楹联、堂幅等为限）并须以价值银币二元以上之物为酬赠。区区之衷，幸垂察焉。二十五年五月十一日。"详见《北京大学日刊》，1931-05-13。该启事曾连载多日。
③ 参见卢礼阳：《马叙伦》，172 页。
④ 杨树达：《积微翁回忆录》，57 页，上海，上海古籍出版社，1986。

张岱年字季同,时为北师大教育系的本科生,这一时期由于其兄张申府担任《大公报·世界思潮副刊》的主编,故常在《大公报》副刊上发表文章。这一说法未必是当时学术界的普遍看法,不过至少反映当时杨树达学术声望之高。尽管如此,他在清华大学却日渐边缘化。蒋廷黻回忆其主持清华大学历史系的情形时称:"我在清华,一开始,想找一位能教汉代历史的学者,当我提出此一拟议时大家都认为杨先生(即杨树达)是最适当的人选,因为他是最伟大的汉史权威。他晓得各种版本的《汉书》和《后汉书》。他对各种版本真伪的鉴定,以及章句解释可以说无出其右者。他是这两本书的最高权威。但他教了一年以后,如果有人问他:'杨教授,你能给学生和我正确扼要的讲一讲汉代四百年间都发生过什么事,汉代重要政治、社会和经济变化如何吗?'他会说:'我从未想过这些。书中没有讨论过这类问题。'本来,版本鉴定的目的是要找到一本权威书籍,某一本书其所以能有价值是因为它能使我们获悉某一时期、某一阶段我们国家的实际情形。但是这个目的反而被人渐渐给忘记了。人们变成为研究版本而研究版本、为研究古籍而研究古籍了。此种研究历史的方法现在已经落伍,不能再继续下去。我们不能把时间继续浪费在这方面。渐渐的,我认为我应该放弃这批旧学者,我要把他们当作我个人的老师。我希望他们能在我身边,以便请教;另一方面我希望能有一批新人来教历史。在教书时,他们能告诉我们中国从什么地方发源,又向何处发展,最后定居在什么地方。我不声不响的引进一批年轻教授代替原来的老教授。一点麻烦都没有"[①]。

不仅如此,这一时期北大内部的权力结构也发生了很大变化。南京国民政府成立后,法日派因为此前反对北洋军阀、支持国民党,多受重用,势力进一步扩张。北伐后的一段时期里,北大的校政基本上控制在法日派学者手中,其中又以浙籍为多。[②] 据当时留学北大的吉川幸次郎

[①] 蒋廷黻:《蒋廷黻回忆录》,129~130页,长沙,岳麓书社,2003。
[②] 关于北伐后浙人把持北大的情形,参见桑兵:《近代中国学术的地缘与流派》,见桑兵:《晚清民国的国学研究》,37~38页。顾颉刚在1928年6月18日的日记中记朱家骅等人和他的谈话,其中重要一点就是"北大依然浙江派得意",详见顾颉刚:《顾颉刚日记》2册,174页。

观察，那时北大"清一色的浙江人的倾向日益强烈起来。非浙江籍的胡适，也不再接近北大。浙江籍以外的诸先生，便到辅仁大学、师范大学、清华大学等校去了"①，尤其在文科院系中，80％的教师是浙江籍。当然，80％这个数字未必十分精确，但说明了在他印象中当时北大浙江人所占比重相当之大。几乎同期来华留学的仓石武四郎亦称："那时北京大学的老师，大多是江浙一带的人，如要学习浙江的方言，再没有比这更好的机会了，因为每天都有许多浙江方言充斥你的耳膜。不过，要想明白它的意思，可就不那么容易了。"②杨树达在回忆录中多处记录了当时在京学者对马裕藻、朱希祖等浙人把持北大校政的不满。③ 蔡元培、蒋梦麟、马叙伦等浙江籍实力派教授离开北大后，剩下的这些浙江籍教授里掌握实权的是以"三沈二马"为核心的章门弟子。长期以来，他们与李石曾等人深相结纳，成为法日派的重要成员；北伐后，"要想独吞北大，把北大放在所谓'北平大学区'之下，而且推李石曾出来，做北平大学校长，李书华做副校长；而沈尹默一系则包办北大文理二院，取消北京大学名称，改称北平大学文理学院，法学院改称社会学院"④。周作人不仅公开主张将北大改名为北平大学，而且反对蔡元培继续担任

---

① ［日］吉川幸次郎：《我的留学记》，钱婉约译，49、53页。
② ［日］仓石武四郎：《留学回忆录》，见仓石武四郎：《仓石武四郎中国留学记》，233～234页，北京，中华书局，2002。
③ 1929年8月14日条："饮席遇杨丙辰，谈北大学生近日开会，以朱希祖、马裕藻两主任把持学校，不图进步，请当局予以警告云云。向闻师长警戒弟子，不闻弟子警告师长；此可谓奇闻矣。然闻其事者，不责北大学生，却都称快不已，朱马二人之物望可知矣。丙辰言两君尚在抵抗中，尤令人骇绝。"1930年3月30日条："到北大第三院参加单不庵教授追悼会。不庵学问渊邃，为人耿介。余昔任师大主任时，请其任教，坚决只肯受一小时之聘。余方疑怪，久而始知其实授课二时。盖惩于其乡人朱希祖、马裕藻等人之贪，欲以此矫之也。不庵尝告皮皓白云：'欲北大办好，非尽去浙人不可。'不庵固浙籍，盖愤朱、马辈之把持也。故余挽之云：'众人皆醉，灵均独醒'，指此事也。"1931年5月9日条："伯峻侄（即杨伯峻，杨树达的侄子——引者，下同）来，言北大国文系学生开会，请当局聘余任教。北大教授不足为余轻重，但马裕藻等之把持又多一次考验耳。"1933年4月6日条："访陈援庵（即陈垣）。……谈及北京教育界情形，援庵深以浙派盘踞把持不重视学术为恨。于此知天下自有真是非，宵小之徒不能掩尽天下人耳目也。"1933年5月15日条："余季豫（即余嘉锡）来电话……北京大学为某等把持，止以数小时敷衍，决不聘为教授，致与人相形见绌。"（杨树达：《积微翁回忆录》，43、45、57、70、72页）
④ 朱偰：《北京大学的复校运动》，见陈平原等编：《北大旧事》，138页。

北大校长。1929年7月20日，他在致江绍原的信中称："北大将独立，校长则以蔡太史（指蔡元培——引者，下同）呼声为高，唯不佞甚反对，其理由曾告知川岛，今不赘。我想最好还是请百年（即陈大齐）续办，而令其辞去考试院的官"，"北大师生至今尚迷信蔡公，甚奇。至于不佞则反蔡而不拥李（指李石曾）"。① 北大复校运动初期要求独立的主要力量是学生，直到教育部下令停止试行大学区制度后，北大当局才加入。北大独立后，校政实际上还是操纵在法日派手中。1929年10月下旬北大评议会选举，当选的有何基鸿、王烈、马裕藻、关应麟、夏元瑮、朱希祖、刘复（半农）、沈兼士、徐宝璜、胡睿济、马衡、王仁辅、李书华等人，其中属于法日派的占了绝大多数。②

　　1930年年底，蒋梦麟出任北大校长和胡适的卷土重来打破了这一局面。自1925年秋离开北大后，胡适对北大一直不能忘怀。在北伐军进入北京前夕，胡适在1928年5月23日的日记中载："上回在南京平仓巷时，雪艇（即王世杰——引者，下同）、鲤生（即周览）等都想回北大去。听说梦麟也想回去。我是不回去了。北京可以去，北大我是不回去的了。抢人饭碗，罪过非轻！"③这显然不是他发自肺腑的由衷之言，否则在同年6月15日的大学委员会会议上，他也就不会因为北大校长人选问题和吴稚晖等人发生激烈争辩。有论者甚至认为胡适当时有当北大校长的野心。④ 蒋梦麟被任命为北大校长，使胡适重返北大成为可能。开始时，蒋梦麟对是否就职尚心怀顾虑，一则当时北大经费严重短缺，

---

① 张挺、江小蕙：《周作人早年佚简笺注》，载《鲁迅研究月刊》，1992(2)。
② 《国立北京大学布告》，载《北京大学日刊》，1929-10-21。
③ 曹伯言整理：《胡适日记全编》第5卷，123～124页。胡适在同日的日记里还称："□□□（原文如此——引者，下同）来谈一件事，使我大笑。前天南京宣传北京已攻下了，有一位教育大家信以为真，立刻搭车来上海，准备趁[乘]船赶到天津，预备在冯大将军（指冯玉祥）的庇护之下接收京师大学，做八校的总长。他到了上海，才知道那天的消息不确，所以至今还逗留在上海。他知道冯是不喜欢蒋梦麟的，但他却愁蔡先生自兼北大校长，而派代表去办。他说，'万不得已，只好抢清华。'哈哈，他们在冯大将军幕下吃每月六元六角的粮，所为何来？为的是'有大欲存焉'将来打到北京时可以大大的得意一番！果然这种急色相都暴露出来了。将来抢饭碗打破头的事情还多着呢。我们瞧着罢。"胡适有意隐去了这位"教育大家"的姓名，估计当是指李石曾。
④ 陈中凡：《昙花一现的大学院和大学区制》，见陈中凡：《清晖集》，297页。

已到了不可收拾的地步；二则教授们兼课太多，严重影响了教学质量。蒋梦麟被任命为北大校长前，胡适就认为"北大此时已无大希望，只有研究院可以有一线希望"①。在此情况下，胡适、傅斯年等人积极促成了中华教育文化基金董事会与北大的合作。1931年1月9日，在上海沧州饭店召开的中华教育文化基金董事会第五次常会上通过了具体的合作方案：中华教育文化基金会与北大每年各拨款20万元，以五年为期，双方共拨200万元作为合作的特别款项，专作设立研究讲座与专任教授及购置图书仪器之用。董事们讨论后，原则上通过了这一方案。3月11日至12日，胡适代表中基会执行委员会和北大两单位草拟了《北京大学与中华教育文化基金董事会合作研究特款办法》，后再略作增补，得到双方的一致通过。②

经费得到保障后，蒋梦麟在胡适、傅斯年等人的帮助下对北大进行大刀阔斧的改革③，逐步改变了北大原有的权力格局，其中最重要的一项是改革原有的行政组织。如前所述，五四后北大全面实行"教授治校"制度。这一制度为不少学校所模仿，在国立各校对抗北京政府教育部的过程中发挥了重要作用。在"教授治校"体系下，处于核心位置的是由教授代表组成的评议会。有鉴于此，1924年2月，张国淦任教育总长期间颁布了《国立大学条例》。该条例对1912年颁布的《大学令》作了重大修改，其中最重要的一点是增设董事会，而且赋予该机构很大的权力。该条例第13条规定："国立大学得设董事会，审议学校进行计划及预算、决算暨其他重要事项，以左列人员组织之：(甲)例任董事，校长。(乙)部派董事，由教育总长就部员中指派者。(丙)聘任董事，由董事会推选呈请教育总长聘任者。第一届董事由教(育)总长直接聘任。国立大学校董事会议决事项，应由校长呈请教育总长核准施行。"该条例虽未取消评议会，但大大削弱了其权力，其第14条规定："国立大学校设评议

---

① 曹伯言整理：《胡适日记全编》第5卷，841页。
② 详见马勇：《蒋梦麟传》，227~232页。
③ 胡适这一时期的日记里留下不少与蒋梦麟、傅斯年等人商讨北大问题的记录。

会，评议学校内部组织及各项章程暨其他重要事项，以校长及正教授、副教授互选若干人组织之"①。按照新条例，评议会基本上被架空，教育部试图通过这种方式加强对国立各校的控制。北大当局对教育部的这一企图自然洞若观火，遂起而抵制，不仅拒设董事会，还在各报刊上发表宣言，强烈批判该条例。②教育部对此亦无可奈何。在1925年的东大易长风潮中，教育部方面则要求东大恢复被郭秉文取消的评议会，停止原有的董事会行使职权。从这些史实中可以看出，到底是取消还是增设董事会、评议会，很多时候是冲突各方所采取的斗争策略，而不单纯由教育理念决定。

当日率领北大评议会与教育部对抗的蒋梦麟对其中的利害关系自然知之甚详。北伐后他在担任教育部部长期间，同样要削弱评议会的权力，以加强对各校的控制。1929年7月颁布的《大学组织法》规定，大学应建立从校长、院长到系主任的行政管理架构，并以校务会取代原有的评议会、董事会等机构。该组织法第15条规定："大学设校务会，以全体教授、副教授所选出之代表若干人，及校长、各学院院长、各学系主任组织之。校长为主席。前项会议，校长得延聘专家列席，但其人数不得超过全体人数五分之一。"第16条规定："校务会议审议左列事项：一、大学预算；二、大学学院学系之设立及废止；三、大学课程；四、大学内部各种规则；五、关于学生实验事项；六、关于学生训练事项；七、校长交议事项。"③从权限上看，评议会和校务会并无多大区别，二者最大的区别在于成员的构成。评议会"以各科学长及各科教授互选若干人为会员"④，以校长为议长，教授是评议会的主体。这样，在议事

---

① 《教育部公布国立大学校条例令》，1924年2月23日，见中国第二历史档案馆编：《中华民国史档案资料汇编》第3辑，教育，174~175页。
② 《国立北京大学评议会对于教育部新定国立大学校条例之宣言》，载《北京大学日刊》，1924-03-17。
③ 《国民政府颁布大学组织法》，1929年7月26日，见中国第二历史档案馆编：《中华民国史档案资料汇编》第5辑第1编，教育(一)，171~173页。
④ 《教育部公布大学令》，见中国第二历史档案馆编：《中华民国史档案资料汇编》第3辑，教育，109页。

时，面对教授群体，校长往往陷于孤立，权力因此常常为教授一方把持。而校务会则不然，除教授、副教授所选出的代表外，校长及为数不少的院长、系主任等高级职员都属于当然会员，校长甚至还可以根据实际需要延聘若干"专家"列席。这样在决策时，有高级职员及"专家"的辅佐，校长的提议要获得多数支持就轻而易举了，校长因此也就拥有了绝对权威。故评议会与校务会的差异，实质上是教授治校与校长治校两种管理模式的不同。如果这一方案能够执行，教育部就可以通过任命校长加强对各大学的控制。

《大学组织法》虽规定"自公布日施行"，但北大同样并未照办。蒋梦麟正式担任北大校长后不久，为了打破法日派垄断北大的局面，最终决定以校务会取代原有的评议会。据胡适1931年1月30日日记载："梦麟今早来谈，下午又来谈，皆为北大事。他今天决定用院长制，此是一进步。但他仍要敷衍王烈、何基鸿、马裕藻三人，仍是他的弱点。晚上我与孟真谈，请他劝梦麟努力振作起来。"①院长制和校务会都是《大学组织法》新规定的，可见此时蒋梦麟就已下定决心采用新制，且得到胡适及傅斯年的鼎力相助。在1931年3月26日正式讨论的前一夜，蒋梦麟请评议员们吃饭，并讨论次日提出的实行政府颁布的《大学组织法》及《大学规程》一案。席上争论激烈，据胡适载：

> 到者马幼渔（即马裕藻——引者）、刘半农、贺之才、王仁辅、夏元瑮、樊际昌、王烈、何基鸿，及我。幼渔说话最多。他说，"现在自然没有中道可走，只有左或右两条道：右是保存旧法，左是采用政府法令。若一部分用政府法令，一部分又顾全旧制，那是中道，是站不住的。"他问梦麟为什么理由要变制。梦麟说了三个理由，最有力是说："《大学组织法》是我做部长时起草提出的。我现在做了校长，不能不行我自己提出的法令。"我不大说话，最后始说："我赞成幼渔先生的话，尤其赞成他说的第二条道路，就是采

---

① 曹伯言整理：《胡适日记全编》第6卷，51页。

用政府颁布的法令。有些法令原文不够用之处，可用实行细则补充。"梦麟今晚的态度很好，说话也很周到。后来他们又谈起评议会已通过的议案应如何处置，他们举的例子"辞退教授须经评议会通过"一条。这是他们最关切的！梦麟说，"凡是和大学组织法等法规不抵触的议案，自然都有效。"这是聪明而得体的官话。又讨论中基会与北大合作款项办法，也都没有问题。①

第二天北大评议会正式讨论此事时，马裕藻、马衡及沈兼士三人均未到会，但马裕藻会前致函蒋梦麟称："适之先生赞成我的第二条路，但第一条法也更应注意！"在这次会议上最终议决："（一）校长提出拟遵照《大学组织法》及《大学规程》改定本校组织及办法案。议决：一、本校各项组织及各项办法自本年七月一日起，遵照《大学组织法》及《大学规程》改定，自四月一日起开始筹备。二、本校评议会决议案，除与《大学组织法》及《大学规程》抵触者外，在校务会议尚未议决变更以前继续有效。三、在本年六月三十日以前，本校组织及办法仍照旧有规程及惯例进行。"②胡适未记马、沈等人缺席的具体原因，估计不外是由于不满蒋、胡的做法。接着，蒋梦麟又聘请刘树杞为理学院院长、周炳琳为法学院院长，文学院院长则暂由其自兼。③ 这样北大就从"教授治校"制回到"校长治校"制，不过此时的"校长治校"制在形式上已经和蔡元培之前有了很大的不同。"教授治校"这一制度在北大的完善与最终推翻与蒋梦麟都有着密切的关系，真可谓是"成也萧何，败也萧何"。④ 长期以来，法日派通过控制评议会来把持北大校务，取消评议会也就动摇了他们的根基。

---

① 曹伯言整理：《胡适日记全编》第 6 卷，101～102 页。
② 同上书，103～104 页。
③ 《蒋梦麟分别聘请接洽新教授》，见王学珍等主编：《北京大学史料》第 2 卷上册，451～452 页。
④ 沈尹默晚年回忆此事时称："1922 年，蒋梦麟和胡适联合起来，把教政分开，以校长治校。胡适是骨里一开始就反对评议会，至此达到了他的目的，评议会成为空的，取消了教授治校"（沈尹默：《我和北大》，见全国政协文史资料委员会编：《中华文史资料文库》第 17 卷，文化教育编，381 页），显然是沈晚年误记，取消评议会并非 1922 年之事。

第三章　疏离、重返与淡出：1926—1936

1931年8月5日，北大中基会合作研究特款顾问委员会开第一次正式会，与会者基本上都是英美派学者，除蒋梦麟外，还有任鸿隽、翁文灏、陶孟和、傅斯年、孙洪芬、胡适等人，以蒋梦麟为委员长。会议通过聘请汪敬熙（心）、王守竞（物）、曾昭抡（化）、刘树杞（化）、冯祖荀（数）、许骧（生）、丁文江（地）、李四光（地）、刘志扬（法）、赵迺抟（经）、周作人（文）、刘复（文）、陈受颐（史）、徐志摩（文）、汤用彤（哲）15人为研究教授。① 蒋梦麟正式出任北大校长后，胡适虽一直在幕后为蒋出谋划策，却不愿担任北大文学院院长一职。关于胡适出任北大文学院院长的时间，胡颂平记作1931年年初；余英时已经证实胡适直到1932年2月15日才正式接任这一职务，但他认为胡适对文学院院长一职是自告奋勇、愿意担任的，只不过因为蒋梦麟已宣布过要自兼院长，不能马上出尔反尔，所以推至次年才出任，让蒋梦麟有一整年的时间"转弯过来"，以免贻校长以出言反复之讥。② 蒋梦麟确实有其苦衷，但胡适对出任北大文学院院长一事的态度似还值得进一步探讨。据胡适在日记里记载，1931年9月14日，蒋梦麟和周炳琳曾苦劝其出任北大文学院院长，但他不肯答应。③ 1932年2月13日，张颐致函胡适称："孟邻（即蒋梦麟——引者）决挽足下帮忙，担任院务。当此国难期间，欲救危亡，大学教育实为根本，德国往事可借镜也。北大现值风雨飘摇之中，文学院事孟邻实难照料周到，此番相挽，足下实义不容辞，务望早日到院视事，北大前途，实利赖之，非仅朋友关系而已。"④ 在此情况下，胡适才最终答应，并于两天后正式出任北大文学院院长。因为胡适当时主持中华教育文化基金会"编译委员会"的工作，故虽在北大任职，但不受北大的薪金，直到1934年7月才改由北大支薪。⑤ 如果胡适只是

---

① 曹伯言整理：《胡适日记全编》第6卷，141页。
② ［美］余英时：《重寻胡适历程》，30～32页，桂林，广西师范大学出版社，2004。
③ 曹伯言整理：《胡适日记全编》第6卷，152页。
④ 中国社会科学院近代史研究所编：《胡适来往书信选》中册，43页。原函仅记月日，未注年份，编者将其系于1931年，不确。函中提到"国难期间"，可知当作于九一八事变或"一·二八"事变之后，即1932年2月13日。如写于1931年2月13日，则无所谓国难之事。
⑤ 余英时：《重寻胡适历程》，33页。

为了给蒋梦麟一个回旋的余地,似乎没有必要经过蒋、周、张等人一再苦劝,更无必要等到此时才出任。至于此前胡适为何不肯轻易答应出任此职,未见他有何具体说明,现尚难得其详,其中有一点估计是他对1925年前后北大的派系争斗仍心有余悸。1929年6月24日,陈叔通得知北大有意请胡适回校任教的消息后,曾专门去函提醒:"又闻北大有挽公再去之说,弟以为学者不可自陷于个人之派别(今日派别在弟视之,皆以个人为本位——原注),以不再去为是"①。同年9月,北大邀请顾颉刚回校任教,顾坚辞不受,他在1973年8月补记的日记中称:"予以北大党派太多,攻讦太甚,婉词拒之,心中痛苦可知矣"②。胡适曾深陷派系争斗的旋涡,饱受过各种攻击,此时更不能无所顾忌。

胡适担任文学院院长后,在蒋梦麟的配合下着手对国文系进行改革。在他看来,国文系的课程应尽量减少,因为:"(1)讲授课程太多,实不能收训练上的好效果。(2)一系占预算太多,而总预算又不能扩张,则他系受其影响。(3)教员名额都被占满,无从随时吸收新人,则不易有新血脉的输入"。1933年4月13日,他为此专门致函时任国文系主任的马裕藻,称:

> 鄙意国文系课程改组,似可试作下列的减缩:(1)第三组决定删去。(2)语言文字学一组作有系统的安排,其关于中国文字学声韵学的一部,似可设法裁并。……(3)文学组似须分文学史为数期,隔年讲授二三段。其"词"、"曲"等皆列入各段。其太专门之科目,如"鲍参军诗"之类,似可删除。鄙意以为如此改组,讲师或可去三分之二以上,教授亦可减少二三人,至少可减少一二人。鄙见定多外行的话,乞先生斟酌裁夺。总之现在之一百多点钟实在太多,似可减到六十点左右。先生以为何如?③

对国文系作如此大规模的改革已经触及"某籍某系"的大本营。不过

---

① 中国社会科学院近代史研究所编:《胡适来往书信选》上册,515页。
② 顾潮编著:《顾颉刚年谱》,176页。
③ 耿云志等编:《胡适书信集》上册,591页。

第三章 疏离、重返与淡出：1926—1936

从上函语气看，身为文学院院长的胡适对作为其下属的马裕藻言辞还算"谦恭"，可见此时他对籍系势力尚心怀顾忌。

1934年4月，蒋梦麟决定辞退林损、许之衡等人①，并由胡适以文学院院长兼任国文系主任。林损自何燏时长校时期即被聘为教授，至此已有二十余年，在北大资历颇深。他对这一决定表示强烈抗议，在《世界日报》上发表致胡适的公开信，内有"遗我一矢"等语。②而傅斯年得知此事后，在拍手称快之余致函胡适称："在上海见北大国文系事之记载为之兴奋，今日看到林撰小丑之文，为之愤怒，恨不得立刻返北平参加恶战，可已如此。想孟邻先生不得不快刀斩乱麻矣。此等败类竟容许其在北大，如此小人，亦吾等一切人之耻也"，"此辈最可恶者，非林而实与彼乃借新旧不同之论以欺人，试问林与诸丑于旧有何贡献？此小人恋栈之恶计，下流撒谎之耻态耳"。③在给蒋梦麟的函中，傅进一步指出："据报上所载情形论，罪魁马幼渔也。数年来国文系之不进步，及为北大进步三[之]障碍者，又马幼渔也。林妄人耳，其言诚不足深论，

---

① 据胡适1934年5月30日日记记载："商定北大文学院旧教员续聘人员。不续聘者：梁宗岱、Hewvi Frei、林损、杨震文、陈同燮、许之衡"（曹伯言整理：《胡适日记全编》第6卷，388页）。作为文学院院长，他在这件事上的意见自然相当关键。有论者以蒋梦麟曾说"辞退旧人，我去做；选聘新人，你们去做"为据，认为胡适与解聘林损一事无关（程巢父：《张中行误度胡适之——关于林损对胡适怨怼的辨证》，载《书屋》，2004〈1〉），似不大妥当。蒋梦麟所谓"辞退旧人，我去做"主要是指具体操作，至于要辞退谁，胡适的意见还是很重要的，从他的日记里也可以看出这一点。

② 周作人：《知堂回想录》下册，552页。关于此事经过，刘半农日记里也有较为详细、平允的记载：1934年4月16日，"下午到一院上课，忽于壁间见林公铎揭一帖，自言已停职，学生不必上课云云。殊不可解。电询幼渔，乃知梦麟嘱郑介石示言公铎，下学年不复续聘，你先为之备，公铎遂一怒而出此也。以私交言，公铎是余来平后最老同事之一，今如此去职，心实不安，然公铎恃才傲物，十数年来不求长进，专以发疯骂世为业，上堂教书，直是性（信）口胡说，咎由自取，不能尽责梦麟也。"20日，"到马幼渔处小谈，梦麟已决定辞退林公铎、许守白二人，并以适之代幼渔为中国文学系主任，幼渔甚愤愤也。"26日，"国文系学生代表四人来见，谓林去已不成问题，马已辞主任，仍允不辞教授，许则已知校中不再续聘为教授，仍愿任讲师。学生以其可怜，乞余设法，余允为转达。"28日，"以昨日学生之所请求转告梦麟、适之，适之言，倘有相当功课，可由许君权任，自当排入，真是打官话也。"参见刘育敦整理：《刘半农日记》，载《新文学史料》，1991(1)。

③ 欧阳哲生主编：《傅斯年全集》第7卷，书信，129页，长沙，湖南教育出版社，2003。

马乃以新旧为号,颠倒是非,若不一齐扫除,后来必为患害。此在先生之当机立断,似不宜留一祸根,且为秉公之处置作一曲[?]也。马丑恶贯满盈久矣,乘此除之,斯年敢保其无事。如有事,斯年自任与之恶斗之工作。似乎一年干薪,名誉教授,皆不必适于此人,未知先生高明以为何如?"①傅氏所用言辞之激烈,可见双方积怨之深。不过此时,虽以胡、傅等人合力,仍只能动林损而不敢如傅氏所言彻底"扫除"马裕藻,"某籍某系"鼎盛之日的八面威风由此亦可见一斑。②

　　北伐后一段时期里,法日派不仅操纵北大校政,一度还几乎垄断北京所有的重要文化机构。1928 年 6 月 14 日,吴宓在日记中感慨道:"清华如解散,而京中教育又为北大派所垄断,不能见容,则或者于辅仁大学等处谋一教职。"③这一时期,北大以外的学者曾向吉川幸次郎抱怨:"北京大学这般人,在北京大学之内也就算了,还把势力扩展到故宫博物馆、历史博物馆,以至孔德学院,几乎想一手垄断所有的文化机构,这怎么行呢?!"④按诸实际情形,所谓"北大派"、"北京大学这般人",除北伐后被任命为清华大学校长的罗家伦外,其他大体上都属于法日派。不过法日派在大举扩张之时,却逐渐失去了他们赖以起家的大本营北大。傅振伦以马衡弟子的资格在北大文学院担任过助教职务,据他回忆:"1934 年蒋梦麟担任了北大校长,以胡适为文学院院长,解聘了全体原有教授、讲师以至助教。7 月我工作了一个月,到会计课领取佣金,才知道已被解聘。派来代替我的工作的是罗尔纲。"后文学院秘书卢逮曾要他移交工作,他表示:"我已经不是北大的教职员了,没有交代的义务!"还说:"请你问问你的上司,这个曾向清朝废帝称臣作奴才的胡适,你嫌我这个小小的助教没有工作能力呢?还是没有工作成绩呢?他植党营私为了什么?"由于傅拒不移交,卢逮曾只好托人解释、和解,并在八面槽淮阳春饭馆请了一次客,傅才把考古学会的钥匙和藏品

---

① 欧阳哲生主编:《傅斯年全集》第 7 卷,130 页。
② 桑兵:《近代中国学术的地缘与流派》,见桑兵:《晚清民国的国学研究》,39 页。
③ 吴宓:《吴宓日记》第 4 册,77 页。
④ [日]吉川幸次郎:《我的留学记》,钱婉约译,59 页。

册、文件给卢,并称:"故宫博物院院长正等我报到上班呢!没时间和你多说。"①傅氏所忆不无失实之处,如蒋、胡两人的任职时间均错,而且胡适也不是解聘原有的所有教师,不过从他的回忆中亦可看出当时双方有过一些激烈的冲突。

从取消评议会到改革国文系,各方的观察大不相同。蒋梦麟此次出任校长主要得到胡适、傅斯年、丁文江等人的帮助,据他回忆:"从民国十九年到二十六年的七年内,我一直把握着北大之舵,竭智尽能,希望把这学问之舟平稳渡过中日冲突中的惊涛骇浪。在许多朋友协助之下,尤其是胡适之、丁在君(文江),和傅孟真(斯年),北大幸能平稳前进,仅仅偶尔调整帆蓬而已。"②胡适则称:蒋梦麟"有中兴北大的决心,又得到了中华教育文化基金董事会的研究合作费国币壹百万圆的援助,所以他能放手做去,向全国去挑选教授与研究的人才。他是一个理想的校长,有魄力,有担当,他对我们三个院长说:'辞退旧人,我去做;选聘新人,你们去做。'蒋校长和他的同事们费了整整八个月的工夫筹备北大的革新。我们准备九月十七日开学,全国教育界也颇注意北大的中兴,都预料九月十七日北大的阵容确可以'旌旗变色',建立一个'新北大'的底子"。③

但在另一方看来,感觉则大不一样。在朱希祖之子朱偰看来:

> 蒋梦麟本是一个政客,他没有蔡元培的气度,但却想学蒋介石的独裁。在从前代理校长的时候,北大一切按照蔡氏的成规办事,以教授治校,校政取决于评议会,所以蒋氏无权可弄。可是这次来时,他以前教育部长的身份来做北大校长,架子便不同了。他首先

---

① 傅振伦:《蒲梢沧桑——九十忆往》,65页,上海,华东师范大学出版社,1997。罗尔纲是胡适的得意门生;卢逮曾是胡适的得力助手,也素为胡所信任。详见罗尔纲:《师门五年记·胡适琐记》,增补本,149页。

② 蒋梦麟:《西潮·新潮》,199~200页。

③ 胡适:《北京大学五十周年》,见陈平原等编:《北大旧事》,285页。胡适此处所谓"我们三个院长",如前所述,实际上他此时尚未出任北大文学院院长一职;革新后的北大是9月14日开学,而不是17日。详见曹伯言整理:《胡适日记全编》第6卷,152页。

取消评议会，恢复一长制。……又以"五四"时代老教授，多蔡元培所请旧人，可与分庭抗议，对于他的独裁，殊多不便，于是一一加以排斥，而以新进代替。……"三沈二马"之中，亦仅余马裕藻、沈兼士，最后马被胡适挤下来，由胡自兼中国文学系主任，沈亦不安于位，到辅仁大学去担任文学院长，在北大改任名誉教授，聊以保持一点关系。钱玄同也离开北大，专任师范大学国文学系主任。于是北大旧人星散。

朱希祖本人也于1932年起改就广州中山大学、南京中央大学等校教授，他在1934年10月11日的日记里记载："忆民国六年夏秋之际，蔡子民长校，余等在教员休息室戏谈：余与陈独秀为老兔，胡适之、刘叔雅、林公铎、刘半农为小兔，盖余与独秀皆大胡等十二岁，均卯年生也。今独秀被捕下狱，半农新逝，叔雅出至清华大学，余出至中山及中央大学；公铎又新被排斥至中央大学。独适之则握北京大学文科全权矣。故人星散，故与公铎遇，不无感慨系之。"①在谢兴尧看来，马幼渔"至少还是老辈典型，还带点尊师重道的意味。后来调和新旧，尤费苦心，新的胡博士那一班子人马，老在旁边挑眼，旧人如晦闻先生（黄节）不言不语，只有公铎（林损）好发高论，到处给主任闯祸，并且因为作讽刺诗得罪校长"，"幼渔虽尽了最大的调护之力，而结果是公铎留'讨胡函'而去职，幼渔连带离位。胡老博士尤亲自出马，由文学院长兼国文系主任。幼渔对老朋友这点义气，总算说得出去"②。胡适重返北大后一再强调，北大以前之大只不过是在矮人国里出头③；而朱偰则认为，1916年至1927年十年间才是旧北大真正的全盛时期④。立场不同，观感迥异。⑤

---

① 朱偰：《北京大学的复校运动》，见陈平原等编：《北大旧事》，140页。
② 谢兴尧：《堪隐斋随笔》，81～82页。
③ 曹伯言整理：《胡适日记全编》第6卷，152页。
④ 朱偰：《北京大学的复校运动》，见陈平原等编：《北大旧事》，141页。
⑤ 钱穆也认为胡适排斥异己，在晚年回忆中曾专门记载胡适将蒙文通解聘一事，字里行间对胡不无微词（钱穆：《八十忆双亲·师友杂忆》，179页）。

第三章　疏离、重返与淡出：1926—1936

蒋梦麟的整顿工作之所以能够在法日派的虎视眈眈下渐次进行，原因十分复杂。除了中基会在经济上的强力支持及蒋氏本身来头颇大之外，与当时的"民意"向背也略有关系。在推行北平大学区过程中，法日派先是主张将北大改名中华大学，后又主张将北大拆散并入北平大学，这些做法遭到过北大学生的强烈反对。1929年年初，北大学生会所提的北大校长人选的标准就是"以前北大教授无摧残北大行为者为合适"；在学生们自主举行的模拟选举中，胡适、陈大齐、蒋梦麟三位"候选人"通过，而以胡适最有希望。① 1929年，北大学生曾对朱希祖、马裕藻两主任把持学校表示过强烈不满。② 1930年年底，北大历史系学生又散布《全体学生驱逐主任朱希祖宣言》。③ 连绵不断的派系斗争，就连某些身在籍系者也感到厌倦。1932年6月13日，钱玄同致函胡适称："平大（即北平大学——引者，下同）要轰沈尹默，干师大底事！师大要易寅初（即易培基）等人做校长，又干平大底事！师大要易与平大驱沈，又干北大底事！而他们竟联合战线的那样闹，实在可恨之至！"并表示希望北大"克永远保其不牵入此无聊的学潮中"。④ 从这些事情中大致可以看出当时的舆论倾向。同时，与英美派要角王世杰出任教育部部长似亦略有关系。1933年3月，汪精卫担任行政院院长时请胡适出任教育部部长，胡辞而不就，转荐王世杰自代。⑤ 王世杰出长中央教育行政无疑对法日派不利，北平大学商学院院长左宗纶、法学院院长白鹏飞均曾向国民党中央要员邵元冲表达过对王氏限制北平大学做法的强烈不满。⑥

此外，与法日派内部因为"故宫盗宝案"而发生分裂也不无关系。故宫博物院成立以来一直与法日派有着密切的关系。北伐以后，易培基以

---

① 《胡适抵平后之北大学潮》，见王学珍等主编：《北京大学史料》第2卷上册，59页。
② 《史学系主任致院长函》、《国文学系主任致院长函》、《院长覆史学系主任函》、《院长覆国文学系主任函》，载《北京大学日刊》，1929-08-05。
③ 朱希祖：《辩驳"北京大学史学系全体学生驱逐主任朱希祖宣言"》，载《北京大学日刊》，1930-12-09。
④ 刘思源编：《钱玄同文集》第6卷，123~124页。
⑤ 中国社会科学院近代史研究所编：《胡适来往书信选》中册，204、210页。据钱昌照回忆，他也曾向蒋介石推荐过王世杰（钱昌照：《钱昌照回忆录》，143页）。
⑥ 王仰清、许映湖标注：《邵元冲日记》，1005~1006页。

农矿部部长负责接收故宫博物院。1928年10月5日,国民政府公布了《故宫博物院组织法》及《理事会条例》,同时任命李石曾、易培基等人为理事;后改委员制为院长制,以易培基为院长。1933年,所谓"故宫盗宝案"[1]爆发。这一案件的大背景是国民党高层内部的政治斗争,主要是张继、汪精卫和李石曾之间的矛盾。直接出面提起控诉的是张继夫人崔振华,暗中支持者则为汪精卫等人。他们直接攻击的是易培基,而根本目的则是为了削弱李石曾的势力。易培基在国民政府中除了与李石曾的交情及姻亲关系外,还有谭延闿作为奥援。1930年谭病逝后,易势渐孤。加之易培基在北伐后同时兼任农矿部部长、故宫博物院院长、劳动大学校长等要职,这些职务分处南京、北平、上海三地,力不从心,遂为反对派找到漏洞加以攻击。因事关故宫博物院这一文化机构,且当事人又有不少文化教育界的头面人物,故不可避免地影响到文化教育界。

这一案件过程异常复杂,前后延续十余年之久,最终不了了之,结果是李石曾一方无论在政界还是在文化教育界都受到严重削弱。李石曾势力最盛时,"在北方,如国立北平大学、北京[平]师范大学、故宫博物院、中法大学、劳动大学、北洋工学院、孔德学校、温泉中学,农业试验场,以至某一银行及社会事业如世界学社、世界文化合作中国学会、天然博物院、远东生物研究所、戏曲音乐研究社、程砚秋剧团等,均在其势力范围之内"。据顾颉刚称,"当年北平挂李石曾招牌的,不下二三十个之多",李石曾甚至有"北方王"之称。"故宫盗宝案"后李石曾的声势随之大降,最后只剩下国立北平研究院和中法大学等几个学术机构勉强支撑局面而已。[2] 易培基更是完全被排挤出局,冤死于上海租界。[3] 国民党"四老"中,蔡元培似未参与此案,吴稚晖、张静江、李石

---

[1] 关于此案经过,详见吴景洲:《故宫盗宝案真相》一书的相关章节。关于此案,当时舆论有大量报道,事后各方也有许多记载,吴景洲(即吴瀛)作为主要当事人之一,所记最为详实(该书初稿完成于1949年7月)。

[2] 尚爱松:《我所知道的李石曾》,见中央文史研究馆编:《史迹文踪》,14页。

[3] 关于易氏的出处,有的说他藏匿天津日本租界(中国蔡元培研究会编:《蔡元培全集》第18卷,535页注释1,杭州,浙江教育出版社,1998),有的说他远遁大连遂无音讯(曹聚仁:《易培基与陈子展》,见曹聚仁:《听涛室人物谭》,181页),均不确。

曾则或明或暗都站在易培基一方。蒋介石对此案似不甚热心。1935年3、4月间，蒋氏入川查勘抗战基地，吴、张、李三人专程赴川，试图向他陈述此事。三人到重庆时蒋早已转去贵州，他们遂联名致电蒋氏称："弟瀛违教已久，新由海外归来，急欲一承颜色。弟恒、杰亦以奉询起居，且顺便一觇蜀中山水与殷阜情形，又杰内人、小儿并愿随来寻胜，道过宜昌，才知旌旆临黔。卅一日抵此，诸承辇下及当道殷待今。杰、瀛以京芜将行开车典礼，沪上又有要约，瀛拟青日乘飞机东下。杰挈眷蒸日轮行，恒即赴成都，转至峨眉，溯江自乐山返渝。如先生军务倥偬，不即北返，恒或久留渝城，薄游近边，或得便并可到黔侍教。"① 吴稚晖在重庆停留不少时日，却还是一直找不到进言机会。② 合"三老"之力而无法向蒋介石进言，最合理的解释就是他故意回避此事。此时蒋氏的统治地位已经稳固，元老们的支持已不再像以前那么重要，他们把持文化教育界甚至已经成为蒋加强对这一领域控制的障碍。"三沈二马"中的马衡与此案关系密切，他原是故宫博物院古物馆副馆长，1933年10月易培基辞职后，先是代理院长职务，1934年后正式接任，是此案的直接获益者之一。1934年11月3日，易培基在致吴瀛的密信中称马衡"作恶多端"③，后吴稚晖、李石曾更指其为"卖友客"④。因此之故，法日派内部不可避免地出现裂痕。胡适、蒋梦麟等人与此案没有直接关系，作为北平文化界的领袖人物，他们虽未必悉知内幕，但对此事的进展自然时有所闻。胡适在1933年6月14日的日记中载："是夜钧任（即罗文干——引者，下同）请吃饭，汪先生（即汪精卫）与哲生（即孙科）均

---

① 《与吴稚晖、张静江上蒋委员长电》，中国国民党中央委员会党史委员会编辑：《李石曾先生文集》下册，364页，台北，中国国民党中央委员会党史委员会，1970。
② 吴景洲：《故宫盗宝案真相》，197~198页。
③ 同上书，194页。
④ 萧瑜：《李石曾先生与溥仪出宫——李石曾先生传记之九》，朱传誉：《李石曾传记资料》第1册，27页。吴稚晖挽易培基联为："最毒悍妇心，沉冤纵雯公为死。误交卖友客，闲官相攘谋竟深。"李石曾且作有跋叙，明指"悍妇"、"卖友客"为谁（傅清石：《易培基生平及晚年遭遇》〈上〉，载《传记文学》，1979，34〈1〉）。对于这些指责，马衡本人并不认可（马衡：《马衡日记》，93页，北京，紫禁城出版社，2006；详见郑欣淼：《由〈鲁迅全集〉的一条注释谈故宫"盗宝案"》，载《鲁迅研究月刊》，2007(9)）。

在座。席上始知张继夫人控诉故宫博物院的主管人(指易培基)舞弊营私各款,法院已决定受理,而李石曾先生等竭力用政治势力想打消此案。汪先生每日受包围,甚至于有人主张调开那受理此案的推事;甚至于有人说,汪先生不可不打消此案,免得人说他借此报李石曾的仇!精卫为此事甚生气。"①从中可以看出胡适当时对此案的态度。胡适改革北大国文系与"故宫盗宝案"几乎同期,法日派因为此案受到削弱并出现裂痕,正好为胡适等英美派最后攻取他们的大本营创造了条件。

马叙伦此次重返北大后,1931年9月在北大第一次校务会选举中以一票之差仅得"候补当选"②。1932年11月,马叙伦当选为校务会教授代表,但他和周作人、汤用彤三人均辞而不就。③ 1933年和1934年,马叙伦又连续以高票当选。④ 这两次当选后未见他有辞职之举,尤其是1934年10月当选后曾出席过该会,讨论抚恤刘半农遗属之事。⑤ 1935年、1936年的选举结果中则均无马叙伦。⑥ 种种迹象表明,马叙伦这一时期在北大校务决策上已经逐渐边缘化。

从主观上看,马叙伦在历经多年政坛波折之后,兴趣似乎重新回到了学术上。1931年年底,他在给其子马龙翔的信中称:"余少时值时之屯,所学未邃蜜[密],于今为悔。昔日妄忝浙政,职内之司,已无游刃之乐,而静江先生复谬以为可任,几举省事而悉咨之,余志虽孟晋而心实蒇然。处分庶物,自以为竭余之才,犹足以了,至于一遇盘根错节,遂觉触荆逆枳,愧无学术可以相济。自尔与昂若、次力诸先生道之,辄

---

① 曹伯言整理:《胡适日记全编》第6卷,221页。
② 《国立北京大学布告》,载《北京大学日刊》,1931-09-24。
③ 《国立北京大学布告》,1932年12月1日、2日,见王学珍等主编:《北京大学史料》第2卷上册,203~204页。
④ 《北大校务会议教授出席代表选出 丁文江等十五人当选》、《北大出席校务会议全部委员昨选出 日内召开第一次校务会议》,见王学珍等主编:《北京大学史料》第2卷上册,205、207页。
⑤ 《北大赠刘家属教授薪金一年 恤白涤洲等两个月》,见王学珍等主编:《北京大学史料》第2卷上册,472页。
⑥ 《国立北京大学布告》,1935年10月5日、1936年10月2日,见王学珍等主编:《北京大学史料》第2卷上册,209~212页。

劝其暂抑用世之心，先储用世之器。"①此次重返北大后，他对具体的校务行政已不再像五四运动时期那么热心，据其晚年回忆："我（马叙伦自称）又依我六年回北大的方针，只教书，不问事，连评议会当选也不应，才把《疏证》又陆续写了许多"②。1931年后北大评议会已经取消，马叙伦关于这一时期的回忆多次提及的"评议会"当属于校务会之误。从客观上看，曾经长期与马叙伦关系密切的蒋梦麟这一时期与胡适深相结纳，已完全倾向英美派一方。随着英美派在北大势力的不断膨胀，马叙伦已经不再具备左右校务决策的能量。他和林损有着千丝万缕的关系，对于林氏的被挤出局自不能无动于衷③，但此时他已回天乏术，两年后他本人也被挤出北大。

（二）淡出北京教育界

从1913年算起，马叙伦在北京教育界前后活动了近二十年，却因一件小事戏剧性地淡出了北京教育界，据其回忆：

> 在病榻上，有人来告诉我："评议会（当为校务会，下同——引者）议决，许你请假一年。"我说："我援评议会议决教授请假规程，教授满五年可以休息半年，得支全薪；休息一年，得支半薪。我到暑假，已满五年，我为生活关系，请假半年，怎样会给我一年呢？优待我？怕你听错了。"他又打听了一下，再来告诉我："没有错，问过出席会议的某系主任，他说：胡适之先生拿出一张字条，说：马先生请假一年，就通过了。"我再请人打听一下，果然不错，我就提出了质问，蒋校长没法答复，只说："仍送你一年的薪水好了。"我说："不行，决没有我请半年假，反而给我一年的，除非有理

---

① 马叙伦：《论请愿书》，北大同学会周刊编辑委员会编：《北京大学三十三周年纪念刊》，1931年12月17日出版，北京大学档案馆藏：Z11·13—3。
② 马叙伦：《我在六十岁以前》，102页。
③ 他后来记述此事时称："盖攻渼（公铎，即林损——引者）有节概，犹是永嘉学派遗风也，既不肯屈己附人，而尤疾视权势，其在讲堂有刘四骂坐之癖，时时薄胡适之，卒为适之所排而去。攻渼颇自负，以不得志，遂纵于酒，而为酒伤。其为适之所挤而去也，余虑其或更自伤，特访其夫人而戒其谨护持，且称师而规之，甚苦，然竟不能改。"（马叙伦：《林攻渼》，见马叙伦：《石屋余渖》，205～206页）

265

由。"这样一来，自然逼得我提出辞职书了。原来，他们给我一年的意思，是想叫我离开北大，因为北大的教授，还是每年送一次聘书的，如果我请假半年，假满仍就［旧］回校，因我和北大的历史关系，不容易不继续聘我的。①

查 1934 年 12 月通过的《国立北京大学教授休假研究规程》，第一条就规定："本大学教授连续服务满五年，得请求休假一年，如不兼事支半薪。其请求休假半年者，如不兼事支全薪。曾经休假一次者须连续服务六年方得再请休假。"该规程自 1935 年起施行。② 马叙伦自 1931 年年初重返北大后，至 1936 年暑假已满五年，援例申请休假本属正常。不过，他本请半年的假，胡适却故意要他休假一年，在他看来这是胡适逼其辞职之举。

马叙伦与胡适在北大共事前后长达十余年之久。最初几年两人一起担任哲学系功课，虽无深交，但也未见有何直接冲突。1920 年年底，马叙伦还答应参加胡适、顾颉刚编纂《国故丛书》的计划，允许承担点校《老子》、《庄子》二书，并告诉胡适杭大宗《续礼记辑说》中引有姚际恒的话甚多。③ 在随后的"索薪"运动中，两人先是对"教联"代表是否有权决定罢课意见不同，随后又在复课条件上意见分歧。"六三"事件后，胡适虽曾前往医院探望过马叙伦，但两人的分歧并未消弭，以至于胡适在日记中忏悔因为自己"太不好事"，让马叙伦带着大家跑向地狱里去。④

在此后岁月中，两人无论是对学术问题的观点还是对教育界相关问题的看法，基本上是异多于同。1921 年，马叙伦在浙江任职期间，就对胡适的治学路径有过尖锐的批评。⑤ 1925 年前后，北大英美派与法日

---

① 马叙伦：《我在六十岁以前》，105～106 页。
② 《国立北京大学教授休假研究规程》，见王学珍等主编：《北京大学史料》第 2 卷上册，437 页。
③ 1920 年 12 月 23 日胡适致顾颉刚，见耿云志等编：《胡适书信集》上册，257 页。
④ 中国社会科学院近代史研究所中华民国史研究室编：《胡适的日记》上册，130～131 页。
⑤ 1921 年 11 月 4 日，顾颉刚在日记中载："昂若（许宝驹）来，谓马叙伦在杭，痛骂胡先生（指胡适）以《水浒》、《红楼梦》教学生，又说他的《哲学史》误处甚多，修改不了。但没有举出理由来。马之为人，妄得可笑！"（顾颉刚：《顾颉刚日记》1 卷，179 页）

第三章　疏离、重返与淡出：1926—1936

派矛盾全面激化时，马叙伦更是坚定地站在法日派一方。1931年马叙伦重返北大，胡适随后出任文学院院长，两人再度共事。这一时期两人不仅在解聘林损等事上意见不一，而且有过直接的摩擦。据马叙伦后来回忆，1936年中国哲学会在北平开年会时，他曾打落过胡适的"纱帽翼子"。胡适在会上演讲的主题是关于程绵庄的学说，他"把一个人的哲学，只简单叙述一下，又只是一位姓名不大有人晓得的哲学家，那只是寻常的演讲，叫人只是接受没法讨论的；他说完了，照例有十分钟的讨论，却没有人提出问题。其实也真提不出问题，我算是在北大担任理学讲座的，还晓得程绵庄这人，也读过周、程、颜、李的书，我便申说了程先生（绵庄）的学说在周程学说里包含着，周、程的学说也不是完全不讲实用的，听讲的人差不多都回头向我看，适之却没有答复"。此外，当时北大定了一个新例，教授每周至少担任八小时功课。马叙伦由于"六三"事件受伤后身体未复原，向来只担任五小时，"教的只有两门科目"。胡适以文学院院长的身份要求他增加课时，遭到拒绝。[①] 这些琐事上的不谐，多少会影响胡、马之间的关系。

不过，马叙伦与胡适的根本矛盾并非在于这些细碎杂事，而在于彼此思想倾向与政治立场的不同。民国时期，教育界的左右派之争由来已久。五四后，左右各派政治势力均注意在教育界发展力量，受此影响，教育界也不可避免地出现左右派之争。北伐前，这一斗争尚在第一次国共合作的大范围下进行，还只是一股时隐时现的潜流。1925年至1926年间，据李璜观察："在学校外面，知识分子对政治的运动已相当积极的展开了。一方面是国民党的左右两派与尚不为普通人所注意的青年党人合起来以对付北洋军阀，而目标指向段祺瑞的执政府；一方面又是国民党的右派暗中连[联]络青年党人以对付国民党的左派（中共）。"[②]北伐过程中，突如其来的"清党"使得左派力量在短时期内受到压制。但当时

[①] 马叙伦：《我在六十岁以前》，107页。
[②] 李璜：《学钝室回忆录》，124页。

社会各阶级间的矛盾并没有因为"清党"而缓和,反而有更加尖锐化之势。20世纪30年代,随着国共对峙局面的形成以及民族危机的不断加深,教育界中左右两派的斗争日益激烈。这一时期,胡适仍坚持其自由主义的立场,马叙伦则受民族危机的刺激而改变此前的右派立场,不断左倾。

胡适素以坚持自由主义著称。1933年,他和蔡元培因为民权保障同盟的工作发生意见分歧,周作人在致江绍原的信中提及此事时称:"蔡、胡分家,竟如尊料,大有意思。蔡公此刻盖在 3rd Party 手中,牵而往'东'(面南立),而胡公则仍'福利'也。观蔡公近数年'言行',深感到所谓晚节之不易保守,即如'鲁'公之高升为普罗首领,近又闻将刊行情书集,则几乎丧失理性矣"①。从此函中可以看出周作人对左右两派的态度。所谓蔡元培"在 3rd Party 手中,牵而往'东'(面南立)",原注者称"即使之向苏联靠拢"之意,此处周作人本意当是指蔡因为第三党的关系不断左倾,因为当一人朝南站立时,往东即为往左之意,故作"左倾"解当更符合他的本意。"福利"乃英文 free 一词的音译,所谓"胡公则仍'福利'"盖指胡适仍坚持其自由主义立场之意。而所谓"刊行情书集",则指鲁迅出版《两地书》。这一时期,周作人与胡适在坚持自由主义这一点上莫逆于心,故在经历英美派与法日派激烈论争后,两人仍能重归于好。②

---

① 张挺、江小蕙:《周作人早年佚简笺注》,载《鲁迅研究月刊》,1992(2)。

② 或许这也是胡适在抗战胜利后为周作人辩护的原因之一。贺麟曾问胡适:"周作人和鲁迅这两兄弟也真怪,鲁迅是这样的革命,周作人却当了汉奸,两人走的是截然相反的两条路,真是不可思议。你对他两人怎么看法?"胡适不假思索地回答:"还是弟弟(周作人)比哥哥好"(贺麟:《我和胡适的交往》,见中国人民政治协商会议北京市委员会文史资料研究委员会编:《文史资料选编》第28辑,166页)。林语堂的看法则与胡适大不一样。1943年冬他回国,在西安遇见沈兼士,"在华山路上,跟我(林语堂自称)谈周作人在北平做日本御用的教育长官。他说我们的青年给日本人关在北大沙滩大楼,夜半挨打号哭之声,惨不忍闻,而作人有意装痴作聋,视若无睹。兼士说到流泪。我所以说热可怕,冷尤可怕,这又是放逸文人所不为。可怕,可怕"(林语堂:《记周氏兄弟》,钟敬文、林语堂等著:《永在的温情——文化名人忆鲁迅》,18页,石家庄,河北教育出版社,2001)。在他看来,鲁迅"热",而周作人"冷","冷"比"热"更加可怕。

第三章　疏离、重返与淡出：1926—1936

离开南京国民政府教育部后，马叙伦与国民党主流派逐渐疏离。据马叙伦自述，他未到"弱冠之年"就有"中国式的社会主义思想"，"过了二十，便加入同盟会外围的南社，也曾做过国民党北京特别党部的宣传部长，也曾踏过血迹而尝过小小流血的味道，也曾在国民党治下努力过政治工作，虽然从十九年起不让我再占国民党党籍了，但我不曾再加入任何党籍"。① 由此可知，到1930年马叙伦最终与国民党脱离了组织上的联系。不过此事是否标志着马叙伦已经与国民党主流派决裂②，似还值得商榷。脱离国民党主要反映马叙伦当时对政治生活的厌倦，他与国民党主流派虽已日渐疏远，但似乎还未到彻底决裂的程度。九一八事变后，在短短几个月时间里东北三省相继沦陷，各地青年学生纷纷游行示威，抗议南京国民政府的不抵抗政策。1931年12月13日，马叙伦在致其子马龙翔的信中全面阐述了对此事的看法③，从中可以看出他对时局的态度。

对青年学子牺牲宝贵时光从事爱国运动，马叙伦在深表同情之余，既觉得可怜，也觉得可惜。他认为："上海有各地学生因故而围市政府，今日此间报复载杭州学生以请愿党部，有所不满，致殴伤党委，并毁及教育厅长私宅，虽未审其何因，要不能不惜也。当此外侮日深，国命频急，虽七八十老人血气既衰，犹复心动；田湖耕愚，向若与国相忘者，亦报呼难忍，此余所接目者也。青年而又较有知识者，激于义愤，鼓其情感，在一二人犹有不能自抑之势，今聚数千之众，挟甚奢之望，一言不伏，犹欲引拳攘臂，泄其胸臆之不平，况或意望不满，而应付之失宜，土崩川凌之形成矣。余于此类事，既未晓其曲直，亦不欲论其曲直，徒于青青子矜，予之同情之余，怜之惜之耳。"之所以觉得"可怜"，

---

① 马叙伦：《国民的责任应该说话》，1945年12月1日，见马叙伦：《马叙伦政论文选》，17~18页。
② 卢礼阳：《马叙伦》，168页。
③ 马龙翔(1912—1993)时在杭州读高中三年级(马龙翔：《我走过的道路》，13页，沈阳，东北工学院出版社，1988)。

他作了一个比喻：在外敌当前之际青年学生起而抗议政府的不抵抗政策，就像"诸盗入其家，父兄袖手而稚子戟指瞋目也"，这一做法"于事未必遂济，而其情可怜亦甚矣"。而之所以觉得"可惜"，他认为，"当犹学之年，涵养修习，以期负重于异日，方惧光景之易去，虽三四年，或至八年十年，亦若白驹之过隙耳，乃以义愤之激，弃其不可补救之业，从事于父兄者之所当为，有致动于意气而出于越轨之行，虽曰群众之举由于义愤，然使国家法律竟失败于一时，以此易彼，既已值矣。而个人之气习，或潜移默变，或为异日安虚伪、趋恣肆、尚轻浮之所伏，是使梁栋之材毁于萌芽，琏瑚之器伤于朴礦，不亦大可惜耶？"对于学生运动，他认为，在中国历史上学生参与政治由来已久，"然皆主昏政乱，贤人君子胼手胝足，救之而不能止，于是学生起而纠之，顾国至此而亦日非矣。即今犹啧于口齿之所谓五四运动者，苟非当时政府之昏聩，国家之危急，亦无以致此"。不过，在他看来，"今者政体不与往世比喻，事势复有异于古昔者，宜不必有此举（指请愿、示威——引者）矣"。从中可以看出，此时的马叙伦对于学生请愿活动的态度是非常复杂的，既深表同情，又认为此举大可不必。

与此同时，他也对南京国民政府的内政外交提出了尖锐批评："亡清不足责矣，北京政府不足责矣，国民政府促于广州，努力于革命，不容责矣。自定一以来，岁月虽促，亦五六年，曾不闻有若何之绸缪，吾侪小人，所知者联美以抗日耳。此徒利美之积憾于日，欲用其力以相制，然美虽积憾于日，而何爱于我？……今政府之以训政号召者有年矣，训政之期，故政府愿独负责者也。然内则小旱荐频，盗贼充斥，以自治为基础而村里无进步之征，以民生为中心而饥寒有普及之势，奖民权而几于腹诽有诛，倡廉洁而每见大吏皆饱，八亿余万之公债，无一而非吾民之膏血，而掷之虚牝。于乎！试与苏俄革命后六七年间而比较之，其相去亦远矣。……往年余曾语政府某公，政治如此，青年失望之情，必有一朝勃发而不可制者，今果何如？余谓今日学生之举动，阳似为外侮所激发，而阴实为内政之反应，非诞言也。"从这些文字看，他对

第三章 疏离、重返与淡出：1926—1936

当局的内外政策极其不满。不过，在批评的同时他又进一步指出，他对国民政府的责难"不责于今日，而责之于今日之前；望政府者，亦不望之今日，而望于今日之后。今日之不必责者，易地而处皆然也。今日之前，不能不责者，政府所当任也"。说明此时他对国民政府还抱有一定程度的希望，故不赞成青年学生动辄游行示威的激进做法。他认为，"请愿示威之举，泄一时之愤慨，表方寸之悃诚，余诚不汝止，余以为此类之举，可一二见，而不必有普遍之象"，并表示若马龙翔赞同他的观点，就"当持正义以导同学，弗以惧违众议而自缩也"。

最后他指出，青年学子应走学术救国的道路。他认为，"至若国难虽亟而学业必不可辍。往者，欧战之时，德国力抗群雄，居者无食而弦歌如故，及乎兵止，虽内外交困，国将不国，然其学术上之地位，崛然仍执世界之牛耳，今其国又勃然兴矣。近年科学救国之论，诚箴时之至策，青年之福响，汝侪不可忽也。政府过去之无成绩，社会现在之不进步，其因虽众，而无真实完美之人才，足以抗大责、当大任，要为一重因也"。在他看来，年青一代"皆国家未来之柱石也，及汝侪之能立，而足以出任国家之大业，已须十年二十年，苟复因循泄沓，使十年二十年之后，犹不得汝侪之用，用汝侪与有犹吾大夫之叹息，是使后之青年复责汝侪也"。希望他们不要仿效"恃气之斗鸡"，而应该学习"伏枥之奔骏"，并以切身的从政经历为例，说明学识的重要性。进而他指出，"抑国人之怨恨日人深矣切矣，然亦知其志不独欲得吾土地而已，实有无上之奢愿，欲夺吾文化上之光荣，而以霸于东方。比年以来，日人于中国文化之研究，几越国人而上之，彼其所以示于远西者，可以观矣"。文末他认为，"吾人所以自立与所以抗日者，实舍努力于学术无他路。今幸寇患虽深而尚不致遽底于亡，则国人于既识途径以后宁可不并日兼力以赴之耶？"[①]

[①] 马叙伦：《论请愿书》，北大同学会周刊编辑委员会编：《北京大学三十三周年纪念刊》，1931年12月17日出版，北京大学档案馆藏：Z11·13—3。

马叙伦与民国教育界

从这封信可以看出,马叙伦此时对南京国民政府虽有尖锐的批评,但所提出的"学术救国"主张与胡适向来的主张分歧尚不是很大。马叙伦之所以会有此主张,一则与他对时局的判断有关,二则他对南京国民政府似乎还抱有一些幻想。此外,与他自身这一时期的主要兴趣在学术上或许也有一定关系。

1932年年初,国民政府决定召集国难会议,被邀请出席的代表包括原北洋派军人、曾任北京政府国务总理、总长、省长、国会议员,外交、金融、交通、工商、文教、新闻界人士,老革命党员、国家社会党党徒及上海闻人。各方对召开国难会议反应不一。马叙伦也被聘为国难会议会员,他是否与会尚不得而知,不过他对此事未有只字记载,可见并不以为然。① 随着日本侵华的进一步加剧,马叙伦此前单纯以学术救国的主张也发生了根本变化,逐步转向左倾。1935年7月5日,即"何梅协定"达成前一日,马叙伦走访了北平军分会参议、北大校友宋振絷(仲方),密切关注中日双方交涉的过程和结果。宋向他透露:"王克敏北来之前,曾与黄膺白、何敬之商榷对日之策,终以抗御不能,承认侵地不可,仍止支节应付一法。"对此他不由得感慨万分:"支节可以日生,应付岂有既耶?"在南京国民政府成立时,他就主张"内政当定国是,外交当定国策,两者皆以从速调查研究入手。此事当以建设委员会任其策划,政治会议决其行止。总之必使有通盘大计,然后政治方可入途轨","曾几何时而国势凌夷至于如此。回想收复汉口租界时,作何感想耶"?宋氏又称,监察院治参与交涉的汪精卫、黄郛、何应钦及殷同以丧权辱国罪。马叙伦对此感慨良多:

> 于乎!果有其事,直儿戏耳。夫监察院之精神,早已磨灭尽净,亦可谓未曾实现;因有监(察)院以来,问狐狸者固数数见,而豺狼则未之问也。此次北陲之事,论理当劾,而当劾者岂仅此数子耶?且在此时而有此举并不足以示惩戒,而内政外交之纠纷益起。

---

① 卢礼阳:《马叙伦》,171页。

第三章　疏离、重返与淡出：1926—1936

于乎！好为门面事，亦吾国人之习性也。余以为此时止宜认识某为真正辱国者，不复使之得政，而切实筹定国计，而励行束湿之治以科其效。监察院于国计既行之后，执法而绳，择豺狼而诛之，则狐狸自安于窟穴矣。①

在他看来，汪精卫、黄郛等人只不过是"狐狸"罢了，真正辱国的是"豺狼"。从当时的政局看，他所谓的"豺狼"显然是指蒋介石。只要严厉制裁蒋介石，汪精卫等人自然也就有所顾忌，不敢继续丧权辱国了。②十日后，马叙伦作了一首《梦中诗》，内有"庙堂无善策，清野有遗贤"③等句，从中可看出他对国民政府的外交政策已经极端不满。

1935年夏"何梅协定"的达成，无疑是马叙伦这一时期政治态度转变的关键，受此刺激，他才最终与国民党主流派决裂。正当他对国民政府丧权辱国强烈不满之际，1935年8月1日，中共驻共产国际代表团根据国内外政治形势的变化和共产国际七大关于建立世界反法西斯统一战线的政策，以中共中央和中华苏维埃中央政府的名义发表了《为抗日救国告全体同胞书》(即《八一宣言》)，呼吁停止内战，一致抗日。这一宣言在巴黎出版的中文《救国报》和莫斯科出版的英文版《共产国际通讯》上刊登，后辗转传入国内北平、上海等地，对全国抗日民主运动新高潮的到来产生了极大的影响。马叙伦是否受此影响尚无直接材料证明，不过，此后他开始积极投身抗日救亡运动。

根据《八一宣言》的精神，北平中共组织对各校救亡工作联系人作了分工，北大开始时由许德珩负责，后又增加了马叙伦、尚仲衣两人。④

---

① 马叙伦：《邹尧者言》，见马叙伦：《石屋余渖》，83～84页。
② 杨天石根据蒋介石日记所记，对卢沟桥事变前蒋介石的对日谋略作过较为深入的分析，认为蒋介石的"忍辱"反映了他在民族敌人面前软弱的一面，其结果是使国家权益一再受到损害。但也应指出，他的"忍辱"是为了积蓄力量，待机反攻(杨天石：《蒋氏秘档与蒋介石真相》，386页)。在民族危机空前严重的情况下，蒋介石的"忍辱"哲学很难为世人所谅解，马叙伦对他的看法也反映这一点。
③ 周德恒编：《马叙伦诗词选》，51页。
④ 许德珩：《许德珩回忆录——为了民主与科学》，173页；马叙伦：《我在六十岁以前》，111页。参见卢礼阳：《马叙伦》，175页。尚仲衣时任北大教育系教授。

马叙伦与民国教育界

马叙伦晚年回忆称:"直到二十四年,敌人侵略华北更露骨了,北平文化、教育界的人们,尤其象[像]我一辈的人们,从前怎样慷慨激昂伴生命来革命的,自然更受不住,'声求气应',又有了结合。北平大学法商学院院长白鹏飞和院里的教员李达、陈豹隐(即陈启修)等,北大有我和许德珩、张申府、尚仲衣等,都要说话了。"因此之故,北大教授分成"主张抗日"和"秉承政府意志"两派,并发生了尖锐冲突。据马叙伦记载:

> 为了抗日问题,一晚教授俱乐部聚餐,餐后开会,却加入了高级职员(在先许德珩先生主张不限教授,不得同意——原注,下同),吃饭多些人倒也有趣的;可是,开会的时候,应该不是教授就退出了,"然而不然",我们自然不好意思竟请他们出去的。原来,当局们晓得如果讨论抗日问题,一般的看法是会通过的,因为究竟北大教授传统上的关系,主张抗日的会占多数,所以拉上高级职员来凑场子;这晚对于抗日问题,我当然是主张北大教授,应该表示态度,而且主张抗战,许先生是附议我的,尚先生同意我们,陶希圣说了些令人不可捉摸的话(那时他是汪派),胡适便不同意我们的主张,他是相当会说话的,很宛转地说明应该让政府去主持的意思;周先生当主席,很拿主席的地位,想硬压下我们的主张,竟有越出范围,拿党的地位来说的话,我也只得不客气地和他抬了一阵杠子,这晚没有结果而散。①

关于这次冲突,胡适在 1935 年 12 月 20 日的日记中载:"六点半赴北大教授俱乐部第一次聚餐,饭后有长时间的讨论。马叙伦发言最多,多没有意思,也全没有煽动力量。此人破坏了教育界多年,尚不知愧悔,妄想趁火打劫,可怜!"②从中可见两人意见相差之大。数日后,双

---

① 马叙伦:《我在六十岁以前》,104 页。
② 曹伯言整理:《胡适日记全编》第 6 卷,548 页。

方在抗日问题上再次发生激烈争论，马叙伦遂从此退出该会。①

1936年1月27日，北平文化界由马叙伦、许德珩、白鹏飞、黄松龄、张申府等人发起，假北平大学法商学院礼堂举行北平文化界救国会成立大会，参加的有北平文化界、教育界、新闻界共一百五十余人，首先由白鹏飞报告救国会筹备经过，接着由主席团代表马叙伦报告组织救国会的意义，旋即进行讨论，通过了会章和第一次宣言（共有149人签名，马叙伦名列第一），并选出马叙伦、白鹏飞、陈豹隐、张申府、崔敬伯等31人为干事。② 此前不久，上海知识界由马相伯领衔发表了《上海文化界救国运动宣言》，故时论有"南北救国，'惟马首是瞻'"③之说。1月30日，北平文化界救国会又与北平学联携手发起组织华北民众救国联合会，马叙伦又被推举为联合会主席。④ 这一时期北平抗日救亡运

---

① 据马叙伦回忆："过了几日，又是照样聚餐，再讨论抗日问题，依然周先生主席；我和张忠黻先生开了辩论，插入一樊际昌先生（北大教授兼总务长——原注），酒气熏人，发了许多带'醉态'的言语，然而也不过为政府派'张目'；最后主席拿出一张字条，写着对日外交的五项主张，都是报纸上见过了许多'人云亦云'的一套，总之近乎不外'避实就虚'；周先生还宣布着：'政府有命令叫各大学校长、教授、学生各推代表入京陈述对日问题意见；蒋校长校事甚忙，不得分身，已请胡适之先生代表入京，我们教授也可以请胡先生做代表，把这些条件带了去。'我马上答复：'我们大学教授的身分，对于国事的主张，不能"拾人牙慧"，这些条件，说的人也多了，何必我们大学教授再来重说一遍？况且胡先生既做了校长代表，校长是政府任命的，我们教授如果认为该派代表，也得另举，决不可以叫胡先生"兼代"。这样，又和樊先生争一阵子嘴，我就跟着说：'要这么办，我就退出吧。'尚先生还起来说话，我就退出了，后来怎样，也没听得再说"（马叙伦：《我在六十岁以前》，104～105页）。关于这一时期北大左右两派斗争的激烈情况，《胡适之先生年谱长编初稿》记载如下："这天，北京大学学生大会讨论罢课的事，先生与蒋梦麟、傅斯年等都登台发言。左翼学生想用嘘声来扰乱会场，先生严正的指斥说：'你们有意见，上台来，好好说。不要下流，下流！'大多数学生大鼓掌，将嘘声压下去；他们策动罢课的企图也不得逞了。其后左派教授尚仲衣于北大教授集会中发言改订课程，讲习抗日课目。先生又指斥尚仲衣'曲学阿世'，并说：'我们今天要镇定，要在敌人的威胁之下照常读书，不能假冒抗日教育来宣传马克斯[思]主义！'"（胡颂平编著：《胡适之先生年谱长编初稿》第四册，1439页，台北，联经出版公司，1990）1947年，马叙伦《我在六十岁以前》一书出版后，陈雪屏致函胡适称："看马夷初先生的《我在六十岁以前》，其中有牵涉到先生的地方，他的态度实在丑陋得可怜，想带回来送给先生看，可发一笑。"（中国社会科学院近代史研究所编：《胡适来往书信选》下册，235页）这一记载可以作为此后马、胡关系的一个注脚。

② 马叙伦：《我在六十岁以前》，105页；许德珩：《许德珩回忆录——为了民主与科学》，178～179页；周天度编：《救国会》，78～79页，北京，中国社会科学出版社，1981。

③ 马叙伦：《我在六十岁以前》，105页。

④ 卢礼阳：《马叙伦》，171页。

马叙伦与民国教育界

动的盛况，据他回忆：

> 廿五年北京太热闹了，抗战！抗战！声浪高于全国，大学中学各校学生个别的联合的座谈会演讲会如醉如狂，如我这样地凡才，也被东拉西扯，应接不暇。那时当地官吏奉行日本军令，替他压制抗战，各大学当局奉了政府命令，压制抗战，"一二·九"的惨案就从这样的因素造成的，但是排山倒海地抗战声浪，终究不为大刀和自来水而倒息。有一次抗战的大会在北大第三院召集，军警布满了门的内外，起初不许我们进去一步，但是成百成千的一拥而入，什么也不怕了。大家进了门，军队反守大门，不许我们出去了，会完了，大家又拼命的夺门而出。①

他此时已经较为左倾，通过许德珩等人的关系甚至开始与中共组织有所接触。②

马叙伦在救亡运动中表现出极大的热情，在他看来，"北平究竟是'五四运动'的发源地，各公私立大学中学的学生也组织起来，每日的演讲会、座谈会，弄得我兜不过来，经过十几天，只好'敬谢不敏'，实在累得病了"③。随后便发生了前述"请假"事件。在马叙伦被逼辞职的同时，北大当局还公开解聘了尚仲衣，并强令许德珩离校休假一年。④ 从这个角度亦可看出，马叙伦之被排挤出北大，虽与他和胡适之间的个人"恩怨"有关，但更重要的是两人思想倾向及政治立场上的不同，是在当时教育界左右派之争的大背景下发生的。进入 20 世纪 30 年代后，或不满于南京国民政府的统治方式，或受日益深重的民族危机刺激，教育界人士转向左倾的不在少数。随着阶级矛盾和民族矛盾日益尖锐化，左右两派的矛盾斗争日渐突出，成为这一时期教育界派系之争的主要表现

---

① 《因于再先生的追悼会而回忆》，1946 年 1 月 23 日，马叙伦：《马叙伦政论文选》，52~53 页。
② 马叙伦：《我在六十岁以前》，111 页。
③ 同上书，105 页。
④ 陆平：《反对解聘尚仲衣教授的一场斗争》，中共广东省委党史资料征集委员会、中共广东省委党史研究会：《尚仲衣教授》，16 页，《广东党史资料丛刊》编辑部，1989。

第三章 疏离、重返与淡出：1926—1936

形式。

马叙伦提出辞职后，北大学生及各校学生会均表示挽留。碍于交情，蒋梦麟先是让秘书长退回辞职书，接着又亲自表示歉意，并再三留下聘书而去。但他辞意已决，遂义无反顾地退还聘书，回到杭州。之所以如此"决断"，既与其一贯"合则留，不合则去"的做事风格有关，也与他的个人安排略有关系。1933年，热河沦陷后，"敌人的飞机出现在北平空中"，平津已经直接受到日军兵锋的威胁。在此情况下，马叙伦不能不考虑自己此后的出处问题。由于其母当时已七十多岁，他遂把家中老小都迁回杭州①，并将多年积累的藏书全部售予辅仁大学②。他本人为了生计仍在北大教书，不过已无家事牵累，来去也比较自由了，所以"请假"风波发生后，能够在短期内干净利落地回到杭州。

离开北大的马叙伦逐渐淡出了北京教育界，除了抗战时期曾在之江大学兼任过一学期课程外，终民国之世未再担任过大学教职，③也未再担任过教育行政职务。需要指出的是，他虽然淡出了北京教育界，但并不意味着完全与教育界脱离关系。恰恰相反，他与教育界还有着千丝万缕的关系，在教育界也还有着较大的号召力。正因如此，抗战结束后他才有可能创建以文化教育界人士为主体的中国民主促进会，投入下一阶段的政治活动。

---

① 马叙伦：《我在六十岁以前》，103页。
② 因北平受到日军威胁，在北平的学者不得不考虑自己的出处问题。1935年7月4日，章太炎致函吴承仕，对其在平弟子辈的出处表示关注："闻北京大学受东人威胁，有意南迁。如玄同辈于北平植根已深，恐不能舍之他去。若夫己氏者，颇有邦沟之名，疑其乐处北平，而南迁则虚语也。五四运动一案，此曹自谓间世奇功，其实当时危急，本非南宋之比。而曹、章辈未至如汪、黄之甚。击之者，虽云义愤，固不可与陈东同论。今章、黄果再见矣，而竟未闻有击之者，然则前功固已尽弃，乃夫己氏得意之秋也。闻遇夫早离北平，今日教育界中可与言者，尚有几许！足下亦植根北平久矣，此后进止当何如耶？"（马勇编：《章太炎书信集》，372页）
③ 之江大学原在杭州，抗战时期迁来上海公共租界（跃鹿：《之江大学史略》，载《档案与史学》，1998(6)）。据马叙伦称，抗战时期中山大学、抗战胜利以后中央大学都曾请他任教，"不是终究不去，也就是登时回绝了"（马叙伦：《为黄任之先生的来》，载《民主》，1946(18)）。抗战时期，汤尔和出任华北汉奸政权的最高教育长官（先任"中华民国临时政府"的教育总长，后改任"华北政务委员会"的教育总署督办），曾多次请马叙伦出任伪北大校长，均被他严词拒绝（马叙伦：《我在六十岁以前》，115页）。

结　语

　　民国教育界的结构性状况为马叙伦提供了活动空间，而马叙伦本人的特殊阅历所形成的各种政治与学术资源，又成为他登台演出的重要砝码。前文试图通过考察两者的相互联系来深化对于彼此的认识。在叙述过程中力图从历史发展的内在线索出发，尽量减少已有观念体系的影响，以期尽可能地接近马叙伦及相关史事的本来面目。

　　马叙伦早年家境窘困，所受正式教育为时甚短，在这种背景下能够成长为一个知识人，超越浙江知识圈走向全国大舞台，并在北京政府、南京国民政府及中华人民共和国三个重要历史时期内均在教育界扮演重要角色，不能不算是一个奇迹。之所以能够做到这一点，最关键的是他过人的禀赋，少年时代他就在学术研究、书法及社会活动等方面崭露头角，为各界所瞩目。而他在跌宕起伏的人生阅历中所养成的"富贵不能淫，贫贱不能移，威武不能屈"的个人气质，与其事业上的成功无疑也有着密切的关系。此外，他能够做到这一点，还与其他多种因素有关。

　　首先，马叙伦在民国教育界的活动与晚清以来江浙知识群体的崛起这一历史背景有着密切关系。他生于斯长于斯的浙江本是中国人文荟萃之区，两宋尤其是南宋定都临安后，浙江的文化教育更趋兴盛，历经元、明、清三代，一直居于全国前列。鸦片战争后，地处东南沿海的浙江当中西交会之要冲，相对于内陆地区而言，浙籍知识群体有更多的机会感受到中西文化的巨大差异。在多方努力下，浙江成为新式教育较为

结　语

发达的省份之一。① 江苏的情况与此十分类似。江浙知识群体因为师承、地缘等因素，形成了不同的派系，彼此之间不乏竞争，乃至有过激烈冲突。但从整体上看，民国初期这一群体不仅控制了文史学界的学术话语权，也在相当程度上控制了教育行政权。从教育部的情况看，这一点在晚清学部里已有所体现，进入民国后则至为明显，无论是南京临时政府、北京政府的首任教育部部长，还是南京国民政府的首任大学院院长、教育部部长，均由浙籍人士出任；部中的重要职员更是多为江浙籍。② 从最高学府北大的情况看，建校后的半个世纪左右时间里，校长亦多为浙籍。③ 这些现象并非历史的巧合。马叙伦是这一知识群体中的重要一员，尽管早年生活拮据，但祖辈的流风遗韵仍在，成长过程中深受浙江千百年来积淀而成的浓厚文化氛围的熏陶；而他接受新式教育的养正书塾则是19世纪末20世纪初浙江兴学浪潮的产物。陈黻宸、章太炎、蔡元培以及围绕在他们周围的学者，对其早年、中年阶段的活动有着十分重要的影响。他早年之所以能够进入北京教育界，并在五四后逐渐走向全国教育界的中心，在关键的节点上都离不开其同籍师友辈的大力提携、援引。

其次，马叙伦之所以能够长期处于教育界的核心，也得力于他与北大的关系。北大作为全国最高学府，在教育界、思想文化界本来就占尽天时、地利。虽然因为各种因素，北大学者们内部派系十分复杂，但作为一个整体，他们在新文化运动中引领时代潮流，北伐后更成为全国教育界、思想文化界中占据绝对优势的一大势力。如前所述，南京国民政府成立之初，北大出身的学者们几乎垄断了整个教育界，尽管他们之间也存在着尖锐的矛盾。不仅如此，抗战时期，在华北汉奸政权里掌握文

---

① 详见张彬《从浙江看中国教育近代化》一书的相关章节。
② 杨琥：《蔡元培出长北京大学的前前后后》，载《北京社会科学》，2004(4)。
③ 从京师大学堂成立起到新中国成立初期，北大共有21位校长，其中有8位是浙籍人士，他们是嘉兴的许景澄、桐乡的劳乃宣、诸暨的何燏侯、吴兴的胡仁源、绍兴的蔡元培、海盐的陈大齐、余姚的蒋梦麟、嵊县(现为嵊州市)的马寅初。虽从人数看不到一半，但这8位校长治校时间占北大前期历史2/3以上。参见何佐：《8位浙江籍的北大校长》，载《今日浙江》，2004(23)。

马叙伦与民国教育界

化及教育行政大权的汤尔和、周作人、钱稻孙等人和北大也有很深的渊源。[①] 这一群体的影响甚至延续到 1949 年以后。马叙伦出任新中国政府首任教育部部长、高教部部长，而马寅初则出长北大；台湾方面，傅斯年出任台湾大学校长，朱家骅、胡适则先后出长"中央研究院"。这些人都有着北大的背景，这一切同样不是历史的巧合。马叙伦在北大任教将近二十年之久，五四后的几年里甚至能够左右北大校政。在北大的这段履历实际上已经转化成为他在教育界活动的一种资格，不仅大大提高了他个人的学术声望，还在无形中为他在教育界的活动带来了诸多便利，使其拥有了圈外人所没有的各种资源。

再次，考察马叙伦在教育界的活动，还必须关注他在治学、从政等方面的阅历。从他的经历可以看出，这三者是紧密相连的。治学成就使他获得从事教育活动的资格，而施教过程所获得的各种资源又转而成为他从事政治活动的基础。反过来，从政又极大地加强、巩固了他在教育界的地位。值得一提的是，不管是施教还是从政，他基本上能够做到手不释卷、著述自勤。从政而不忘治学，这是他与这一时期不少从政学人的不同之处。北京政府统治时期，尤其是五四之后几年里，中央政府对教育界的控制相对乏力，教育界的实际主导权不在政府而在民间，不在中央而在地方。在 1925 年的东大易长风潮中，执掌中央教育行政大权的马叙伦、章士钊对江苏省教育会就无可奈何。北大更是在彭允彝、王九龄、章士钊等人任教育总长时一再宣布与教育部脱离关系。从马叙伦自身的经历也可以很清楚地看出这一点。作为北京教育界的实力派人物之一，他不仅在教育界叱咤风云，还利用在教育界获得的各种资源参与实际政务，成为北京国民党学者的重要代表人物之一。北伐之后，教育界的状况发生了很大变化，政府对教育界的控制相对加强。江苏省教育会等原来操纵教育界实权的地方派系遭到了严重削弱，一向与政府对抗的北大评议会也被校务会所代替，诸如此类的事件透露出一个重要的信

[①] 汤尔和死后，由周作人继任"华北政务委员会"的教育总署督办；钱稻孙（钱玄同之侄）则曾任伪北大秘书长、校长兼文学院院长等职。

息，即教育界的主导权逐渐从民间、地方回到中央政府教育部。如果说北伐前马叙伦在教育界的地位主要由他在教育界的实际影响力所决定，那么此后则更多地以他政治上的沉浮为转移。他在政治上追随时代潮流不断前进，民国初年坚持超然"不党"，北伐前参加国民党，抗战胜利后更是创办中国民主促进会成为"党魁"，这是他能够长期在教育界保持影响力，并在南京国民政府、新中国政府里仍有机会执掌中央教育行政的又一重要原因。

这些交叉混杂的因素的综合作用，使得马叙伦在几个重大历史时期都有机会处于教育界的核心位置。反过来看，他的特殊阅历又构成了那一时代教育界风云变幻的见证，从他的活动里可以管窥同时代教育界变迁的痕迹。五四前夕，马叙伦以"旧派"学者的形象出现在教育界，到1936年他最终离开北大时，则已变成左派学者的形象。民国教育界的派系分合十分复杂，既涉及思想、学术、政见的分歧，也涉及门户、地缘、留学国度等方面的差异。在纷繁复杂的表象之下，隐然包含着一条主线，即从五四前后的新旧派之争逐渐过渡到20世纪30年代的左右派之争。马叙伦形象的转变折射出了民国教育界的这一重大转向。有学者在谈到30年代的文学史时称："国际无产阶级文学思潮的影响，中国大革命失败的现实，无产阶级单独领导中国革命的重任，都在召唤中国新文学作又一次历史性的变革，于是，从'五四'的'文学革命'到30年代的'革命文学'的转化，便成为一种不可逆转的趋势。"[①]从"文学革命"到"革命文学"是文学领域从新旧之争发展到左右之争的表现，教育界派系之争表现形态的演变也大致依循这一轨迹。

这个过程里还掺杂着其他各种复杂的派系因素。萧邦奇在讨论民国初年军事领域的帮派争斗时认为："在相互竞争的网络和派系中，最重要的社会联结是母校、共同的革命经历所形成的关系，以及私交、同乡等关系。尽管网络的强度和紧密度随形势和网络结构的性质和纯度而变化，对民国初年军事竞争的研究却表明存在某些既定的模式。信任强度

---

① 王嘉良主编：《浙江20世纪文学史》，70页，北京，中国社会科学出版社，2000。

从高到低依次为：私人友谊、学校联结、同乡、共同革命活动经历以及同一革命组织身份。在紧急危机时期，个人友谊仍能保持其张力，而其他联结（包括通常很强的同乡纽带和来自或毕业于共同学校的关系）则易于被侵蚀和瓦解。"①另有学者专文讨论了北洋军阀政府里的派系结合情况。②教育界的派系争斗虽不像军事、政治领域那样充满血腥，但激烈程度并不亚于其他领域。据20世纪三四十年代长期担任北师大校长的李蒸观察，派系斗争"在教育方面和政治方面一样是严重存在着"。③张申府对于当时"北京以及各地教育界之穷而多事"的状况也大有感慨，他说："什么研究系、国民系、浙系、北京派、保定派……其热闹，简直不在直系、皖系、奉系……之下。一文一武，煞是好看。彼此之间，就算有个枪杆笔管之差罢。失火的时候，殃及的池鱼，也是同一样的有的。"④在这些纷繁复杂的争斗中，要概括一个相对固定的模式有着很大的难度。有鉴于此，本书的重点在于以马叙伦的活动为线索，尽可能如实地展现教育界纷繁复杂的派系之争。

从19世纪末20世纪初开始的中国教育总体转型，虽然远远落后于欧美先进诸国，甚至也落后于刚刚崛起的亚洲近邻日本，但就中国自身的历史进程而言，却堪称"千古未有一大变局"⑤。教育既是社会发展的基础，也是社会变动的重要组成部分。教育文化的更新与政治体制的变革一样，是20世纪初年以清政府推行新政为标志的社会变革中最为重

---

① ［美］萧邦奇：《血路——革命中国中的沈定一（玄庐）传奇》，周武彪译，18～19页。
② ［美］费正清主编：《剑桥中华民国史》第1部，286页，上海，上海人民出版社，1992。
③ 李蒸所指的主要是当时北大和北师大之间的"派系斗争"，据称："当时北京大学在政治上的地位远远高过师大，师大师生为进行这一'斗争'，也要找在政治上有地位的人担任校长，于是在民国12年（1923）改为师范大学时，该校董事会请梁启超为董事长，聘范源濂为校长，后来到民国19年（1930），又找李石曾为校长，把学校问题转到'政治斗争'方面去了。"李蒸：《北京师范大学历史上的存废之事》（据1962年手稿整理），李溪桥主编：《李蒸纪念文集》，59页，北京，中国社会科学出版社，1996。
④ 张申府：《张申府文集》第1卷，57页。
⑤ 章开沅：《中国教育近代化研究总序》，见田正平主编：《从浙江看中国教育近代化》，2页。

结　语

要而且影响深远的两个内容之一。① 近代中国的教育转型经历了一个十分漫长的历史过程，民国初年到抗战前夕正是这个过程中的重要阶段之一。

这一时期教育界的各种派系争斗对近代中国的教育转型造成了严重的干扰。厦门大学国学院风波中，鲁迅与顾颉刚"双方不断发生摩擦，使本来有限的趋新学术力量不能携手进行，客观上使进行中的学术转化难以顺利实现"②。此类摩擦不仅影响学术转型，对近代中国教育转型的负面影响也至为明显。民国时期教育界的许多改革常常不仅由教育思想、教育理念决定，背后还带有各种派系利益的考量，北平大学区的设立与废止就是一个十分典型的例子。③

派系争斗不仅大大增加了教育界革新的难度，还造成北京乃至全国教育界的长期纷扰。到 1926 年时，顾颉刚由于对作为最高学府的北大内部的派系之争深感悲观，已经"颇想舍之而去"④。到 1929 年，他更在日记中发誓，宁受"洋奴"的骂名在燕京大学任职，决不再进国立机关做事。⑤ 几乎同一时期，北大以外的张星烺在致陈垣的函中则称："北大党派意见太深，秉事诸人器量狭小，其文科中绝对不许有异己者。而

---

① 关晓红：《晚清学部研究》，499 页。
② 桑兵：《厦门大学国学院风波》，见桑兵：《晚清民国的国学研究》，228 页。
③ 李书华晚年回忆称："我们推行北平大学区制，本抱有很高的理想：我们以为首都既在南京，北平应为教育与学术重心。推行大学区制的目标，即以北平国立学校与天津北洋大学原有人才和设备，加以充善与扩大，使成为一个完善而合理的大学，负起大学教育与学术研究的责任。同时使河北高等教育与北平高等教育发生联系，亦得以彼此衔接。然北平大学区制自实行至撤销，为期甚短，不足一年；而反对与怀疑者且实有其人。因之北平大学区的计划，虽大部分付诸实施，然未能达到理想的目标。"（李书华：《一年北平大学区》，载《传记文学》，1967，11（3））
④ 1926 年 3 月 16 日，顾颉刚致函胡适称："校中党派意见太深，在极小的地方倾轧得无微不至，和旧家庭的妯娌姑媳一般，消耗精神于无用之地，至可悲观。和前数年之北大颇有革新气象者大不同了。我虽不加入旋涡，但看着终觉得头痛，将来有机会，颇舍之而去"（顾潮：《历劫终教志不灰——我的父亲顾颉刚》，102 页）。顾颉刚后来甚至认为教育界不如商界，据他自述："投身在商界，已有五年历史，我觉得商界确实好。他们固以营利为目的，但这个目的是公开的，除了公开的竞争之外再没有勾心斗角的破坏行为。不像教育界人，口头上清高万分而实际则较及锱铢，为了一点小小的出入而激起了高度的妒忌，以至鼓动了别人来闹风潮。"（《顾颉刚自述》，见高增德、丁东编：《世纪学人自述》第 1 卷，55 页）
⑤ 顾颉刚：《顾颉刚日记》2 册，349 页。

其所持之新文化主义，不外白话文及男女同校而已。当其主义初创时，如屠敬山等史学专家皆以不赞同白话文而被摈外间，有知其内容者皆深不以其事为然。北大现在已几成为政治运动专门机关，不宜再使与纯萃学术牵混。"① 而1925年的易长风潮更使得如日中天的东南大学元气大伤。② 北大、东大以外的各高校也经常性地受到派系争斗引起的各类风潮的困扰。长期担任燕京大学校长的司徒雷登在其晚年回忆中，对中国教育界的各种"风潮"仍表示"害怕"。③ 不仅如此，派系争斗还成了各省教育事业的致命伤。据林砺儒观察："近年各省学界风潮，大抵因为争夺。有人要谋一校的校长，就会先谋安插教员；或要谋当教员，就不能不先设法倒校长。不择手段地演种种丑态，结果使教育受了致命伤，也就不消说了。"④ 面对纷繁复杂的派系争斗，朱经农甚至认为，当时的"官立学校"已经没有希望，要发展教育事业，只能从"华人自办私立学校"入手了。⑤

不仅教育界、学术界中人作如是观，不少重要政界人物对此也有类似的看法。在邵元冲看来，本为"学术之府"的高等院校，已然异化为"政争之场"。⑥ 李宗仁晚年在回忆其整顿广西教育的经历时，对20世

---

① 1926年4月25日张星烺致陈垣，见陈智超编注：《陈垣来往书信集》，209页。
② 王德滋主编：《南京大学百年史》，80页。
③ ［美］约翰·司徒雷登：《在华五十年——司徒雷登回忆录》，程宗家译，73页，北京，北京出版社，1982。
④ 《教育待遇问题》，1925年10月22日，北京师范大学校史研究室编：《林砺儒文集》，575页，广州，广东教育出版社，1994。
⑤ 1925年4月15日，朱经农在致胡适的函中称："今后教育事业恐须从华人自办私立学校方面入手。官立学校多半乌烟瘴气，不为此派所把持，即为他派所占有。北京以武力拥冯（玉祥），南京以武力拥郭（秉文），同一'糟糕'。教育这样下去，有什么好结果。真正提倡人格教育的人，决不应驱学生作法外行动。我看现在办教育的人到了失败的时候，便不顾一切开许多恶例，实可寒心。以后，办教育恐怕要从私立学校方面努力。"（中国社会科学院近代史研究所编：《胡适来往书信选》上册，322页）
⑥ 1932年12月31日，邵元冲在日记中称："青年学子，狃于近年来奔竞之易于得志，谨愿之进身无阶，于是在学校之时，废讲习之功，而从事所谓组织奔走，运动奉迎，而负教育之责者，不能以身为表率，于是学术之府，一变为政争之场矣。"（王仰清、许映湖标注：《邵元冲日记》，943页）

纪20年代广西教育界的派系争斗也深有感触。[①] 身为国民党元老的胡汉民，则更是将这个问题提升到关系国家、民族命运的高度来看待。在他看来：

> 我们看现在的教育界中：学生的选课、从师进学、辍学、考试、毕业等事，往往都以私利私便为准，而全不想到求学是为的国家与民族。教师对于教书的单位，校长对于学校的地位，其间去留升降，存废分合，也每每以私利私便为准，而全不想到教育是政治的一部分，是为国家民族而办的。利用已有的势力，到自己责任范围以外去活动，甚至利用教育的势力，到教育范围以外去活动，俨然形成了所谓"学阀"，其不容于国家民族，更何待言！以现有的学生为民众，从而挟持、鼓煽、擒纵，使其有所打倒、拥护、挽留、推翻，结果是暗中取遂个人或少数人的私欲而已。以过去的教学关系团结标准，立为某派、某系，互相标榜援引，在社会一切事业，伸张私的权利，接近把持排挤之作用：校友会、同学会等等，竟公然进行学术以外，友谊以外的种种图谋，于是增加了社会间无穷的轧铄斗争，其为国家民族所造的祸福又如何……在如此种种教育现象之下，实在只有私的弥漫，而不见公的存在，教育简直离开国家与民族的地位远甚，荡而不复返了！[②]

胡汉民的这一批评不可谓不重。无论是李蒸、张申府、顾颉刚、张星烺、司徒雷登、林砺儒、朱经农，还是邵元冲、李宗仁、胡汉民等人，他们身份不同、立场各异，对政治与教育、学术的关系看法虽然相

[①] 据李宗仁回忆称："至于在中学教育和国民教育，我们也全力以赴。不过我国教育界以前有一种恶习，就是门户之见。各立派别，互不相让。这种情形，广西也不能免。当时有三大派：桂林省立师范派，广东省立师范派，及国立北京师范大学派。中学校长和教员多为这三校出身。三派暗斗倾轧很烈，一派得势，则凡属本派的贤与不肖一概任用，真是'刘公得道，鸡犬升天'；至于他派中的分子，不论其道德、学问如何可钦，一概在摒斥排挤之列。这三派你争我夺，把广西教育界弄得乌烟瘴气。"（李宗仁口述，唐德刚撰写：《李宗仁回忆录》上卷，197页，上海，华东师范大学出版社，1996）

[②] 胡汉民：《建设与教育——纪念民国十八年的双十节》，见《抗战前教育政策与改革》（《革命文献》第54辑），306～307页，台北，中国国民党党史史料编纂委员会，1971。

马叙伦与民国教育界

去甚远，但在对教育界的派系争斗及由此引起的风潮表示不满这一点上则大体一致。晚清民国时期，中国教育迟迟不能走上正常轨道，纷繁复杂的派系之争不能不说是重要原因之一。

从另一个角度看，派系争斗又是这一时期教育偏离正轨的外在表现。由于各种原因而导致的教育界各大小集团之间的争斗，在其他时空背景下也有可能出现，但像民国教育界出现过的那么复杂的派系争斗却不能不说是一种非常态现象。一般而言，派系结合有着各种各样的具体因素，在这些具体因素之外，民国教育界派系争斗之所以如此复杂又存在着更深层次的社会原因。辛亥革命后，旧的社会秩序已然崩溃，而新秩序却迟迟没有建立起来，包括教育在内的各项事业均难以步入正常的发展轨道。袁世凯的独裁统治结束后，中国社会陷入军阀割据的局面。北伐后，南京国民政府虽然在形式上统一了全国，但仍然不能使政治步入正轨。民国时期，教育界派系林立，风潮此起彼伏，"学阀"一词时常见诸报端。[①] 除"学阀"外，当时的文献记载里还有"学客"、"学匪"、"学棍"、"教阀"、"教客"等名目，所指意思大抵与"学阀"类似。"学阀"的出现与军阀有着类似的背景，两者都是旧体制解体、新体制建立之前特殊历史时期的产物。20世纪20年代的舆论中就有"学阀"、"军阀"是一丘之貉之说。[②] 在曹聚仁看来，中国社会不仅有"财阀"、"军阀"，也

---

①　胡适在1921年10月11日日记里记载："我对于大学的希望，仍是提高。人家骂我是学阀，其实'学阀'何有妨？人家称我们为'最高学府'，我们便得意；称'学阀'，我们便不高兴。这真是'名实未亏而喜怒为用'了！我们应该努力做学阀！"（中国社会科学院近代史研究所中华民国史研究室编：《胡适的日记》上册，238页）他所谓的"学阀"实际上是"学术警察"之意，在更多时候"学阀"一词指的是把持、操纵教育界、学术界的个人或派系势力。黄炎培称："一九二七年蒋介石占领了长江流域以南，在南京成立了国民党的'国民政府'，开始排除异己，我被目为'学阀'，下令通缉"（黄炎培：《八十年来》，88页）。而《黄炎培传》（王华斌编著，117页）则称："更有甚之，蒋介石别有心裁地给黄炎培戴上了顶帽子——'学阀'。自古有军阀、党阀之称，这学者也能成阀，可见蒋介石这个国民党新军阀的良苦用心。欲加之罪，何患无辞。蒋介石给他定罪后，接着就是下令通缉。"这一说法与史实相去甚远。实际上，在此之前"学阀"一词早已充斥报端，而且将黄炎培、沈恩孚等人称作"江苏学阀"也不是蒋介石的"发明"，这一提法此前早就出现了（如《时评》，1925年7月18日，见章士钊：《章士钊全集》第5卷，15页）。

②　李冷波：《军阀学阀是一丘之貉》，载《京报》附设之第2种周刊，1925-04-17。

有"学阀"这一实际大势力留存着。① 1928年6月19日,吴宓听叶企孙述说中央大学风潮后,即感慨称:"学界中人如此争权构乱,军界拥兵列土者可想。中国前途,不卜可知。"②1930年,吴稚晖对记者总结中央大学风潮的原因时称:"政治未上轨道,学校是无法办理的。"③抗战胜利后,马叙伦也有过类似的看法,他认为:"国家不真正民主,政治没办法,教育也没办法,乃至一切都没办法。"④反过来说,只有在新的政治秩序完全确立后,教育才有可能走上正轨,民国教育界如此复杂的派系纷争局面才有望改变。

　　顺便值得一提的是,文中主要是叙述史事并探究其背后的联系,而没有做太多的脱离具体时空背景的价值评判。从传统政治评判角度看,马叙伦1913年至1936年无疑也有一些不完全算是"进步"的活动,但这并无损于他的整体形象。⑤ 在急剧变革的中国近现代史上,要找到一个终生行事绝对符合当下评价标准而又有所作为的历史人物几乎是不可能的。胡绳在纪念蔡元培时称:"我们从晚年的蔡元培先生身上,看到了一个爱国主义、民主主义者伟大形象。1927年的暂时曲折并没有玷污他的形象,倒是证明,以蔡元培先生的处境,要笃守自己从来的信念是多么不容易。如果不是突破丛生的荆棘,如果不是富贵不能淫,威武不能屈,是万难做到的。而蔡元培是做到了的……他走的道路是和中国共产党人相通的。许多民主主义、爱国主义的政治社会活动家、科学家、教育家、文艺家,在为民族命运和中国人民利益的斗争中,成为中国共产党的朋友,中国共产党是引以为荣的。"⑥来新夏在谈到对冯玉祥的评价时则认为,承认冯是由旧营垒杀出来而成为一位"民主将军"的事实,

---

① 曹聚仁:《谈胡适》,见曹聚仁:《听涛室人物谭》,312页。
② 吴宓:《吴宓日记》第4册,79页。
③ 《谈中大风潮》,见罗家伦、黄季陆编:《吴稚晖先生全集》卷2,230页。
④ 马叙伦:《为黄任之先生的来》,载《民主》,1946(18)。
⑤ 参见卢礼阳《马叙伦》的后记。
⑥ 胡绳:《纪念蔡元培先生》,见胡绳:《先贤与故友》,43页,北京,中国社会科学出版社,1994。

不但无损于其形象，而且能更真实地反映曲折发展的中国近代历史。[①]对于马叙伦早年的历史也当作如是观。如实地叙述他在晚清民国时期的活动，从长远来看，不但无损于他的光辉形象，而且更能凸显他毕生不断追求进步的难能可贵的特性。

[①] 来新夏、莫建来：《北洋军阀史》，见曾业英主编：《五十年来的中国近代史研究》，577页。

附录一 "张禄"非马叙伦化名考

马叙伦一生，尤其是抗战时期在上海隐居阶段为了躲避日伪的迫害，曾经多次更名换姓。有学者统计，他的化名共有丁人俊、马翰香、张禄、邹翰香、邹华孙五个之多，这些化名多为其抗日时期在上海使用。[1] 其他不少学者在文章中也曾述及这个问题。[2] 参照其他史料，"张禄"这个化名颇值得注意。

倘若只是为了证明一个化名的有无，深入探讨的价值显然不是很高。然而这个化名却涉及中国近现代思想史上的一个不大不小的疑问：1920年3月刊出的《东方杂志》上有一文题为《理科救国》，作者署名"张禄"，这个张禄是否即为马叙伦？《理科救国》一文是不是马叙伦所作？2001年，罗志田首先注意到了这个问题[3]，两年后在《国家与学术：清季民初关于"国学"的思想论争》一书中又再次提出。[4] 如《理科救国》是马叙伦所作，那么，作为晚清国粹派重要一员、民国初年在学术上仍以

---

[1] 陈玉堂编著：《中国近现代人物名号大辞典》，马叙伦条，21页，杭州，浙江古籍出版社，1993。

[2] 参见周德恒：《马叙伦传略》，见北京图书馆《文献》丛刊编辑部等编：《中国当代社会科学家(传记丛书)》第6辑；徐友春主编：《民国人物大辞典》，石家庄，河北人民出版社，1991；徐为民主编：《中国近现代人物别名词典》，马叙伦条，226页，沈阳，沈阳出版社，1993；礼阳：《马叙伦的别署与斋名》，载《民国春秋》，1998(1)。

[3] 罗厚立：《物质的兴起：二十世纪中国文化的一个倾向》，载《开放时代》，2001(3)。此文后收入罗志田：《裂变中的传承——20世纪前期的中国文化与学术》，北京，中华书局，2003。

[4] 罗志田：《国家与学术：清季民初关于"国学"的思想论争》，参考书目部分，421页，北京，生活·读书·新知三联书店，2003。

文字学及诸子哲学研究为主业的他又为何在这个时候会提出这一主张？倘能证明这个问题，无论是对马叙伦本身思想演变的把握，还是对当时整个思想界动态的研究，无疑都有一定价值。

就现有材料看，要解答这样一个问题，显然有着较大的难度。首先，必须断定马叙伦确实曾有过"张禄"这个化名；其次，还要论证此"张禄"正好就是彼"张禄"，因为时至今日仍有不少姓张名禄者。在此情况下，如果换一个角度，倘能证明马叙伦根本不曾用过"张禄"这个化名，或许也是解决这个疑问的一个不失为有效的途径。

笔者近年比较关注与马叙伦相关的资料，至今尚未找到能够直接证明他用过这个化名的材料，但在《马叙伦诗词选》及《我在六十岁以前》中找到了两处颇为费解而又容易引起误会的记载。也许，这就是其之所以让后人觉得他用过这一化名的根源。

《马叙伦诗词选》中有如下一诗：

> 变名为张禄（以避世屡更姓名——原注），抱直如史鱼。空有冲天志，徒成复瓿书。庄周明在宥，御寇慕华胥。不作良人梦，姑游万物初。①

乍一看，他在这里似乎很明确说自己"变名"为"张禄"，问题已经解决了。但仔细玩味，却又觉得并不尽然。如果仅是改为"张禄"一个化名的话，又为何要注释说"以避世"之故而"屡更姓名"？而且如果这样理解的话，总觉得在意思上与下句"抱直如史鱼"无法呼应。仔细披阅，再三诵读，才发现他在此处运用了两个典故。

第一句"变名为张禄"典出《史记》，讲的和战国时期的范雎有关。范雎（？—前255），战国时期秦昭王相，曾提出著名的"远交近攻"策略。范雎本为魏国人，入秦之前受到了魏相魏齐的残酷迫害，九死一生，为躲避迫害不得不改名张禄。② 他引用这一典故意在写实，即描写他当时

---

① 马叙伦：《漫吟三首之一》，见马叙伦：《马叙伦诗词选》，15页。
② 《史记》范雎蔡泽列传第十九。

在上海的处境就跟范雎入秦前一样艰险,为了躲避日伪的迫害,他被迫多次改名换姓(而不仅仅是改名"张禄")。

第二句"抱直如史鱼"则引用"史鱼"的典故。据《论语》卫灵公篇第十五载:

> 子曰:"直哉!史鱼。邦有道如矢,邦无道如矢。"

孔子说这段话意在赞美卫国大夫史鱼(字子鲁)为人正直,大意为:史鱼真正直啊!国家政治清明时,他像箭一样直;国家政治黑暗时,他也像箭一样直。引用这一典故显然是为了言志,即表达他当时虽然身处逆境,也要做到像史鱼一样刚正不阿,保持民族气节。把这两个典故结合起来理解,他所表达的意思庶几可得以贯通。

另外一处比较容易引起误会的记载是马叙伦在《我在六十岁以前》中所录的他向蔡元培、朱家骅两人所写的一封求援信。信中称:

> 伦自廿五年夏,谢别北大,困蛰至今。国难方殷,避地于此。以伦平生志尚,勠力为民,当此艰危,义无默处;况曾发曲突徙薪之谋,岂乐冒行与言违之诮;乃以体近半枯,不胜行役,兼之膏秣未储,望途而叹,遂使投鞭有愿,致饩无从,既背心期,动形梦寐。仍岁以来,僦居斗室,诡呼张禄(当时我变了姓名),据案疾书,著述自勤。盖惟报国之术,不限同途,从守势殊,古训并重;汗马之劳,虽非病质所胜,铅椠之业,犹幸弱腕能堪。①

他述及其不得不留沪的苦衷及居沪的窘迫情况后,表达了要以发奋著述来报效祖国的志愿。这里他用了"诡呼张禄",而且还特地加以注释说当时他变了姓名,这就很容易给人造成当时他化名"张禄"的误会。其实如前所述,这里他还是用了范雎的典故。蔡元培接到此信后,在当天的日记中记载:

---

① 马叙伦:《我在六十岁以前》,113~114 页。

> 得马夷初（即马叙伦——引者）二十二日函（兼致骝先——原注，下同），言近患末疾，然犹欲完成《庄子义证》、《老子义证》及就《说文解字》中阐发语原（除《说文解字六书疏证》已成书而未印出外）等书。以国府对于孟森、钱玄同等身后褒扬，冀免为饿夫之续云云。姓名借用邹华孙，寓上海亚尔培路亚尔培坊二十八号。①

蔡元培的记载明确说明了马叙伦写这封信时用的化名是"邹华孙"，而不是"张禄"。

除马叙伦外，当时还有其他人曾用过"张禄"这一典故。秋瑾之弟秋宗章在《六六私乘》中述及其姊遗事时说：

> （秋瑾）创办《中国女报》以前，曾与留日同志创《中国白话报》于东京，一月出六册，每期约四十页，委托日人代印，鼓吹"反清"，论调最为露骨，与同盟会机关报之《民报》殊途同归。他人作品，类皆托名张禄，惟姊（指秋瑾——引者）所撰白话论说，则直署真姓名，不稍隐讳。②

秋文里加了"类皆"两字，意思就更加明确了，在同一报刊上大家不可能都用"张禄"一个名字。这里秋氏所谓的"托名张禄"和马氏所谓的"诡呼张禄"意思一样，仅指更换了姓名，至于改用什么化名就因人而异了。

退一步讲，即使马叙伦曾经用过"张禄"这个化名，由前引典故可知，在他看来"张禄"这一化名是带有特殊含义的，是在极其艰险、窘迫的环境之下才使用的。而1920年年初他在北京教育界的地位正如日中天，当时北京各校教职员正发起"索薪"运动，他不仅同时担任北京大学、北京高等师范学校、北京医学专门学校三校教职员会的主席，还担任"北京小学以上各校教职员会联合会"的主席，用他的原话说是当时他

---

① 中国蔡元培研究会编：《蔡元培全集》第17卷，日记，1939年7月28日条，336页。
② 秋宗章：《六六私乘》，见浙江省辛亥革命史研究会、浙江省图书馆编：《辛亥革命浙江史料选辑》，388页，杭州，浙江人民出版社，1982。

"红得发紫"①。很难想象在此情况下,他在《东方杂志》上发表文章有"诡呼张禄"的必要。

因此,就现有的资料而言,基本上可以断定马叙伦不曾用过"张禄"这个化名,也大致可以断定《理科救国》一文并非其所作。

---

① 马叙伦:《我在六十岁以前》,66~67页。

附录二　马叙伦非同盟会会员考

长期以来，几乎所有与马叙伦有关的著作都认定他早年曾经加入同盟会，但就目前的材料看，这一问题也还值得商榷。

关于与同盟会的关系，他本人在《我在六十岁以前》中曾有如下一段记载："这年(1911年——引者，下同)夏天，汤尔和为筹办浙江医药专门学校到日本去，我跟他到东京一玩，但是，我不能说日本话，他又不常在东京，因此，我就窘了。我的目的要找章太炎先生，我和章先生，论亲他是长辈，论年我是后辈，不过如上文说过的，在上海为国事运动的时候，我们是时常碰头的，所以我们是谊在师友之间。""我和他谈起国事，他自然仍是革命、革命的一套。我请他介绍入同盟会，他答应了，但是他却想回国。我许他回国后和陈老师商量办法，因为陈老师和他是好朋友。"① 目前，几乎所有相关论著都根据这一记载得出马叙伦1911年在日本由章太炎介绍加入同盟会的结论，并在此基础上分别做各种进一步的推论。尽管个别学者已经发现其中的一些疑点，但尚无人怀疑他不是同盟会会员，而是试图对这些疑点做出一些解释。② 这些解释从论据上看还不是很充分，尚无法证明他确实曾加入同盟会。

这一时期章太炎与同盟会之间关系颇为紧张。章太炎、陶成章本为光复会领导人，加入同盟会后，曾对《民报》出版贡献甚大。但他们的宗派思想及地域观念比较严重，对同盟会政纲的理解也偏重于民族主义。

---

① 马叙伦：《我在六十岁以前》，26～27页。
② 卢礼阳：《马叙伦》，37～40页。

1908年，章、陶由于经费问题与孙中山关系极其紧张，首先在南洋地区重建光复会组织。后双方关系进一步恶化。1910年2月，光复会总部在东京重新成立，由章、陶两人分别担任正副会长，正式从同盟会中分裂出来。① 当时章太炎与孙中山为首的同盟会之间矛盾的尖锐程度由此可见一斑，尽管这一矛盾仍属于革命派内部的矛盾。马叙伦早年长期在浙江知识界活动，与章太炎等人均属熟识，加之他的"盟兄"汤尔和又是留日学生里的活跃分子，因此他对光复会、同盟会间的紧张关系不可能没有耳闻，尽管未必完全了解其中的内幕。在这一历史背景下，上述记载里所提到的他曾请章太炎介绍加入同盟会（而不是光复会）一事的真实性，就不能不令人产生怀疑。况且这一记载本属于30多年后的回忆，在作为史料运用时不能不持谨慎态度。

退一步讲，即使马叙伦这一回忆真实可靠，也还不能断定他确实曾加入过同盟会。因为在上述记载里，他仅仅提到曾请章太炎介绍入同盟会，章答应了，除此之外，并没有交代此事结果到底如何。而且此后一段时期里，也未见其参加过同盟会系统的任何活动。因此，似不宜对这一材料做过度的诠释。

更关键的是，马叙伦在其他关于自己早年政治活动的回顾中，均只字未提曾加入同盟会之事。抗战胜利后，他投身反对国民党独裁统治的政治活动，成为中国民主促进会的主要创始人。这一时期，他发表过大量的政论文章，曾多次追述其与国民党的历史关系。1945年12月，他在《国民的责任应该说话》一文中称：他本人"未到'弱冠之年'已有中国式的社会主义思想，过了二十，便加入同盟会外围的南社，也曾做过国民党北京特别党部的宣传部长，也曾踏过血迹而尝过小小流血的味道，也曾在国民党治下努力过政治工作，虽然从十九年起不让我再占国民党党籍了，但我不曾再加入任何党籍"②。1946年4月，他在《敬尽最后的

---

① 林家有主编：《辛亥革命运动史》，354～358页，广州，中山大学出版社，1991。
② 马叙伦：《国民的责任应该说话》，1945年12月1日，见马叙伦：《马叙伦政论文选》，17页。

忠告于国民党》一文中又称："在我做中学生的时代，已迷信了革命……后来我加入南社，也入了国民党，两次首都革命，一次浙江独立，不是我'丑表功'，也算出生入死，影响到国民革命军的成功。"[1]在这两处记载里，他均只提辛亥前后曾加入作为同盟会外围组织的南社，而未曾提及加入同盟会之事（他1923年才加入国民党，此前和国民党并无组织上的关系）。

关于自己的"历史"，除《我在六十岁以前》外，马叙伦在新中国成立初期还写过一份简历，重点记载其在革命史上的经历，从反对北洋政府到反对国民党政府，记得较为详细。在这份简历里同样只字不提曾经加入过同盟会一事。如果曾经加入同盟会的话，无疑是他早年革命经历中的辉煌一幕，在当时的历史背景下是值得大书特书的。之所以完全不提，最大的可能就是他不曾加入过同盟会。

至于他为何没有加入同盟会，限于史料现已难知其详，只能从相关史事里寻找一些蛛丝马迹。马叙伦早年有着强烈的反清革命意识。这一思想在养正时期受陈黻宸启发开始萌芽，后随着革命形势的高涨而不断加强。[2] 1903年，他协助邓实编辑《政艺通报》。1905年，《国粹学报》发起组织时，开始阶段仅有邓实、黄节、马叙伦、陈去病等数人，"实阴谋藉此以激励反满革命之思潮，其后刘申叔、章太炎皆加入焉"[3]。1903年马叙伦发表的《宋爱国岳文二公传》[4]、《中国民族主义发明家黄梨洲先生传》[5]，以及后来在《国粹学报》上发表的《方召传》、《记郑涛诗祸事》等文[6]，都把发扬国粹和鼓吹反清革命有机地结合在一起，民族主义倾向非常明显。1910年，他还加入了南社，留下"一击满湖烟雨破，谁家天下举杯看"的豪迈诗篇。这一时期他的不少朋友也都加入了

---

[1] 马叙伦：《敬尽最后的忠告于国民党》，载《民主》，1946(28)。
[2] 马叙伦：《我在六十岁以前》，17、20页。
[3] 马叙伦：《鼓吹民族革命之国粹学报》，见马叙伦：《石屋余渖》，192页。
[4] 《新世界学报》，1903年4月，癸卯年第6号。
[5] 《政艺丛书》，中篇，《光绪癸卯(廿九年)政艺丛书》。
[6] 《国粹学报》，1906，2(6)。

一些趋向革命的秘密组织。① 按照反清革命思想正常发展的话，他加入同盟会应该是水到渠成的事情。但历史发展往往要比后人的想象复杂得多。现实中的许多人事因素，又使他这一时期没有转化为一个彻底的革命派。1909 年，他早年长期追随的恩师陈黻宸当选浙江咨议局议长，成为浙江立宪派的重要代表人物。也许是立宪派与革命派之间的鸿沟，对他加入同盟会起到了一些制约作用。后来浙江光复过程中，陈黻宸与同盟会系统发生过一些摩擦②，他始终站在陈黻宸这一边，这也说明当时其与同盟会系统还有着一定的距离。

有无加入同盟会无疑是马叙伦早年历史上的一件大事。目前学术界对于马叙伦的研究尚处于起步阶段，只有把这些史实一一考察清楚，才能使这一研究建立在扎实可靠的基础之上。

---

① 马叙伦：《我在六十岁以前》，22、26 页。
② 陈德溥编：《陈黻宸集》下册，1209～1212 页。

附录三　马叙伦论著目录稿[①]

(一) 著作

1. 《尔雅讲义》，讲义稿本，无写作年月，国图目录作 1912 年。

2. 《六书分篆》，草稿本，1914—1915 年，国图目录作 14 篇，附录 1 卷，实则仅写至第 3 篇。

3. 《古书疑义举例札迻》，铅印本，1918 年。

4. 《唐写本经典释文残卷校语补正》，铅印本，1918 年。

5. 《庄子札记》，上下册，14 卷，1919 年。

6. 《古书疑义举例三补校录》，1924 年刻本，同年又收入长沙鼎文书社所辑《古书疑义举例丛刊四种》。

7. 《老子覈诂》，共 4 卷，家刻本，1924 年。

8. 《老子校诂》，原名《老子覈诂》，1924 年排印本。1956 年修订增补后，由古籍出版社出版，改本名；中华书局 1974 年再版。

9. 《中国文字之构造法》，上海暨南大学铅印本，1927 年。

10. 《读两汉书记》，商务印书馆 1930 年出版，1955 年重印。

11. 《庄子义证》，共 36 卷，6 册，商务印书馆铅印本，1930 年。

12. 《读吕氏春秋记》，商务印书馆 1931 年初版，1933 年 9 月再版。

13. 《读书小记》，卷 1 至卷 2，商务印书馆 1931 年出版。

14. 《西溪厉樊榭先生祠堂记》，马叙伦撰，余绍宋书，1932 年。

[①] 本稿参考了马珮、卢礼阳、郑懿德等人的成果。

15.《周凤山先生墓志铭》，黄侃撰，马叙伦书，石印本，1932年。

16.《说文解字研究法》，商务印书馆1933年出版，中国书店1988年影印。

17.《六书解例》，商务印书馆1933年出版。

18.《天马山房丛著》，家刻本，1933年。

19.《石鼓文疏记》，商务印书馆出版，1935年。

20.《象山纪子庚墓志铭》，马叙伦书，国家图书馆藏，1935年作。

21.《故北京大学教授瑞安许叔玑先生之碑》，国家图书馆藏，石印本，1935年。

22.《天马山房藏书总目》，凡2册，手写稿本，国家图书馆藏。

23.《天马山房书目》，凡1册，油印本，国家图书馆藏。

24.《读书续记》，卷3至卷5，商务印书馆1939年出版。

25.《读书续记》，卷1至卷5，1919年2月27日起连载于《北京大学日刊》；卷6至卷7，中国书店1986年出版。

26.《殷墟书契前编所见许氏说文解字所无之字》，国家图书馆藏，1942年作。

27.《马叙伦言论集》，山东新华书店1946年编印。

28.《我在六十岁以前》，上海生活书店1947年初版，后曾多次重版。

29.《石屋余瀋》，上海建文书店1948年初版，上海书店出版社1984年再版。

30.《石屋续瀋》，上海建文书店1949年初版，上海书店出版社1984年再版。

31.《说文解字六书疏证》，科学出版社1957年出版(15册，共30卷)，上海书店出版社1985年再版(8册)。

32.《马叙伦学术论文集》，科学出版社1958年初版，人民出版社1974年再版。

33.《庄子天下篇述义》(附庄子年表)，上海龙门联合书局1958年出版。

34.《读金器刻词》，中华书局1962年出版。

35.《马叙伦墨迹选集》，人民美术出版社1964年出版。

36.《马叙伦书法选》，人民美术出版社1985年出版。

37.《马叙伦政论文选》，文史资料出版社1985年出版。

38.《马叙伦诗词选》，文史资料出版社1985年出版。

39.《马叙伦先生法书选集》，上海书画出版社1989年出版。

40.《读书续记》，卷8至卷15，著者生前得中华书局同意出版，"文化大革命"期间未及付梓，恐稿散失送回，现原稿（稿本及抄本）均藏于国家图书馆。

41.《周程哲学概说》，原稿裱成册页，"文化大革命"期间散失，下落待查。

(二)文章

1.《史学总论》，载《新世界学报》，1902年第1期。

2.《新物理学》，载《新世界学报》，1902年第2期。

3.《史学总论》（续第1期），载《新世界学报》，1902年第3期。

4.《战虐》，载《新世界学报》，1902年第3期。

5.《古希腊两大教育家列传》，载《新世界学报》，1902年第4期。

6.《中国无史辩》，载《新世界学报》，1902年第5期。

7.《女子教育议》，载《新世界学报》，1902年第5期。

8.《原侠》，载《新世界学报》，1902年第6期。

9.《印度宗教兴革论》，载《新世界学报》，1902年第6期。

10.《农史》，载《新世界学报》，1902年第7期。

11.《印度婆罗门教发达史》，载《新世界学报》，1902年第7期。

12.《新物理学》（续），载《新世界学报》，1902年第7期。

13.《古罗马两大豪杰传》，载《新世界学报》，1902年第8期。

14.《新物理学》（续），载《新世界学报》，1902年第8期。

15.《中国无史辩》（续），载《新世界学报》，1902年第9期。

16.《儿童教育》，载《新世界学报》，1902年第9期。

17.《世界三特力》，载《新世界学报》，1902年第9期。

18.《明季侠士毛公列传》，载《新世界学报》，1903年第11期。

19.《说死》（上），载《新世界学报》，1903年第11期。

20.《日儒加藤氏〈宗教新说〉》，载《新世界学报》，1903年第11期。

21.《中国工界》，载《新世界学报》，1903年第11期。

22.《罪法》，载《新世界学报》，1903年第12期。

23.《说死》（下），载《新世界学报》，1903年第12期。

24.《桑木氏哲学概论》，载《新世界学报》，1903年第13期。

25.《改文字议》，载《新世界学报》，1903年第13期。

26.《兵奴》，载《新世界学报》，1903年第14期。

27.《政教分合论》，载《新世界学报》，1903年第15期。

28.《宋爱国岳文二公传》，载《新世界学报》，1903年第15期。

29.《二十世纪之新主义》，载《光绪癸卯（廿九年）政艺丛书》，邓实撰，政艺丛书上编（一），台北，文海出版社，第271册。

30.《救中国必先自治论》，载《光绪癸卯（廿九年）政艺丛书》，邓实撰，政艺丛书上编（一），台北，文海出版社，第271册。

31.《说德》，载《光绪癸卯（廿九年）政艺丛书》，邓实撰，政艺丛书上编（一），台北，文海出版社，第271册。

32.《史界大同说》，载《光绪癸卯（廿九年）政艺丛书》，邓实撰，政艺丛书上编（一），台北，文海出版社，第273册。

33.《中国民族主义发明家黄梨洲先生传》，载《光绪癸卯（廿九年）政艺丛书》，邓实撰，政艺丛书上编（一），台北，文海出版社，第273册。

34.《古政述微》，载《国粹学报》，1905年1卷第1—2号。

35.《啸天庐古政通志》，载《国粹学报》，1905年1卷第3—7号。

36.《啸天庐政学通议》，载《国粹学报》，1905年1卷第9—12号。

37.《孔氏政治学拾微》，载《国粹学报》，1906年1卷第1、3、5、6、9、13号。

38.《啸天庐搜幽访奇录》，载《国粹学报》，1906—1907年多号连载。

39.《宋徐正节先生传》，载《国粹学报》，1906年2卷第2号。

40.《方召传》，载《国粹学报》，1906年2卷第6号。

41.《记郑涛诗祸事》，载《国粹学报》，1906年2卷第6号。

42.《史学存微》，载《国粹学报》，1906年2卷第7号。

43.《书体考始》，载《国粹学报》，1907年3卷第3、4、5号。

44.《论性》，载《国粹学报》，1907年3卷第8、9、10号，1908年4卷第2、4、6号。

45.《清史拾零》，载《北京大学日刊》，1919年2月起连载。

46.《读书小记再续》，载《国故》，1919年第1、2期。

47.《列子伪书考》，载《国故》，1919年第1、2期。

48.《说文解字六书疏证》，载《国故》，1919年第2、3期。

49.《国立北京大学研究所整理国学计划书》，刊于1920年10月19日的《北京大学日刊》，后又刊于《新教育》，1920年第3卷第4期。

50.《六书之商榷》，《国文学会丛刊》，1924年第1卷第2期。

51.《清人所著说文之部书目初稿》，载《图书馆学季刊》，1926年第1卷第1期。

52.《王阳明先生年谱校录》，载《浙江图书馆馆报》，1928年8月第2卷。

53.《读书小记》，载《浙江图书馆馆报》，1928年8月第2卷。

54.《儒学论》，载《孔教会杂志》第1卷第12期，年份待查。

55.《大学》，载《北京大学生周刊》，1931年4月，第1卷第10期。

56.《说文古籀三补序》，载《图书馆学季刊》，1931年9月，第8卷第3期。

57.《召试经济特科平阳宋君别传》，载《国学丛编》（北平中国大学发行），1931年11月，第1期第4册。

58.《陈先生墓表》，载《国学丛编》（北平中国大学发行），1931年11月，第1期第4册。

59.《文心雕龙黄注补正》，载《文学月报》，1932年5月，第3卷第 1 期。

60.《石鼓文为秦文公时物考》，载《国立北平图书馆馆刊》，1933年，第 7 卷第 2 期。

61.《石鼓文疏记引辞》，载《国立北平图书馆馆刊》，1933 年，第 7 卷第 6 期。

62.《令矢彝》，载《国学季刊》，1934 年，第 4 卷第 1 期。

63.《石鼓释文叙》，载《图书馆学季刊》，1934 年，第 8 卷第 2 期。

64.《吴颖芳〈说文解字〉残稿跋》，1941 年作，载《浙江师范学院学报》，1955 年 7 月，第 1 期。

65.《说命》，载《学林》，1941 年，第 9 辑。

66.《庄子与哲学》，载《时代精神》，1945 年 12 月，第 13 卷第 3 期。

67.《中国历史上的民主痕迹和民主思想》，载《理论与现实》，1946 年 5 月，第 3 卷第 1 期。

68.《中小学老师应注意中国文字的研究》，载《国文月刊》，1947 年，第 51、52 期。

69.《从中国文字上看社会和邦国家族的意义》，载《大学》，1947 年，第 6 卷第 1 期。

70.《从中国文字上看官吏的由来》，载《大学》，1947 年，第 6 卷第 3—4 期合刊本。

71.《关于中国文字研究的三项询问——答傅丰村问》，载《读书与出版》，1947 年，第 2 卷第 10 期。

72.《评中国文字的变迁》，载《文艺复兴》，1948 年 12 月（中国文学研究专号）。

73.《学习斯大林的语言学说》，载《中国语文》，1953 年 6 月号。

74.《文字必须改革》，载《文字改革》，1957 年第 11 期。

75.《文改笔谈》，载《文字改革》，1958 年第 1 期。

76.《何香凝画菊图跋》，马叙伦、茅盾等，载《文史资料选编》第 37 辑。

77.《上揖灵均,下攀柴桑草堂》,1945年7月作,载吴无闻编:《夏承焘教授纪念集》,北京,中国文联出版公司,1988。

78.《关于辛亥革命浙江省城光复记事的补充资料》,载《近代史资料》,1957年第1期,总第12号。

79.《〈太炎先生自定年谱〉补遗》,载《近代史资料》,1958年第1期,总第18号。

80.《书章太炎先生与金同祖论甲骨文书后》,出处待查。

(三)政论

马叙伦所作未收入《马叙伦政论文选》的政论文章数量还很大,多刊于1945—1948年的《周报》、《民主》、《昌言》、《文萃》、香港《华商报》等报刊。具体目录从略。

参考文献[①]

一、报纸杂志

1. 《北京大学日刊》
2. 《北京大学学生周刊》
3. 《昌言》
4. 《晨报》
5. 《东方杂志》
6. 《国粹学报》
7. 《国故》
8. 《国立北平图书馆馆刊》
9. 《国民》
10. 《国文学会丛刊》
11. 《国文月刊》
12. 《国学季刊》
13. 《教育潮》
14. 《解放与改造》
15. 《京报》
16. 《莽原》
17. 上海《民国日报》
18. 《民进》

[①] 本文所参考的马叙伦各时期的著作详见附录三《马叙伦论著目录稿》，此处不再列明。

19. 《民主》(1945—1946 年)

20. 《民主》(1992—2003 年)

21. 《南京国民政府公报》

22. 《努力周报》

23. 《申报》

24. 《图书馆学季刊》

25. 《文化史料》

26. 《文史资料选辑》

27. 《文艺复兴》

28. 《新潮》

29. 《新教育》

30. 《新青年》

31. 《新世界学报》

32. 《新文学史料》

33. 《学灯》

34. 《学衡》

35. 《学林》

36. 《现代评论》

37. 《向导》

38. 《语丝》

39. 《浙江》

40. 《浙江教育月刊》

41. 《浙江图书馆馆报》

42. 《浙江文史资料选辑》

43. 《政艺通报》

44. 《中国学生》

45. 《中华教育界》

46. 《中学生》

47. 《中央日报》

48.《传记文学》

二、档案

1. 中国第二历史档案馆藏北洋政府教育部、南京国民政府教育部档案
2. 北京大学档案馆藏新中国成立前北大档案
3. 北京市档案馆藏国立北平大学医学院档案
4. 北京师范大学档案馆藏新中国成立前北师大档案

三、论著资料

1. 坂井洋史整理：《陈范予日记》，上海，学林出版社，1997。
2. 北京农业大学校史资料征集小组编著：《北京农业大学校史（1905—1949）》，北京，北京农业大学出版社，1990。
3. 北京师范大学校史研究室编：《林砺儒文集》，广州，广东教育出版社，1994。
4. 北京师范大学校史编写组编：《北京师范大学校史》，北京，北京师范大学出版社，1982。
5. 北京图书馆业务研究委员会编：《北京图书馆馆史资料汇编》，北京，书目文献出版社，1992。
6. 蔡建国编：《蔡元培先生纪念集》，北京，中华书局，1984。
7. ［日］仓石武四郎：《仓石武四郎中国留学记》，北京，中华书局，2003。
8. 曹伯言整理：《胡适日记全编》，合肥，安徽教育出版社，2001。
9. 曹聚仁：《听涛室人物谭》，上海，上海人民出版社，1998。
10. 曹聚仁：《我和我的世界》，北京，人民文学出版社，1983。
11. ［韩］曹世铉：《清末民初无政府派的文化思想》，北京，社会科学文献出版社，2003。
12. 岑学吕编：《梁燕孙先生年谱》，《近代中国史料丛刊正编》第75辑之743，台北，文海出版社。
13. 曾业英主编：《五十年来的中国近代史研究》，上海，上海书店出版社，2000。

14. 陈布雷：《陈布雷回忆录》，民国丛书第 2 编第 84 册，上海书店影印。

15. 陈初辑：《京师译学馆校友录》，沈云龙主编：《近代中国史料丛刊续编》第 49 辑之 493，台北，文海出版社。

16. 陈德溥编：《陈黻宸集》，北京，中华书局，1995。

17. 陈立夫：《成败之鉴——陈立夫回忆录》，台北，正中书局，1984。

18. 陈其泰：《范文澜学术思想评传》，北京，北京图书馆出版社，2000。

19. 陈平原等编：《北大旧事》，北京，生活·读书·新知三联书店，2003。

20. 陈平原等编：《追忆蔡元培》，北京，中国广播电视出版社，1997。

21. 陈平原等编：《追忆章太炎》，北京，中国广播电视出版社，1997。

22. 陈平原：《中国现代学术之建立》，北京，北京大学出版社，1998。

23. 陈漱渝编：《现代贤儒——鲁迅的挚友许寿裳》，北京，台海出版社，1998。

24. 陈万雄：《五四新文化的源流》，北京，生活·读书·新知三联书店，1997。

25. 陈以爱：《学术与时代：整理国故运动的兴起、发展与流衍》，博士学位论文，台北，政治大学历史系，2002。

26. 陈以爱：《中国现代学术研究机构的兴起》，南昌，江西教育出版社，2002。

27. 陈寅恪：《陈寅恪集·寒柳堂集》，北京，生活·读书·新知三联书店，2001。

28. 陈寅恪：《陈寅恪集·书信集》，北京，生活·读书·新知三联书店，2001。

29. 陈智超编注：《陈垣来往书信集》，上海，上海古籍出版社，1990。

30. 陈中凡著、柯夫编：《清晖集》，北京，书目文献出版社，1987。

31. 陈子善等编：《周作人集外文》，海口，海南国际新闻出版中心，1995。

32. 程文等编：《吴玉章往来书信集》，重庆，重庆大学出版社，1993。

33. 川岛：《川岛选集》，北京，人民文学出版社，1984。

34. 丁文江、赵丰田编：《梁启超年谱长编》，上海，上海人民出版社，1983。

35. 丁致聘：《中国近七十年来教育记事》，《民国丛书》上海书店1935年版影印。

36. 杜春和等整理：《白坚武日记》，南京，江苏古籍出版社，1992。

37. 范文澜：《范文澜历史论文选集》，北京，中国社会科学出版社，1979。

38. 冯尔康、郑克晟编：《郑天挺学记》，北京，生活·读书·新知三联书店，1991。

39. 冯友兰：《三松堂全集》，郑州，河南人民出版社，2000。

40. 冯玉祥：《我的生活》，哈尔滨，黑龙江人民出版社，1981。

41. 傅振伦：《蒲梢沧桑——九十忆往》，上海，华东师范大学出版社，1997。

42. 高恒文：《东南大学与"学衡派"》，桂林，广西师范大学出版社，2002。

43. 高平叔：《北京大学的蔡元培时代》，载《北京大学学报》（哲学社会科学版），1998(2)。

44. 高平叔编著：《蔡元培年谱长编》，北京，人民教育出版社，1996—1998。

45. 高平叔、王世儒编注：《蔡元培书信集》，杭州，浙江教育出版社，2000。

46. 高增德、丁东编：《世纪学人自述》，北京，北京十月文艺出版社，2000。

47. 耿云志：《胡适年谱》，香港，中华书局香港分局，1986。

48. 耿云志：《胡适新论》，长沙，湖南出版社，1996。

49. 耿云志编：《胡适评传》，上海，上海古籍出版社，1999。

50. 耿云志等编：《胡适书信集》，北京，北京大学出版社，1996。

51. 龚继民、方仁念编著：《郭沫若年谱 1892—1978》，天津，天津人民出版社，1992。

52. 顾潮编著：《顾颉刚年谱》，北京，中国社会科学出版社，1993。

53. 顾潮：《历劫终教志不灰——我的父亲顾颉刚》，上海，华东师范大学出版社，1997。

54. 顾颉刚：《顾颉刚日记》，台北，联经出版公司，2007。

55. 顾随：《顾随全集》，石家庄，河北教育出版社，1999。

56. 顾廷龙编：《叶景葵杂著》，上海，上海古籍出版社，1986。

57. 顾学颉：《海峡两岸著名学者师友录》，北京，人民文学出版社，1997。

58. 顾毓琇：《顾毓琇全集》，沈阳，辽宁教育出版社，2000。

59. 关鸿等编：《赵元任早年回忆》，上海，学林出版社，1997。

60. 关晓红：《晚清学部研究》，广州，广东教育出版社，2000。

61. 韩国钧：《止叟年谱》，沈云龙主编：《近代中国史料丛刊正编》第1辑之9，台北，文海出版社，1966—1973。

62. 侯外庐：《韧的追求》，北京，生活·读书·新知三联书店，1985。

63. 鸿鸣：《学潮忆旧》，香港，中原出版社，1990。

64. 湖南省社会科学院编注：《陶成章信札》，修订本，长沙，岳麓书社，1985。

65. 《湖南师范大学学报》编辑部：《杨树达诞辰百周年纪念集》，长沙，湖南教育出版社，1985。

66. 胡逢祥、张文建：《中国近代史学思想与流派》，上海，华东师范大学出版社，1991。

67. 胡适：《丁文江传》，海口，海南国际新闻出版中心，1993。

68. 胡颂平编著：《胡适之先生年谱长编初稿》，台北，联经出版公司，1990。

69. 胡颂平编著：《胡适之先生晚年谈话录》，台北，联经出版公司，1984。

70. 胡颂平：《朱家骅先生年谱》，台北，传记文学出版社，1985。

71. 胡珠生编：《宋恕集》，北京，中华书局，1993。

72. 黄濬：《花随人圣庵摭忆》，上海，上海书店出版社，1998。

73. 黄侃：《黄侃日记》，南京，江苏教育出版社，2001。

74. 黄裳：《负暄录》，长沙，湖南人民出版社，1986。

75. 黄绍竑：《五十回忆》，长沙，岳麓书社，1994。

76. 黄沈亦云：《黄膺白先生家传》，沈云龙主编：《近代中国史料丛刊正编》第3辑之29，台北，文海出版社，1966—1973。

77. 黄炎培：《八十年来》，北京，文史资料出版社，1982。

78. 霍益萍：《近代中国的高等教育》，上海，华东师范大学出版社，1999。

79. 江渤：《马叙伦》，沈阳，辽宁教育出版社，1987。

80. 江长仁编：《三一八惨案资料汇编》，北京，北京出版社，1985。

81. 江苏省无锡市政协编：《钱穆纪念文集》，上海，上海人民出版社，1992。

82. ［日］吉川幸次郎：《我的留学记》，钱婉约译，北京，光明日报出版社，1999。

83. 金以林：《近代中国大学研究(1895—1949)》，北京，中央文献出版社，2000。

84. 金毓黻：《静晤室日记》，沈阳，辽沈书社，1993。

85. 蒋复璁口述，黄克武整理：《蒋复璁口述回忆录》，台北，"中央研究院"近代史研究所，2000。

86. 蒋梦麟：《西潮·新潮》，长沙，岳麓书社，2000。

87. 蒋廷黻：《蒋廷黻回忆录》，台北，传记文学出版社，1984。

88. 经亨颐：《经亨颐日记》，杭州，浙江古籍出版社，1984。

89. 栗洪武：《西学东渐与中国近代教育思潮》，北京，高等教育出版社，2002。

90. 李华兴：《民国教育史》，上海，上海教育出版社，1997。

91. 李璜：《学钝室回忆录》，台北，传记文学出版社，1978。

92. 李剑农：《戊戌以后三十年中国政治史》，北京，中华书局，1965。

93. 李溪桥主编：《李蒸纪念文集》，北京，中国社会科学出版社，1996。

94. 李新总主编：《中国新民主革命通史》，上海，上海人民出版社，2001。

95. 李宗仁口述，唐德刚撰写：《李宗仁回忆录》，上海，华东师范大学出版社，1996。

96. 黎泽瑜：《黎锦熙先生年谱》，载《汉字文化》，1995(2)。

97. 梁漱溟：《我的努力与反省》，桂林，漓江出版社，1987。

98. 梁柱：《蔡元培与北京大学》，北京，北京大学出版社，1996。

99. 廖梅：《汪康年：从民权论到文化保守主义》，上海，上海古籍出版社，2001。

100. 林子青编著：《弘一大师年谱》，上海，佛学书局，1995。

101. 刘海峰：《高等教育史学科建设再探》，载《高等教育研究》，1995(1)。

102. 刘乃和等：《陈垣年谱配图长编》，沈阳，辽海出版社，2000。

103. 刘思源编：《钱玄同文集》，北京，中国人民大学出版社，1999。

104. 刘文典：《刘文典全集》，合肥，安徽大学出版社，1999。

105. 刘文耀、杨世元主编：《吴玉章年谱》，成都，四川人民出版社，1998。

106. 刘寅生、房鑫亮编：《何炳松文集》，北京，商务印书馆，1997。

107. 刘育敦整理：《刘半农日记》，载《新文学史料》，1991(1)。

108. 柳曾符编：《劬堂学记》，上海，上海书店出版社，2002。

109. 柳无忌编：《柳亚子年谱》，北京，中国社会科学出版社，1983。

110. 柳无忌等编：《柳亚子文集 自传·年谱·日记》，上海，上海人民出版社，1986。

111. 柳亚子文集编辑委员会：《柳亚子文集·书信辑录》，上海，上海人民出版社，1985。

112. 柳亚子等：《高山仰止——社会名流忆鲁迅》，石家庄，河北教育出版社，2001。

113. 卢礼阳：《马叙伦》，石家庄，花山文艺出版社，1999。

114. 鲁迅：《鲁迅日记》，北京，人民文学出版社，1976。

115. 鲁迅：《鲁迅书信集》，北京，人民文学出版社，1976。

116. 鲁迅：《鲁迅全集》，北京，人民文学出版社，1973。

117. 鲁迅、景宋：《两地书全编》，杭州，浙江文艺出版社，1998。

118. 伦明：《辛亥以来藏书纪事诗》，上海，上海古籍出版社，1999。

119. 罗继祖：《墐户录》，哈尔滨，黑龙江人民出版社，1989。

120. 罗检秋：《近代诸子学与文化思潮》，北京，中国社会科学出版社，1998。

121. 罗尔纲：《师门五年记·胡适琐记》，增补本，北京，生活·读书·新知三联书店，1998。

122. 罗家伦、黄季陆编：《吴稚晖先生全集》，台北，中国国民党中央委员会党史史料编纂委员会，1969。

123. 罗志田：《国家与学术：清季民初关于"国学"的思想论争》，北京，生活·读书·新知三联书店，2003。

124. 罗志田：《乱世潜流：民族主义与民国政治》，上海，上海古籍出版社，2001。

125. 罗志田：《再造文明之梦——胡适传》，成都，四川人民出版社，1995。

126. 吕芳上：《从学生运动到运动学生（民国八年至十八年）》，台北，"中央研究院"近代史研究所，1994。

127. 马国权编：《沈尹默论书丛稿》，香港，生活·读书·新知三联书店香港分店，1982。

128. 马烈编著：《马叙伦与中国民主促进会》，广州，广东人民出版社，2004。

129. 马龙翔：《我走过的道路》，沈阳，东北工学院出版社，1988。

130. 马以君编：《黄节诗集》，北京，中国人民大学出版社，1989。

131. 马寅初：《马寅初全集》，杭州，浙江人民出版社，1999。

132. 马勇编：《章太炎书信集》，石家庄，河北人民出版社，2003。

133. 马勇编著：《蒋梦麟传》，郑州，河南文艺出版社，1999。

134. 茅盾：《我走过的道路》，北京，人民文学出版社，1981。

135. 毛泽东：《毛泽东书信选集》，北京，人民出版社，1984。

136. 毛子水：《师友记》，台北，传记文学出版社，1978。

137. 毛祖桓：《中国高等教育史研究五十年述评》，载《高等教育研究》，1999(4)。

138. 《南大百年实录》编辑组：《南大百年实录》，南京，南京大学出版社，2002。

139. 欧阳哲生选编：《追忆胡适》，北京，社会科学文献出版社，2000。

140. 欧阳哲生主编：《傅斯年全集》，长沙，湖南教育出版社，2003。

141. 潘乃穆、潘乃和编：《潘光旦文集》，北京，北京大学出版社，2000。

142. 彭明：《五四运动史》，北京，人民出版社，1984。

143. 彭鹏：《研究系与五四时期新文化运动》，广州，中山大学出版社，2003。

144. 浦江清：《清华园日记·西行日记》，北京，生活·读书·新知三联书店，1999。

145. 千家驹：《怀师友》，北京，人民日报出版社，1987。

146. 钱昌照：《钱昌照回忆录》，北京，中国文史出版社，1998。

147. 钱穆：《八十忆双亲·师友杂忆》，北京，生活·读书·新知三联书店，1999。

148. 钱实甫：《北洋政府职官年表》，上海，华东师范大学出版社，1991。

149. 钱玄同著，北京鲁迅博物馆编：《钱玄同日记》，福州，福建教育出版社，2002。

150. 清华大学校史研究室编：《清华大学九十年》，北京，清华大学出版社，2001。

151. 全国政协文史资料委员会编：《中华文史资料文库》第 17 卷，北京，中国文史出版社，1996。

152. 曲士培主编：《蒋梦麟教育论著选》，北京，人民教育出版社，1995。

153. 任鸿隽：《任鸿隽自述》，载《近代史资料》，2003，105。

154. 中国革命博物馆整理，荣孟源审校：《吴虞日记》，成都，四川人民出版社，1984—1986。

155. 荣孟源、章伯锋主编：《近代稗海》第 8 辑，成都，四川人民出版社，1987。

156. 程千帆、唐文编辑：《量守庐学记——黄侃的生平与学术》，北京，生活·读书·新知三联书店，1985。

157. 生活·读书·新知三联书店编：《沈钧儒纪念集》，北京，生活·读书·新知三联书店，1984。

158. 桑兵：《晚清学堂学生与社会变迁》，上海，学林出版社，1995。

159. 桑兵：《晚清民国的国学研究》，上海，上海古籍出版社，2001。

160. 单士元：《我在故宫七十年》，北京，北京师范大学出版社，1997。

161. 上海市档案馆译：《颜惠庆日记》，北京，中国档案出版社，1996。

162. 沈兼士：《沈兼士学术论文集》，北京，中华书局，1986。

163. 沈谱、沈人烨编：《沈钧儒年谱》，北京，中国文史出版社，1992。

164. 沈晓敏：《处常与求变：清末民初的浙江咨议局和省议会》，北京，生活·读书·新知三联书店，2005。

165. 沈叔羊：《爱国老人沈钧儒》，杭州，浙江人民出版社，1981。

166. 盛成：《旧世新书——盛成回忆录》，北京，北京语言学院出版社，1993。

167. 石原皋：《闲话胡适》，合肥，安徽人民出版社，1985。

168. 舒衡哲：《张申府访谈录》，北京，北京图书馆出版社，2001。

169. 舒新城编：《中国近代教育史资料》，北京，人民教育出版社，1962。

170. 苏云峰：《从清华学堂到清华大学 1911—1929》，北京，生活·读书·新知三联书店，2001。

171. 司马朝军等：《黄侃年谱》，武汉，湖北人民出版社，2005。

172. 宋月红：《评五四运动中的"挽蔡护校"斗争》，载《北京大学学报》(哲学社会科学版)，1995(2)。

173. 孙宝瑄：《忘山庐日记》，上海，上海古籍出版社，1983。

174. 汤用彤：《汤用彤全集》，石家庄，河北教育出版社，2000。

175. 唐德刚：《胡适口述自传》，上海，华东师范大学出版社，1995。

176. 唐振常：《章太炎吴虞论集》，成都，四川人民出版社，1981。

177. 汤志钧编：《章太炎年谱长编》，北京，中华书局，1979。

178. 陶希圣：《潮流与点滴》，台北，传记文学出版社，1979。

179. 陶行知：《陶行知文集》，南京，江苏教育出版社，1981。

180. 陶英惠著：《蔡元培年谱》，台北，"中央研究院"近代史研究所，1976。

181. 田正平等编：《黄炎培教育论著选》，北京，人民教育出版社，1993。

182. 万仕国编著：《刘师培年谱》，扬州，广陵书社，2003。

183. 王德滋主编：《南京大学百年史》，南京，南京大学出版社，

2002。

184. 王东杰：《国家与学术的地方互动：四川大学国立化进程（1925—1939）》，北京，生活·读书·新知三联书店，2005。

185. 王汎森：《中国近代思想与学术的系谱》，石家庄，河北教育出版社，2001。

186. 王凡西：《双山回忆录》，北京，现代史料编刊社，1980。

187. 王华斌编著：《黄炎培传》，济南，山东文艺出版社，1992。

188. 王庆祥校注：《罗振玉王国维往来书信》，北京，东方出版社，2000。

189. 王世杰：《王世杰日记》，台北，"中央研究院"近代史研究所，1990。

190. 王世儒等编：《我与北大》，北京，北京大学出版社，1998。

191. 王学典：《顾颉刚和他的弟子们》，济南，山东画报出版社，2000。

192. 王学珍等主编：《北京大学纪事》，北京，北京大学出版社，1998。

193. 王学珍等主编：《北京大学史料》第2卷，北京，北京大学出版社，2000。

194. 王仰清、许映湖标注：《邵元冲日记》，上海，上海人民出版社，1990。

195. 王云五：《旧学新探》，上海，学林出版社，1997。

196. 汪东林：《梁漱溟问答录》，长沙，湖南人民出版社，1988。

197. [美]魏定熙：《北京大学与中国政治文化》，金安平、张毅译，北京，北京大学出版社，1998。

198. 魏建功：《魏建功文集》，南京，江苏教育出版社，2001。

199. 闻一多：《闻一多书信选集》，北京，人民文学出版社，1986。

200. 吴承仕同志诞生百周年纪念筹委会编：《吴承仕同志诞生百周年纪念文集》，北京，北京师范大学出版社，1984。

201. 吴景洲：《故宫盗宝案真相》，北京，文史资料出版社，1983。

202. 吴宓：《吴宓日记》，北京，生活·读书·新知三联书店，1998。

203. 吴宓：《吴宓自编年谱》，北京，生活·读书·新知三联书店，1998。

204. 吴廷燮编：《合肥执政年谱初稿》，沈云龙主编：《近代中国史料丛刊正编》第16辑之153，台北，文海出版社。

205. 吴无闻编：《夏承焘教授纪念集》，北京，中国文联出版公司，1988。

206. 吴新雷等编：《清晖山馆友声集》，南京，江苏古籍出版社，2000。

207. 吴玉章：《吴玉章文集》，重庆，重庆出版社，1987。

208. 夏弘宁：《夏丏尊传》，北京，中国青年出版社，2002。

209. 夏丏尊：《夏丏尊文集·平屋之辑》，杭州，浙江人民出版社，1983。

210. 夏晓虹编：《追忆梁启超》，北京，中国广播电视出版社，1997。

211. 夏衍：《懒寻旧梦录》，北京，生活·读书·新知三联书店，1986。

212. ［美］萧邦奇：《血路——革命中国中的沈定一（玄庐）传奇》，周武彪译，南京，江苏人民出版社，1999。

213. 萧超然等编：《北京大学校史（1898—1949）》，上海，上海教育出版社，1981。

214. 萧超然主编：《巍巍上庠 百年星辰——名人与北大》，北京，北京大学出版社，1998。

215. 萧公权：《问学鉴往录》，上海，学林出版社，1997。

216. 萧乾主编：《史迹文踪》，上海，上海书店出版社，1994。

217. 谢兴尧：《堪隐斋随笔》，沈阳，辽宁教育出版社，1995。

218. 熊贤君编著：《中国教育行政史》，武汉，华中理工大学出版社，1996。

219. 熊贤君：《论民国时期教育经费的困扰与对策》，载《湖北大学学报》，1996(6)。

220. 许德珩：《许德珩回忆录——为了科学与民主》，北京，中国青年出版社，2001。

221. 许汉三编：《黄炎培年谱》，北京，文史资料出版社，1985。

222. 许寿裳：《许寿裳文集》，上海，百家出版社，2003。

223. 许锡辉编：《许崇清文集》，广州，广东教育出版社，1994。

224. 许小青：《从东南大学到中央大学——以国家、政党与社会为视角的考察(1919—1937)》，博士学位论文，华中师范大学中国近代史研究所，2004。

225. 徐保达：《王世杰与民国政治》，硕士学位论文，台北，政治大学历史系，2002。

226. 徐和雍等：《浙江近代史》，杭州，浙江人民出版社，1982。

227. 徐雁平：《胡适与整理国故考论》，合肥，安徽教育出版社，2003。

228. 徐一士：《一士类稿 一士谈荟》，北京，书目文献出版社，1984。

229. 徐铸成：《徐铸成回忆录》，北京，生活·读书·新知三联书店，1998。

230. 薛绥之主编：《鲁迅生平史料汇编》第2—4辑，天津，天津人民出版社，1983。

231. 严如平、宗志文主编：《民国人物传》，卷6，北京，中华书局，1987。

232. 严如平、宗志文主编：《民国人物传》，卷9，北京，中华书局，1997。

233. 颜惠庆：《颜惠庆自传》，吴建雍、李宝臣、叶凤美译，北京，商务印书馆，2003。

234. 颜振吾编：《胡适研究丛录》，北京，生活·读书·新知三联书店，1989。

235. 杨昌济：《达化斋日记》，长沙，湖南人民出版社，1978。

236. 杨逢彬整理：《积微居友朋书札》，长沙，湖南教育出版社，1986。

237. 杨恺龄编：《吴稚晖先生纪念集》，沈云龙主编：《近代中国史料丛刊续编》第 13 辑之 130，台北，文海出版社。

238. 杨琥：《蔡元培出长北京大学的前前后后》，载《北京社会科学》，2004(4)。

239. 杨瑞津编：《刘景晨刘节纪念集》，香港，香港出版社，2002。

240. 杨树达：《积微翁回忆录》，上海，上海古籍出版社，1986。

241. 杨天石：《从帝制走向共和——辛亥前后史事发微》，北京，社会科学文献出版社，2002。

242. 杨天石：《蒋氏秘档与蒋介石真相》，北京，社会科学文献出版社，2002。

243. 杨扬等编：《大师自述》，香港，生活·读书·新知三联书店香港分店，2000。

244. 杨宇清编著：《杨杏佛》，北京，中国文史出版社，1991。

245. 姚纯安：《学科发展与社会、文化变迁：以 1895 年至 1919 年的社会学为中心》，博士学位论文，中山大学历史系，2003。

246. 姚柯夫编著：《陈中凡年谱》，北京，书目文献出版社，1989。

247. 幼松：《汤尔和先生》，北平，金华印书局，1942。

248. [美]余英时：《重寻胡适历程》，桂林，广西师范大学出版社，2004。

249. 虞坤林整理：《徐志摩未刊日记》，北京，北京图书馆出版社，2003。

250. 虞万里等校点：《马一浮集》，杭州，浙江古籍出版社、浙江教育出版社，1996。

251. 郁达夫：《郁达夫文集》，花城出版社、生活·读书·新知三联书店香港分店，1984。

252. 袁小伦：《战后初期中共与香港进步文化》，广州，广东人民出版社，1999。

253. [美]约翰·司徒雷登：《在华五十年——司徒雷登回忆录》，程宗家译，北京，北京出版社，1982。

254. 张彬：《从浙江看中国教育近代化》，广州，广东教育出版社，1996。

255. 张大为等编：《胡先骕文存》，南昌，江西高校出版社，1995。

256. 张岱年：《张岱年全集》，石家庄，河北人民出版社，1996。

257. 张国焘：《我的回忆》，北京，东方出版社，1991。

258. 张继：《张溥泉先生回忆录·日记》，沈云龙主编：《近代中国史料丛刊三编》第3辑之24，台北，文海出版社。

259. 张菊香、张铁荣编著：《周作人年谱》，天津，天津人民出版社，2000。

260. 张鹏园：《梁启超与民国政治》，台北，汉生出版社，1992。

261. 张申府：《张申府文集》，石家庄，河北人民出版社，2005。

262. 张挺、江小蕙：《周作人早年佚简笺注》，载《鲁迅研究月刊》，1992(2)。

263. 张晓唯：《蔡元培与胡适——中国文化人与自由主义》，北京，中国人民大学出版社，2003。

264. 张晓唯：《蔡元培与李石曾》，丁石孙等编：《蔡元培研究集——纪念蔡元培诞辰130周年国际学术讨论会文集》，北京，北京大学出版社，1999。

265. 张元济：《张元济日记》，石家庄，河北教育出版社，2001。

266. 张树人等编：《张元济书札》（增订本），北京，商务印书馆，1997。

267. 张中行：《负暄琐话》，哈尔滨，黑龙江人民出版社，1997。

268. 章士钊：《章士钊全集》，上海，文汇出版社，2000。

269. 章太炎：《章太炎全集》，上海，上海人民出版社，1985。

270. 赵清、郑城编：《吴虞集》，成都，四川人民出版社，1985。

271. 浙江省政协文史资料委员会：《浙江辛亥革命回忆录》，杭州，浙江人民出版社，1982。

272. 浙江辛亥革命史研究会等编：《辛亥革命浙江史料选编》，杭州，浙江人民出版社，1982。

273. 郑懿德：《马叙伦传略》，晋阳学刊编辑部编：《中国现代社会科学家传略》，太原，山西人民出版社，1982。

274. 郑师渠：《晚清国粹派——文化思想研究》，北京，北京师范大学出版社，1997。

275. 郑逸梅：《艺林散叶》，北京，中华书局，1982。

276. 曾业英主编：《五十年来的中国近代史研究》，上海，上海书店出版社，2000。

277. 中共江苏省委党史工作委员会、江苏省档案馆主编：《江苏革命斗争纪略(1919—1937)》，北京，档案出版社，1987。

278. 中国蔡元培研究会编：《蔡元培全集》，杭州，浙江教育出版社，1997—1998。

279. 中国第二历史档案馆编：《冯玉祥日记》，南京，江苏古籍出版社，1992。

280. 中国第二历史档案馆编：《中国国民党中央执行委员会常务委员会会议录》，桂林，广西师范大学出版社，2000。

281. 中国第二历史档案馆编：《中华民国史档案资料汇编·第三辑 教育》，南京，江苏古籍出版社，1991。

282. 中国第二历史档案馆编：《中华民国史档案资料汇编·第三辑 民众运动》，南京，江苏古籍出版社，1991。

283. 中国第二历史档案馆编：《中华民国史档案资料汇编·第五辑 教育(1—2)》，南京，江苏古籍出版社，1994。

284. 李煜瀛：《李石曾先生文集》，台北，中国国民党中央委员会党史委员会，1970。

285. 中国民主促进会编：《中国民主促进会四十年》，上海，上海人民出版社，1985。

286. 中国社会科学院近代史研究所中华民国史研究室编：《黄炎培日记摘录》，北京，中华书局，1979。

287. 中国社会科学院近代史研究所编：《胡适来往书信选》，北京，中华书局，1979。

288. 中国人民政治协商会议文史资料委员会编:《文史资料存稿选编》第23、24卷,北京,中国文史出版社,2002。

289. 中央教育科学研究所:《中国现代教育大事记(1919—1949)》,北京,教育科学出版社,1988。

290. 钟敬文等:《永存的温情——文化名人忆鲁迅》,石家庄,河北教育出版社,2001。

291. 周策纵:《五四运动:现代中国的思想革命》,南京,江苏人民出版社,1996。

292. 周德恒:《马叙伦传略》,北京图书馆《文献》丛刊编辑部、吉林省图书馆学会会刊编辑部编:《中国当代社会科学家(传记丛书)》第6辑,北京,书目文献出版社,1984。

293. 周恩来:《周恩来书信选集》,北京,中央文献出版社,1988。

294. 周天度:《蔡元培传》,北京,人民出版社,1997。

295. 周天度:《救国会》,北京,中国社会科学出版社,1981。

296. 周天度编:《沈钧儒文集》,北京,人民出版社,1994。

297. 周作人:《谈虎集》,上海,上海书店出版社,1987。

298. 周作人:《知堂回想录》,石家庄,河北教育出版社,2002。

299. 周作人:《周作人日记》(影印本),郑州,大象出版社,1996。

300. 周作人、周建人:《书里人生——兄弟忆鲁迅》,石家庄,河北教育出版社,2001。

301. 邹鲁:《回顾录》,长沙,岳麓书社,2000。

302. 朱传誉编:《李石曾传记资料》,台北,天一出版社,1979。

303. 朱传誉主编:《蔡元培传记资料》,台北,天一出版社,1985。

304. 朱传誉主编:《胡适传记资料》,台北,天一出版社,1985。

305. 朱乔森编:《朱自清全集》,南京,江苏教育出版社,1997。

306. 朱正:《鲁迅回忆录正误》,杭州,浙江人民出版社,1999。

307. 竺可桢:《竺可桢日记》第1—3册,北京,科学出版社,1984、1989。

308. 庄华峰编:《吴承仕研究资料集》,合肥,黄山书社,1990。

后　记

　　本书是在我的博士学位论文的基础上修改成的。

　　十年前，受惠于邱捷教授、孙燕京教授等师长所创造的条件，我得以有机会在北京师范大学历史系本科毕业后免试进入中山大学历史系继续攻读硕士、博士学位。在风景如画的康乐园里度过人生最美好的一段时光，实属三生有幸。六年学习、生活中的点点滴滴，一切都恍如就在昨日。

　　有幸进入中山大学历史系接受进一步的学术训练，使我更加深刻地体会到了史学的无穷魅力——无论是纯粹的学理探究，还是通时致用，都有着广阔的发展空间。感谢中山大学历史系中国近现代史专业林家有、李吉奎、邱捷、周兴樑、桑兵、吴义雄、关晓红、曹天忠、赵立彬等师长多年来对我学业上的指导。在我初来乍到之时，承邱捷教授收至门下，悉心指导，关爱有加；硕士阶段的学业临近结束，当我在人生重要转折关口徘徊之际，更是邱老师的热情鼓励才使我有了继续求学、转益多师的勇气。

　　博士学位论文的顺利完成要感谢导师桑兵教授的悉心指导。以马叙伦研究作为论文选题，得益于硕士阶段林家有教授在中国近代思想文化史课上的点拨。在联系读博时，当我提出这个题目后，桑老师表示赞同，并欣然同意接纳我。三年来，自资料搜集到论题的最终确定及论文的撰写、修改，自始至终都得到桑老师的悉心指导。来自导师的无论是鼓励，还是批评，都使我获益良多。

后 记

论文搜集资料和写作过程中，还得到其他众多师友的助益。承龚书铎先生介绍，得以与马叙伦先生的幼女马珮女士取得联系。她不仅多次提供线索，并赠送资料、照片多种，使我得到了不少从图书馆、档案馆中无法获得的信息。承中国民主促进会中山大学支部负责同志郭景荣老师介绍，使我有机会前往民进广东省委调研，在那里得到宣教处钟敏、档案科杨松林等同志的热情接待，使我有机会查阅民进内部刊物。马叙伦先生的传记作者卢礼阳先生也多次提供线索，并关注论文的进展。华中师范大学许小青学长慨然惠赠其博士学位论文，使我得资借鉴，少做许多重复工作。在论文最后修改阶段，华东师范大学中文系李春晓学友来信告以论文进展情况，使我获得了部分相关信息；李吉奎教授和谢小强、邱瑞峰两学弟帮助我审读文稿，提出不少修改意见。在使用中山大学历史系资料室、中山大学图书馆、中山图书馆、国家图书馆、北京大学图书馆及档案馆、北京师范大学图书馆及档案馆、北京市档案馆、中国第二历史档案馆的过程中，得到了相关工作人员的热心帮助。在此谨致以最诚挚的谢意。

论文完成后，承蒙清华大学历史系蔡乐苏教授、北京师范大学历史学院朱汉国教授、华中师范大学历史文化学院朱英教授审阅了论文；中山大学历史系林家有教授、邱捷教授、周兴樑教授、吴义雄教授，华中师范大学中国近代史研究所罗福惠教授、华南师范大学历史系谢放教授参加了论文答辩，他们对论文的进一步修改提出了宝贵的意见。

论文答辩后，得到2006年度教育部人文社会科学研究青年项目基金的资助，使我能够安心进一步从事本课题的研究。近年来，就目力所及，对新出各相关史料及研究成果随时有所增补。尽管如此，书中肯定还有不少错漏之处，尚祈各位方家不吝赐教，以便日后继续完善。

回首自己的求学历程，从小学到博士整整二十一年里，物质条件可以说一直都不很理想，但却过得很充实，也很温馨。作为一位农村出来的学子，一路读完博士并顺利走上大学讲坛，要特别感谢家人的理解、支持及各个求学阶段的师长、朋友对我的无私关爱和鼎力相助。

北京师范大学历史学院和出版集团的各位领导热心提携后进，为包括我在内的青年教师创造了出版学术论著的机会，在此一并表示感谢。

　　最后，为求行文一致与规范，书中在征引前辈学者论著时，均直引名讳，不恭之处，乞为恕宥。

林辉锋
2009 年 12 月于北师大

再版后记

本书初版至今，转眼已近十年。承北京师范大学历史学院领导和出版集团领导关心，有幸收入励耘史学文丛再版。初版和再版过程中，出版社编辑均付出了大量的心血，在此谨致谢意。

林辉锋
2019 年 9 月于北师大

图书在版编目（CIP）数据

马叙伦与民国教育界/林辉锋著. —北京：北京师范大学出版社，2020.12
（励耘史学文丛）
ISBN 978-7-303-26412-4

Ⅰ.①马… Ⅱ.①林… Ⅲ.①马叙伦（1885—1970）—教育思想—研究 Ⅳ.①G40-092.6

中国版本图书馆 CIP 数据核字（2020）第 200173 号

营　销　中　心　电　话　010-58807651
北 师 大 出 版 社 高 等 教 育 微 信 公 众 号　新外大街拾玖号

MAXULUN YU MINGUO JIAOYUJIE

出版发行：	北京师范大学出版社 www.bnup.com
	北京市西城区新街口外大街 12-3 号
	邮政编码：100088
印　　刷：	天津中印联印务有限公司
经　　销：	全国新华书店
开　　本：	730 mm×980 mm　1/16
印　　张：	20.75
字　　数：	310 千字
版　　次：	2020 年 12 月第 1 版
印　　次：	2020 年 12 月第 1 次印刷
定　　价：	65.00 元

策划编辑：刘东明　　　　责任编辑：朱前前
美术编辑：李向昕　　　　装帧设计：李向昕
责任校对：段立超　　　　责任印制：马　洁

版权所有　侵权必究

反盗版、侵权举报电话：010—58800697
北京读者服务部电话：010—58808104
外埠邮购电话：010—58808083
本书如有印装质量问题，请与印制管理部联系调换。
印制管理部电话：010—58805079